LES ORIGINES

DE

L'ANCIENNE FRANCE

IMPRIMERIE
CONTANT-LAGUERRE
BAR-LE-DUC

LES ORIGINES

DE

L'ANCIENNE FRANCE

PAR

JACQUES FLACH

PROFESSEUR D'HISTOIRE DES LÉGISLATIONS COMPARÉES AU COLLÈGE DE FRANCE
PROFESSEUR A L'ÉCOLE DES SCIENCES POLITIQUES

Xᵉ ET XIᵉ SIÈCLES

I

LE RÉGIME SEIGNEURIAL

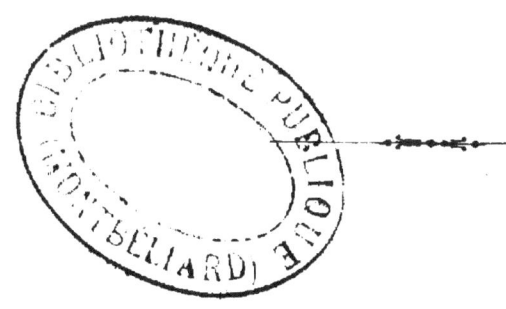

PARIS

L. LAROSE ET FORCEL

Libraires-Éditeurs

22, RUE SOUFFLOT, 22

—

1886

INTRODUCTION.

I. L'histoire du droit est étudiée en France dans des conditions défavorables. Jusqu'à ces dernières années, l'enseignement officiel de nos Écoles de droit s'est borné dans son ensemble à la combinaison et à l'interprétation des lois. Si une large place était faite à un droit disparu, au droit romain, la méthode historique sur ce terrain même était sacrifiée à l'exégèse et à la dialectique.

Aujourd'hui, sans doute, il n'en est plus entièrement ainsi : l'histoire du droit a conquis une place dans nos Facultés. Mais la science se décrète-t-elle comme une réforme administrative? Aux admirables travaux qui ont été amassés dans ce pays par les jurisconsultes-historiens des derniers siècles, par les Pithou, les Godefroy, les Bignon, les Baluze, les Laurière, et, à une époque récente, par Pardessus et par Guérard, il faut un architecte. Les matériaux abondent; l'édifice reste à construire.

Chabrit, il y a cent ans, cédait à un découragement

invincible[1]. L'œuvre de Klimrath fut interrompue par la mort. M. Giraud se laissa détourner de la sienne par l'attrait de recherches sans cesse nouvelles. M. Laferrière seul arriva jusqu'au terme. Son ouvrage malheureusement repose sur une base insuffisante. Restent les deux livres de Warnkœnig[2] et de Schaeffner[3]. Avec des mérites divers, ils ne dépassent guère la portée de manuels[4] et ils trahissent l'un et l'autre une étude incomplète des sources.

II. Il faut donc en convenir : nous n'avons pas d'histoire du droit français. La lacune est d'autant plus grave qu'elle est plus difficile à combler. Si nos Facultés ressemblaient dans leur organisation aux Universités étrangères, l'œuvre que nous demandons naîtrait de l'enseignement. Que le professeur choisisse

---

[1] « Je voudrais en vain le dissimuler, écrivait-il, non je n'ai point » la noble confiance du vrai talent : à chaque pas que je fais, je tremble » que le lecteur de qui j'attends toute mon émulation ne soit entière- » ment rebuté, ne ferme le livre et ne m'abandonne moi-même comme » un Barbare » (Pierre Chabrit, *De la monarchie françoise ou de ses loix*, t. II, p. 176. Bouillon, 1785).

[2] Warnkœnig et Stein, *Franzœsische Staats und Rechtsgeschichte*, 3 vol. (Bâle, 1846).

[3] Schäffner, *Geschichte der Rechtsverfassung Frankreichs*, 4 vol. (Francfort, 1845-1850).

[4] Les manuels ne manquent pas; mais ils ne font pas avancer la science. Dès le xviiie siècle, un jurisconsulte strasbourgeois, Silberrad, écrivait un résumé excellent, et qui n'a pas été égalé depuis, de l'histoire du droit français : « *Historiæ juris Gallicani Epitome.* » A la suite du t. II de Heineccius, *Historia juris civilis romani ac Germanici*, p. 1069-1147 (Strasbourg, 1765).

Depuis que cette note a été écrite, M. Paul Viollet a publié un *Précis de l'histoire du droit français* (Paris, 1884-1886) qui mérite une place à part. C'est une œuvre vraiment scientifique et de grande valeur.

librement le sujet de ses leçons, qu'il le traite avec toute l'étendue et toute l'ampleur que la science exige, qu'autour de lui des disciples se groupent, l'assistent dans ses recherches, s'initient à sa méthode, qu'il les conduise au point exact où la science est parvenue et d'où ils pourront partir eux-mêmes pour des explorations futures, supposez tout cela — comme cela existe en Allemagne et en Autriche — et vous verrez tous les efforts individuels converger vers un même but. Plus de forces perdues, plus de tâtonnements stériles; une discipline sévère; une direction continue imprimée aux études; comme résultat final l'intensité de la vie et du progrès scientifiques.

Je n'entends pas comparer les deux régimes : leur principe et leur but sont différents. Au dehors c'est la libre recherche, en France c'est la visée professionnelle qui domine; non, je le sais, dans l'esprit de nos maîtres, mais dans le but de leur institution.

On me concédera, en tout cas, que l'organisation actuelle de nos Écoles élève un obstacle presque insurmontable à l'éclosion d'œuvres historiques de grande portée.

III. Qui ne sait, en effet, la longue initiation que l'histoire du droit réclame?

Les sources sont innombrables; elles ne sont ni également importantes ni également pures. Il faut à la fois les approfondir et les critiquer, fixer leur âge, leur valeur relative, s'orienter au milieu d'elles.

La lecture des manuscrits, l'intelligence familière et sûre de la basse latinité et des idiomes anciens sont des auxiliaires indispensables.

L'étudiant des Universités étrangères acquiert toutes

ces connaissances dans le même centre scientifique où se font ses études spéciales, et il les utilise sous la direction du maître qu'il s'est choisi.

Dans nos Facultés de province, le jeune homme qu'attire l'histoire du droit est réduit à son travail personnel, sans stimulant et sans guide. A Paris, il doit chercher en vingt endroits, et toujours par lui-même, les ressources dont il a besoin.

IV. Que toutes ces difficultés soient vaincues, l'enseignement public en profite-t-il? Rarement. C'est, en effet, un principe fondamental de notre organisation universitaire que chaque maître doit être également apte à tout enseigner : le droit romain et le droit administratif, le droit pénal et le droit civil, le droit commercial et l'histoire du droit. Non-seulement l'accès de l'enseignement est à ce prix, mais tout agrégé de nos Écoles peut être appelé d'un jour à l'autre et par le simple jeu des événements, à imprimer une direction nouvelle, parfois opposée, à ses travaux. A quoi donc serviront les études préliminaires poursuivies pendant de longues années sur le terrain de l'histoire du droit, si l'homme qui s'y est voué avec la passion d'un explorateur est obligé de se consacrer à un enseignement différent?

V. Mais allez même plus loin, mettez tout au mieux, supposez que par une suite ininterrompue de circonstances heureuses, celui-là soit chargé d'enseigner l'histoire du droit qui s'y était préparé de longue main. Les élèves assurément y gagneront, le maître n'y perdra-t-il pas? Ses efforts individuels seront paralysés; chaque année ramènera pour lui un même exposé où la science tout entière devra tenir. Toute recherche approfondie sur un point de détail, toute étude longue, minutieuse, des documents lui est interdite, car il doit marcher, il ne peut s'appesantir. L'horizon demeure borné, l'enseignement demeure élémentaire. Espère-t-on qu'une véritable histoire de notre droit national sorte jamais de là, et n'est-ce pas dire alors qu'elle est d'autant plus indispensable?

Cette vérité m'avait frappé il y a vingt ans déjà, sur les bancs mêmes de l'École de droit. Quand, peu de temps avant la funeste guerre de 1870, je fis part à mon cher et vénéré maître, M. Laboulaye, du projet d'écrire une histoire du droit français : Savez-vous, me dit-il, que c'est l'œuvre de toute votre vie que vous entreprenez? — Je le savais, et j'ai depuis lors marché sans relâche vers le but que je voulais atteindre.

VI. A mesure que j'avançais dans mon travail, j'ai vu le sujet grandir, j'ai compris que le droit était un dans ses origines premières et que son développement progressif ne se renfermait pas dans les étroites limites d'un peuple ou d'un pays.

Si des peuples de même race conservent dans leur langue, dans leurs traditions, dans leur littérature populaire, un fonds commun, après des siècles de séparation profonde, pourquoi ne conserveraient-ils pas dans leurs lois des restes d'un passé éloigné? Comment nier aussi que des nations voisines, mêlées par des luttes acharnées, tour à tour conquérantes et conquises, unies plus tard par les relations que le commerce, l'art, la culture intellectuelle, établissent entre les hommes, n'aient exercé une action durable sur les lois l'une de l'autre ?

On ne jettera quelque lumière sur les institutions primitives de la Gaule que par l'étude approfondie des mœurs et des lois des autres peuples celtiques. Les anciennes lois scandinaves permettront de pénétrer plus avant dans la claire intelligence des lois barbares et de l'organisation du royaume franc. Les destinées du droit wisigoth en Espagne, la formation différente de la féodalité en Allemagne et en Italie, l'application en Angleterre du droit féodal français, serviront à placer sous leur jour véritable les institutions de la France du moyen âge.

Je ne parle pas de l'influence directe exercée sur nos diverses régions, par le droit des Flandres au Nord, par le droit allemand sur les bords du Rhin et le long du Rhône, par le droit italien en Provence, par le droit espagnol dans la région pyrénéenne et le Languedoc.

L'histoire du droit français est donc inséparable de l'histoire des législations comparées ; elle en est une partie capitale ; pour nous d'abord, et aussi, nous le dirons tout à l'heure, pour les autres nations de l'Europe. Elle gagne à cette conception en importance et en élévation. Elle apparaît comme une phase du développement des sociétés humaines. En même temps qu'elle aide à juger le passé, elle permet de poser les termes exacts des grands problèmes politiques qui agitent les nations modernes.

VII. L'histoire des législations comparées n'a pas pénétré encore dans nos Facultés de droit. Au Collège de France seul elle est enseignée. Mais l'initiative privée s'est mise vaillamment à l'œuvre : la Société de Législation comparée par l'abondance et la rigueur de ses travaux, l'École libre des Sciences politiques par son enseignement direct et l'esprit général de ses méthodes, les Revues enfin par leur contact de plus en plus fréquent avec l'érudition étrangère déploient une activité féconde.

Je me suis associé dans la mesure de mes forces à ce mouvement scientifique, cherchant surtout à approfondir les législations les plus proches de la nôtre, celles de l'Allemagne, de l'Italie, de l'Angleterre, celles dont la formation historique a été le plus intimement liée au développement du droit français. La littérature juridique de ces pays est plus riche aujourd'hui que jamais. En Allemagne, des pléiades d'érudits formés à l'école de Savigny, de Grimm et de Waitz, étudient avec une égale ardeur, les uns l'histoire du droit romain, les autres les origines et les progrès du droit allemand. En Italie et en Angleterre un réveil des études d'histoire du droit s'est produit : des documents longtemps inaccessibles ont été mis au jour et des œuvres considérables menées à fin : il me suffira de citer les noms de Stubbs et de Pertile.

VIII. La partie de mon ouvrage qui paraît aujourd'hui embrasse le xe et le xie siècle. Le régime seigneurial[1] se présente au xe siècle dans sa pureté native et il atteint au xie son plein épanouissement.

---

[1] J'ai préféré l'expression de *régime seigneurial* à celle de *féodalité* ou de *régime féodal*. Elle correspond mieux à un tableau d'ensemble de la société, car elle comprend à la fois et les rapports de suzerain à vassal et les rapports de seigneur à sujet, à tenancier ou à serf.

Mais l'histoire, qu'on ne l'oublie pas, ne saurait se couper par tranches. Tout en concentrant son attention sur une époque précise, il est nécessaire de saisir d'un même coup d'œil les mille liens qui l'attachent à ce qui fut son passé immédiat, à ce qui sera son avenir direct. Il y a là une série de dégradations qui ne font que mieux valoir et ressortir la couleur propre, le ton fondamental.

Divers motifs m'ont fait donner à cette période la première place dans l'ordre de publication.

Nul ne contestera d'abord qu'elle soit la plus difficile à connaître et la moins connue. L'historien, comme un géographe qui figurerait par des teintes sombres les régions inaccessibles ou inexplorées du globe, pourrait marquer de taches noires le xe et le xie siècle.

Avec la chute des Carlovingiens commence, semble-t-il, le chaos. Tout devient ténèbres : quelques rares lueurs traversent l'obscurité et laissent entrevoir une mêlée gigantesque de peuples et de races, de langues et de mœurs, de croyances et d'institutions. Et puis, quand la lumière remonte à l'horizon, un monde nouveau émerge.

IX. L'ignorance où nous sommes de cette époque tient à sa confusion. Les États fondés dans l'Europe occidentale se dissolvent : partout se rompt le lien social. Les rapports des hommes d'une même région, si petite qu'on la suppose, ne sont plus régis par des lois fixes, obligatoires pour tous. Ils se diversifient à l'infini.

Le contrat d'homme à homme avec la force comme principale sanction, la coutume locale non écrite et essentiellement mobile au gré de l'arbitraire, ce sont là les déterminantes essentielles qui règlent la marche de la société. On assiste au règne de l'individualisme le plus absolu, on pourrait dire à l'émiettement d'un monde.

Et pourtant, dans les profondeurs de cette société qui semble abandonnée à tous les hasards, désemparée et sans pilote, il y a des forces vives inhérentes à la nature même de l'homme, qui insensiblement groupent, coordonnent, reconstituent sous une enveloppe encore fugitive et changeante, une langue, un art, des institutions, un peuple.

La France du Xe et du XIe siècle tient tout entière dans ces deux termes extrêmes : dissolution des éléments anciens, gallo-romains et francs, reconstitution avec ces éléments transformés d'un ordre de choses nouveau.

X. Mais comment étudier ce double travail? N'échappe-t-il pas à toute investigation directe puisque les institutions anciennes ne sont plus et que les institutions nouvelles ne sont pas encore, puisque les contemporains eux-mêmes, chroniqueurs naïfs, enfermés dans un horizon borné, ne se rendent qu'un faible compte des transformations qui s'opèrent autour d'eux?

Un seul moyen nous est offert : il faut reprendre un à un, et région par région, les contrats innombrables qui ont survécu, contrats entre particuliers, entre seigneur et couvent, entre roi et seigneur, et puis il faut compléter ce vaste dépouillement étendu à la France entière, par les documents contemporains d'une autre nature, par les chroniques, les vies des saints, les compositions littéraires, jusqu'aux productions de l'industrie et de l'art. A aucune époque de notre histoire le droit ne s'est confondu davantage avec la vie sociale. C'est donc l'homme tout entier, ce sont ses besoins, ses intérêts, sa condition économique, sa vie qu'il faut reconstituer.

Une pareille tâche n'est devenue réalisable que grâce aux immenses progrès accomplis dans l'organisation de nos dépôts d'archives et de nos bibliothèques publiques, aux facilités de travail accordées largement[1], à la publication des catalogues de manuscrits et des inventaires d'archives. Je signalerai dans le même ordre d'idées l'excellente mesure qui a réuni à la Bibliothèque nationale des copies figurées de tous les cartulaires importants dont l'original est en province, enfin les nombreuses éditions de cartulaires que la belle initiative de Guérard a suscitées.

XI. Si la clef des institutions postérieures de la France doit être cherchée dans le xe et le xie siècle, l'étude de cette période ne jette pas un jour moins vif sur le régime politique et social qui l'a précédée. La priorité par là aussi lui revenait de droit.

J'ai la conviction profonde que les origines de la féodalité ont été la plupart du temps mal comprises parce que les historiens, faisant abstraction trop facile du xe et du xie siècle, les plaçaient à la chute même de l'empire de Charlemagne. Par de grands efforts d'imagination et de synthèse, ils essayaient alors d'ex-

---

[1] Je dois exprimer ma gratitude la plus vive à M. Léopold Delisle pour la bienveillance extrême avec laquelle il a facilité mes travaux à la Bibliothèque nationale. M. Delisle a mis en outre à ma disposition des extraits de cartulaires tirés de sa bibliothèque particulière et des copies d'archives faites en vue d'une publication impatiemment attendue. Qu'il reçoive ici tous mes remerciements.

pliquer qu'une organisation si neuve et si complexe se fût greffée sur le droit franc. De là ces controverses sans fin sur la prépondérance de l'élément romain ou de l'élément germanique, sur l'effet des capitulaires, sur la transformation des bénéfices en fiefs.

La féodalité, à mon sens, a mis plus de deux siècles à s'établir. Elle n'a atteint sa constitution définitive qu'au moment même où elle allait être battue en brèche par la royauté, où le lien fédératif, qui était son unique raison d'être, allait être confisqué au profit du pouvoir centralisateur. Ainsi en est-il d'ordinaire des institutions politiques. Elles ne vivent qu'un instant de raison sous leur forme vraiment distinctive; dès qu'elles l'ont revêtue, leur déclin commence.

On ne comprendra donc bien la part qui revient à l'époque carlovingienne dans la formation de la féodalité qu'après avoir suivi sans interruption la lente genèse de cette institution depuis le IXe siècle jusqu'au XIIe.

XII. A un autre point de vue, au point de vue de l'histoire comparée des législations européennes, la période qui nous occupe a une importance égale. J'ai toujours été persuadé que le droit allemand, le droit anglais, le droit italien même, sont tributaires du nôtre. Récemment cette opinion a été formulée dans les termes les plus larges par un savant allemand : « Ce n'est pas le droit ripuaire, dit M. Sohm, le » droit des Francs d'Allemagne, mais le droit salien, » le droit des Francs de la France (*Französisch-* » *Fränkisches Recht*), qui a triomphé des lois particu- » lières des peuplades germaniques. L'Allemagne est,

» au moyen âge, régie par le même droit qui a trouvé
» son expression dans les Coutumes du Nord de la
» France..... La patrie d'origine du droit anglais
» actuel n'est pas l'Angleterre, mais le Nord de la
» France. Le droit anglais de nos jours est du vieux
» droit français à peine modernisé. De l'Angleterre
» le droit anglais a été importé dans les colonies
» lointaines de l'empire britannique, aux Indes, en
» Afrique, dans l'Australie, dans l'Amérique du
» Nord. Tous ces territoires immenses sont soumis
» à la domination de l'ancien droit français. La loi
» Salique peut être fière des législations nombreuses
» et puissantes qu'elle a engendrées. Du vieux droit
» coutumier des Francs Saliens sont issus, et le droit
» de la France, et le droit du moyen âge allemand,
» et le droit de l'Angleterre, et le droit des régions
» nouvellement découvertes. Tout un monde est placé
» sous son empire. Le droit franc-salien est le droit
» universel du moyen âge, et aujourd'hui encore la
» majeure partie des territoires sur lesquels s'étend
» la civilisation occidentale relève de lui[1]. »

Je suis d'accord avec M. Sohm sur l'étendue de l'influence qu'a exercée le droit venu de France, mais je crois qu'il fait trop d'honneur à la loi Salique. Ce n'est pas elle qui a rayonné au dehors : elle était trop étroite et trop pauvre pour cela : ce n'est pas elle qui a engendré la féodalité, et ce n'est pas davantage — hypothèse plus vraisemblable pourtant — le droit du royaume Franc ; c'est le droit qui s'est constitué en France aux Xe et XIe siècles.

---

[1] Sohm, *Fränkisches Recht u. Römisches Recht*, dans *Zeitschrift der Savigny-Stiftung*, t. I (*Germanist. Abtheilung*, p. 65, p. 69-70). Weimar, 1880.

Ce droit est sorti des nécessités sociales. Il s'est formé des éléments d'administration échappés à la chute de la monarchie franque, des éléments romains et germaniques fondus et renouvelés sous l'influence de l'Église et sous l'action d'un esprit indigène singulièrement vivace, et il a abouti, comme système politique, au régime féodal que l'Allemagne trop barbare et l'Italie trop romaine pour le créer elles-mêmes, ont tour à tour emprunté à la France et qui a conquis l'Angleterre à la suite des Normands.

J'étais si pénétré de la place exceptionnelle qui revient au XIe siècle dans l'histoire des législations comparées qu'appelé par la confiance de mon maître, M. Laboulaye, à le suppléer dans sa chaire du Collège de France, je choisis cette époque comme sujet d'études. Plusieurs fois depuis lors j'y ai consacré un de mes cours. Préparé dans le cabinet, ce livre a donc été mûri et éprouvé par l'enseignement : c'est une autre raison qui me détermine à n'en pas retarder la publication.

XIII. Il me reste à faire connaître les sources auxquelles j'ai puisé, la méthode et le plan que j'ai suivis.

La base de mon travail se trouvait dans les chartes. Celles-ci constituent la mine la plus riche et aussi la moins exploitée dans son ensemble. Mais les chartes n'ont de valeur que si on les limite aux rapports individuels qu'elles ont pour objet de régler, aux circonstances toutes locales qui leur ont donné naissance, et si, d'autre part, le rapprochement d'un nombre assez grand d'entre elles permet de formuler des conclusions applicables à une région plus étendue.

Pour satisfaire à cette double condition, j'ai dû étudier les chartes contrée par contrée, presque domaine par domaine, en tout cas cartulaire par cartulaire. Par cette méthode, le silence des documents ne devenait pas moins instructif que leur langage, et leur réunion me fournissait une vue générale de toute une province. Les résultats ainsi obtenus étaient contrôlés et complétés par les collections provinciales, dont l'usage direct m'aurait paru, au contraire, plein de mécomptes et de dangers : les histoires de provinces et de villes avec les pièces qui les accompagnent; les recueils de documents formés en vue de ces histoires (par les Bénédictins surtout) et conservés manuscrits à la Bibliothèque nationale, enfin les textes du *Gallia christiana*.

Le groupement de provinces limitrophes, basé sur l'affinité naturelle, la configuration du sol, la solidarité historique créée par les événements, me permettait d'embrasser d'un regard une vaste région. Là encore je trouvais des collections correspondantes comme point d'appui et de contrôle, celles de dom Housseau, par exemple, pour l'Anjou, la Touraine et le Maine, de dom Fonteneau pour l'Aquitaine. J'y ajoutai, suivant les cas, les recueils de chartes des pays frontières, tels que Miraeus, Trouillat ou Lacomblet.

Les études régionales achevées, je voyais enfin se dessiner la physionomie du pays tout entier, la physionomie de la France. Je pouvais formuler des conclusions générales, reconnaître la condition moyenne des individus, déterminer le régime moyen auquel les terres étaient soumises, peindre la société du XIe siècle telle qu'elle se laisse saisir dans les manifestations extérieures de sa vie, au lieu de ces aspects extrêmes, également faux dans leur exagération, que l'imagination livrée à ses seules forces ou exaltée par la passion s'est plu à enfanter.

Pour combler les lacunes, pour fortifier et préciser les résultats acquis, j'ai eu recours aux collections générales de chartes et de diplômes, à dom Bouquet, au *Spicilegium* de Dachery (t. III), au *Miscellanea* de Baluze, aux collections manuscrites de Duchesne, de Baluze, de Dupuy, etc., aux pièces tirées des archives départementales, et surtout à la collection Moreau où les copies manuscrites de chartes des xe et xie siècles occupent une quarantaine de volumes in-folio. J'ai pu élargir ainsi ma base d'information à ce point que les chartes tant manuscrites qu'imprimées dont je me suis servi dépassent le chiffre de cent mille.

Je ne devais pas m'en tenir là. Il fallait éclairer les chartes, il fallait leur donner un souffle nouveau de vie, par l'étude des chroniques et des histoires, non-seulement des œuvres importantes comme celles de Richer ou de Raoul Glaber, d'Orderic Vital ou de Baudri de Thérouanne, mais aussi de petites chroniques comme celles de Mortemer ou de Saint-Mihiel. Venaient ensuite les vies des saints, les miracles, les recueils de lettres, lettres de Gerbert, d'Yves de Chartres, de Geoffroi de Vendôme, etc. Il aurait été fastidieux d'entreprendre à cet égard une énumération et un détail dans la bibliographie des sources que je donne plus loin. Ce n'étaient là en somme que des documents subsidiaires. Leur valeur consiste souvent plus dans l'impression générale qui s'en dégage que dans les renseignements directs qu'ils fournissent. Je n'aurai donc à les citer que dans des cas plus rares. D'ailleurs, les recueils qui les contiennent sont suffisamment connus pour n'avoir pas besoin d'être décrits[1]. Rarement il m'a fallu recourir ici aux manuscrits, si ce n'est pour contrôler un texte douteux. J'ai donné la préférence aux éditions les plus récentes quand elles étaient établies avec critique. Il me suffira de mentionner, à ce point de vue, outre les *Monumenta* de Pertz, les publications de chroniques séparées faites par la Société de l'histoire de France[2] ou par les Sociétés savantes de province[3].

Les sources du droit canonique, les Actes des Con-

---

[1] J'indique les principaux : P. Labbe, *Nova Bibliotheca manuscriptorum librorum* (Paris, 1657, 2 vol. in-fol.). — *Acta Sanctorum omnia* (collection des Bollandistes). — Mabillon et d'Achery, *Acta Sanctorum ordinis Sancti Benedicti* (500 à 1100) (Paris, 1668-1701, 9 vol. in-fol.). — Mabillon, *Annales ordinis Sancti Benedicti* (Paris, 1703 et suiv., 6 vol. in-fol.). — Martène et Durand, *Thesaurus novus anecdotorum* (Paris, 1717, 5 vol. in-fol.). — Mabillon, *Vetera analecta* (Ed. de la Barre, Paris, 1723, in-fol.). — Luc d'Achery, *Spicilegium sive collectio veterum aliquot scriptorum* (Ed. de la Barre, Paris, 1723, 3 vol. in-fol.). — Martène et Durand, *Veterum scriptorum et monumentorum amplissima collectio* (Paris, 1724, 9 vol. in-f°). — Baluze, *Miscellanea* (Ed. Mansi, Lucques, 1761-1764, 4 vol. in-fol,). — Dom Bouquet, *Recueil des historiens de la France*. — Duchesne, *Historiæ Francorum Scriptores*, t. IV (ab Hugone et Roberto regg. usque ad Philippi Augusti tempora) (Paris, 1641). — Pertz, *Monumenta Germaniæ historica* (section des *Scriptores*). — Migne, *Patrologiæ Cursus* (le xe et le xie siècle occupent les tomes 131 à 207). Les textes de cette dernière collection, jusqu'à présent la plus complète et la plus maniable, doivent être utilisés avec prudence.

[2] *Chroniques des comtes d'Anjou*, publiées par Marchegay et Salmon (Paris, 1856). — *Chroniques des églises d'Anjou*, publiées par Marchegay et Mabille (Paris, 1869). — *Chroniques de Saint-Martial de Limoges*, publiées par Duplès-Agier (Paris, 1874). — *Les miracles de saint Benoît*, publiés par E. de Certain (Paris, 1858). — *Les gestes des évêques de Cambrai*, publiés par Ch. de Smedt (Paris, 1880).

[3] Par exemple : *Recueil de chroniques de Touraine*, publié par André Salmon, pour la *Société archéologique de Touraine* (Tours, 1854). — *Bibliothèque historique de l'Yonne*, publiée par Duru, pour la *Société des sciences historiques de l'Yonne* (Auxerre, 1850-1864, 2 vol. in-4°).

ciles notamment[1], devaient être étudiées avec soin, et puis aussi le droit romain, corrompu et transformé par la pratique, tel qu'il s'enseignait en France et tel qu'il nous a été conservé dans les écrits juridiques de cette époque, les *Exceptiones Petri*[2], le *Brachylogus*[3], etc.

Le droit des xe et xie siècles apparaît surtout à travers le fait. La condition matérielle recouvre d'autant plus exactement la condition juridique des personnes que c'est elle qui la détermine. Les monuments figurés du costume, du mobilier, de l'architecture privée, fournissaient donc à leur tour des éléments d'"information. Que n'ai-je pu mettre à profit le *Hortus Deliciarum* d'Herrade de Landsberg[4], joyau de cette Bibliothèque de Strasbourg que j'ai eu en 1870 la douleur inoubliable de voir brûler sous mes yeux !

---

[1] Je me suis servi surtout de la grande collection de Labbe et Cossart. Paris, 1674, 17 vol. in-f°, avec le supplément de Baluze (Paris, 1683), 1 vol. in-f°. — L'importante histoire des Conciles due à Hefele (*Conciliengeschichte, nach den Quellen bearbeitet*, 2e édition, Fribourg, 1873 et suiv.) m'a été d'un utile secours.

[2] *Petri Exceptiones legum Romanorum*, texte dans Savigny, *Geschichte des Römischen Rechts im Mittelalter*, 2e édition, t. II, p. 321 et suiv. (Heidelberg, 1834), Appendices dans Fitting, *Juristische Schriften des früheren Mittelalters* (Halle, 1876), p. 151 et suiv.

[3] *Corpus legum sive Brachylogus juris civilis*, édition Bœcking (Bonn, 1829).

[4] Il ne reste de cette œuvre, capitale pour la vie privée du xiie siècle, que les reproductions disséminées dans les ouvrages de Viollet-le-Duc, celles qu'avait publiées Engelhardt en 1818 (*Herrad von Landsperg aebtissin zu Hohenburg im zwölften jahrhundert und ihr Werk : Hortus deliciarum*. Stuttgard, 1818, avec 12 planches in-fol.). (Voir aussi Le Noble (A.), *Notice sur le Hortus deliciarum*, dans *Biblioth. de l'École des Chartes*, 1re année, 3e livr. (1839-1840)), et enfin un certain nombre de calques dont la *Société des Monuments historiques de l'Alsace* a entrepris l'édition.

F.

XIV. La route que j'ai suivie avait été frayée sur une certaine étendue par Perreciot à la fin du XVIIIe siècle[1] et dans ce siècle-ci par quelques éditeurs de cartulaires, en tête desquels il faut toujours placer Guérard. L'ouvrage de Perreciot ne peut être considéré que comme un travail fragmentaire. Sa portée doit être restreinte à la Bourgogne et à la Franche-Comté qui, presque seules, ont fourni des documents à l'auteur. On ne peut davantage généraliser les conclusions fournies par les Prolégomènes du *Cartulaire de Saint-Père de Chartres*, ou telle autre introduction de Cartulaire. Ce serait étendre à la France entière ce qui n'est vrai que pour une région bornée. La plupart des historiens modernes sont malheureusement tombés dans cette erreur.

Dans la mise en œuvre des matériaux amassés, j'ai voulu allier intimement les études locales et les vues d'ensemble. D'autre part, je ne pouvais mettre à nu les ressorts de la société, faire apparaître le double travail de dissolution et de reconstitution qui s'opérait en elle, sans regarder en arrière vers l'époque franque, en avant vers le mouvement communal du XIIe siècle. Mille difficultés se présentaient ainsi, car nul sujet n'a été plus discuté que la formation du royaume franc, ses destinées, ses chutes successives. Les savants français du siècle dernier se passionnaient pour ces problèmes : ils captivent aujourd'hui la science d'outre-Rhin. Pour ma part, je suis resté fidèle à la règle absolue de ne chercher la conviction que dans les textes eux-mêmes et non point dans une combi-

---

[1] Perreciot, *De l'état civil des personnes et de la condition des terres dans les Gaules dès les temps celtiques jusqu'à la rédaction des coutumes*, 1786. 2 vol. in-4º.

naison plus ou moins ingénieuse des systèmes imaginés jusque-là. Je me suis trouvé d'accord avec un auteur sur ce point, en désaccord sur un autre; je me suis servi de tous pour parvenir à une interprétation plus sûre des documents, mais j'ai évité la polémique, comptant davantage, pour éclairer le lecteur, sur l'enchaînement des idées, des textes et des faits. Du reste, la partie introductive de mon livre est surtout un résumé dont on trouvera dans mes publications ultérieures les preuves complètes et le développement.

XV. Voici maintenant le cadre que j'ai essayé de remplir. Un premier livre est intitulé *De la Protection et de son rôle, spécialement dans la société franque*. Je me suis efforcé d'y montrer, par l'exemple des premiers temps de Rome, de la Gaule et de la Germanie, que la féodalité n'a pas été une création arbitraire et artificielle, qu'elle a procédé d'un besoin général de protection qui s'est rencontré ailleurs, que l'on aperçoit partout où l'État n'est pas encore organisé, partout aussi où il se désorganise, et qui amène chaque fois alors un groupement d'individu à individu. J'ai marqué en même temps les circonstances spéciales qui dans la société franque ont donné à ce groupement la forme rigoureuse d'un système politique.

Le *livre II* expose les causes de dissolution de la société des xe et xie siècles, le *livre III* les éléments de sa reconstitution, le *livre IV* la formation d'un droit national par la fusion du droit franc et du droit romain sous l'influence des coutumes locales et du droit canonique.

Les trois livres suivants présentent le tableau complet de la société du xi⁰ siècle. Dans le *livre V* sont retracées les conditions générales de cette société et les maux dont elle souffrait : guerres privées, anarchie, abandon des cultures, famines et pestes. Le *livre VI* expose la condition de fait et de droit des individus, dans ses rapports avec le régime des terres : dans une *première partie*, les provinces sont étudiées une à une et puis par groupes régionaux[1] : une *deuxième partie* donne la vue d'ensemble de ces études locales et régionales. Elle détermine l'intensité relative du régime féodal, la répartition et le morcellement de la propriété, la proportion des terres libres et des fiefs ou des censives, la proportion des hommes libres et des serfs, la moyenne des redevances et des services, l'état de l'agriculture et le régime des terres, l'état de l'industrie et du commerce, les conditions matérielles de la vie (nourriture, vêtement, habitation, etc.).

Le *livre VII* est consacré à la condition intellectuelle et morale des populations, à l'instruction, aux mœurs publiques et privées.

Le *livre VIII* et dernier montre comment le mouvement communal et l'affranchissement des campagnes ont leurs racines profondes dans le xi⁰ siècle, et il sert ainsi de trait d'union entre cette époque et les suivantes.

XVI. En abordant le premier un aussi vaste sujet dans son ensemble, je n'ai eu d'autre préoccupation que l'intérêt de la science. Loin donc de fuir la critique, je l'appelle de tous mes vœux : si elle est éclairée et savante elle profitera à tous. Je lui demande

---

[1] J'ai distingué sept régions principales.

seulement de ne pas juger mon livre sur les imperfections de détail qu'elle pourra y relever, mais sur les résultats nouveaux qu'il fournit, sur les services qu'il peut rendre aux études historiques. Qui donc nourrirait la chimère de créer une œuvre parfaite et définitive, qui pourrait se flatter devant un horizon immense de tout voir et de tout explorer?

Je ne regretterai ni mon temps ni mes veilles si j'ai préparé un terrain meilleur et plus solide à l'histoire de nos institutions nationales, et je poursuivrai avec plus de confiance et d'ardeur la tâche d'écrire une histoire du droit français si le chapitre fondamental que j'en détache aujourd'hui reçoit du public un favorable accueil.

SOURCES.

SOURCES MANUSCRITES ET IMPRIMÉES.

1° CARTULAIRES ET POLYPTYQUES.

I. Manuscrits.

Acey, abbaye, diocèse de Besançon. Cartulaire xiiie siècle, 30 fol. Bibl. nat. MS. lat. 5683 (Chartes du xiie siècle)[1].

Alby (évêché). Chartes du xe au xiie siècle (Collection Doat, 105. Bibl. nat. MS.).

Angers (St-Nicolas d'), abbaye. Cartulaire original perdu, mais la plupart des pièces copiées dans *dom Housseau*, T. XIII, I, n°s 9504-9898 (Chartes xie-xiie siècle).

Angers (St-Serge d'), abbaye. Cartulaire original perdu. Copie. Bibl. nat. MS. lat. 5446, fol. 237 suiv. (Chartes et notices ixe-xiie siècle).

Aniane (St-Sauveur d'), abbaye, diocèse de Montpellier. Cartulaire original xive siècle (*Archives de l'Hérault*, série H a° 800) (Chartes du xe-xiie siècle).

Apt, église. Cartulaire. Copie xviiie siècle, 53 fol. Bibl. nat. MS. Nouv. acq. lat. 1119^A (Chartes du xe au xiie siècle).

Arles (archevêché d'). *Livre noir* de l'archevêché. xiie-xiiie siècle (*Archives des Bouches-du-Rhône*) (Chartes xie-xiie siècle).

Arras (église d'). Cartulaire xiiie siècle, 87 fol. Bibl. nat. MS. lat. 9930 (Chartes du xiie siècle).

Autun (Saint-Symphorien d'), abbaye. Cartulaire. Copie xviie siècle (Bouhier), 44 fol. Bibl. nat. MS. lat. 18354 (Chartes du ixe-xiie siècle).

---

[1] Je ne signale que les chartes du xe au xiie siècle. Cela ne veut jamais dire qu'il n'existe pas dans le même cartulaire des chartes d'un autre époque.

BARBEAUX, abbaye, diocèse de Sens. Cartulaire. Copie XVIIIe siècle, 917 p. Bibl. nat. MS. lat. 5466 (Chartes du XIIe siècle).

BARBEZIEUX, prieuré, diocèse de Saintes. Cartulaire XIIe siècle, 81 fol. (*Arch. nat.* LL 1419).

BEAUMONT-LE-ROGER (LA TRINITÉ de), prieuré, diocèse d'Évreux. Cartulaire original, XIVe siècle. Bibl. Mazarine. MS. 1212, 153 fol. Copie Bibl. nat. MS. lat., nouv. acq. 1256 (Chartes du XIIe siècle).

BEAUPRÉ, abbaye, diocèse de Toul. Cartulaire XIIe siècle, 32 fol. Bibl. nat. MS. lat. 11024 (Chartes du XIIe siècle).

BEAURAIN, dépendance de Saint-Denis. Cartulaire XIIIe siècle (*Arch. nat.* LL 1168) (77 chartes, 800-1286).

BEAUVAIS (DIOCÈSE ET CATHÉDRALE). Chartes du VIIe au XIIe siècle (Collection dom Grenier. T. 304, 311-312. Bibl. nat. MS.).

BERTAUCOURT, abbaye, diocèse d'Amiens. Cartulaire. Copie. Bibl. nat. Collection Grenier, 93, f°s 36-163 (Chartes du XIIe siècle).

BÉZIERS (ÉVÊCHÉ ET CATHÉDRALE). Chartes des XIe et XIIe siècles (Collection Doat, Bibl. nat. MS. T. 61).

BITHAINE, abbaye, diocèse de Besançon. Cartulaire. Copie. Bibl. nat. MS. Collection Moreau, T. 872, fol. 143-304 (Chartes du XIIe siècle).

BLOIS (BOURG-MOYEN de), abbaye. Cartulaire. Original conservé parmi les manuscrits de la reine de Suède à Rome. Copie. Bibl. nat. Collect. dom Housseau, XII, I, n°s 5061-5151 (Chartes du XIIe siècle).

BOLBONNE, abbaye, diocèse de Mirepoix. Chartes XIIe siècle (Collection Doat, 83-86. Bibl. nat. MS.).

BONLIEU, abbaye, diocèse de Limoges. Cartulaire. Copie XVIIIe siècle. Bibl. nat. MS. lat. 9196 (p. 1-401) (Chartes du XIe-XIIe siècle).

BOURBOURG, abbaye, diocèse de Saint-Omer. Cartulaire XIIIe siècle, 64 fol. Bibl. nat. MS. lat. 9920 (La plupart des chartes de la 1re moitié du XIIe siècle). Cartulaire XVIe siècle, 223 fol. Bibl. nat. MS. latin 9921 (Quelques chartes du XIIe siècle).

BOURGES (SAINT-ETIENNE de), église cathédrale. Cartulaire XIIIe siècle, 391 fol. Bibl. nat. MS., nouv. acq. lat. 1274 (Chartes du XIIe siècle).

BOURGUEIL, abbaye. Cartulaire original perdu. Copie presque

intégrale. Bibl. nat. MS. Coll. Gaignières, n° 192 (Chartes du x‍e-xii‍e siècle.

CAEN (SAINTE-TRINITÉ de), abbaye. Cartulaire xiii‍e siècle, 87 fol. Bibl. nat. MS. lat. 5650 (Chartes du xi‍e au xii‍e siècle).

CAMBRAI (CHAPITRE de). Cartulaire A. xii‍e siècle, 152 fol. Bibl. nat. MS. lat. 10968.

CARCASSONNE (ÉVÊCHÉ et CATHÉDRALE de). Chartes x‍e-xii‍e siècle (Collection Doat, 65. Bibl. nat. MS.).

CELLE-FROUIN, abbaye, diocèse d'Angoulême. Cartulaire original xii‍e et xiii‍e siècle, 20 fol. Bibl. nat. MS. lat. 9235 (Chartes du xi‍e-xii‍e siècle).

CHALON (SAINT-MARCEL de). Cartulaire. Copie xvii‍e siècle (Bouhier), 61 fol. Bibl. nat. MS. lat. 17091 (Chartes des x‍e et xi‍e siècles).

CHARTRES (SAINT-JEAN-EN-VALLÉE de), abbaye. Cartulaire xiii‍e siècle. Bibl. nat. MS. lat. 11063 (Chartes du xi‍e au xii‍e siècle).

CHERLIEU, abbaye, diocèse de Besançon. Cartulaire xiii‍e siècle, 73 fol. Bibl. nat. MS. lat. 10973 et copie Collect. Moreau, 874, fol. 6-90 (Chartes du xii‍e siècle).

CLUNY, abbaye, diocèse de Mâcon. Cartulaire B. Bibl. nat. MS. lat., nouv. acq. 1498 (1610 chartes du xi‍e siècle et commencement du xii‍e siècle).

COMPIÈGNE (SAINT-CORNEILLE de), abbaye, diocèse de Soissons. *Cartulaire blanc*, xiii‍e siècle. (*Arch. nat.* LL 1622.) *Cartulaire rouge*. Copie xvii‍e siècle. (*Arch. nat.* LL 1623-1624) (Chartes ix‍e-xii‍e siècle).

CONDÉ (NOTRE-DAME de), église, diocèse de Cambrai. Cartulaire xiii‍e-xiv‍e siècle, 112 fol. Bibl. nat. MS. lat. 9917 (Chartes du xii‍e siècle).

CORBIE, abbaye, diocèse d'Amiens.

Cartulaire noir, xiii‍e siècle, 253 fol. Bibl. nat. MS. lat. 17758.

Cartulaire blanc, xiii‍e et xiv‍e siècle, 183 fol. Bibl. nat. MS. lat. 17759 (Ces deux cartulaires renferment surtout des chartes du xii‍e et xiii‍e siècle).

Quatre petits cartulaires xii‍e siècle, en tout 187 fol. Bibl. nat. MS. lat. 17762 à 17765 (surtout chartes antérieures au xi‍e siècle).

Dijon (Saint-Etienne de), abbaye. Cartulaire. Copie xvii° siècle, 214 p. Bibl. nat. MS. lat. 17082 (Chartes ix°-xi° siècle).

Eaunes, abbaye, diocèse de Toulouse. Cartulaire original xii° siècle, 14 fol. Bibl. nat. MS. lat. 11012 (Chartes xii° siècle).

Envermeu (Saint-Laurent d'), prieuré. Cartulaire. Copie. Bibl. nat. MS. lat. 10058 (Chartes des xi° et xii° siècles).

Eu (Comté d'). Cartulaire xiii° siècle, 83 fol. Bibl. nat. MS. lat. 13904 (Chartes du xii° siècle).

Faverney, abbaye, diocèse de Besançon. Cartulaire. Copie xviii° siècle. Bibl. nat. Collection Moreau, 871, f. 613-678 (Chartes xii° siècle).

Flavigny, abbaye, diocèse d'Autun. Cartulaire. Copie xvii° siècle, 109 p. Bibl. nat. MS. lat. 17720 (Chartes viii°-xii° siècle).

Figeac, abbaye. Chartes du x° au xii° siècle (Collection Doat, 126. Bibl. nat. MS.).

Foigny, abbaye, diocèse de Laon. Cartulaire xii° siècle, 88 fol. Bibl. nat. MS. lat. 18373.

Fontevraud, abbaye, diocèse de Poitiers. Cartulaire original dans la Bibliothèque de sir Thomas-Phillipps à Cheltenham. Copie partielle. Bibl. nat. MS. lat. 5480 (Chartes xii° siècle).

Foucarmont, abbaye, diocèse de Rouen. Cartulaire. Copie. Bibl. nat. MS. lat., nouv. acq. 248 (Chartes xii° siècle).

Franche-Comté. Chartes des xi° et xii° siècles. Abbayes d'Abondance, de Balerne, Baume, Bonlieu, Château-Châlon, Chaumouzey, Cîteaux, Mirevau, Quincy, Saint-Claude, Saint-Anatole de Salins, prieuré de Marast, chartreuse de Vaucluse, abbaye de Vaux (*Archives du Jura*).

Gorze, abbaye, diocèse de Metz. Cartulaire original xii° siècle. Bibliothèque de Metz, n° 826. Copie partielle. Bibl. nat. MS. lat. 5436 (Chartes du viii°-xii° siècle).

Grandselve, abbaye, diocèse de Toulouse. Cartulaire A. xii° siècle, 226 fol. Bibl. nat. MS. lat. 11008. — Cartulaire B. 26 fol. Bibl. nat. MS. lat. 11009 (Chartes xii° siècle).

Grasse (la), abbaye, diocèse de Carcassonne. Un grand nombre de chartes du ix° au xii° siècle dans collection Doat, T. 66 (Bibl. nat. MS.).

Haumont (Saint-Pierre d'), abbaye, diocèse de Cambrai. Cartulaire xiii° siècle, 75 fol. Bibl. nat. MS. lat., nouv. acq. 1386 (La plupart des chartes du xii° siècle).

Hesdin (Saint-Georges d'), prieuré de l'abbaye d'Anchin, diocèse de Saint-Omer. Cartulaire original xiie siècle aux *Archives du Nord*, 83 fol. Copie figurée à la Bibl. nat. MS., lat., nouv. acq. 1221 (Chartes du xiie siècle).

Igny, abbaye, diocèse de Reims. Cartulaire xiie siècle, 270 fol. Bibl. nat. MS. lat. 9904 (Chartes du xiie siècle).

Josaphat-les-Chartres (abbaye). Cartulaire xiie siècle, 135 p. Bibl. nat. MS. latin 10102 (Chartes de la 1re moitié du xiie siècle). — xiiie siècle, 144 p. B. nat. MS. latin 10102 (Chartes du xiie siècle).

Langres (cathédrale et évêché de). Cartulaires. Copies. Bibl. nat. MS. lat. 17099-17100 (Chartes du xiie siècle).

Langres (église de). Cartulaire. Bibl. nat. MS. franç. 4901 (Chartes du xiie siècle).

Lérins (Saint-Honorat de), abbaye, diocèse de Grasse. Cartulaire original du xve siècle aux *Archives des Alpes-Maritimes*. Copie. 363 fol. Bibl. nat. MS., nouv. acq. lat. 1155 (302 chartes, dont un grand nombre du xie siècle) (*Voyez aux imprimés*).

Lezat, abbaye, diocèse de Rieux. Cartulaire xiiie siècle, 300 fol. Bibl. nat. MS. latin 9189 (Chartes du xe au xiie siècle).

Lieu-Croissant, abbaye, diocèse de Besançon. Cartulaire. Copie. Bibl. nat. MS. Coll. Moreau, 874, fol. 211 et suiv. (Chartes du xiie siècle).

Lihons, prieuré, diocèse d'Amiens. Cartulaire xiiie siècle, 57 fol. Bibl. nat. MS. lat. 5460 (Chartes du xiie siècle).

Mans (St-Vincent du), abbaye. Cartulaire. Copie. Bibl. nat. MS. lat. 5444 (environ 900 chartes du xie siècle et du commencement du xiie siècle).

Marchiennes, abbaye, diocèse d'Arras. Cartulaire original aux *Archives du Nord*. Copie figurée à la Bibl. nat. MS., nouv. acq. lat. 1204, 566 fol. (Chartes nombreuses des xie et xiie siècles).

Metz (évêché de). Cartulaire xve siècle. Bibl. nat. MS. lat. 10021 (Chartes x^e-xiie siècle, f°s 257 suiv.).

Metz (Sainte-Glossinde de), abbaye. Cartulaire xiiie siècle. Bibl. nat. MS. lat. 10024 (Chartes du xiie siècle).

Monestier-en-Velay (Saint-Chaffre de), abbaye, diocèse du Puy. Cartulaire. Copie xviie siècle, 101 p. Bibl. nat. MS.

lat. 5456^A. Cartulaire rédigé en 1087, par un moine de l'abbaye (570 chartes et notices depuis la fondation de l'abbaye jusqu'en 1087, plus un certain nombre de chartes du XIIe siècle qui ont été intercalées). — M. l'abbé U. Chevalier a publié la partie du Cartulaire qui a trait au Dauphiné (*Documents inédits relatifs au Dauphiné*, T. II, liv. 6 (1868).

MONTIER-EN-DER, abbaye, diocèse de Châlons-sur-Marne. Cartulaire original aux *Archives de la Haute-Marne*. Copie figurée, 2 vol. 137 et 92 fol. Bibl. nat. MS. lat., nouv. acq. 1251-1252 (Chartes du VIIe-XIIe siècle, la plupart du XIe siècle).

MONTOLIEU, abbaye, diocèse de Carcassonne. Chartes IXe-XIIe siècle (Collection Doat, 69. Bibl. nat. MS.).

MONT-SAINT-MARTIN, abbaye, diocèse de Cambrai. Cartulaire commencement du XIIIe siècle, 136 fol. Bibl. nat. MS. lat. 5478 (Chartes du XIIe siècle).

MONT-SAINT-MICHEL, abbaye. Cartulaire. Copie. Bibl. nat. MS. lat. 5430^A (Chartes des XIe et XIIe siècles).

MORLAS (SAINTE-FOI de), diocèse d'Oloron. Cartulaire original XIIe siècle, 11 fol. Bibl. nat. MS. lat. 10936 (Chartes XIe-XIIe siècle).

MORTEMER, abbaye, diocèse de Rouen. Cartulaire XIIe siècle, 57 fol. Bibl. nat. MS. lat. 18369 (Chartes du XIIe siècle).

MOUTIER-EN-ARGONNE, abbaye, diocèse de Châlons-sur-Marne. Cartulaire XIIe siècle, 42 fol. Bibl. nat. MS. lat. 10946 (Chartes du XIIe siècle).

NARBONNE (Cathédrale). Chartes du IXe-XIIe siècle (Collection Doat. T. 55. Bibl. nat. MS.).

NARBONNE (SAINT-PAUL de), chapitre. Chartes X^e-XIIe siècle (Coll. Doat, 57. Bibl. nat. MS.).

NARBONNE (vicomté de). Chartes XIe-XIIe siècle (Collection Doat. T. 48. Bibl. nat. MS.).

ORLÉANS (SAINT-AVIT d'), abbaye. Cartulaire XIIIe siècle, 117 fol. Bibl. nat. MS. lat. 12886 (Chartes du XIe au XIIe siècle).

ORLÉANS (SAINTE-CROIX d'), église cathédrale. Cartulaire. Copie XVIIe siècle. Bibl. nat. Collection Baluze, 78, fol. 1-49 (Chartes du XIe au XIIe siècle).

PALAIS, abbaye, diocèse de Limoges. Cartulaire original au British Museum. Copie, 98 fol. Bibl. nat. MS. lat., nouv. acq. 225 (Chartes du XIIe siècle).

Paris (Saint-Martin-des-Champs de), prieuré. *Liber testamentorum.* XIIe siècle, 94 fol., plus 2 fol. *bis.* Bibl. nat. MS. lat. 10977 (Nombreuses chartes du XIe siècle).

Perrecy, diocèse d'Autun. Cartulaire. Copie XVIIe siècle (Bouhier), 96 p. Bibl. nat. MS. lat. 17721 (Chartes du IXe au Xe siècle).

Ponthieu (Comté). Cartulaire XIVe siècle, 419 fol. Bibl. nat. MS. lat. 10112 (Chartes du XIIe siècle).

Pontigny, abbaye, diocèse d'Auxerre. Cartulaire XIIe-XIIIe siècle, 60 fol. Bibl. nat. MS. lat. 9887. — Cartulaire XIIIe siècle, 310 p. Bibl. nat. MS. lat. 5465 (Chartes du XIIe siècle).

Préaux (Saint-Pierre de), diocèse de Lisieux. Cartulaire XIIIe siècle, avec additions du XIIIe-XVe siècle (Chartes et notices du XIe-XIIe siècle) (Extrait MS. par M. L. Delisle, 640 pièces transcrites).

Provence. Chartes des XIe et XIIe siècles. Fonds de la Cour des Comptes, de Malte, de Montmajour, de Notre-Dame de Laseds, de l'évêché de Marseille, du chapitre d'Aix (*Archives des Bouches-du-Rhône*).

Quimperlé, abbaye. Cartulaire original, commencement du XIIe siècle, dans la Bibliothèque de lord Beaumont. Copie figurée, 97 fol. Bibl. nat., nouv. acq. lat. 1427 (Chartes du XIe siècle).

Remiremont, abbaye, diocèse de Saint-Dié. Cartulaire. Copie XIVe siècle. Bibl. nat. MS. lat. 12866, fol. 67-112 (Chartes des XIe et XIIe siècles). — Chartes du VIIIe au XIIIe siècle. Bibl. nat., nouv. acq. lat. 2547.

Rennes (St-Georges de), abbaye. Cartulaire XVe siècle, 16 fol. *Archives d'Ille-et-Vilaine* (Chartes du XIe siècle).

Roë (la), abbaye, diocèse d'Angers. Cartulaire original XIIe siècle aux *Archives de la Mayenne.* Copie. Bibl. nat. MS. lat., nouv. acq. 1227 (251 pièces de 1083 à fin XIIe siècle).

Ronceray (le) d'Angers, abbaye. Cartulaire original à la Bibliothèque d'Angers, un grand nombre de pièces copiées dans *dom Housseau*, T. XII, n°s 7578-7921 (Chartes des XIe et XIIe siècles).

Rosières (Notre-Dame de), abbaye, diocèse de Besançon. Cartulaire. Copie. Bibl. nat. MS. Collection Moreau, 871, f°s 317-512 (Chartes XIIe siècle).

Rouen (église cathédrale de). Cartulaire original. Bibl. de Rouen. Copie. Bibl. nat. MS., nouv. acq. lat. 1363 (Chartes xie-xiie siècle).

Rueil, dépendance de Saint-Denis. Cartulaire xiiie siècle. *Arch. nat.* LL 1167 (77 chartes 840-1297).

Salvetat, abbaye, diocèse de Castres (Collection de Languedoc. T. 192. Bibl. nat. MS.).

Savigni, abbaye, diocèse d'Avranches. Cartulaire xiie-xiiie siècle aux *Archives de la Manche* (Copie MS. par M. L. Delisle) (Chartes xiie siècle).

Saint-Amand, abbaye, diocèse de Tournai. Cartulaire original aux *Archives du Nord*. Copie figurée. Bibl. nat. MS., nouv. acq. lat. 1219-1220 (Chartes des xie et xiie siècles).

Saint-Amant de Boisse, diocèse d'Angoulême. Cartulaire. Copie. Bibl. nat. MS. lat. 12898 (Chartes des xie et xiie siècles).

Saint-Crespin en Chaie, abbaye, diocèse de Soissons. Cartulaire xiiie siècle. Bibl. nat. MS. lat 18372 (Chartes du xie au xiie siècle).

Saint-Denis, abbaye. *Cartulaire blanc.* xiiie siècle, original. Arch. nat. LL 1157 et 1158 (T. Ier comprend 929 p.; T. II, 626 p.). Copie partielle xive siècle (513 p.). Bibl. nat. MS. lat. 5415. Table xviie siècle (92 f.). Bibl. nat. MS. lat. 17112 (Chartes du viie au xiie siècle).

Saint-Florent de Saumur, abbaye, diocèse d'Angers.

Cartulaire blanc, xiie siècle (Chartes de 717 à 1120), aux *Archives de Maine-et-Loire.*

Cartulaire d'argent, xiie siècle (Chartes de 824 à 1170), *ib.*

Cartulaire rouge, xiiie siècle (Chartes de 824 à 1258), *ibid.*

Cartulaire noir. Chartes du ixe au xiie siècle, à la Bibliothèque de Cheltenham.

Je n'ai pu consulter directement ces cartulaires, mais j'ai utilisé, outre l'analyse du *Cartulaire noir* faite par M. Marchegay (*Archives d'Anjou*, I, p. 337 suiv.), les nombreuses copies contenues dans la collection dom Housseau; enfin les ensembles de chartes que M. Marchegay a publiés successivement :

Chartes Poitevines de l'abbaye de Saint-Florent de Saumur (860-1140). (*Archives historiques du Poitou*, II (1873).

Chartes Nantaises (1070-1186). (*Bulletin de la Société archéologique de Nantes*, T. XVI (1877).

Chartes concernant l'Angoumois (1060-1185). Bulletin de la Société archéologique de la Charente (1877).

Chartes concernant l'Ile-de-France (1070-1220). (*Mémoires de la Société de l'Histoire de Paris*, T. V).

Les prieurés anglais de Saint-Florent, près Saumur (XIe-XIIIe siècle). Bibliothèque de l'École des Chartes, t. XL (1879).

Saint-Germain-des-Prés, abbaye. Cartulaire des Trois-Croix (VIe-XIIe siècle). Arch. nat. LL 1024. — Cartulaire de l'abbé Guillaume, XIIIe siècle (VIe-XIVe siècle). Arch. nat. LL 1026. — Cartulaire général, XVIIIe siècle (par dom Philibert du Roussin). Arch. nat. 10 vol.

Saint-Jean d'Angély, abbaye, diocèse de Saintes. Cartulaire. Copie, 188 fol. Bibl. nat. MS. lat. 5451 (Environ 500 chartes du XIe siècle).

Saint-Jean-du-Mont, prieuré, diocèse d'Auch. Cartulaire. Copie XVIIe siècle, 43 fol. Bibl. nat. MS. lat. 5460^A (Chartes du XIe siècle).

Saint-Josse-sur-Mer, abbaye, diocèse d'Amiens. Cartulaire original XIIIe siècle aux *Archives du Pas-de-Calais*. Copie du XVIIe siècle. Bibl. nat. MS. lat. 11926, f°s 116-164 (Un certain nombre de chartes du XIIe siècle).

Saint-Josse-au-Bois, abbaye, diocèse d'Amiens. Cartulaire. Copie. Bibl. nat. Collection des Cinq-Cents de Colbert, 161 (Un certain nombre de chartes du XIIe siècle).

Saint-Hilaire, abbaye, diocèse de Carcassonne. Chartes IXe-XIIe siècle (Collection Doat, 71. Bibl. nat. MS.).

Saint-Leu d'Esserens, prieuré, diocèse de Beauvais. Cartulaire. Copie. Bibl. nat. Collection Baluze, 46, f°s 1-110 (Chartes XIe-XIIe siècle).

Saint-Maur-des-Fossés, abbaye. *Livre noir*, XIIIe siècle. Arch. nat. LL 112. — *Livre blanc*, XIIIe siècle. Arch. nat. LL 114 (Chartes du IXe-XIIe siècle).

Saint-Michel en Thiérarche, abbaye, diocèse de Laon. Cartulaire XIIIe siècle, 379 p. Bibl. nat. MS. lat. 18375 (Chartes du XIe au XIIe siècle).

Saint-Mihiel, abbaye, diocèse de Verdun. Cartulaire original XIIe siècle, aux *Archives de la Meuse*. Copie figurée 199 p. Bibl. nat. MS. lat., nouv. acq. 1283 (Chartes du VIIIe-XIIe siècle). (En tête du Cartulaire se trouve une chronique du XIe siècle).

F.

Saint-Pierre de Vigeois, abbaye, diocèse de Limoges. Cartulaire original appartenant au duc de Mouchy. Copie xviiie siècle, 232 p. (Le manuscrit original comprenait 81 fol.). Bibl. nat. MS. lat. 17119 (La plupart des chartes sont du xie siècle).

Saint-Quentin-en-Vermandois, chapitre, diocèse de Noyon. Cartulaire xive siècle, 130 fol. Bibl. nat. MS. lat. 11070 (Chartes xiie siècle).

Saint-Remy-les-Senlis, abbaye. Cartulaire xiiie siècle, 50 fol. Bibl. nat. MS. lat. 11002 (Chartes du xiie siècle).

Saint-Sauveur-le-Vicomte, abbaye, diocèse de Coutances. Cartulaire original xive-xve siècle, aux *Archives de la Manche*. Copie. Bibl. nat. MS. lat. 17137 (Chartes des xie et xiie siècles).

Saint-Seine, abbaye, diocèse de Langres. Cartulaire. Copie xviie siècle (Bouhier), 105 p. Bibl. nat. MS. lat. 17085 (Chartes xiie siècle).

Senones, abbaye, diocèse de Saint-Dié. Cartulaire. Copie xviie siècle, 532 et 248 fol. Bibl. nat. MS. lat. 9202-9203 (Chartes xiie siècle).

Solignac, abbaye, diocèse de Limoges. Cartulaire original. Commencement du xiie siècle, 42 fol. Bibl. nat. MS. latin 18363 (Chartes du xie-xiie siècle).

Soissons (diocèse). Collection dom Grenier. T. 293-294. Bibl. nat. MS. (Chartes xie-xiie siècle).

Soissons (Saint-Jean-des-Vignes de), abbaye. Cartulaire xiiie siècle, 137 fol. Bibl. nat. MS. lat. 11004 (Chartes du xie au xiie siècle).

Thenailles, abbaye, diocèse de Laon. Cartulaire xiiie siècle, 117 fol. Bibl. nat. MS. lat. 5649 (Chartes du xie au xiie siècle).

Tiron (Sainte-Trinité de), abbaye, diocèse de Chartres. Cartulaire original, *Archives d'Eure-et-Loir*, fin du xiie siècle. Copie moderne. Bibl. nat. MS. lat. 10107 (Chartes du xiie siècle) (*Voyez aux imprimés*).

Tours (archevêché de). *Liber Compositionum*. Copie Bibl. nat. MS. lat., nouv. acq. 1183 (Chartes des xie et xiie siècles).

Toussaint-en-l'Ile, abbaye, diocèse de Châlons. Cartulaire original xiiie siècle, aux *Archives de la Manche*. Copie Bibl. nat. MS. lat., nouv. acq. 1278 (Chartes du xiie siècle).

TROARN, abbaye, diocèse de Bayeux. Cartulaire xive siècle, 242 fol. Bibl. nat. MS. lat. 10086 (Chartes et notices du xie siècle).

VABRES (ÉGLISE et ÉVÊCHÉ de). Chartes du ixe et xiie siècle (Collection Doat, 148, Bibl. nat. MS.).

VAL-LE-ROI, abbaye, diocèse de Reims. Cartulaire xiie siècle, 22 fol. Bibl. nat. MS. lat. 10965. — Copie xviie siècle. Bibl. nat. MS. lat., nouv. acq. 1289 (Ce dernier MS. contient des chartes qui manquent dans le premier).

VAL-SAINT-LAMBERT, abbaye, diocèse de Liège. Cartulaire xive siècle, 63 fol. Bibl. nat. MS. lat. 10176 (Chartes du xiie siècle).

VAUCELLES, abbaye, diocèse de Cambrai. Cartulaire. Original xiiie siècle aux *Archives du Nord*. Copie. Bibl. nat. MS. lat., nouv. acq. 1206 (Chartes du xiie siècle).

VAUCLAIR, abbaye, diocèse de Laon. Cartulaire. Fin xiie siècle, 92 fol. Bibl. nat. MS. lat. 11073 (Chartes du xiie siècle).

VAULUISANT, abbaye, diocèse de Sens. Cartulaire xiiie siècle, 103 fol. Bibl. nat. MS. lat. 9901 (Chartes du xiie siècle).

VENDÔME (TRINITÉ de), abbaye. Cartulaire. Original xie siècle, à Middlehill. Copie. Bibl. nat. MS., nouv. acq. lat. 1232. — Le manuscrit dans son état primitif comprenait 570 chartes et 274 fol.[1]. Il ne renferme plus aujourd'hui que 109 chartes et 40 fol. La charte la plus ancienne est du xe siècle, la plus récente de 1101; mais cette dernière est une pièce intercalée, comme il s'en trouve plusieurs dans le MS. Le cartulaire original a été écrit vers 1070.

VENDÔMOIS (MARMOUTIER pour le). Cartulaire. Commencement du xiie siècle, 40 fol., la plupart à 2 colonnes. Bibl. nat. MS. lat. 5442 (190 chartes du xie siècle).

VERDUN (ÉVÊCHÉ de). Cartulaire. Copie 70 fol. Bibl. nat. Collection de Lorraine 716 (Chartes du xie-xiie siècle).

VERDUN (SAINT-VANNE de), abbaye. Copie xviie siècle (Bouhier). Bibl. nat. MS. lat. 17639, f°s 30-77 (Les deux autres copies que possède la Bibl. nat. MS. lat. 5435 et 5214, contiennent les mêmes chartes; mais elles sont défectueuses) (Chartes du vi^e au xiie siècle. La plupart des chartes sont des xe et xie siècles).

---

[1] Une copie presque intégrale avait été faite par Duchesne. Les pièces en sont disséminées dans plusieurs collections de la Bibliothèque nationale (Collections Duchesne, Decamps, Baluze).

VIERZON, abbaye, diocèse de Bourges. Cartulaire xiie siècle, 29 fol. Bibl. nat. MS. lat. 9865 (Chartes du viiie au xiie siècle, la plupart du xie siècle).

II. IMPRIMÉS.

ALSACE. Rotules colongers et chartes du xie au xiie siècle, publiés par Hanauer (Paris et Strasbourg, 1865) (*Les constitutions des campagnes de l'Alsace au moyen âge*).

AINAY (Voyez SAVIGNY et AINAY).

ANJOU. Chartes angevines des xie et xiie siècles publiées par Marchegay (*Bibliothèque de l'Ecole des Chartes*, T. XXXVI, année 1875, p. 381 et suiv.).

ARRAS (SAINT-VAAST d'), abbaye. Cartulaire publié par Van Drival (Arras, 1875). Cartulaire rédigé au xiie siècle, avec chartes annexes du viie au xiie siècle).

AUCHY (SAINT-SYLVIN d'), diocèse de Boulogne. Cartulaire rédigé par dom Bétencourt. Imprimé partiellement au siècle dernier, mais non publié. Un exemplaire de ce tirage est conservé aux MSS. de la Bibl. nat. (Chartes du xie au xiiie siècle).

AUTUN (ÉGLISE d'). Cartulaire publié par A. de Charmasse (Paris et Autun, 1865) (Chartes du viie au xiie siècle).

AUTUN (ÉVÊCHÉ d'). Cartulaire publié par A. de Charmasse (Paris, 1880) (Chartes du xiie siècle).

AVENAY, abbaye, diocèse de Reims. Chartes du xie-xiie siècle, publiées par L. Paris dans le T. II de l'*Histoire de l'abbaye d'Avenay* (Paris, 1879).

BAIGNE (SAINT-ETIENNE de), abbaye, diocèse de Saintes. Cartulaire publié par l'abbé Cholet (Niort, 1868) (534 chartes du commencement du xie siècle à la fin du xiie siècle).

BAUGENCY (NOTRE-DAME de), diocèse d'Orléans. Cartulaire publié par G. Vignat (Orléans, 1879) (Chartes du xiie au xive siècle).

BEAUJEU (NOTRE-DAME de), église, diocèse de Mâcon. Cartulaire publié par C. Guigue (Lyon, 1864) (Chartes du xe-xiie siècle).

BEAULIEU, abbaye, diocèse de Limoges. Cartulaire publié par M. Deloche (Paris, 1859) (*Collection des documents inédits*) (194 chartes de 823 à 1190).

Bèze, abbaye, diocèse de Langres. Cartulaire xiie siècle publié par d'Achery dans le *Spicilegium*, T. II, p. 400 suiv., et par J. Garnier dans les *Analecta Divionensia* (Dijon, 1875) (Chartes ixe-xiie siècle).

Brioude (Saint-Julien de), église, diocèse de Saint-Flour. Cartulaire publié par G. Doniol (Clermont et Paris, 1863 (341 chartes du ixe-xie siècle).

Carcassonne (ancien diocèse et arrondissement de). Cartulaire et archives publiés par Mahul (Paris, 1857-1872), 6 vol. in-4°.

Chalais (Notre-Dame et Saint-Jean-Baptiste de), abbaye, diocèse de Grenoble. Cartulaire publié par Pilot de Thorey (Grenoble, 1879) (Chartes du xiie siècle).

Chamaillières (Saint-Gilles de), prieuré, diocèse du Puy. Cartulaire publié par H. Fraisse (Le Puy, 1871) (384 chartes et notices du xe au xiiie siècle).

Chapelle-Aude (la), prieuré, diocèse de Bourges. Fragments du cartulaire perdu, publiés par Chazaud (Moulins, 1860) (107 chartes du viie au xive siècle, la plupart des xie et xiie siècles).

Chartres (cathédrale de). Cartulaire publié par E. de Lépinois et L. Merlet (Chartres, 1862-1865), 3 vol. in-4°, T. Ier (Chartes du xe-xiie siècle).

Chartres (Saint-Père de), abbaye. Cartulaire publié par Guérard (Paris, 1850), 2 vol. in-4° (*Collection des documents inédits*) (Chartes du xe au xiie siècle).

Cluny, abbaye, diocèse de Mâcon. Chartes publiées par A. Bruel, T. I (Paris, 1876); T. II (1880); T. III (1884) (*Collection des documents inédits*) (2796 chartes de 813 à 1027).

Conques (Sainte-Foi de), abbaye, diocèse de Rodez. Cartulaire publié par Gustave Desjardins (Paris, 1879) (578 chartes du ixe au xiie siècle. Le plus grand nombre des xe et xie siècles).

Corbeil (Saint-Spire de), abbaye, diocèse de Paris. Cartulaire publié par Coüard-Luys (Rambouillet, 1882) (Chartes xie-xiiie siècle).

Cormery, abbaye, diocèse de Tours. Cartulaire publié par l'abbé Bourassé (Paris et Tours, 1861) 76 chartes du ixe au xiie siècle).

Dijon (Saint-Bénigne de), abbaye. Chronique et cartulaire. Chronique publiée par d'Achery dans le *Spicilegium*, T. II, et par Bougaud et Garnier dans *Analecta Divionensia* (Dijon, 1875). Chartes publiées en partie par Pérard. *Recueil de pièces curieuses pour servir à l'histoire de Bourgogne* (1654) et pour le surplus par Garnier. *Mémoires présentés à l'Académie des Inscriptions*, 2ᵉ série, II (1849).

Domène, prieuré, diocèse de Grenoble. Cartulaire publié par Ch. de Monteynard (Lyon, 1859) (237 chartes du xiᵉ et du commencement du xiiᵉ siècle, la plupart du xiᵉ).

Dunois (Marmoutier pour le). Cartulaire publié par E. Mabille (Paris et Châteaudun, 1876) (204 chartes xiᵉ-xiiᵉ siècle).

Fontjoncouse, seigneurie. Cartulaire publié par G. Mouynès (*Bulletin de la commission archéol. de Narbonne*, T. I (1877), p. 107 suiv.) (Chartes du viiiᵉ-xiiᵉ siècle).

Fougères, prieuré, diocèse de Rennes. Cartulaire publié par A. de la Borderie (*Bulletin de l'Association bretonne*, T. III (1851), p. 178 et 236) (Chartes des xiᵉ et xiiᵉ siècles).

Grenoble (église cathédrale de). Cartulaires dits de *Saint-Hugues*, publiés par J. Marion (Paris, 1869) (*Collection des documents inédits*) (300 chartes de 739 à 1147).

Halatte (Saint-Christophe en), prieuré, diocèse de Beauvais. Cartulaire publié par l'abbé Vattier (Senlis, 1876) (Chartes des xiᵉ, xiiᵉ, xiiiᵉ siècles).

Lannoy, abbaye, diocèse de Beauvais. Chartes publiées par Deladreue dans l'*Histoire de l'abbaye de Lannoy* (Beauvais, 1881) (Chartes xiiᵉ siècle).

Lérins (Saint-Honorat de), abbaye, diocèse de Grasse. Cartulaire publié par H. Moris et E. Blanc, Première partie (Paris, 1883), in-4° (*Voyez aux MSS.*).

Libaud, prieuré, diocèse de Poitiers. Cartulaire publié par Marchegay, dans *Archives historiques du Poitou* (1872, T. I), p. 53-78 (Chartes du xiiᵉ siècle).

Limoges (aumônerie de Saint-Martial de). 2 cartulaires (xiᵉ et xiiᵉ siècles) publiés par A. Leroux, E. Molinier et A. Thomas dans *Documents historiques concernant la Marche et le Limousin*, T. II, p. 1-26 (Limoges, 1885).

Longpont (Notre-Dame de), prieuré, diocèse de Paris. Cartulaire (Lyon, 1880) (355 chartes xiᵉ-xiiᵉ siècle).

Luzerne (la), abbaye, diocèse d'Avranches. Cartulaire publié par Dubosc dans *Cartulaire de la Manche* (Saint-Lô, 1878) (Chartes du xiie siècle).

MACON (SAINT-VINCENT de), cathédrale. Cartulaire publié par C. Ragut (Mâcon, 1864) (632 chartes du viie au xiie siècle, la plupart des xe et xie siècles).

MARSEILLE (SAINT-VICTOR de), abbaye. Cartulaire publié par MM. Guérard, Marion et Delisle (Paris, 1857), 2 vol. in-4° (*Collection des documents inédits*) (1133 chartes, presque toutes du xie siècle). — A la suite du Cartulaire les éditeurs ont publié un *Polyptyque* dressé en 814 sous l'épiscopat de Vuadalde, T. II, p. 633-656.

MANS (ÉGLISE du). *Cartulaire blanc* publié par Cauvin (Le Mans, 1869) (Chartes de la fin du xe siècle à la fin du xiiie siècle).

MARMOUTIER, abbaye, diocèse de Tours. Cartulaire tourangeau publié par P. Nobilleau, gr. in-8° (Tours, 1879).

MARMOUTIER, abbaye, diocèse de Tours. Le *Livre des serfs*, publié par Salmon et Grandmaison (Tours, 1864) (Chartes du xie-xiie siècle).

MARMOUTIER (prieurés en Anjou : Carbay, Liré, Rillé, Blessé, Chalonnes-sur-Loire, Champtoceaux, Daumeray, Montjean, Pouancé, Saint-Quentin-en-Mauge, Vern). Chartes du xe au xiie siècle, publiées par Marchegay. *Archives d'Anjou*, T. II, p. 1 suiv. (Angers, 1853).

MAURIENNE (DIOCÈSE de). Chartes publiées par Billiet et Albrieux dans *Documents de l'Académie de Savoie*, T. II (1861) (Chartes du ixe-xiie siècle).

MOLÈME, abbaye, diocèse de Langres. Chartes publiées par E. Socard dans *Mémoires de la Société académique de l'Aube*, T. XXIV (1864) (Chartes xie-xiie siècle).

MONTÉLIMAR (ville de). Cartulaire publié par l'abbé Chevalier (Montélimar, 1871)

MONTMOREL, abbaye, diocèse d'Avranches. Cartulaire publié par Dubosc dans *Cartulaire de la Manche* (Saint-Lô, 1878) (Chartes du xiie siècle).

MORIGNY, abbaye, diocèse de Sens. Cartulaire publié par E. Menault à la suite de *Morigny, son abbaye, sa chronique* (Paris, 1867) (Chartes des xie et xiie siècles).

MORLAS (STE-FOI de), diocèse d'Oloron. Cartulaire publié par Léon Cadier (Pau, 1884) (*Voyez aux MSS.*).

Nantais (pays). Chartes publiées par Marchegay (*Bulletin de la Société archéologique de Nantes*, T. XVI (1877) (Chartes des xie et xiie siècles).

Nîmes (Notre-Dame de), église. Cartulaire publié par E. Germer-Durand (Nîmes, 1874) (213 chartes de 834 à 1156).

Noyers, abbaye, diocèse de Tours. Cartulaire publié par l'abbé C. Chevalier (Tours, 1872) (660 chartes, presque toutes des xie et xiie siècles).

Paris (Notre-Dame de). Cartulaire publié par Guérard (Paris, 1850), 4 vol. in-4° (*Collection des documents inédits*) (Chartes du vi^e au xiie siècle).

Pébrac, abbaye, diocèse de Saint-Flour. Cartulaire publié par Payrard (1875) (Chartes des xie et xiie siècles).

Périgueux (diocèse de). Chartes publiées par Marchegay dans *Bulletin de la Société archéologique et historique du Périgord*, T. VI (56 chartes de 1080-1186).

Perseigne, abbaye, diocèse du Mans. Cartulaire publié par G. Fleury (Le Mans, 1880) (Chartes du xiie siècle).

Poitiers (Saint-Cyprien de), abbaye. Cartulaire publié par Redet dans *Archives historiques du Poitou*, T. III (1874) (Près de 600 chartes du ixe au xiie siècle).

Poitiers (Saint-Hilaire de), église. Cartulaire publié par Redet dans *Mémoires de la Société des Antiquaires de l'Ouest* (1847-1852) (Un grand nombre de chartes du xe au xiie siècle).

Poitiers (Saint-Nicolas de), prieuré. Cartulaire publié par Redet dans *Archives historiques du Poitou*, T. I (1872), p. 1-51 (Chartes des xie et xiie siècles).

Poitou (Bas). Cartulaires publiés par Marchegay, Les Roches Baritaud, 1877 (Prieuré et Celle de Saint-Florent de Saumur : la Chaise le Vicomte, Saint-Michel en l'Herm. Prieurés et églises de Marmoutier : Aizenay, Brem, Fontaines, l'Ile d'Yeu (église), le Puybéliard, Commequiers, la Roche-sur-Yon, Salertaine, Sigournay, Treize-Vents, abbaye de Bois-Grolland (215 chartes des xie et xiie siècles).

Poitou (Haut). Chartes publiées par Marchegay dans *Archives historiques du Poitou*, T. II (96 chartes de 833 à 1160).

Redon, abbaye, diocèse de Vannes. Cartulaire publié par Aurélien de Courson (Paris, 1863) (*Collection des documents inédits*) (Chartes du viiie au xiie siècle).

Reims (Saint-Remi de), abbaye. Polyptyque publié par Guérard (Paris, 1853) (IXe siècle).

Rennes (Saint-Georges de), abbaye. Cartulaire publié par P. de la Bigne-Villeneuve. *Bulletin et mémoires de la Société archéologique d'Ille-et-Vilaine*, T. IX (1875), p. 127-312; T. X (1876) (Chartes des IXe et XIIe siècles).

Réole (La), prieuré, diocèse de Bazas. Cartulaire publié par Grellet-Balguerie dans *Archives historiques de la Gironde*, T. V (1864), p. 99-186 (152 chartes et notices du IXe-XIIe siècle).

Romans (Saint-Barnard de), abbaye, diocèse de Vienne. Fragments du Cartulaire publiés par M. Giraud dans *Essai historique sur l'abbaye de Saint-Barnard et sur la ville de Romans* (Lyon, 1856-1859) (chartes et notices du Xe-XIIe siècle).

Rouen (Sainte-Trinité-du-Mont de), abbaye. Cartulaire publié à la suite du Cartulaire de Saint-Bertin (Paris, 1841) (*Collection des documents inédits*) (Toutes les chartes sont du XIe siècle).

Saint-Bertin, abbaye, diocèse de Saint-Omer. Cartulaire publié par Guérard (Paris, 1841) (*Collection des documents inédits*, avec supplément, par Morand (Paris, 1867) (Chartes du VIIe au XIIe siècle annexées à des cartulaires rédigés au Xe et au XIIe siècle).

Saint-Germain-des-Prés, abbaye. Polyptyque d'Irminon publié par Guérard (Paris, 1843).

Saint-Gondon-sur-Loire, prieuré, diocèse d'Angers. Cartulaire publié par Marchegay (Les Roches-Baritaud, 1879) (35 chartes de 866 à 1172, la plupart du XIe siècle).

Saint-Maur-sur-Loire, abbaye, diocèse d'Angers. Cartulaire publié par Marchegay dans *Archives d'Anjou*, T. I (Angers, 1843, p. 293 suiv.) (Chartes du VIe au XIIe siècle).

Saint-Nicolas-des-Prés, sous Ribemont, abbaye, diocèse de Laon. Cartulaire publié par H. Stein (Saint-Quentin, 1884) (Chartes des XIe et XIIe siècles).

Saint-Pierre-de-la-Couture et Saint-Pierre-de-Solesmes, abbaye, diocèse du Mans. Cartulaire publié par les Bénédictins de Solesmes (Le Mans, 1881) (3 chartes du Xe siècle, 25 chartes du XIe siècle, 140 chartes du XIIe siècle, etc.)

Saint-Sauveur-en-Rue (Forez), prieuré, dépendance de la Chaise-

Dieu. Cartulaire publié par Charpin-Feugerolles et Guigue (Lyon, 1880) (Chartes des xie et xiie siècles).

Saint-Savin (Lavedan), abbaye, diocèse de Tarbes. Cartulaire publié par Ch. Durier (Paris et Tarbes, 1880) (26 chartes de 945 à 1175).

Saintes (diocèse de). Chartes publiées par Marchegay dans *Archives historiques de la Saintonge*, T. IV (34 chartes de 1067 à 1200).

Saintonge. Cartulaires publiés par l'abbé Th. Grasilier (Niort, 1871), 2 vol. in-4°. T. I, *Abbaye de Saint-Etienne-de-Vaux* (42 chartes des xie et xiie siècles). T. II, *Abbaye de Notre-Dame de Saintes* (environ 270 chartes xie et xiie siècle).

Sauxillanges, diocèse de Clermont. Cartulaire publié par H. Doniol (Clermont et Paris, 1864) (près de 1000 chartes du ixe-xiie siècle).

Savigny et Ainay, abbayes, diocèse de Lyon. Cartulaires publiés par Aug. Bernard (Paris, 1853), 2 vol. in-4° (*Collection des documents inédits*). Le cartulaire d'Ainay se trouve dans le T. II. (Dans le cartulaire de Savigny, 948 chartes du ixe-xiie siècle; dans celui d'Ainay, 200 chartes du xe-xiie siècle. Presque toutes sont des xe et xie siècles).

Soissons (Saint-Léger de), abbaye. Cartulaire publié par l'abbé Pécheur (Soissons, 1870) (Chartes des xie et xiie siècles).

Sorde (Saint-Jean de), abbaye, diocèse de Dax. Cartulaire publié par P. Raymond (Paris, 1873) (Chartes des xie et xiie siècles).

Strasbourg (ville de). Cartulaire publié par Wiegand (Strasbourg, 1879) (137 chartes du viiie au xiie siècle).

Talmont, abbaye, diocèse de Luçon. Cartulaire publié par M. de la Boutetière dans *Mémoires de la Société des Antiquaires de l'Ouest*. T. XXXVI (1872) (536 chartes à partir de 1050).

Térouanne (église de). Cartulaires publiés par Duchet et Giry (Saint-Omer, 1881) (Chartes du xie-xiie siècle).

Thouars (Saint-Laon de), abbaye, diocèse de Poitiers. Cartulaire publié par H. Imbert (Niort, 1876) (Chartes du xiie siècle).

Tiron (Sainte-Trinité de), abbaye, cartulaire publié par L. Merlet (Chartres, 1883). 2 vol. in-4° (340 chartes du xiie siècle).

TRÉPORT (SAINT-MICHEL du), publié par Lafleur de Kermingant. In-4° (Paris, 1880).

TROYES (DIOCÈSE de). Principaux cartulaires publiés par l'abbé Lalore, T. I-V. (Paris, 1875-1880), notamment Extrait du Cartulaire de Montier-en-Der. Cette édition ne dispense pas de recourir aux manuscrits.

VAUX DE CERNAY (abbaye des), diocèse de Paris. Cartulaire publié par Merlet et Moutié (Paris, 1857-1858, 2 vol. in-4° (Chartes du XIIe siècle).

VIENNE (SAINT-ANDRÉ-LE-BAS de), abbaye. Cartulaire publié par l'abbé U. J. Chevalier, avec un appendice de chartes du diocèse de Vienne (Vienne et Lyon, 1869) (275 chartes de 891 à 1195, dans le cartulaire de Saint-André-le-Bas, 126 chartes de 842 à 1200 dans l'appendice; la plupart des chartes sont des Xe et XIe siècles. — Les citations suivies d'un astérisque se rapportent à l'appendice).

WATTEN, abbaye, diocèse de Saint-Omer. Extraits publiés par M. de Coussemaker (*Documents relatifs à la Flandre maritime* (Lille, 1860) (Chartes du XIIe siècle).

WISSEMBOURG, abbaye (Alsace). Cartulaire et polyptyque publiés par Zeus (Spire, 1842) (*Traditiones possessiones que Wizenburgenses*) (288 chartes du VIIe au XIIe siècle. Le polyptyque a été rédigé au XIIIe siècle, mais avec des documents anciens).

YONNE (département). Cartulaire publié par M. Quantin (Auxerre, 1854-1860), 2 vol. in-4° (Environ 900 chartes du VIe-XIIe siècle).

2° COLLECTIONS [1].

I. COLLECTIONS MANUSCRITES.

BALUZE (Collection). Bibl. nat. MS., T. 73, 81-82, 117, 274, etc.

BOURGOGNE (Collection de). Bibl. nat. MS. Pièces originales (X^e-XIIe siècle), T. 76-85. Pièces, XIe-XIIe siècle, T. 98, T. 102.

BRETAGNE (Collection de). Bibl. nat. MS. fr. n° 22319 (Chartes XIe-XIIe siècle), etc.

---

[1] Je n'indique ici que les principaux recueils de documents. On trouvera au livre VI l'indication détaillée pour chaque province des recueils qui la concernent.

CHAMPAGNE (Collection de). Bibl. nat. MS. Pièces originales, IXe-XIIe siècle. T. 150-152.

DOAT (Collection). Bibl. nat. MS. (Voyez Cartulaires, v° *Alby*, *Béziers*, etc.).

DROZ (Collection de Franche-Comté). Bibl. nat. MS. dans collection Moreau. (T. 862 à 908) T. 866, 868, 874, etc.

DUCHESNE (Collection). Bibl. nat. MS. T. 4, 20-22, 35, 38, 49, 56-57.

DUPUY (Collection). Bibl. nat. MS. T. 222, 620, 841, etc.

ESTIENNOT (dom) (Collection). Bibl. nat. MS. latin 12739 à 12776 (IXe-XIIe siècle).

FONTENEAU (dom) (Collection de Poitou). Les pièces ne sont pas classées chronologiquement dans cette vaste collection (29 volumes, dont la Bibl. nationale possède une copie MS. lat. 18376 suiv.). Je me suis aidé de l'excellente table publiée par M. Redet. Poitiers, 1839 (*Mémoires de la Société des Antiquaires de l'Ouest*, T. IV).

GRENIER (dom) (Collection de Picardie). Bibl. nat. MS. Chartes VIIe-XIIe siècle. T. 89, 231, 233, 234, 240, 255, 291-294, etc.

HOUSSEAU (dom) (Collection de Touraine, de l'Anjou et du Maine). Bibl. nat. MS. T. I (433-1000). T. II¹ (1000-1050). T. II² (1050-1075). T. III (1075-1100). T. IV (1100-1139).

LÉCHAUDÉ D'ANISY (Collection). Bibl. nat. MS. latin n°s 10063 à 10084.

LORRAINE (Collection de). Bibl. nat. MS. T. 971-977, 980, 981, etc. (VIIIe-XIIe siècle).

LANGUEDOC (Collection de). Bibl. nat. MS. Chartes du XIe siècle, T. 75. Chartes de 1100 à 1150, T. 76. Chartes diverses à partir du VIIIe siècle, T. 194, etc.

MOREAU (Collection). Bibl. nat. MS. Copies de chartes. T. 2-45 (900-1110).

OIHENART (Collection) dans fonds Duchesne. 60 à 120 (Bibl. nat. MS.).

PÉRIGORD (Collection de). Bibl. nat. MS. T. 77 (Chartes X^e-XIIe siècle).

VEXIN (Collection du). Bibl. nat. MS. T. 11-12 (Chartes du Xe-XIIe siècle).

II. Collections de documents imprimés.

A. France.

Actes de la Province ecclésiastique de Reims, publiés par Gousset (Reims, 1842) (T. I et II).

Alart. Privilèges relatifs aux institutions du Roussillon et de la Cerdagne, 1re partie (Perpignan, 1878).

Arbois (d') de Jubainville. Histoire des ducs et des comtes de Champagne, 7 vol. in-8° (Troyes, 1859-1869) (T. III, V, VI).

Baluze. Histoire généalogique de la maison d'Auvergne, 2 vol. in-fol., 1708.

Baluze. Historiæ Tutelensis Libri III, in-4° (Paris, 1717).

Besly. Histoire des comtes de Poitou, in-fol. (1647).

Bouillart. Histoire de l'abbaye de Saint-Germain-des-Prés, in-fol. (Paris, 1724).

Brugelles (L. C. de). Chroniques ecclésiastiques du diocèse d'Auch. In-4° (Toulouse, 1746).

Brussel. Nouvel examen de l'usage général des fiefs en France, pendant les XIe, XIIe, XIIIe et XIVe siècles. Paris, 1750, 2 vol. in-4°.

Calmet (dom). Histoire ecclésiastique et civile de Lorraine, 7 v. in-fol. (Nancy, 1745-1757).

Catel (G. de). Histoire des comtes de Tolose, in-fol. (Toulouse, 1623).

Chevalier. Mémoires historiques sur la ville et seigneurie de Poligny, 2 vol. in-4° (Lons-le-Saunier, 1767-1769).

Chifflet. Histoire de l'abbaye et de la ville de Tournus, in-4° (1664).

Delisle (L.). Histoire du château et des sires de Saint-Sauveur-le-Vicomte (Valognes, 1867) (Pièces justificatives, chartes des XIe et XIIe siècles).

De l'Isle. Histoire de l'abbaye de Saint-Mihiel, in-4° (1757).

Documents historiques concernant principalement le Limousin et la Marche publiés par A. Leroux, E. Molinier, A. Thomas, 2 vol. in-8° (Limoges, 1883-1885).

Doublet. Histoire de l'abbaye de Saint-Denis, in-4° (Paris, 1625).

Douet d'Arcq. Recherches historiques et critiques sur les anciens comtes de Beaumont-sur-Oise, du xie au xiiie siècle (Amiens, 1855).

Dubouchet. Histoire généalogique de Courtenay, in-fol. (1661).

Duchesne (André). Histoire généalogique des ducs de Bourgogne, 2 vol. in-4° (1628).

Duchesne (André). Histoire généalogique de la maison de Béthune (Paris, 1639).

Duchesne (André). Histoire généalogique des maisons de Guines, d'Ardres, de Gand, etc., in-fol. (Paris, 1631).

Felibien. Histoire de l'abbaye de Saint-Denis, in-fol. (Paris, 1706).

Florival (A. de). Étude historique sur le xiie siècle. Barthélemy de Vir, évêque de Laon (Paris, 1877).

Fyot. Histoire de l'église de Saint-Étienne de Dijon, in-fol. (Dijon, 1696).

Geslin de Bourgogne et Barthélemy. Anciens évêchés de Bretagne, 6 vol. in-8° (Paris, 1855-1879).

Grandidier. Histoire de l'église et des évêques-princes de Strasbourg, 2 vol. in-4° (Strasbourg, 1776-1778).

Grandidier. Histoire ecclésiastique, militaire, civile et littéraire de la province d'Alsace (Strasbourg, 1787).

Guichenon. Histoire de Bresse et de Bugey, in-fol. (Lyon, 1650).

Guichenon. Histoire généalogique de la maison de Savoie, 2 vol. in-f° (Lyon, 1660). T. II. Preuves. Chartes x^e-xiie siècle).

Guillaume. Histoire généalogique des sires de Salins, 2 vol. in-4° (Besançon, 1757).

Hennebert. Histoire générale de la province d'Artois, 3 vol. in-8° (Lille, 1786-1789) (Pièces justificatives, T. I et II).

Henry. Histoire du Roussillon, 2 vol. in-8° (Paris, 1835) (Preuves).

Huard. Anciennes loix des François conservées dans les coutumes anglaises, recueillies par Littleton, 2 vol. in-4° (Rouen, 1766). — Traités sur les coutumes anglo-normandes, 4 vol. in-4° (Paris, 1776).

Inventaire analytique et chronologique des archives de la Chambre des Comptes de Lille (706-1270), 2 vol. in-4° (Paris et Lille, 1865).

Juénin. Nouvelle histoire de l'abbaye et de la ville de Tournus, in-4° (Dijon, 1733).

Justel. Histoire généalogique de la maison d'Auvergne, in-fol. (Paris, 1645).

Lasteyrie (R. de). Étude sur les comtes et vicomtes de Limoges antérieurs à l'an 1000 (Paris, 1874) (Pièces justificatives, p. 89 suiv.) (Chartes ixe-xie siècle).

Lebeuf. Mémoires concernant l'histoire ecclésiastique et civile d'Auxerre, 2 vol. in-4° (Paris, 1743).

Lépinois. Recherches historiques et critiques sur l'ancien comté et les comtes de Clermont en Beauvoisis du xie au xiiie siècle (Paris, 1877) (Pièces justificatives xie-xiie siècle).

Lobineau (dom). Histoire ecclésiastique et civile de la Bretagne, 2 vol. in-fol. (1750-1756).

Marca (P. de). Marca Hispanica sive limes hispanicus, in-fol. (Paris, 1688).

Marlot (dom). Metropolis Remensis Historia, 2 vol. in-fol. (Lille et Reims, 1666-1679).

Marlot (dom). Histoire de la ville, cité et Université de Reims, 4 vol. in-4° (Reims, 1843-1846) (T. I-III).

Marrier. Regalis monasterii Sancti-Martini de Campis historia, in-4° (Paris, 1637).

Mazure et Hatoulet. Fors du Béarn, in-4° (Pau, s. d.).

Ménard. Histoire civile, ecclésiastique et littéraire de la ville de Nîmes, 7 vol. in-4° (Paris, 1750-1758).

Meurisse. Histoire des evesques de l'Église de Metz. 1 vol. in-fol. (Metz, 1634).

Miraeus et Foppens. Opera diplomatica et historica, 4 vol. in-fol. (Bruxelles, 1723-1748).

Monstier (Arthur de). Neustria pia, in-fol. (Rouen, 1663).

Montlezun. Histoire de la Gascogne, 6 vol. in-8° (Auch, 1846) (Preuves, T. IV).

Morice (dom.) Mémoires pour servir de preuves à l'histoire ecclésiastique et civile de Bretagne, 3 vol. in-fol. (Paris, 1742-1746).

Musée des archives départementales, in-fol. (Paris, 1878).

Notices et documents publiés pour la Société de l'histoire de France, in-8° (Paris, 1884).

Pavillon. Vie de Robert d'Arbrisselles, in-4° (Saumur, 1667).

Pérard. Recueil de plusieurs pièces curieuses servant à l'histoire de Bourgogne, in-fol. (Paris, 1654).

PERRECIOT. De l'état civil des personnes et de la condition des terres dans les Gaules. 1786 (Preuves, T. II, p. 255 suiv.).

PETIT DE VAUSSE (E.). Histoire des ducs de Bourgogne de la race Capétienne avec des documents inédits et des pièces justificatives. T. I (1002-1125). In-8° (Paris, 1885).

PLANCHER (dom). Histoire générale et particulière de Bourgogne, 4 vol. in-fol. (Dijon, 1739).

RAYNAL. Histoire du Berry, 4 vol. in-8° (Bourges, 1844-1847).

SANSON. Histoire généalogique des comtes de Ponthieu et des majeurs d'Abbeville, in-fol. (Paris, 1657).

SCHMIDT (CH.). Histoire du chapitre de Saint-Thomas de Strasbourg pendant le moyen âge (Strasbourg, 1860) (Chartes et documents, p. 283 suiv.).

SCHOEPFLIN. Alsatia diplomatica, 2 vol. in-fol. (Mannheim, 1772).

TABOUILLOT (dom). Histoire de Metz, 6 vol. in-4° (1769-1790) (T. III, Preuves).

TARDIF (J.). Monuments historiques. Cartons des rois, in-4° (Paris, 1866).

TEULET (A.). Layettes du Trésor des chartes. T. I (755-1223). In-4° (Paris, 1863).

THAUMAS DE LA THAUMASSIÈRE. Les anciennes et nouvelles coutumes locales du Berri, in-fol. (Bourges, 1680).

TROUILLAT. Monuments de l'histoire de l'ancien évêché de Bâle, 5 vol. in-4° (Porrentruy, 1852 suiv.) (T. I et II).

VAISSETTE (dom). Histoire générale du Languedoc (Nouv. édit.) (Preuves).

VIEILLARD (Léon). Documents et mémoire pour servir à l'histoire du territoire de Belfort, gr. in-8° (Besançon, 1884).

B. Pays limitrophes.

BEYER (H.). Urkundenbuch der mittelrheinischen Territorien, 2 vol. in-8° (Coblence, 1860-1865).

CARTULARIUM SAXONICUM. A collection of charters relating to Anglo-Saxon History. Publié par Walter de Gray Birch (Londres, 1884 suiv.).

CODEX diplomaticus Langobardiæ (Turin, 1873) (*Hist. patriæ monumenta*).

CODEX diplomaticus Sardiniæ T. I (Turin, 1861) (*Hist. patriæ monumenta*).

CODEX Laureshamensis diplomaticus, 3 vol. in-4º (Mannheim, 1768).

DOOMSDAY BOOK, seu Liber Censualis Willelmi Primi, 4 vol. (Londres, 1783-1816).

DRONKE. Traditiones et antiquitates Fuldenses (Cassel, 1844). — Codex diplomaticus Fuldensis (Cassel, 1850).

DUGDALE (W.). Monasticon anglicanum, nouv. éd. par J. Caley, H. Ellis et Bukeley Bandinel, 8 vol. in-fol. (Londres, 1817 et suiv.).

DUVIVIER. Recherches sur le Hainaut ancien du VIe au XIIe siècle (Bruxelles, 1866), IVe partie (*Codex diplomaticus*).

FANTUZZI. Monumenti Ravennati dei Secoli di mezzo, 6 vol. (Venise, 1801-1804).

GLOUCESTER. Historia et Cartularium monasterii Sancti Petri Gloucestriæ, publié par H. Hart, 3 vol. (Londres, 1863).

GRIMM (Jacob). Weisthümer, 7 vol. in-8º (Göttingue, 1840-1878).

GUNTHER. Codex diplom. Rheno-Mosellanus, 6 vol. in-8º (Coblence, 1822 suiv.).

JACQUES DE GUYSE. Histoire de Hainaut, publiée par le comte de Fortia d'Urban, 21 vol. in-8º (Paris, 1826-1837).

HIDBER. Schweizerisches Urkundenregister, 2 vol. in-8º (Berne, 1863-1877), à la fin du T. II. *Diplomata helvetica* (Vermischte Schweizerische Urkunden) (1873).

HISTORIÆ patriæ monumenta. Chartarum T. I (Turin, 1830) (602-1292), T. II (Turin, 1853) (766-1299).

HONTHEIM. Historia Trevirensis diplomatica, 3 vol. in-fol. (Augsbourg, 1750).

KEMBLE. Codex diplomaticus ævi Saxonici, 6 vol. in-8º (Londres, 1839-1848).

LACOMBLET. Urkundenbuch für die Geschichte des Niederrheins, 4 vol. in-4º (Düsseldof, 1840-1853).

LEGES municipales, T. I, II (Turin, 1838-1876) (*Hist. patriæ monumenta*).

LIBER jurium reipublicæ Genuensis, T. I (Turin, 1854), T. II (Turin, 1857) (*Hist. patriæ monumenta*).

LOCKEREN (Van). Histoire de l'abbaye de Saint-Bavon (Gand, 1855) (2e partie, analyse des chartes de l'abbaye).

Loersch et Schroeder. Urkunden zur Geschichte des deutschen Rechts. 2ᵉ édition (Bonn, 1881).

Madox (Th.). Formulare anglicanum or a Collection of Ancient Charters and Instruments, in-fol. (Londres, 1702).

Meichelbeck. Historia Frisingensis, 4 part. in-fol. (1729).

Miraeus et Foppens. Opera diplomatica et historica, 4 vol. in-fol. (Bruxelles, 1723-1748).

Monumenta regii Neapolitani archivii, 6 vol. (Naples, 1841-1861).

Muratori. Antiquitates Italicæ medii ævi, 6 vol. in-fol. (Milan, 1738-1742).

Neugart. Codex diplomaticus Alemaniæ (1791).

Placita anglo-normannica. Law Cases from William II to Richard I, by M.M. Bigelow (Londres, 1879).

Quellen zur Schweizer Geschichte, T. III (Bâle, 1877-1883).

Regesto (il) di Farfa publ. da S. Giorgi et U. Balzani (Bibliotheca della societa romana di storia patria). T. II (705-857), in-fol., xvi-251 p. (Rome, 1879).

Saint-Bavon (abbaye à Gand). Cartulaire publié par Serrure, 1ʳᵉ partie (seule parue) (Chartes du viiᵉ au xiiᵉ siècle).

Saint-Genois. Histoire des avoueries en Belgique (Bruxelles, 1837) (Pièces justificatives, p. 192 suiv.).

Saint-Trond (abbaye). Cartulaire publié par Ch. Piot, 2 vol. in-4º (Bruxelles, 1870-1874) (*Collection des chroniques Belges*) (Chartes du viiiᵉ au xiiᵉ siècle).

Stubbs. Select Charters and other illustrations of Englisch Constitutional History (Oxford, 1874).

Thorpe (B.). Diplomatarium anglicum aevi Saxonici (Londres, 1865).

Ughelli (Ferd.). Italia sacra. 2ᵉ édition (Coleti). 10 vol. in-fol. (Venise, 1717-1722).

Warnkœnig. Flandrische Staats und Rechtsgeschichte, 3 vol en 5 parties (Tubingue, 1835-1839).

Warnkönig et Gheldolf. Histoire de la Flandre et de ses institutions, 5 vol. (Bruxelles, 1835-1864). (Ces deux ouvrages ne font pas double emploi, chacun contient un assez grand nombre de documents qui manquent dans l'autre).

Wartmann. Urkundenbuch der Abtei Sanct Gallen (Publication de la Société d'histoire de Saint-Gall). T. III (920-1240) (Saint-Gall, 1875).

Wauters. De l'origine et des premiers développements des libertés communales en Belgique, dans le nord de la France, etc. (Preuves) (Bruxelles, 1869).
Wauters. Table chronologique des chartes et diplômes imprimés concernant l'histoire de la Belgique, T. I et II (vıııe-xııe siècle) (Bruxelles, 1866 suiv.).
Würtembergisches Urkundenbuch (Stuttgart, 1849).

III. Chroniques, Vies des saints, Miracles, etc.

(Voyez *Introduction*, p. 15-16).

IV. Sources du droit canonique et du droit romain du moyen age.

(Voyez *Introduction*, p. 17).

LIVRE PREMIER

DE LA PROTECTION ET DE SON RÔLE, SPÉCIALEMENT DANS LA SOCIÉTÉ FRANQUE

LES ORIGINES
DE
L'ANCIENNE FRANCE.

LIVRE PREMIER.

DE LA PROTECTION ET DE SON RÔLE, SPÉCIALEMENT
DANS LA SOCIÉTÉ FRANQUE.

CHAPITRE PREMIER.

LA PROTECTION COMME ÉLÉMENT SOCIAL. — LA FAMILLE
PRIMITIVE.

La personnalité de l'homme avec ses attributs essentiels, inviolabilité, liberté morale, respect des droits qui rayonnent de la personne sur le monde extérieur, s'est constituée lentement à travers l'histoire. Le droit naît avec l'autorité qui en assure la sanction. Impuissant à se protéger lui-même, l'individu cherche successivement la sécurité dans l'omnipotence de la famille, dans la soumission aveugle à un pouvoir théocratique ou militaire. La Bruyère disait avec raison : « De l'injustice des pre» miers hommes est venue la nécessité où ils se sont » trouvés de se donner des maîtres qui fixassent leurs » droits et leurs prétentions. » N'est-ce pas une suite fatale de la lutte qui met les êtres organisés aux prises? lutte d'autant plus acharnée et plus cruelle que l'homme s'est dégagé moins du monde des instincts et des passions, mais lutte qui continue au sein même des sociétés où la loi morale a conquis son empire. Considérez les États modernes, et vous trouverez que leur fonction primordiale est d'assurer la protection, vers le dehors par la diplomatie et la guerre, au dedans par l'administration et la justice.

Tant qu'un État véritable n'offre pas à tous une sauvegarde égale, l'individualité n'existe pas, l'individu humain est absorbé par le groupe. C'est dans la famille, groupe primordial formé par la naissance, que résident tous les devoirs et tous les droits : l'autorité absolue du chef en qui la famille s'incarne, la propriété collective des maisons et des fruits du travail, la protection contre les étrangers, qu'il s'agisse d'exercer la vengeance ou d'en arrêter les effets.

Nulle place pour l'homme isolé. Si une famille vient à déchoir et à se dissoudre, les éléments qui la composent devront s'agréger à une autre. Ne pas trouver un pareil asile, c'est la mort.

La notion de la famille, son champ d'action, s'étendent ainsi. Elle ne comprend plus seulement les parents unis par le sang, mais tous ceux qui leur sont assimilés par une fiction de parenté, et qui, à des titres divers, participent aux droits et aux devoirs communs. A côté de l'esclave, l'affilié peut s'asseoir au foyer. Il jouit des mêmes avantages de protection, en échange des services qu'il rend et de la dépendance plus ou moins étroite qui l'attache au chef de la famille.

L'organisation rudimentaire que je viens d'esquisser repose, comme base profonde, sur le principe de protection. Elle s'offre à nous chez tous les peuples dont les institutions originaires ont pu être pénétrées. Elle se laisse entrevoir chez les Gaulois et se dessine avec une grande netteté dans la Rome primitive et chez les anciens

Germains. C'est là une constatation qu'il convient avant tout de faire. Nous découvrirons, chemin faisant, les éléments constitutifs de la féodalité, cette forme de la société si importante pour nous, et nous verrons qu'elle est moins particulière au moyen âge qu'on a coutume de le croire.

CHAPITRE II.

LA FAMILLE ROMAINE. — LA *MANUS*.

La constitution originaire de la famille domine toute l'histoire de Rome : on peut remonter jusqu'à elle grâce à l'action profonde qu'elle exerça fort tard sur les mœurs et sur les lois.

Le chef de la famille, *paterfamilias*, était à la fois un protecteur et un maître, *herus, dominus*[1], un grand-prêtre et un censeur des mœurs[2], un juge[3] et un souverain[4]. Son autorité fut appelée *majestas*[5]. Elle portait dans le principe le nom caractéristique de *manus*[6]. — Le symbole de la main employé comme signe de la toute-puissance

---

[1] Pater autem familias appellatur, qui in domo dominium habet... quamvis filium non habeat (Ulpien, fr. 195 § 2; *De verbor. signif.*, 50, 16).

[2] Vir... mulieri judex pro censore est (Aulu-Gelle, X, 23). — Juvenem... habere censorem suum (Suetone, Claud., XVI).

[3] Domesticus judex (Sénèque, *Controv.*, liv. II, contr. XI, *in fine*).

[4] Dux et princeps generis vocabatur pater et materfamiliæ (Paul Diac., 86, 15).

[5] Majestas paterna, patria (Velleius Paterc., I, 10; Val. Max., VII, 7, § 5; Tite-Live, VIII, 7, 15, etc.).

[6] Quand, par le progrès du temps et des mœurs, les pouvoirs réunis aux mains du chef de famille se diversifièrent suivant les personnes qui y étaient soumises (femmes, enfants, esclaves, etc.) et furent désignés par des noms différents, le mot de *manus* resta attaché avec un sens technique à la puissance maritale. Mais la langue juridique conserva des traces de l'acception originaire. Appeler *ma-*

est familier aux peuples primitifs : nous le retrouverons chez les Germains.

Sous la *manus* du père de famille sont groupés sa femme, ses agnats avec leur propre famille, ses esclaves, et puis les étrangers associés de gré ou de force : de gré, les serviteurs, *famuli*, les tenanciers qui reçoivent des troupeaux comme tenure (*peculium*); de force, les débiteurs insolvables qui sont liés à la famille (*nexi*) par l'obligation de la servir jusqu'à l'entier acquit de leur dette [1].

Le pouvoir sur toutes ces personnes était absolu, *jus vitæ necisque*. La femme, le fils, aussi bien que le *nexus*, étaient *quasi-servi, servi loco* [2]. Réciproquement l'esclave, le *famulus*, s'appelaient *pueri* comme le fils de famille. C'est qu'aucun membre de la famille n'existait que par elle et pour elle. Aucun ne s'appartenait : tous

numissio l'affranchissement des esclaves, c'était indiquer clairement qu'ils sortaient de la *manus* du père de famille. Ulpien ne s'y est pas mépris : « Est autem manumissio de manu missio, id est datio libertatis, nam quamdiu quis in servitute est, *manui* et *potestati* suppositus est » (fr. 4, *De justitia et jure*, I, 1). On trouve en outre chez les auteurs classiques et jusque dans les constitutions de Justinien l'emploi du mot *manus* pour marquer la puissance paternelle. Voyez par exemple Pline, *Epist*. VIII, 18, 4; Tite-Live, III, 45, 2; *Instit. Just.*, I, 12, § 6; Cod., VIII, 49, *De emancipationibus liberorum*, c. 6 : « Filios suos, vel filias, nepotes vel neptes vel deinceps progeniem in potestate sua constitutam a *sua manu dimittere*. »

[1] Le débiteur pouvait engager directement sa personne et ses services jusqu'à parfait paiement : « Liber, qui suas operas in servitute(m) pro pecunia quam debebat (*dat*), dum solveret, nexus vocatur ut ab ære obæratus » (Varron, *De linguâ latina*, VII, 105). — Toutefois, la restitution de ce texte est douteuse, et s'il fallait accepter la leçon fournie par un manuscrit : « pro pecunia *quadam* debebat, dum solveret, » il ne s'agirait que de la quasi-servitude résultant de l'*addictio*.

[2] Denys d'Halicarnasse, II, 27 : « δοῦλος (υἱός) τοῦ πατρὸς ἦν. » — Servius *in Aen.*, XI, 143 : « (filii) servi loco sint parenti; » IV, 103 : « coemptione facta mulier in potestatem viri cedit atque ita sustinet liber(*orum*) conditionem liber(*æ*) servitutis, etc. »

ils *appartenaient* au chef qui réunissait en ses mains la plénitude des pouvoirs : *eritudo, dominium*.

L'assimilation, à beaucoup d'égards, est complète avec les objets matériels formant le patrimoine commun ; la maison, les bêtes de somme, etc. Tout l'ensemble, hommes et choses, constitue la *familia*, et l'on disait indifféremment des personnes qu'elles étaient placées dans le *mancipium*, et des biens qu'ils étaient dans la *manus*[1] du père de famille. Le fils, l'esclave, étaient en définitive des *res mancipi*, au point de vue du pouvoir de disposition et de vente que possédait sur eux le *paterfamilias*. Qu'à l'origine il en fut de même du client, serviteur ou tenancier, cela ne paraît pas douteux, si l'on considère qu'à l'époque classique encore des *famuli*, des serviteurs autres que des esclaves, étaient soumis au *mancipium*.

La famille ainsi constituée remonte au delà de l'époque historique. Elle suppose que l'État réside tout entier dans l'association d'un certain nombre de familles, et que les diverses branches de chacune d'elles restent unies sous un seul chef. C'est l'âge des sociétés naissantes. Le développement de la vie sociale entraîne plus tard le morcellement des familles, et à ce moment-là d'ordinaire l'histoire commence.

Les petits groupes sortis d'une même souche ne sont plus rattachés l'un à l'autre que par un lien chaque jour plus lâche. Ils constituent une corporation (*gens* chez les Romains, *clan* chez les Celtes), au lieu d'être une famille dans le plein sens du mot ; ils deviennent sous cette forme le noyau de l'État. Une partie de la puissance du père de famille passe à la *gens*; la relation entre les membres de chaque maison (*domus familiaque*) devient moins étroite : pour les simples affiliés notamment la *ma-*

---

[1] Le pouvoir du père de famille sur les valeurs du patrimoine s'appelait **manus**, comme sa puissance sur les individus : « Illi suam rem esse æquom'st in manu » (Plaute Merc., II, 3, v. 117).

nus perd de son énergie. Mais ceux-ci continuent à faire partie de la famille, ou du moins ils sont *réputés en faire partie*[1]. Ils y puisent leurs droits politiques et civils.

Nous avons devant nous la clientèle proprement dite, celle que les auteurs anciens sont d'accord pour placer aux premiers temps de Rome. Tout plébéien, nous disent-ils, dut se mettre sous le patronage d'un grand[2]. Déterminons la portée exacte de ce renseignement.

L'État romain primitif était composé de *gentes*. Leur nombre pouvait s'augmenter ou diminuer, mais le droit public et privé ne reconnaissait qu'elles. Seuls les membres de ces corporations avaient une existence légale, seuls ils jouissaient de la protection de l'État.

Pour faire partie d'une *gens*, il fallait être rattaché à une *familia*. Le fils de famille émancipé, l'esclave affranchi, les étrangers venus à Rome pour y chercher asile devaient se soumettre à un chef de famille, s'ils voulaient occuper une place dans la société romaine. Ils n'avaient plus besoin pourtant de se donner *in mancipio;* il leur suffisait d'obtenir la protection, le patronage d'un *paterfamilias*, pour entrer par cela même comme *gentilicius* dans les rangs de la *gens*. Mais ce patronage ressemblait beaucoup à l'ancien *mancipium* dont il n'était qu'un dérivé.

---

[1] Ne serait-ce pas la signification originaire du mot *cliens, cluens*, dérivé de κλύω, *clueo*? La même relation est marquée en tout cas par le mot *patronus*, dérivé de *pater*.

[2] Denys d'Halicarnasse, II, 9 : « Ο δὲ Ῥωμύλος.... παρακαταθήκας δὲ ἔδωκε τοῖς πατρικίοις τοὺς δημοτικούς, ἐπιτρέψας ἑκάστῳ τῶν ἐκ τοῦ πλήθους, ὃν αὐτὸς ἐβούλετο, νέμειν προστάτην,..... πατρωνείαν ὀνομάσας τὴν τῶν πενήτων καὶ ταπεινῶν προστασίαν. » (Ut depositum patriciorum fidei commisit plebeios, permittens unicuique quem ipse sibi vellet eligere patronum, patronatum appellans hoc pauperum et humiliorum patrocinium.) — Cicéron, *De republica*, II, 9 : « Romulus... habuit plebem in clientelas principum descriptam. » — Festus, *De verborum signif.* : « Patrocinia appellari cœpta sunt, cum plebs distributa est inter patres, ut eorum opibus tuta esset. »

Une relation étroite unissait le patron au client, relation perpétuelle, véritable lien de parenté fictive. Le client engageait au patron *sa foi et ses services* et il recevait en échange *protection et assistance*[1]. Ces obligations réciproques seraient curieuses à étudier de près, car elles ont une singulière analogie avec les rapports personnels qui constituèrent la féodalité. Elles montrent comment chez des peuples différents le besoin de protection a amené des résultats semblables.

Le client devait au patron soumission et respect, *obsequium, reverentia*. Son infidélité était punie de mort[2]. Il devait s'armer et combattre pour son patron[3], le suivre à la guerre[4], le servir en toute occasion[5]. Il devait l'assister en des cas qui rappellent, à s'y méprendre, les aides féodales, quand il fallait doter la fille du patron, payer sa rançon ou celle de son fils, concourir aux dépenses qu'entraînaient les charges publiques[6].

En échange, le patron recevait le client en sa *foi, in*

---

[1] Aulu-Gelle, V, 13. « Conveniebat facile constabatque, ex moribus populi Romani primum juxta parentes locum tenere pupillos debere, fidei tutelæque nostræ creditos, secundum eos proximum locum clientes habere *qui sese* itidem *in fidem patrociniumque nostrum dediderunt.* »

[2] V. Denys d'Halicarnasse, II, 10, *in fine*.

[3] La *gens Claudia* mettait sous les armes plus de mille clients, la *gens Fabia* au moins trois cents. Voyez Tite-Live, II, 49, 50. — Denys d'Halicarnasse, V, 40.

[4] Denys d'Halic., VII, 19; X, 14.

[5] Denys d'Halic., VI, 47; IX, 15; X, 43.

[6] Denys d'Halic., II, 10 : « Τοὺς δὲ πελάτας ἔδει τοῖς ἑαυτῶν προστάταις θυγατέρας τε συνεκδίδοσθαι γαμουμένας, εἰ σπανίζοιεν οἱ πατέρες χρημάτων, καὶ λύτρα καταβάλλειν πολεμίοις, εἴ τις αὐτῶν ἢ παίδων αἰχμάλωτος γένοιτο· δίκας τε ἁλόντων ἰδίας ἢ ζημίας ὀφλόντων δημοσίας ἀργυρικὸν ἐχούσας τίμημα ἐκ τῶν ἰδίων λύεσθαι χρημάτων. » (Clientes vero oportebat patronos suos juvare in collocandis filiabus, si parentes opibus carerent, ab hostibus redimere si ipsi aut liberi capti essent, et litium tam privatarum æstimationes quam publicarum pœnas pecuniarias, si condemnati essent, pro eis solvere). — *Adde*, Tite-Live, V, 32; XXXVIII, 60.

fidem. Il devait le protéger et le défendre dans ses procès et ses querelles, même contre ses propres parents[1]. Nul forfait n'était plus grand que de ne pas accorder au client une protection sans partage[2]. Qu'il manquât à ses devoirs, le patron lui aussi était mis hors la loi[3].

Si le client sert le patron et contribue à ses dépenses exceptionnelles, le patron à son tour aide le client de sa fortune. Il en détache une partie, la lui confie, et assure par là son existence. A l'origine, c'étaient des troupeaux (*peculium*)[4], plus tard, ce furent des terres dont le patron accorda la jouissance au client, à sa prière (*precarium*). Festus va même jusqu'à croire que les *patres* tirèrent leur nom de ces concessions de terres, tant elles lui semblent généreuses et peu conformes aux idées plus modernes[5].

Je ne prétends pas établir un parallèle absolu entre les relations de clientèle que je viens de décrire et les relations analogues qui ont servi de base à la féodalité du moyen âge. J'ai voulu montrer seulement qu'il y avait, aux premiers temps de Rome, des germes d'organisation féodale qui dans des conditions différentes auraient

---

[1] Denys d'Halic., II, 10. Aulu-Gelle, XX, 1 : « Populus romanus... omnium maxime atque præcipue *fidem* coluit, sanctamque habuit tam privatim quam publice... Sic clientem *in fidem acceptum* cariorem haberi quam propinquos, tuendumque esse contra cognatos censuit, neque pejus ullum facinus existimatum est quam si cui probaretur clientem divisui habuisse. »

[2] Aulu-Gelle, V, 13 : « Neque clientes *sine summa infamia* deseri possunt; quibus etiam a propinquis nostris opem ferre instituimus. »

[3] Lex XII Tabul. Tab. VIII, 21 : « Patronus si clienti fraudem fecerit sacer esto. »

[4] Un auteur allemand a fait la remarque ingénieuse que *peculium* et *feudum* sont synonymes dans leur acception première (Kuntze *Excurse über Römisches Recht*, 1869, p. 50).

[5] Festus : (*Patres dicti sunt quia*) agrorum partes ad (*tribuerant tenuioribus*) perinde ac liberis (*Epitome*, p. 247 : ac si liberis propriis).

pu éclore et fructifier, tandis qu'ils ont été étouffés à Rome par la constitution régulière de l'État.

A mesure, en effet, que l'État s'affermit, le patronage perdit son importance et même sa raison d'être. En dehors des *gentes* se créa un peuple nouveau, soit à l'aide de clients qui abandonnèrent leur maître, de *familiares* (fils ou serviteurs) qui se dégagèrent des liens du *mancipium* (*emancipati*), de *gentiles* qui eurent recours à la *detestatio sacrorum,* soit surtout à l'aide du nombre croissant d'étrangers que Rome s'annexa par les armes ou que sa prospérité attira dans ses murs. La famille plébéienne conquit une place au soleil, et ceux qui la composaient eurent des droits sans être obligés de se soumettre au patronage du membre d'une *gens*. La clientèle changea de nature. Elle ne se maintint avec son caractère originaire que pour les affranchis, ou parfois pour certains étrangers qui, dans le but de s'élever plus haut, se donnèrent un patron (*jus applicationis*)[1]. A la belle époque de Rome, le patronage ne fut plus une institution mais un état des mœurs.

CHAPITRE III.

LA FAMILLE GAULOISE. — LA CLIENTÈLE.

La protection a joué un rôle considérable et souvent mal compris dans la société gauloise du temps de César. L'organisation de l'État était à peine ébauchée. Les 60 ou 80 tribus (*civitates*) entre lesquelles le pays se partageait, se morcelaient à leur tour en un nombre infini de groupes, formés chacun autour de l'homme qui pouvait offrir la protection la plus sûre. Le lien même du sang était rompu et remplacé : il y avait, nous dit César, des *factiones* (groupes, associations) jusque dans les familles.

---

[1] Cicéron, *De oratore,* I, 39.

Les chefs de ces groupes, chevaliers et druides, devaient les uns leur autorité au prestige de la naissance, de la richesse et de la bravoure, les autres à leur savoir et à la crainte superstitieuse qu'ils inspiraient. Ils se liguaient et dirigeaient les affaires communes de la *civitas*. Ils rendaient la justice, ils décidaient de la guerre, ils levaient les impôts.

Nul n'avait de droits s'il n'était au nombre des chevaliers ou des druides, ou s'il ne faisait partie de la *factio* (famille fictive ou clan) de l'un deux. César nous apprend que les hommes de la plèbe ne pouvaient échapper à l'oppression qu'en se donnant en servitude à un noble[1].

Des historiens ont paru surpris de l'emploi du terme de *servitude* et en général de la condition faite à ces protégés[2]. Rien n'est plus naturel pourtant.

Le père de famille avait une puissance absolue en Gaule comme à Rome, *jus vitæ necisque*[3]; par suite les étrangers qui venaient se joindre à la famille étaient, comme jadis les *familiares* à Rome[4], *quasi servi, pene servorum loco*[5]. Cela ne voulait pas dire qu'ils fussent assimilés entièrement à des esclaves; et, en effet, ils faisaient le service des armes au lieu que les esclaves d'ordinaire en étaient exclus[6].

A l'exemple des anciens clients de Rome, leurs droits

---

[1] César, VI, 13 : « Plerique, cum aut ære alieno aut magnitudine tributorum aut *injuria potentiorum premuntur,* sese in *servitutem* dicant nobilibus. »

[2] César, VI, 13 : « In hos eadem omnia sunt jura quæ dominis in servos. »

[3] César, VI, 19 : « Viri in uxores, sicuti in liberos, vitæ necisque habent potestatem. »

[4] Voy. *suprà*, p. 50.

[5] César, VI, 13 : « Plebes *pæne servorum* habetur *loco*. »

[6] Le chef Senonais Drappès appelle les esclaves sous les armes en les affranchissant (César, VIII, 30).

se trouvaient corrélatifs à leurs obligations. Le maître était tenu de les protéger, sous peine de forfaiture, et sous peine encore de perdre toute autorité et tout crédit[1].

La condition des clients variait de l'un à l'autre. César les appelle tour à tour, *familiares, comites, ambacti, clientes, obærati,* et il est difficile d'admettre une synonymie parfaite entre ces divers termes. L'expression *obærati* surtout se détache. Je croirais volontiers qu'elle ne désigne pas seulement les débiteurs insolvables, ceux qui sont *ab ære obærati,* mais surtout aussi les clients qui, ayant reçu d'un noble des pécules en troupeaux, devenaient par là ses tenanciers ou ses vassaux[2].

La clientèle groupée par le besoin de protection autour du chef de famille ou de clan était le facteur essentiel de l'organisation sociale des Gaulois. En même temps qu'elle garantissait les faibles, elle assurait la puissance des grands. Protection d'un côté, assistance de l'autre[3], tout se ramenait à ces deux termes. César nous l'indique bien quand il nous représente l'homme de la plèbe ne pouvant rien, n'osant rien par lui-même, à vrai dire ne comptant pas, tant qu'il n'a pas trouvé un protecteur[4], et en regard le noble puissant et considéré à proportion du nombre de ses clients[5].

---

[1] César, VI, 11 : « Suos quisque opprimi et circumveniri non patitur, neque aliter si faciat, *ullam inter suos habet auctoritatem.* »

[2] Cf. à cet égard l'ancienne organisation des Celtes d'Irlande : d'Arbois de Jubainville, *Études sur le droit celtique.* Le *Senchus Môr* (Paris, 1881), p. 67. O'Curry et Sullivan. *On the Mannors and Customs of the Ancient Irish* (Londres, 1873), t. I (Introduction), p. 109 suiv.; t. II, p. 34 suiv., etc.

[3] On pourrait ajouter fidélité, *fides.* C'était une loi pour tout client (et non pas seulement pour les *soldurii* dont nous aurons à parler plus loin) de se dévouer jusqu'à la mort : « Litavicus cum suis clientibus, quibus more Gallorum nefas est, etiam in extrema fortuna deserere patronos » (César, VII, 40).

[4] César, VI, 13 : « Plebes nihil audet *per se,* nullo adhibetur consilio. »

[5] César, VI, 15 : « Omnes in bello versantur, atque eorum ut quis-

Si une *gens* romaine pouvait mettre en ligne des centaines d'hommes armés, les *factiones* gauloises étaient plus nombreuses encore. Vercingétorix leva une armée en n'appelant que ses seuls clients[1]. A quel chiffre ne devait pas se monter la clientèle de l'Helvète Orgétorix, puisque ses esclaves et ses serviteurs formaient à eux seuls un effectif de dix mille hommes[2]?

Cette force numérique se conçoit. En l'absence d'un État centralisé, les groupes comme les individus obéissent à une loi d'attraction. Les forts attirent les faibles.

Les chefs des petites *factiones* d'une même région ou d'une même ville se mirent sous la dépendance et la protection du plus puissant d'entre eux ou même d'un étranger. Ainsi voyons-nous la ville d'Uxelodunum placée dans la clientèle de Lucterius[3].

En remontant de la famille (*domus*) du noble et à travers les subdivisions de la *civitas* (*vici*, *pagi*) jusqu'à la *civitas* elle-même[4], puis de chacune des tribus (*civitates*) de la Gaule à l'ensemble du pays, on arrive à comprendre que par des groupements successifs la Gaule tout entière fut partagée en deux grandes *factiones,* à la tête de chacune desquelles se trouva une *civitas*[5]. Les Éduens d'une

que est genere copiisque amplissimus, ita plurimos circum se ambactos clientesque habet. Hanc unam gratiam potentiamque noverunt. »

[1] César, VII, 4.

[2] César, I, 4 : « Omnem suam *familiam,* ad hominum milia decem undique coëgit et omnes clientes obæratosque suos, quorum magnum numerum habebat, eodem conduxit. » — César, pour se conformer à la terminologie qui de son temps était en usage à Rome, n'étend pas l'expression de *familia* jusqu'aux clients.

[3] César, VIII, 32.

[4] César, VI, 11 : « Non solum in omnibus *civitatibus* atque in omnibus *pagis, partibusque,* sed pene etiam in singulis *domibus* factiones sunt. »

César, VI, 11-12.

part, les Séquanes de l'autre avaient dans leur clientèle les autres *civitates*.

Il existait, si je puis dire, une hiérarchie de clients qui allait depuis l'homme de la plèbe se donnant comme *quasi servus* à un noble jusqu'à la *civitas* qui entrait dans la clientèle d'une autre plus puissante qu'elle. Le lien formé par le besoin réciproque de protection et d'assistance était le seul lien social[1].

Ce lien se renforçait par des associations entre égaux, entre conjurés (*devoti, soldurii*). Il ne s'agit pas, sans doute, comme l'a fait croire une analogie trompeuse avec le *comitatus* germain, d'une subordination collective à un chef militaire. Relisez le passage où César nous décrit la condition des *soldurii* et vous verrez que le pacte qui les lie est avant tout un pacte d'assistance mutuelle, d'*amitié, amicitiæ*[2]. Les devoirs sont réciproques. Tous partagent également la bonne et la mauvaise fortune de chacun[3]. Chacun à son tour peut invoquer le concours de tous. Ils s'y engagent par un serment mutuel.

On pense involontairement aux Gildes scandinaves et germaniques, qui étaient, elles aussi, des associations d'amitié, *minne, amicitiæ*, formées par serment, et où les conjurés devaient se garantir et se défendre dans toutes les circonstances graves de la vie.

Au fond, du reste, qu'il y ait eu subordination ou assistance réciproque, peu importe; le principe dominant

---

[1] « Itaque ejus rei causa antiquitus institutum videtur, dit César en parlant des *factiones, ne quis* ex plebe *contra potentiorem auxilii egeret..... Haec eadem ratio est in summa totius Galliæ*. Namque omnes civitates in partes divisæ sunt duas... Alterius *factionis* principes erant Ædui, alterius Sequani » (César, VI, 11-12).

[2] César, III, 22.

[3] César, III, 22 : « Quorum hæc est condicio, uti omnibus in vita commodis *una* cum *iis* fruantur, quorum se amicitiæ dediderint, si quid *his* per vim accidat, aut eundem casum *una* ferant, aut sibi mortem consciscant. »

subsiste le même. L'homme cherche dans des contrats individuels et collectifs la sécurité que l'État est incapable de lui offrir.

CHAPITRE IV.

LA FAMILLE GERMANIQUE. — LE *MUNDIUM*.

Il a été beaucoup question, au xviiie siècle surtout, du régime démocratique des anciens Germains. A voir leurs institutions avec moins d'enthousiasme et plus de vérité, il n'est pas difficile de reconnaître qu'elles correspondent à une époque où la famille tient lieu de l'État. Plus haut vous remontez, plus forte est l'organisation par familles, plus exclusif, plus compact, le groupe familial.

Au temps de César, il n'y a chez les Germains aucune autorité supérieure en temps de paix[1]. Les hommes sont réunis en vastes familles, « *gentes cognationes que hominum, qui una coierunt,* » lesquelles cultivent les terres en commun.

Au temps de Tacite, un siècle et demi plus tard, une place, quoique faible encore, est faite à la royauté[2]; les grandes familles ont perdu de leur cohésion; les chefs de groupes domestiques reçoivent les terres en partage; la propriété distincte se constitue au profit de chaque ménage sur la maison et l'enclos[3], ce qu'on appellera la *sala* et la terre salique.

Ce sont là les deux phases de l'organisation familiale que nous avons observées déjà chez les Romains. Considérons-les sous ce point de vue nouveau.

A l'origine la protection de la famille suppose, pour

---

[1] César, VI, 22 : « In pace nullus communis est magistratus. »

[2] Tacite, *Germ.*, VII : « Nec regibus infinita aut libera potestas : et duces exemplo potius quam imperio... præsunt. »

[3] Tacite, *Germ.*, XVI : « Suam quisque domum spatio circumdat. »

être efficace, une grande autorité concentrée en une main et s'exerçant sur un nombre assez considérable de parents, de serviteurs et d'esclaves.

Ce qu'était la *manus* à Rome, le *mundium* le fut chez les Germains, avec cette différence, si l'on en juge par son sort ultérieur, que l'idée de protection l'emportait même sur l'idée de pouvoir[1]. *Mundium* a étymologiquement le même sens que *manus*[2]. Il désigne la main comme emblème de la force qui commande et qui protège.

L'acception première du *mundium* correspondait donc, comme celle de la *manus*, à la plénitude des pouvoirs sur les personnes composant la famille, femme, descendants[3], collatéraux[4], affranchis, esclaves[5]. Ces pouvoirs se résu-

[1] Cela peut tenir à l'état essentiellement guerrier des anciens Germains.

[2] Grimm, *Rechtsalterthümer*, p. 447. Rive, *Geschichte der deutschen Vormundschaft* (Brunswig, 1862), I, p. 222-223. Bluhme, *Die Mundschaft nach Langobardenrecht* dans *Zeitschrift für Rechtsgeschichte*, t. XI (1873), p. 377, etc. — Bluhme fait remarquer très justement que c'est par suite d'un malentendu fort ancien (la confusion avec le mot *mund*, bouche) que *mundium* a été traduit dans les textes latins par *sermo, verbum*.

[3] Dans les lois barbares nous trouvons encore, on l'a contesté à tort, une assimilation entre la puissance paternelle d'une part, la puissance maritale et la tutelle de l'autre. Ce sont des pouvoirs identiques au fond et désignés par le même mot, *mundium*. Le fiancé achète du père de famille le *mundium* qui jusque-là appartenait à ce dernier : s'il ne le fait pas avant le mariage, il est obligé de le faire après (*Mundium apud patrem adquirat*. (Lex Alaman. Hlotharii, tit. 54, 2, Pertz, Leges III, 62). *Mundium facere*. Ed. Rothari, § 188, § 190, Pertz, LL. IV, 45-46). La puissance paternelle sur les fils est appelée de même *mundium* dans un texte de la *Lex Alam.*, 51, 3, Pertz, LL. III, 62, où exceptionnellement elle est déléguée à un tiers.

[4] A la différence de la famille romaine, la famille germanique paraît avoir été fondée sur la filiation maternelle. « Sororum filiis idem apud avunculum qui apud patrem honor » (Tacite, *Germ.*, XX). Cela dénote, à mes yeux, un état plus primitif, puisque la filiation paternelle repose sur une présomption légale : la filiation maternelle seule peut être constatée matériellement.

[5] Au temps de Tacite encore, les esclaves faisaient partie de la fa-

ment en un droit de propriété souveraine. Le mari achète sa femme[1], le père vend sa fille, il vend de même ses autres enfants[2]. Le père de famille est le chef religieux[3], il est le juge[4].

Par là il assure la protection au dedans. Il l'assure au dehors, avec le concours de tous, en poursuivant la réparation des torts ou des crimes dont l'un des siens a été la victime, et en défendant contre la vengeance privée d'une autre famille celui qui a méfait lui-même.

Plus tard cet élément de protection, élément essentiel, va se rétrécissant, et avec lui la notion du *mundium*, qui finit un jour par ne plus s'entendre que de la tutelle des mineurs et des femmes, du patronage des affranchis et des clients, de la protection des faibles. Il en arriva de la sorte à mesure que s'affaiblit la cohésion de la famille et qu'elle cessa d'être la seule institution sociale.

Les diverses familles, en effet, unies déjà par les relations de voisinage et par le souvenir d'une même origine, unies aussi par le besoin de se défendre et d'attaquer en commun, de se placer dans leurs expéditions guerrières sous l'autorité absolue d'un chef[5], passèrent des traités

---

mille. Esclaves et enfants vivaient de la même vie. Tacite, XX. « Dominum ac servum nullis educationis deliciis dignoscas. Inter eadem pecora, in eadem humo degunt, *donec ætas separet ingenuos*, virtus agnoscat, » c'est-à-dire, ainsi que nous le verrons plus loin, jusqu'à ce que le fils soit sorti du *mundium*.

[1] « Nuptiale pretium. » (*Lex Burgund.*, tit. 12, tit. 61, etc. Pertz, LL. III, 538, 560.) — « Uxorem ducturus CCC solidos det parentibus ejus. » (*Lex Saxonum*, 40, Pertz, LL. V, 69.) — « Lito regis liceat uxorem emere, ubicumque voluerit. » (*Lex Saxon.*, 65, Pertz, LL. V, 83.)

[2] Tacite, *Annal.*, IV, 72 : « (Frisii) primo boves ipsos, mox agros, postremo corpora conjugum aut liberorum servitio tradebant. »

[3] Tacite, *Germ.*, X : « Si publice consuletur, sacerdos civitatis; sin privatim ipse paterfamiliæ, precatus deos etc... »

[4] Cf. Tacite, *Germ.*, XIX.

[5] César, VI, 23 : « Quum bellum civitas aut illatum defendit aut infert, magistratus qui ei bello præsint ut vitæ necisque habeant potestatem, deliguntur. »

pour régler la répression des crimes et des injures, et s'associèrent définitivement par tribus et par centaines[1].

Un tribunal fut constitué, sorte de tribunal d'arbitrage. Les chefs de familles y siégeaient sous la présidence du magistrat élu, du centenier (*thunginus*, chez les Saliens). Pour arrêter les vengeances privées, ils négociaient la réconciliation entre les familles; fixaient le taux de la composition (*wergeld*) à laquelle avait droit la famille de la victime si elle renonçait à la vengeance; obligeaient la famille du coupable à en payer le montant; lui imposaient une amende, au profit de l'association elle-même[2], pour la rupture de l'alliance conclue, de la paix convenue (*fredum*).

S'agissait-il de crimes atteignant d'une manière directe l'ensemble des centaines, crime de trahison, de lâcheté, de désertion, c'était l'assemblée générale de la tribu qui les jugeait et punissait. En pareil cas, des peines corporelles étaient infligées[3]. La même assemblée devait connaître des crimes et des délits commis de centaine à centaine[4].

Nous touchons ici à la seconde phase que j'ai marquée plus haut, celle qui correspond à l'époque de Tacite. Un

---

[1] Il est probable que le groupement par *centaines* ne comprenait pas, même à l'origine, un chiffre exact de cent familles. Dix est un nombre en quelque sorte *naturel*, puisqu'il est fourni par les deux mains de l'homme. Dix fois dix représente pour des intelligences primitives un nombre considérable et à certains égards indéterminé, par suite de la difficulté qu'elles ont à le saisir. C'est ainsi que l'on employa plus tard le nombre mille (millier), dix mille (myriade), million, et que l'on tend aujourd'hui à se servir du mot milliard. Les bornes de l'*indéterminé* reculent à mesure qu'avec la culture intellectuelle la conception arithmétique s'élargit.

[2] En parlant des amendes infligées par l'assemblée de la tribu, Tacite dit qu'elles profitaient *regi vel civitati* (*Germanie*, XII).

[3] Tacite, *Germanie*, XII : « Proditores et transfugas arboribus suspendunt : ignaves et imbelles et corpore infames cœno ac palude, injecta super crate, mergunt. »

[4] La compétence du tribunal de la centaine ne pouvait, en effet, s'étendre jusque-là.

État embryonnaire prend naissance : il se complète par le choix d'un chef permanent de la tribu, d'un roi. Les grandes familles se désagrègent d'autant plus aisément qu'elles ne reposent pas, comme chez les peuples agriculteurs ou pasteurs, sur les nécessités d'une administration ou d'une exploitation commune.

Tout chef de ménage pourra être un chef de famille. C'est dans la famille restreinte que résidera dorénavant le *mundium* proprement dit. Il ne s'étendra jusqu'aux proches (sous forme de tutelle) que si le père de famille vient à manquer. Du reste, le lien de la grande famille n'est pas rompu, il n'est que relâché. La *propinquitas* tient une large place à côté de la *familia*.

Les proches restent associés par le besoin d'une mutuelle protection. A la guerre, ils composent, à eux seuls, un corps de troupe[1]. En temps de paix, la maison, la famille compacte (*domus*)[2] se reforme, chaque fois que l'un d'entre eux est en conflit avec un étranger. Ils le protègent ou l'assistent, par les armes dans les vengeances privées, par le serment dans les contestations judiciaires. Ils ont leur part dans les charges et dans les bénéfices du *wergeld*.

En définitive, c'est une nécessité sociale d'être soi-même chef de famille, capable de porter les armes, ou d'être placé sous le *mundium* d'un pareil chef. Sans cela nul ne peut jouir ni de la protection directe, ni des avantages de la *propinquitas*, ni de la protection plus générale de la centaine ou de la tribu. L'étranger qui n'a pas de *famille*, le Germain qui a renoncé à la sienne[3], ont besoin d'un pro-

---

[1] Tacite, *Germanie*, VII : « Non casus nec fortuita conglobatio turmam aut cuneum facit, sed *familiæ et propinquitates*. »

[2] Tacite, *Germanie*, XXI : « Suscipere tam inimicitias *seu patris, seu propinqui*, quam amicitias necesse est..... recipit satisfactionem *universa domus*. »

[3] Voyez *Lex Salica*, tit. 60, *De eum qui se de parentilla tollere vult* (Ed. Hessels et Kern, Londres, 1880, coll. 379-386).

tecteur, d'un patron. Le *mundium* le leur offre. Pour la même raison l'esclave affranchi doit rester sous la protection de son ancien maître, ou si exceptionnellement il en est sorti, s'il est devenu *amund*[1], il doit se chercher un autre patronage. Toutes ces personnes prêtent leurs services au chef de famille en retour de la protection et des avantages matériels (concession de terres, de maison, etc.) qu'ils en reçoivent. Ce sont, en d'autres termes, des clients.

Tacite, je le reconnais, ne signale pas de *clientes* dans sa description de la Germanie; mais dans ses Annales il en mentionne plusieurs fois à côté des *propinqui*[2]. On croit entendre César parler des clients gaulois. D'autre part, si l'on rapproche les *liberti* que Tacite nous fait connaître des *læti* ou *lites* qui se rencontrent chez presque tous les peuples germaniques, il n'est pas difficile de voir que les uns et les autres forment une même classe de personnes et que cette classe est la clientèle. Le mot *libertus*, dans les lois germaniques, est pris sans cesse comme synonyme de *lætus*, et réciproquement[3]. La condition des *lites* et celle des affranchis est identique; ils cultivent des terres que le patron leur concède et ne s'élèvent guère au-dessus de la condition de l'esclave germain, colon lui-même. — Pourtant ni les *lites* des lois germaniques, ni les *liberti* de Tacite ne pouvaient être exclusivement des affranchis. Comment expliquer, sans cela, la place considérable qu'ils occupent chez toutes les peuplades barbares et leur constitution en classe distincte[4]?

---

[1] Voyez *Edictus Rothari*, 224; Pertz, LL, IV, 54, 55.

[2] Tacite, *Annales*, I, 57 : « Segetes magna cum propinquorum et clientium manu; » XII, 30 : « Secuti mox clientes et acceptis agris in Pannonia locati sunt, etc. »

[3] Voyez *Lex Salica*, tit. 26 (cf. rubrique et texte).

[4] Voyez notamment *Lex Frisionum*, XI, 1 Pertz, LL, III, 666 : « Si liber homo spontanea voluntate, vel forte necessitate coactus, nobili, seu libero, seu etiam lito in *personam et servitium liti* se subdiderit. »

F.

Il est arrivé en Germanie ce qui était arrivé à Rome. Les affranchis formant une fraction importante des clients (*leti, liti, leute, homines*)¹, leur nom a servi parfois à les désigner tous ensemble, soit dans les textes latins (*liberti*), soit dans la propre langue des Germains (*lazzi*).

Si tous les clients étaient appelés ainsi des affranchis, cela n'empêchait pas que réciproquement tous les affranchis fussent des clients. Les clients, sous leurs divers noms (*leti, lazi, liberti*), étaient en somme toutes les personnes qui, placées dans le *mundium* d'un tiers, occupaient une condition intermédiaire entre les parents (femme, descendants) et les esclaves.

Le problème, qui divise tant les savants, de l'origine des *Læti* fixés sur les terres romaines se résoud ainsi sans effort. C'étaient des Germains qu'on appela, et qui s'appelèrent sans doute eux-mêmes *Læti*, parce qu'ils étaient *clients* des Romains, et qu'à l'exemple des clients de leur pays natal, ils recevaient des terres de leur patron, l'État romain.

Le nombre des clients s'augmentait par le passage d'une famille dans une autre de personnes libres. De même que le fils de famille romain était donné *in mancipio* par son père, de même le fils de famille germain pouvait passer du *mundium* paternel dans le *mundium* d'un étranger. Il cessait d'être fils de famille, il devenait client : cela s'appelait *se commendare ad seniorem, ad patronum*². Il trouvait dans cette condition nouvelle

---

¹ On a eu le tort de chercher une racine commune aux dénominations de *læti* ou *liti* et de *lassi* ou *lazzi*. Ce sont deux mots différents. *Læti* se rattache à la famille des mots dérivés de *leod* (populus, homo) (cf. Grimm, *Rechtsalterthümer*, p. 652) : *Lassi* dérive du haut allemand *laz* et a le sens d'affranchi (cf. Grimm, *Rechtsalterthümer*, p. 308).

² *Epitome Sⁱ Galli*. (Lex Romana Curiensis.) Interpret. ad *Gaii Instit.*, tit. VI, *quibus modis filii exeunt de potestate patris* : « Et alio modo filie mancipantur, hoc est inmancipatio si pater eorum eos *per manum dat*

soit une protection plus étendue, soit des chances plus grandes de gain par la concession de terres ou le partage de butin.

De toute manière, le *mundium* du père prend fin quand le fils est en état de porter les armes. C'est là le sens de l'émancipation solennelle que Tacite nous a décrite. Le *mundium* cesse parce que le jeune homme fait partie désormais de l'association guerrière de la tribu, et qu'aidé de ses proches, de sa *propinquitas*, il peut s'assurer une protection suffisante. Pour les femmes, au contraire, qui ne sont pas membres effectives de la tribu, ou pour les affranchis, qui n'ont pas de *propinquitas*, le *mundium* dure toute la vie.

Ainsi émancipé, le jeune Germain peut aller librement offrir ses services à un autre guerrier. C'est tantôt un engagement temporaire qu'il prend, tantôt un engagement définitif. César nous parle de l'un[1], Tacite nous fait

---

ad alium seniorem et eos ei comendaverit. » — Interpret. ad *Pauli Sentent.*, II, tit. VIII : « Si inmancipatus filius hoc est... qui nec ad regem nec *ad nullum patronum commendatum* non est nisi adhuc in solam *potestatem* patris permanet tales filius sic habet potestatem sicut et servus » (Hænel, *Lex Romana Wisigothorum.* (Leipzig, 1849), p. 321, col. 6 et p. 359, col. 6.)

La *recommandation* apparaît clairement dans ce texte, tout imprégné de vieux droit germanique, comme une translation de la *potestas*, du *mundium*, du père à un étranger, lequel devient *senior* ou patron. Quand c'est en qualité de fils qu'un homme est reçu dans une autre famille, c'est-à-dire en cas d'adoption ou d'adrogation, l'expression varie à peine, le texte dit : *ad alium patrem se commendare.* — *Epitome St Galli.* Interpretatio ad *Gaii Instit.*, tit. 5 : « Quicumque ingenuus homo alienum filium collegere voluerit ut eum *pro filio* habeat hoc facere potest. Nam duobus modis est ista condicio. Illum dicitur adoptivum qui patrem habet vivum et *ad alium patrem se commendare* voluerit et illum dicitur arogatum qui patrem vivum non habet et ad alium patrem se conmendat et adhuc si ipse qui eum recipit rogat eum ut secum *pro filio conversare* debeat. » (Hænel, *Lex Romana Wisigoth.*, p. 321, col. 6.)

[1] César, VI, 23.

connaître l'autre, sous le nom de *comitatus*[1]. Celui-ci surtout est intéressant pour l'époque postérieure, et c'est à tort qu'on a voulu en faire une prérogative des chefs, des *principes*[2]. Un serment lie le compagnon au chef qu'il se choisit. Il doit ses services et son dévouement et reçoit des récompenses sur la part du butin[3]. Les lois barbares disent qu'il est placé *in obsequio*[4], la loi des Wisigoths, dans sa rédaction la plus ancienne, l'appelle de façon bien caractéristique *buccellarius*[5], et ces lois nous montrent, d'une part, que l'*obsequium* est distinct du *mundium*[6], d'autre part, qu'il s'en rapproche par la solidarité de vie et d'intérêt qu'il crée entre le chef et le compagnon[7].

[1] Tacite, *Germanie*, XIII-XIV.

[2] Tacite, *Germanie*, XIII : « Ceteri *robustioribus ac jampridem probatis* aggregantur. » — Si Tacite se sert plus loin de la qualification de *princeps*, c'est toujours pour marquer les rapports des chefs et des compagnons, non dans un sens absolu.

[3] Tacite, *Germanie*, XIV : « Materia munificentiæ per bella et raptus. »

[4] *Lex Ribuaria*, XXXI, 1.

[5] *Reccaredi Wisig. regis antiqua*, § 310. (Bluhme, *Die Westgothische Antiqua* (1847), p. 28). — Dans les rédactions postérieures la qualification *buccellarius* est déjà remplacée par l'expression plus vague *in patrocinio constitutus* (*L. Wisig.*, t. 3, c. 1).

[6] *Edictus Rothari*, § 225 : « Si libertus homo, qui fulcfree factus est (c'est-à-dire l'affranchi qui, à la différence de l'*amund*, reste dans le *mundium* de son ancien maître)... alequid in *gasindio Ducis*, aut *privatorum hominum obsequium* donum munus conquisivit, res ad donatore revertantur. Alias vero res..... patronus succedat, sicut *parenti suo*. » (Pertz, LL., IV, 55-56.)

Le *mundium*, en règle, dure toute la vie, il ne peut cesser que par la volonté du chef qui en est investi. L'*obsequium* peut prendre fin par la volonté de l'homme qui s'y est soumis. Voyez, à cet égard, pour l'*obsequium*, *Edict. Rothari*, § 177 et la note suivante ; pour le *mundium*, cf. *Lex Baiuwar.*, III, 3, 29 : « Si quis liberum hominem occiderit, solvat parentibus suis, si habet, si autem non habet, solvat Duci, *vel cui commendatus fuit dum vixit*, etc. » (Pertz, LL., III, 399.)

[7] *Reccaredi antiqua*, § 310 : « Si quis buccellario arma dederit, vel

Il y avait ainsi des degrés différents de dépendance depuis le *comitatus* jusqu'au servage. L'homme libre, de même qu'il pouvait se réduire volontairement à la condition servile [1], pouvait entrer dans la clientèle étroite, dans le *mundium* d'un autre, ou se placer simplement dans son *obsequium*, devenir son serviteur, sans doute, mais son compagnon aussi, presque son égal. Ces deux institutions étaient assez voisines pour se rencontrer en un point. Le *mundium* auquel un homme libre se soumettait de plein gré sans aliéner sa liberté et l'*obsequium* rigoureux dans lequel cet autre se plaçait étaient près de se confondre. Ils se confondirent, en effet, un jour : ce jour-là, la *vassalité* était née.

---

aliquid donaverit, si in patroni sui manserit *obsequio*, aput ipsum quæ sunt donata permaneant. Si vero alium sibi patronum elegerit, habeat licentiam cui se voluerit commendare. Quoniam ingenuus homo non potest prohiberi, quia in sua potestate consistit : sed reddat omnia patrono quem deseruit... Et quidquid buccellarius sub patrono adquesierit, *medietas* ex omnibus in patroni vel filiorum ejus potestate consistat. Aliam vero mediætatem idem buccellarius, qui adquæsivit obtineat. Et si filiam reliquirit, ipsam in patroni potestate manere jubemus... »

§ 311. « Arma que saionibus *pro obsequio* dantur nulla ratione a donatore repetantur..... »

Lex Wisigoth, V, 3, c. 3. *Antiqua* : « Si quis cum aliquo patrocinii causa consistat, et aliquid *dum cum eo habitat*, adquisierit : si ei inveniatur *infidelis*, vel eum derelinquere voluerit, medietas adquisitæ rei patrono tradatur. Aliam vero medietatem qui adquisivit obtineat, et quidquid ei ipse donavit recipiat. »

[1] *Lex Baiuwar*, III, 6, 5 (Pertz, LL., III, 405) : « Ut nullum liberum sine mortali crimine liceat inservire, nec de hereditate sua expellere... Quamvis pauper sit, tamen libertatem suam non perdat, nec hereditatem suam, nisi ex spontanea voluntate alicui tradere voluerit, hoc potestatem habeat faciendi. » — Cf. déjà Tacite, *Germanie*, XXIV.

CHAPITRE V.

L'ÉPOQUE GALLO-ROMAINE. — LE PATRONAGE.

L'État gaulois, à peine ébauché, ne pouvait tenir contre la forte discipline de l'État romain. Ses imperfections grossières facilitèrent la conquête : la conquête en fit table rase. La Gaule devint une province romaine, elle participa aux institutions comme à la culture de la métropole. Ce fut une efflorescence brillante de près de trois siècles. Puis la décadence vint. Pour maintenir un empire aussi immense, il aurait fallu à Rome un pouvoir d'une vitalité toujours jeune, d'une fixité inébranlable. Au lieu de cela, le pouvoir est livré à tous les désordres, rongé par le fonctionnarisme, soumis par les révolutions militaires à un état d'incessante fluctuation.

Il se produit alors comme une force centrifuge à tous les degrés de la vaste machine. Les provinces se donnent des chefs; fonctionnaires et sujets se détachent.

N'étant plus retenus au centre, les fonctionnaires deviennent omnipotents. Ils se préoccupent moins de servir l'État que leurs intérêts propres : confiscations, corvées et prestations arbitraires, exactions monstrueuses dans la levée des impôts, deviennent l'exercice régulier de la fonction publique[1], et parfois durent après qu'elle

---

[1] Const. Valent. et Valens (365), Cod. *Ne rusticani ad ullum obsequium devocentur* (11, 54) C. 2 : « Si qui eorum, qui provinciarum Rectoribus obsequuntur, quique in diversis agunt officiis principatus, et qui sub quocunque prætextu publici muneris *possunt esse terribiles*, rusticano cuiquam *necessitatem obsequii, quasi mancipio sui juris imponant,* aut servum ejus vel forte bovem *in usus proprios* necessitatesque converterint... » — Nov. Majorien, tit. 2, *De indulgentiis reliquorum* (458), § 1 : « Præfectiani si quidem atque palatini, vel alia-

a cessé[1].

Les grands propriétaires gallo-romains se rendent plus indépendants encore que les fonctionnaires de l'État. Ce sont eux qui, dans chaque canton, répartissent l'impôt territorial, et ils font en sorte d'en détourner tout le poids sur les petits cultivateurs (*possessores*)[2]. Au besoin

rum potestatum apparitores, competentium titulorum exactione suscepta contra veterem morem per provincias discurrentes, *enormibus exactionibus possessorem curialemque concutiunt*, et ita omnia pro arbitrio suæ deprædationis extorquent, ut, *cum aliqua pars certa vel minima publicis compendiis inferatur, duplum aut amplius sportulis avidus et præpotens exsecutor accipiat*..... Nunc vero canonicarios superioris militiæ auctoritate terribiles, et in provincialium viscera et damna sævientes *nec arguere quisque apud provincialem judicem potest*, cum resupina apparitori et totum sibi de superioris cinguli fastidio blandientes *potestas provincialis examini subjecta famuletur*, nec de longinquis provinciæ regionibus cum magno sumptuum expensarumque detrimento ad comitatum nostrum venire audeat ille, qui queritur... Hinc est, quod per injuriam compulsorum destitutæ ordinibus civitates idoneum nequeunt habere curialem, quod *exigentium atrocitate perterriti* possessores propria rura destituunt, cum non jam amissio fortunarum, sed sæva custodia et suspendiorum crudelitas formidatur, quæ immitis apparitor et exsecutio militaris *pro commodo suæ cupiditatis* exercet. (Codicis Theodos., *Supplementum*. Ed. Hænel (1844), p. 296-297.) — Adde Salvien, De Gubernatione Dei, lib. IV et V passim. *Monumenta Germaniæ*, Auct. antiquissimorum, t. I (Berlin, 1877), Sidoine Apollinaire, Lettres, livr. II, lettre I, etc.

[1] Salvien, *op. cit.*, livre VII, chap. 21, § 92, p. 100 : « Illud gravius... quod hoc faciunt et privati isdem ante honoribus functi. Tantum eis indeptus semel honor dat beneficii ut semper habeant jus latrocinandi. »

[2] Novellé Valent., III, tit. 10 pr. : « Neque ultra manebit perpetuitas eorum manere paucis atque defessis imposita sarcina, *quam potior detrectat, locupletior recusat*, et validiore rejiciente solus agnoscit infirmior. » (Cod. Theod., *Supplem.*, Ed. Hænel, p. 160-161.) — Salvien, *op. cit.*, livre IV, chap. 6, § 30, p. 41 : « Illud latrocinium ac scelus quis dignè eloqui possit, quod, cum Romana respublica vel jam mortua vel certè extremum spiritum agens in ea parte, qua adhuc vivere videtur, tributorum vinculis quasi prædonum manibus strangulata moriatur, inveniuntur tamen plurimi divitum, quorum tributa pauperes ferunt, hoc est, inveniuntur plurimi divitum quorum

ils s'entendent avec les agents du fisc[1], ou bien ils obtiennent de l'État lui-même, soit par la collation de fonctions ou de titres honorifiques, soit par des privilèges spéciaux, l'*immunité* d'impôts. Ils se mettent en dehors et au-dessus des lois[2] : la justice cède devant eux[3], ils résistent par la force à la perception des impôts dont ils n'ont pu se décharger[4].

A côté d'eux, les chefs militaires et les soldats (recrutés surtout parmi les barbares) jouissent d'une immunité non moins complète des charges publiques; s'emparent ouvertement du bien d'autrui[5]; exercent déprédations et rapines[6].

La masse du peuple, composée d'artisans, de cultiva-

tributa pauperes necant. Et quod invenire dicimus plurimos, timeo ne verius diceremus omnes. »

[1] Const. Constantin (313). Cod. Just., C. 1, *De censibus et censitoribus* (11, 57) : « Quoniam tabularii civitatum *per collusionem potentiorum sarcinam ad inferiores* transferunt. » Adde C. 5, ibid. (393).

[2] Salvien, *op. cit.*, livre VII, ch. 21, § 93, p. 101 : « Sanè ad parendum humiles abjectique coguntur, compelluntur jussis obtemperare pauperculi... Eandem enim rationem in hac re habent quam in tributis : *Soli jussis publicis serviunt, sicut soli tributa solvunt.* »

[3] Voyez au Code les titres : *Ne liceat potentioribus patrocinium litigantibus præstare... et De his qui potentiorum nomine titulos prædiis affigunt* (C. Just., 2, 14 et 15).

[4] Voyez *infrà*, p. 75, note 3.

[5] Ulp., Dig., *De officio præsidis* (1, 18), fr. 6 pr. : « Extortas metu venditiones et cautiones vel sine pretii numeratione prohibeat Præses provinciæ » § 2 : « Ne potentiores viri humiliores injuriis adficiant. » — Salvien, *op. cit.*, livre V, chap. 8, § 43, p. 63 : « Nonnulli... domicilia atque agellos suos pervasionibus perdunt, etc. »

[6] Ulp., *De officio præsidis* (1, 18), fr. 6, § 5 : « Ne tenuis vitæ homines sub prætextu adventus officiorum, vel militum, lumine unico, vel brevi supellectili ad aliorum usus translatis, injuriis vexentur... — Const. Constantin et Constans (353). C. 3, *De veteranis* (12, 47) : « Veterani qui ex negligentia vitæ, nec rus colunt, nec aliquid honestum peragunt; *sed latrociniis sese dederunt.* »

teurs, de petits propriétaires, n'échappe à l'oppression des exacteurs que pour tomber aux mains des soldats qui la dépouillent et des grands propriétaires qui la ruinent. Elle cherche alors une protection en dehors de l'État : la clientèle renaît.

Les uns, pour se dérober aux exigences du fisc, se mettent sous la protection d'un grand propriétaire; les autres, pour se soustraire aux empiétements d'un voisin puissant, ou aux violences des garnisaires, courent solliciter le patronage (*patrocinium*) d'un duc[1] ou d'un comte[2]. L'homme se livre à discrétion : il se donne un maître en même temps qu'un protecteur. S'il a déjà tout perdu, terre et maison, s'il est sans ressource, il se fait esclave ou colon[3]. Il n'aurait d'autre alternative que de se réfugier chez les Barbares.

Les colons que leur maître pressure demandent au patronage un allégement à leur sort[4]. Les cultivateurs

---

[1] « Colonorum multitudinem... *ducum patrocinia* contulisse » (Code Théodos., C. 1, *De patrociniis vicorum* (11, 24) (360).

[2] « Qui rusticis patrocinia præbere tentaverit, cujuslibet ille fuerit dignitatis, sive magistri utriusque militiæ, sive *comitis*... » (Code Théodosien, *ibid.*, C. 4 (399).

[3] « Nonnulli... cum domicilia atque agellos suos aut pervasionibus perdunt aut fugati ab exactoribus deserunt, quia tenere non possunt, fundos majorum expetunt et coloni divitum fiunt. Ac sicut solent aut hi, qui hostium terrore compulsi ad castella se conferunt, aut hi, qui *perdito ingenuæ incolumitatis statu* ad asylum aliquod desperatione confugiunt, ita et isti, *quia tueri amplius vel sedem vel dignitatem suorum natalium non queunt, jugo se inquilinæ abjectionis addicunt* » (Salvien, *op. cit.*, livre V, chap. 8, § 43-44, p. 63) (Cf. Novelle Majorien, Cod. Theod., *Suppl.* Ed. Hænel, p. 315 suiv.).

[4] Le patronage devenait ainsi, à son tour, une source d'abus. Il faut lire la curieuse harangue adressée à un empereur romain (probablement à Théodose, vers 392) par le rhéteur Libanius. Elle nous montre le patron s'interposant entre le propriétaire et le colon, intimidant le juge, et lui arrachant une sentence inique : « Dicta igitur sententia secundum quod galea et thorax seu lorica voluerat » (Libanii sophistæ *Orationes quatuor*, ed. J. Gothofredo (Col. Allobro-

qui ont pu sauver leur petit domaine se placent dans la clientèle (*clientela*), dans le *patrocinium*, d'un grand. Ils lui abandonnent une partie de leurs terres, souvent la plus étendue, s'il faut en croire Salvien[1], et ils conservent le reste, sous sa protection, à titre d'usufruit héréditaire[2]. Ils se recommandent (*commendare*)[3] eux et leurs biens, tandis que d'autres ne recommandent que leur personne.

gum 1631, I, περὶ τῶν προστασιῶν, *De patrociniis*, p. 12). — Cf. C. un. *De colon. Thrac.* (11, 51). « Nec recedendi quo velint, aut permutandi loca habeant facultatem (coloni), sed possessores eorum jure utantur, et *patroni solicitudine* et *domini potestate*. Si quis vero alienum colonum suscipiendum, retinendum que crediderit..., etc. »

[1] « Tradunt se *ad tuendum protegendum que* majoribus, dediticios se divitum faciunt et quasi in jus eorum dicionemque trascendunt. Nec tamen grave hoc aut indignum arbitrarer, immo potius gratularer hanc potentum magnitudinem, quibus se pauperes dedunt, si *patrocinia* ista non venderent, si quod se dicunt humiles defensare humanitati tribuerent non cupiditati. Illud grave ac peracerbum est, quod hac lege tueri pauperes videntur, ut spolient, hac lege defendunt miseros, ut miseriores faciant defendendo. Omnes enim hi, qui defendi videntur, *defensoribus suis omnem fere substantiam suam priusquam defendantur addicunt*, ac sic, ut patres habeant defensionem, perdunt filii hereditatem. Tuitio parentum mendicitate pignorum comparatur. Ecce quæ sunt auxilia ac patrocinia majorum : nihil susceptis tribuunt, sed sibi. Hoc enim pacto aliquid parentibus temporarie attribuitur ut in futuro totum filiis auferatur » (Salvien, *De gubernatione Dei*, livre V, chap. 8, § 38-40, p. 62).

[2] C. 1, *Ut nemo ad suum patrocinium suscipiat rusticanos vel vicos eorum* (11, 53) : « Si quis, post hanc nostri numinis sanctionem *in fraudem, circumscriptionemque publicæ functionis*, ad *patrocinium* cujuscunque conditionis *confugeret :* id, quod hujus rei gratia geritur, *sub prætextu donationis, vel venditionis, seu conductionis, aut cujuslibet alterius contractus*, nullam habeat firmitatem. »

[3] L'expression est ancienne. Elle correspondait bien à l'idée de patronage (Cf. Ulp., fr. 12, § 12, Dig., *Mandati* (7, 1) : *commendatum habere*), et elle put servir, dès lors, dans la rédaction latine des lois barbares, à désigner indifféremment le *patrocinium*, l'*obsequium* et le *mundium*. Nous verrons, du reste, que ces trois formes de la protection se confondirent en une seule. Une synonymie complète s'établit alors dans les mots.

Le patronage englobe des villages entiers (*vici*) de colons ou de propriétaires libres (*agricolæ, rustici, possessores*).

Il se forme ainsi une aristocratie politique et terrienne. Les grands propriétaires acquièrent une sorte de souveraineté (*ditio, potestas*) sur leurs tenanciers ou clients : Salvien les appelle *quasi-nobiles*[1]. Les grands fonctionnaires acquièrent à la fois des terres et des sujets[2].

Les domaines des uns et des autres sont libres d'impôts, soit de droit, soit de fait, et cette immunité légale ou usurpée s'étend à tous les hommes qui les habitent ou qui y sont rattachés[3]. Quel agent du fisc oserait tenir tête au

---

[1] « Aut idem sunt nobiles, qui et divites, aut si sunt divites præter nobiles, et ipsi tamen jam quasi nobiles, quia tanta est miseria hujus temporis, ut nullus habeatur magis nobilis quam qui est plurimum dives » (Salvien, *op. cit.*, livre III, chap. 10, § 53, p. 34).

[2] Les petits propriétaires ou colons achètent le patronage des grands par des redevances et prestations de toute nature. — « Sunt magni vici, singuli multorum dominorum, hi confugiunt ad milites ibi constitutos,... hujusque rei merces, ex iis quæ terra educit, triticum, hordeum et fructus arborei, vel etiam aurum, aurive pretium » (Libanius, Orat. I, *De patrociniis*, p. 5, Trad. J. Godefroy).

[3] Libanius trace un tableau saisissant de la résistance victorieuse que les paysans opposent aux levées d'impôts, grâce à la protection d'un grand fonctionnaire. Le malheureux curiale chargé de la perception est renvoyé tout meurtri, et, comme il est responsable de l'impôt, la ruine s'ajoute aux coups. « Veniunt ad vicos istos qui per duces muniti sunt, tributorum exactores... Igitur petunt quidem primum leniter et submissiore voce; mox contempti irrisique, jam cum indignatione, altumque vociferantes et sicut evenit his qui justo exciderunt : inde magistratibus minantur, frustra quidem, *ut qui inferiores sint iis qui ex vicis fructus percipiunt* : tandem et prehendunt et corripiunt : isti vero monstrant sibi lapides esse. Exactores igitur pro fructibus vulnera accipientes, revertuntur in urbem vestibus cruentatis, quod passi sunt manifestentes, et post hæc qui irascatur neminem habent : *potentia quippe ejus qui mercedem accipit id non sinit*. Audiunt interea infelices, quod oporteat eos tributum inferre, vel verberatos bonam copiam ejerare... mox... mendicandi necessitas. Ita decurio curiâ expungitur... hæc minores

petit souverain qui y commande[1], pénétrer jusqu'à sa somptueuse[2] demeure que ne défendent pas seulement des murs et des enceintes (*burgus, castella*[3]), mais dont l'approche est gardée par la foule des clients[4]?

Les habitants du domaine sont les hommes du propriétaire (*homines ejus*) : il les juge et les punit, colons aussi bien qu'esclaves et affranchis. Il les assiste et les secourt. Il les enrôle et parfois avec leur aide il repousse les Barbares[5].

faciunt curias ex majoribus... » (Libanius, Orat. I, *De patrociniis*, Trad. J. Godefroy, p. 8-9). — Code Théodosien, C. 1, *De patrociniis vicorum* (11, 24) (360) : « Universos quos tantum sibi claruerit temeritatis assumere, ut præbeant latebram et *defensione repromissa aditum implendæ devotionis occlaudant*, jubemus urgeri », etc. — C. 3, *ibid.* (395) : « Quoscunque autem vicos aut *defensionis potentia* aut *multitudine sua fretos* publicis muneribus constiterit obviare, ultioni quam ratio ipsa dictabit conveniet subjugari. »

[1] « Habenda sane ratio est potentium personarum, quarum actores per provincias solutionem fiscalium negligunt, dum *pro sui terrore fastidii* (emend. : *fastigii*) minime perurgentur, *ac se in prædiis retinent contumaces*, ne ad eos præceptum judicis possit aut conventio pervenire » (Nov. Majorien, tit. 2, § 4 (458), Code Théod., *Suppl.* Ed. Hænel, p. 298).

[2] « Ut mihi compta domus spatiosis ædibus esset
    « Et diversa anni per tempora jugiter apta,
    « Mensa opulenta, nitens, plures juvenesque ministri
    « Inque usus varios grata et numerosa supellex,
    « Argentum que magis pretio quam pondere præstans. »
    (Paullinus, Ausonii nepos, (Paulin le Pénitent, ou de Pella), *Eucharisticon*, v. 205-209. Edit. cura et studio C. Daumii Lipsiæ 1686, p. 158).

[3] Sidoine Apollinaire, Lettres, *passim* et *Carmina*, 22 (description de la villa (*burgus*) de Pontius Leontius).

[4] « Instructa (domus) *obsequiis* et *turbis fulta clientum* » (Paulin le Pénitent, *Eucharisticon*, v. 437, p. 166).

[5] Un grand propriétaire gallo-romain, Ecdicius, nourrit quatre mille pauvres durant une famine, et il résiste à une attaque des Wisigoths avec une troupe levée sur ses domaines. Voyez Fustel de Coulanges, *Histoire des institutions politiques de la France* (Paris, 1874), p. 269.

Une partie de la puissance publique passe donc aux mains des particuliers. L'État le sent bien. Il est dépouillé de ses impôts [1]; il est tenu en échec et par ses propres agents et par les grands propriétaires. Que peut-il tenter? Il défend les patronages (*patrocinia*). Du milieu du IVe siècle à la fin du Ve, les prohibitions se succèdent avec une sévérité croissante : confiscations et amendes doivent frapper tout ensemble le patron et le client [2]. Mais les menaces demeurent stériles, les peines inefficaces : la fréquence des dispositions prohibitives le prouverait à elle seule. C'est que le patronage s'impose comme une nécessité inéluctable. Le besoin de sécurité prime tout.

Est-il rien de plus instructif, pour s'en convaincre, que de voir l'État romain entrer en concurrence avec le patronage privé, le combattre avec ses armes, se faire patron à son tour, protéger le peuple contre les *potentes*, — c'est-à-dire contre les abus de pouvoir des fonctionnaires et les violences ou les spoliations des grands? Telle est, en effet,

---

[1] Libanius, Orat., *De patrociniis, loc. cit.*, p. 20 : « Tantique ipsis (ducibus) domi montes auri argentique, dum alia aliis cumulantur, assurexerunt, ut ii qui his præpositos audiunt vix credant ipsis tantum quantum est suppetere. In vestris autem thesauris quos oportebat magis abundare, ut qui Imperii sunt, quam eorum qui sub eo agunt, parvus fundus omninò cernitur, quodque in his reconditum parvum est. »

[2] Code Théodosien, C. 2, *De patrociniis vicorum* (11, 24) (370?) : « Abstineant patrociniis agricolæ, *subjugandi supplicio*, si talia sibimet adjumenta commentis audacibus conquisierint. » — C. 4, *ibid.* (399). « Omnes ergo sciant, non modo eos memorata mulcta feriendos, qui *clientelam* susceperint rusticorum, sed eos quoque, qui fraudandorum tributorum caussa ad patrocinia solita fraude confugerint, duplum definitæ mulctæ dispendium subituros. » — C. 5, *ibid.* (399). « Excellentia tua his legibus, quæ de prohibendis patrociniis aliorum principum nomine promulgatæ sunt, *severiorem pœnam* nos addidisse cognoscat, scilicet ut, si quis agricolis vel vicanis *propria possidentibus* patrocinium repertus fuerit ministrare, propriis facultatibus exuatur; his quoque agricolis terrarum suarum dispendio feriendis, qui ad patrocinia quæsita confugerint. »

le but de l'institution des *defensores civitatum*, que créèrent, en l'an 364, les empereurs Valentinien et Valens[1], et qu'ils appelèrent de son vrai nom, *patrocinium*[2].

L'État prononçait ainsi sa propre déchéance, il abdiquait. Sentant son impuissance au regard de ses agents, et voulant y échapper, il revenait, par une sorte de circuit, au rôle de simple particulier, il faisait prédominer la relation personnelle sur la sujétion publique. Étrange interversion des rôles dont le résultat fut ce qu'il devait être. La désorganisation s'accrut. Aux fonctionnaires qui se partageaient les ruines du pouvoir, l'Empire ajoutait une classe nouvelle : les *defensores civitatum*[3].

Dans la Gaule du Ve siècle, l'État avait donc perdu ses sujets : le patronage privé s'en était emparé. C'est ce patronage que la royauté franque eut à combattre, bien plus que l'autorité romaine. Celle-ci tomba facilement sous ses coups, l'autre résista avec succès.

---

[1] Code Théodosien, C. 1, *De defensoribus civitatum* (1, 29) (364) : « Admodum utiliter edimus ut plebs omnis Illyrici *officiis patronorum contra potentium defendatur injurias.* » — C. 3, *ibid.* (365) : « Cum multa pro plebe a nobis studiose statuta sint, nihil providisse nos credidimus, nisi *defensores idoneos* dederimus. » — Cod. Justin., C. 4, *De defens. civitatum* (1, 55) (385) : « In defensoribus universarum provinciarum erit administrationis hæc forma... ut inprimis *parentis vicem* plebi exhibeas : descriptionibus rusticos urbanosque non patiaris adfligi : *officialium insolentiæ* et *judicum procacitati* (salva reverentia pudoris) *occurras.* »

[2] Code Théodos., C. 5, *De defens. civit.* (370) : « Utili ratione prospectum est, ut innocens et quieta rusticitas *peculiaris patrocinii beneficio* fruatur... »

[3] « Defensores nihil sibi insolenter, nihil in debitum vindicantes, nominis sui tantum fungantur officio. Nullas infligant multas : sæviores non exerceant quæstiones. Plebem vel decuriones ab omni improborum insolentia et temeritate tueantur : *ut id tantum quod esse dicuntur, esse non desinant* » (C. Just., C. 5, *De defens. civit.* (1, 55) (392) et Code Théod., C. 7, *De def. civit.* (1, 29).

CHAPITRE VI.

LE ROYAUME FRANC. — I. LA PROTECTION DU ROI.

Lors de la conquête de la Gaule par les rois francs, on peut observer des deux côtés, — du côté des conquérants, comme du côté des vaincus, — un système analogue de patronage. Un royaume naissant et un empire en dissolution se rencontraient face à face. L'autorité dans l'un ne reposait encore que sur la relation personnelle du chef avec les hommes de sa peuplade, l'autorité dans l'autre était tombée au rang de simple patronage. Germains et Gallo-romains se trouvaient donc, au point de vue de la constitution politique, dans des conditions voisines. Rien n'était plus propice à leur fusion. Le régime nouveau pouvait plonger ses racines dans les vieilles coutumes germaniques aussi bien que dans les institutions provinciales du Bas-Empire.

Le pouvoir du roi Salien s'était constitué au détriment du *mundium* de la famille. De tout temps le roi avait eu ses fidèles, c'est-à-dire des hommes placés dans son *obsequium* ou dans son *mundium*, plus étroitement liés suivant leur rang et leurs services; tantôt, véritables compagnons, vivant dans son entourage et jouissant de sa protection personnelle, comme conséquence du dévouement qu'ils lui ont juré[1] (*antrustions*), tantôt, simples recommandés, clients qui doivent des services en échange de la protection familiale (*mundium*) qu'ils reçoivent,

---

[1] C'est cette double idée qui semble avoir été exprimée par le mot *trustis, trustis dominica;* en somme, la fidélité étroite et réciproque du chef et de son compagnon.

qui deviennent par là ses hommes (*leudes*, *homines*, *vassi*[1]). Il étendit le cercle de sa protection à ceux des habitants qui n'avaient pas de famille, pas de *propinquitas* pour les assister et les défendre, — aux affranchis[2], aux veuves et aux orphelins[3], aux étrangers, — et enfin il le porta jusqu'aux confins de la tribu, en prenant en mains, concurremment avec les chefs de famille et parfois en opposition avec eux, le maintien de la sécurité et du bon ordre[4].

Ses agents assurent la comparution en justice (*bannitio*) et l'exécution des sentences. Sa protection maintient la paix. Si elle est violée entre les diverses familles, le roi a droit à l'amende que cette violation entraîne (*fredum*). Être hors la loi c'est être hors la protection du roi, *extra sermonem regis*[5]. Aussitôt le lien qui rattache l'individu à

---

[1] Ce sont, a mon sens, trois mots synonymes de trois langues différentes (idiômes germaniques, latin, celtique). A l'époque mérovingienne, les mots *leudes* et *homines* sont pris l'un pour l'autre et employés très fréquemment. Le mot *vassus* est très rare. Plus tard, l'inverse se produit. L'expression *leude* tombe en désuétude, le mot *vassus* lui succède (Sur le sens étymologique de *Leude*, voyez Grimm, *Rechtsalterthümer*, p. 622). Quant à *vassus*, on peut remarquer qu'aujourd'hui encore en Bretagne *gwas* signifie homme. Je l'ai constaté moi-même dans le Finistère.

[2] A défaut de patron. Cf. Capit. ad Legem Baiwariorum (801-813), cap. 6 : « Hi qui per cartam ingenuitatis dimissi sunt liberi, *ubi nullum patrocinium et defensionem non elegerint*, similiter regi conponantur quadraginta solidis » (Ed. Boretius, p. 158).

[3] Cf. Ed. Rothari, § 182, *in fine*, § 385, etc. Pertz, *Leges*, IV, 43, 89.

[4] Clovis, s'adressant aux Francs ripuaires pour leur demander de se soumettre à lui, s'exprime ainsi, suivant Grégoire de Tours : « Convertimini ad me, *ut sub meam sitis defensionem* » (*Hist. eccles.*, II, 40). — Sur la protection comme principe constitutif du pouvoir royal chez les Francs depuis les rois Saliens jusqu'à Charlemagne lui-même, voyez Waitz, *Deutsche Verfassungsgeschichte*, II a (3ᵉ édition, 1882), p. 101-103, p. 213, III a (2ᵉ édition, 1883), p. 327, etc.

[5] Lex Salica, tit. 56 : « Tunc (rex) adque manitus est *extra sermo-*

la société est brisé : il devient une bête fauve, un loup, *wargus*[1], il doit être chassé de partout (*expellis*) (*forbannitus*); sa femme même, ne peut, à peine de crime, lui donner un morceau de pain ou un abri[2]; le tuer est un acte indifférent ou louable[3].

La protection du roi Salien enveloppait la tribu en une série de cercles concentriques. Son énergie augmentait suivant qu'on se rapprochait du centre, et dans une mesure corrélative devenaient plus stricts les devoirs du protégé, plus étendus les droits du protecteur.

Le recommandé (*leude*, *homo*) (plus tard *vassus*), ainsi que l'affranchi, la femme ou l'étranger placés dans le *mundium* royal faisaient partie, à des degrés divers, de la famille du roi. Par cela seul, le leude était tenu à l'*obsequium* et aux services, par cela seul, le roi, à défaut d'enfants, héritait de l'affranchi ou de l'étranger[4]. Mais aux deux extrémités de l'échelle un engagement formel est nécessaire. L'antrustion doit une fidélité et une assistance exceptionnelle; il la promet par serment, il jure *trustem*[5], dévouement jusqu'à la mort, comme l'ancien

---

nem suum ponat eum » (Ed. Hessels, col. 361). — *Sermo* est une traduction latine du mot *mund*, dont la signification originaire s'était dès alors perdue, par suite, sans aucun doute, du caractère de plus en plus vague que le *mundium* revêtait.

[1] Voyez Thonissen, *L'organisation judiciaire, le droit pénal et la procédure pénale de la loi Salique* (2ᵉ édition, 1882), p. 248-249.

[2] « Et quicumque eum aut paverit aut hospitalitatem dederit, etiam si uxor sua proxima... DC. din. qui fac. sol. xv, culp. jud. » (Lex Salica, *loc. cit.*).

[3] Chilperici Edictum (561-584), cap. 10 (Ed. Boretius, p. 10) : « Ipsum mittemus foras nostro sermone, ut quicumque eum invenerit, quomodo sic ante pavido interfitiat. »

[4] *Lex Ribuaria*, tit. 54, chap. 4 (Ed. Sohm. *Monumenta* LL., t. V (1883), p. 242), tit. 61, chap. 1, p. 252. — *Lex Salica*, tit. 60, in fine, Ed. Hessels, col. 379.

[5] « Rectum est, ut qui nobis *fidem* pollicentur *intesam*, nostro *tuean-*

comes germain. D'autre part, le simple Franc, tout en étant sous la protection générale, *tuitio, defensio,* du roi, n'est pas dans son *mundium,* ne fait pas partie de sa famille. Sa dépendance personnelle au regard du roi doit donc, elle aussi, s'établir par un serment. A l'avènement d'un roi nouveau, ou lors d'une conquête, tout homme libre jure *leudesamio*[1] au roi, il s'avoue, à certains égards, son homme, son leude, il reconnaît qu'il lui doit, en partie au moins, la fidélité et les services que lui doit le recommandé.

Quand le royaume franc s'établit en Gaule, le nombre de ceux qui allaient être placés sous la protection royale, de ceux qu'on pourrait appeler, en un certain sens, ses sujets, s'accrut dans une proportion immense. Il y eut plus de leudes du roi, car il y avait plus de butin et plus de terres à distribuer. Il y eut plus de faibles à protéger : l'Eglise chrétienne prit humblement place au milieu d'eux. Enfin la masse du peuple était formée maintenant des Gallo-romains soumis et des tribus germaniques vaincues. Le roi dut multiplier ses fonctionnaires, et étendre leurs attributions, mais il ne put faire que le lien de protection et de dépendance personnelle qui unissait à lui le simple homme libre ne devînt singulièrement fragile.

Pour resserrer ce lien, pour assurer la protection à

---

tur auxilio. Et quia illi fidelis, Deo propitio, noster veniens ibi in palatio nostro una cum arma sua in manu nostra *trustem et fidelitatem* nobis visus est conjurasse : propterea per presentem preceptum decernemus ac jobemus, ut deinceps memoratus ille inter numero antruscionorum conputetur » (Marculfe, I, 18 ; Zeumer, p. 55 ; de Rozière, 8).

[1] « Jubemus, ut omnes paginsis vestros, tam Francos, Romanos, vel reliqua natione degentibus, bannire et locis congruis per civitates, vicos et castella congregare faciatis, quatenus presente misso nostro..... *fidelitatem* precelso filio nostro vel nobis et *leudesamio*..... dibeant promittere et conjurare » (Marculfe, I, 40 ; Zeumer, p. 68 ; de Rozière, 1).

l'homme du peuple, au petit propriétaire, aux *minus potentes,* en un mot, on finit bien par les assimiler aux veuves, aux orphelins, aux églises, et par les recommander à la sollicitude spéciale des fonctionnaires royaux[1]. Mais qui les garantissait contre les abus de ces fonctionnaires eux-mêmes? Le recours au roi n'était-il pas pour le plus grand nombre un remède impraticable ou illusoire? Il suffit d'ouvrir Grégoire de Tours pour rencontrer, à chaque pas, le spectacle des violences et des extorsions commises impunément par les agents du roi.

Le faible devait donc chercher un autre protecteur que le roi. Il le trouvait dans le grand propriétaire galloromain ou franc, dont le patronage savait le soustraire à l'action des fonctionnaires royaux.

CHAPITRE VII.

LE ROYAUME FRANC. — II. LA RECOMMANDATION ET LE *MITIUM.*

L'indépendance des grands propriétaires gallo-romains était aussi conciliable avec l'organisation de l'État franc qu'avec l'administration des provinces romaines du ve siècle. Les seuls dangers qu'ils courussent c'était d'être dépossédés par une confiscation totale ou partielle de leurs

---

[1] Edict. Chlothari II (614), cap. 14 : « Ecclesiarum res sacerdotum et *pauperum qui se defensare non possunt*, a judicibus publicis usque audientiam per justitiam defensentur, salva emunitate præcidentium domnorum, quod ecclesiæ aut potentum vel cuicumque visi sunt indulsisse pro pace atque disciplina facienda » (Boretius, p. 22). — Cf. *Summula de bannis* (Boret, p. 224) : « De octo bannus unde domnus noster vult, quod exeant solidi LX. 1 Cap. Dishonoratio sanctæ ecclesiæ. 2. Qui injuste agit contra viduas. 3. De orfanis. 4. *Contra pauperinus qui se ipsus defendere non possunt*, qui dicuntur unvermagon. »

domaines, ou d'en être chassés par des chefs germains. Ils s'efforcèrent d'y échapper, et souvent y parvinrent, en participant aux affaires publiques, en conquérant une influence croissante à la cour des rois mérovingiens. Grâce aux fonctions qu'ils remplirent dans le palais et dans le pays, les immunités anciennes dont ils jouissaient leur furent maintenues, et ils purent sauvegarder d'autant mieux leur autorité quasi-souveraine qu'elle était plus semblable aux prérogatives des grands propriétaires francs.

Le *mundium* du chef de famille germain et le patronage du gallo-romain, grand propriétaire, se donnaient la main, de même qu'au-dessus d'eux la protection imparfaite du roi franc et l'autorité défaillante de l'empereur romain.

S'il prenait possession d'une *villa* gallo-romaine, le chef germain la trouvait comme préparée pour lui et les siens. Ici des esclaves en grand nombre groupés autour du maître ou de son représentant, le *villicus;* plus loin, des affranchis, des tenanciers, des recommandés ou clients, qui mettaient les terres en culture.

C'est sur le même plan que, conformément à leurs anciens usages, les Germains créèrent des *villæ* nouvelles.

Dans une grosse ferme entourée de palissades et de fossés (*curtis dominica*), le maître avec sa famille immédiate fixe sa résidence. Tout autour s'élèvent les huttes (*casæ*) des serfs domestiques et agricoles, les premiers, artisans chargés de tous les travaux intérieurs, de la confection des vêtements, de la menuiserie, de la charpente, etc., les autres cultivant la terre réservée, l'*indominicatum,* la terre salique étendue, qui fournit la nourriture et l'entretien du maître.

Au delà de ce territoire s'étendent les champs des tenanciers serviles, des clients (*lites*). Ils les exploitent pour leur compte à charge de redevances et de prestations déterminées.

A la *villa* se rattachent enfin les terres concédées aux compagnons du maître, aux guerriers qui l'assistent dans les combats, qui en toute circonstance accourent à son appel, qui lui tiennent lieu en grande partie de l'ancienne *propinquitas*. Suivant qu'ils sont obligés temporairement ou à vie, ils sont placés dans l'*obsequium* ou dans le *mundium* du maître. Tous ont droit à sa protection[1]. Ils ont droit à l'entretien aussi longtemps que durent leur fidélité et leurs services, et c'est pour s'acquitter en une fois, et comme à forfait, de cette obligation, que le maître leur abandonne des terres[2].

La condition de ces diverses personnes fut influencée par le milieu nouveau où les Germains vécurent désormais. Aux serfs vinrent se joindre tous les malheureux que le besoin de protection ou l'absence de ressources obligeaient à aliéner leur liberté, soit pour un nombre déterminé d'années, soit d'une manière définitive[3]; aux tenanciers serviles, aux lites, s'ajoutèrent les colons :

---

[1] A défaut de parents, le patron a droit au wergeld du recommandé. Voyez le texte de la loi des Bavarois cité plus haut, p. 68, note 6.

[2] Lex Wisigoth., V, 3, cap. 4 : « Quicunque patronum suum reliquerit, et ad alium tendens forte se contulerit, ille cui se commendaverit, *det ei terram*. Nam patronus quem reliquerit, et terram et quæ ei dedit obtineat. »

[3] Formulæ Andegav. (Commenc. du vi^e siècle), form. 18 : « Dum cognetum est, qualiter aliquos homo nomen illi aliquo homine nomen illo caucione inmissa habuit pro statum suum, quo ei beneficium fecit argento untias tantas, *ut inter annis tantus, qualecumque ei servitium injunxerit, ei facere debiret...* » (Zeumer, p. 10; de Rozière, 381). Adde form. 38 (Zeumer, p. 17; de Rozière, 371). — Form. 19 : « Domno mihi semper illo illi. Et pro necessitatis temporum et vidi conpendium me eciam sterilitas et inopie precinxit, ut in aliter transagere non possum, nisi ut *integrum statum meum* in vestrum debiam implecare servicium..... ut quicquid ab odiernum diæ de memetipso facere volueris, sicut et de reliqua mancipia vestra obnoxia in omnibus, Deo presole, abeatis potestatem faciendi » (Zeumer, p. 10-11; de Rozière, 45).

colons romains, petits propriétaires qui, à l'exemple de ceux dont nous parle Salvien, se réduisaient à la condition coloniaire en abandonnant leur maison et leur champ[1]. Enfin, à côté des *recommandés* germains se placèrent des *recommandés* gallo-romains. Ils engageaient leurs services sans perdre leur liberté, mais aussi sans avoir le rang de compagnon du maître : ils avaient droit à l'entretien, mais ils le recevaient au jour le jour, et non point sous forme de concession de terres[2].

Dans ces circonstances, le *mundium* sur les personnes étrangères par le sang, le patronage des clients, en un mot, subit insensiblement une transformation profonde. Il ne correspondait plus à l'idée de famille. Il naissait d'un contrat, souvent passé par écrit[3]. En même temps, les compagnons du chef germain se distinguaient chaque jour davantage des autres recommandés.

De toute ancienneté, ils avaient dû au chef fidélité et assistance, ils en avaient reçu protection et libéralités. Ces obligations réciproques furent mises au premier plan,

---

[1] Cf. Formul. Andeg., 25 : « Constat nus vindedisse, et ita vindedimus a vobis estatus nostros *cum omni peculiare*, quod habemus aut locare poteieremus, *manso et terra vel viniolas*, quantumcumquæ ad die præsente possedire vidimur in fundo illa villa in se... » (Zeumer, p. 12; de Rozière, 46).

[2] Formul. Turonenses, form. 43 : « Dum et omnibus habetur percognitum qualiter ego minime habeo, unde me pascere vel vestire debeam, ideo petii pietati vestræ, et mihi decrevit voluntas, ut me *in vestrum mundoburdum* tradere vel *commendare* deberem ; quod ita et feci ; eo videlicet modo, ut me *tam de victu quam et de vestimento*, juxta quod vobis servire et promereri potuero, adjuvare vel consolare debeas, et dum ego in capud advixero, *ingenuili ordine* tibi *servicium* vel *obsequium* inpendere debeam et de vestra potestate vel mundoburdo tempore vitæ meæ potestatem non habeam subtrahendi, nisi sub vestra potestate vel *defensione* diebus vitæ meæ debeam permanere » (Zeumer, p. 158; de Rozière, 43).

[3] Form. Turon., 43 : « Unde convenit, ut duas epistolas uno tenore conscriptas ex hoc inter se facere vel adfirmare deberent; quod ita et fecerunt. »

en pleine lumière. C'étaient elles qui constituaient désormais le *mundium* au regard des compagnons (*suscepti, amici, clientes, vassi*). C'étaient elles qui correspondaient à la *recommandation* proprement dite. Elles trouvèrent leur expression dans les formes mêmes du contrat. Le recommandé donnait sa foi et promettait ses services en présentant, en livrant ses mains jointes à son patron[1], et, à l'image de l'ancien *comes* germain, il consacrait l'engagement de sa foi par un serment solennel. — Le patron le recevait dans sa protection[2] en prenant dans ses mains les mains qui lui étaient offertes, « *manus manibus suscepit honestis*[3], » et il assumait l'obligation de pourvoir à son entretien en lui donnant, comme gage ou comme arrhe, des armes ou un cheval, plus tard une pièce de monnaie ou l'investiture par la *festuca* d'un fonds de terre.

La distinction entre l'*obsequium* et le *mundium* s'effaçait d'elle-même. Une fusion s'opéra sur cette base que le contrat ne fut plus jamais résoluble à volonté, mais qu'il le fut toujours pour des motifs graves[4].

Tel apparaît désormais le *mundium* sur les recom-

[1] *Mox manibus junctis regi se tradidit ultro,*
 Et secum regnum, quod sibi jure fuit;
 « Suscipe, Cæsar, « ait, » me nec non regna subacta;
 « Sponte tuis *memet confero servitiis.* »
  (Ermoldus Nigellus IV, v. 600-604. Pertz Script. II, 512).

[2] « Si senior vassalli sui *defensionem facere* potest *postquam ipse manus suas in ejus commendaverit* et non fecerit, liceat vassallum eum dimittere » (Capit. Kar. magno adscr., cap. 8 (Boretius, p. 215).

[3] Cæsar at ipse *manus manibus suscepit honestis.*
 Mox quoque Cæsar ovans *Francisco more veterno*
 Dat sibi equum nec non, ut solet, *arma simul.*
  (Erm. Nigellus, *ibid.*, v. 605, 607-608).

[4] Cap. Aquisgran., 801-813, cap. 16 (Boretius, p. 172) : « Quod nullus seniorem suum dimittat postquam ab eo acciperit valente solido uno, excepto si eum vult occidere aut cum baculo cædere vel uxorem aut filiam maculare seu hereditatem ei tollere. » — Adde Capitula Kar. magno adscripta, cap. 8 (Boretius, p. 215), etc.

mandés du rang le plus élevé, sur les *vassi;* quant aux autres personnes qui y sont soumises[1], il revêt le caractère de souveraineté territoriale, il s'appelle de préférence *mitium*.

Le mot *mitium* a, de tout temps, fort tourmenté les interprètes. Je crois que sa signification originaire doit être cherchée dans les passages de la loi Salique où il figure sous diverses formes, *mithio, mitho, mitio, mitium*, etc., et surtout comme glose malbergique. Le sens qui ressort et des textes où il est intercalé, et des explications philologiques de Kern[2], est autorité, pouvoir, pouvoir légal. Ainsi *mithio frasitho,* ou *fristatito,* marque la violation d'un droit[3]. Ailleurs, *mithium, simithio, mithio,* correspond à *legaliter*[4]. Enfin, *mitium* est employé dans plusieurs manuscrits comme synonyme de *curtis,*

---

[1] Je ne parle, bien entendu, que des personnes étrangères à la famille. La mainbournie (tutelle) des mineurs et des femmes ne nous intéresse pas ici.

[2] Kern, *Notes on the frankish words in the Lex Salica*, § 186, § 290, à la suite de l'édition de la Lex Salica donnée par Hessels (Londres, 1880).

[3] Lex Salica, tit. 37, 3. *De vestigio minando* (Ed. Hessels et Kern, col. 208-215) : *mitho strastatido* (codd. 6-5), *mithio frasitho* (codd. 7-9), *mittinio frastatitio* (cod. 10). Il s'agit ici de l'acte arbitraire du *vestigium minans* qui passe outre à la contradiction légale du détenteur de l'objet revendiqué. Est-ce, au contraire, le *vestigium minans* qui est violenté dans l'exercice de son droit, la même formule réapparaît, tit. 66, *De mitio fristito*, *fristatito* (Ed. Hessels et Kern, p. 406). — On peut faire rentrer dans le même ordre d'idées le *mitho forasta, fosa stadivo* (tit. 32, *De legaminibus ingenuorum,* Ed. Hessels et Kern, col. 194, 196), le fait d'arracher un prisonnier des mains du comte.

[4] Chilperici Edictum, cap. 7 (Boretius, p. 9; Hessels et Kern, p. 409) : « Quicumque admallatus fuerit... et necesse est ut *initium* (*leg.* mitium) fidem faciant... » Lex Salica, tit. 106, cap. 1 (cod. 1) (Hessels et Kern, p. 413-414). Cap. 1. « Ut in illo maleborgo respondere aut convenire ubi antruscione *simithio* reddant. » *Ibid.*, cap. 7. « ... Quod ibi fuerint ubi *mitthio* ad noctes XIII solem collocasset. »

ou *casa*[1], c'est-à-dire qu'il correspond à la propriété foncière par excellence.

Une double idée est donc contenue dans le mot *mitium*, l'idée de *droit*, de loi, et l'idée d'autorité, de *pouvoir*. Quand la vieille langue des Germains cessa d'être comprise, on traduisit souvent en latin celle de ces idées qu'on voulait mettre en relief. Ainsi trouvons-nous LEGITIMUM *mitium*[2], *mitti* JURE (= simithio)[3], et d'autre part *mitio* POTESTATIS[4].

Potestas rendait le mieux la signification complexe du mot, en exprimant à la fois l'autorité légitime sur les personnes et le pouvoir sur les biens. Et, en effet, la *potestas*, qui occupe une place importante dans les textes carlovingiens et qui a joué un si grand rôle au moyen âge, n'est qu'un dérivé du *mitium* germanique.

Celui-ci s'est progressivement élargi. De pouvoir sur les hommes résultant d'un lien personnel (*mundium*), et de pouvoir sur les choses résultant d'un droit de propriété[5],

---

[1] La rubrique « Si quis per mallo ingenio *in curte aut in casa* in furto aliquid miserit, » se lit ainsi dans les manuscrits cotés B. G. H. par M. Hessels : « Si quis in *mitio* (michio, G.) *alieno* per ingenio furtum fecerit » (Voyez Hessels et Kern, *Table of Rubrics,* p. xxv).

[2] Marculfe, I, form. 23 (Zeumer, p. 57; de Rozière, 455) : « Omnes causas suas suisque amicis aut gasindis, seu undecumque ipse *legitimo* redebit *mitio*, in suspenso debeant resedere. » — Form. 24 (Zeumer, p. 58; de Rozière, 9) : « Cum omnibus rebus, vel hominebus suis aut gasindis, vel amicis, seu undecumque ipse *legitimo* reddebit *mittio*... sub sermonem tuicionis nostre visi fuimus recipisse. » — Adde Charte de Childebert (28 avril 546), Pertz, Diplom. I, p. 6, Charte de Childéric III (Jul. 744), *ibid.*, p. 88, etc.

[3] Lex Salica, tit. 97 (cod. 11) (Ed. Hessels, p. 413) : « Ubi andrustiones (mitth, *corr.*) *mitti jure* debent. »

[4] Charte de Pépin, en faveur d'Anisola, 25 avril 752 : « Ut neque vos, neque juniores aut successores vestri abbatibus ipsius loci, nec *mitio potestatis* illorum nec hominibus qui per ipsos *legibus sperare* videntur... » (Martène et Durand, *Amplissima Collectio* I, col. 26-27).

[5] Ce sont, au fond, pouvoirs presque identiques dans les législations primitives. Les deux mots qui les désignent s'emploient alter-

il a abouti à une souveraineté foncière ou domaniale. Nous montrerons dans les pages qui vont suivre comment il s'est étendu à tous les habitants d'un domaine, encore que nul lien direct de recommandation, de servitude ou autre les unit au propriétaire. C'est avec cette portée, en effet, que le *mitium* apparaît dans les formules de Marculfe; c'est elle aussi que révèlent clairement les textes où il désigne un territoire privé[1]. L'existence de pareils territoires, de circonscriptions sur lesquelles un *illuster vir*, un *potens*, ou une église exercent une sorte de souveraineté, semble avoir été fréquente dès le vi[e] et le viie siècle[2].

Si nous voulons marquer d'un trait les rapports du *mundium* et du *mitium*, nous dirons que le lien *foncier*, le lien résultant de l'occupation de la terre d'autrui (*mitium*), gagna en importance et en étendue tout ce que perdait, par un affaiblissement successif, le lien personnel ou familial (*mundium*).

---

nativement l'un pour l'autre : *manus* et *mancipium*, à la première époque de Rome, *mundium* et *mitium* chez les Francs Saliens.

[1] Chartes de Pépin (762) et de Charlemagne (772) en faveur de l'abbaye de Murbach (Alsace) (Schœpflin, *Alsatia diplom.*, I, p. 34-35, et p. 44-45) : « Homines ipsius ecclesiæ vel monasterii ipsius tam ingenuos quam et servos qui super eorum terras vel *mitio* commanere videntur. » — Capitul. missorum (803), cap. 10 (Boretius, p. 115) : « Ut nec colonus nec fiscalinus *foras mitio* possint aliubi traditiones facere. »

[2] Dans les formules angevines, les propriétés privées vendues librement par leurs possesseurs sont désignées, à fréquentes reprises, comme faisant partie du *territoire* d'un grand, d'une église ou d'un couvent : « Transcrivimus tibi mansello nostro illo *super terraturio vir inluster illo* » (form. Andeg., 37) (Zeumer, p. 16; de Rozière, 171) : « Constat me vindedisse... illa viniola... et *residit in terraturium sancti illius* » (form. 4) (Zeumer, p. 6) (Adde form. 8, 21, 22, 25, 40, 54).

CHAPITRE VIII.

LE ROYAUME FRANC. — III. L'IMMUNITÉ LAÏQUE.

Dans le principe, toutes les personnes résidant sur une terre étaient dans le *mundium* du propriétaire. Il avait sur elles une juridiction domestique qui, exercée avec le concours des proches, allait jusqu'au droit de vie et de mort.

La justice populaire n'avait pas à intervenir, puisqu'elle n'avait été instituée qu'en vue de conflits entre des familles différentes. C'était le chef qui représentait la famille tout entière. Si un étranger avait à se plaindre de l'un de ses membres, c'était au chef seul qu'il pouvait s'en prendre, soit pour l'obliger à punir le coupable ou à le livrer à la justice, soit, à défaut, pour le rendre responsable en son lieu[1].

---

[1] Je n'ai pas à indiquer ici les nombreux textes qui mettent ce point hors de conteste; je n'en rappellerai que quelques-uns. — Pour les serfs : Pactus Childeberti I et Chlotharii I (511-558). Pactus Childeberti, cap. 5 (Boretius, p. 5). Decretio Chlotarii, cap. 12 (Boretius, p. 6) : « Si quis cujuslibet de potentibus servus, qui per diversa possedent, de crimine habetur suspectus, domino secrecius cum testibus condicatur, ut intra viginti noctes ipsum *ante judicem debeat presentare*. Quod si in statutum tempus, intercedente conludio, non fecerit, *ipse* dominus status sui juxta modum culpæ inter fredo et faido *conpensetur*. » Lex Ribuaria, 30; Pertz, LL., V, p. 221; Lex Baiuw., Appendix textus primi (Pertz, LL., III, 337); Lex Wisigoth., VI, tit. 1, cap. 1. — Pour les lides : Lex Salica, tit. 35, 5 (Hessels et Kern, col. 208 suiv.); Lex Francorum Chamavorum, cap. 44 (Pertz, LL., V, p. 276) : « Si quis de lido suo pro aliqua causa in ratione fuerit inventus, super noctes 14 *ipsum lidum ad placitum adducat*, si senior suus in ipso comitatu est. » — Pour les recommandés : Lex Ribuaria, 31 (Pertz, LL., V, p. 223) : « cap. 1. Quod si homo aut ingenuos *in obsequium alterius* inculpatus fuerit, ipse qui eum

Quand, plus tard, d'autres que des parents ou des affiliés, d'autres que des personnes placées dans le *mundium*, se rencontrèrent sur les terres des particuliers, quand après la conquête surtout il s'y trouva des colons et des tenanciers, le propriétaire, en sa seule qualité, eut autorité et juridiction sur eux[1], et il les représenta, eux aussi, au regard des tiers[2].

post se eodem tempore retenuit, in *præsentia judicis* similiter, sicut superius comprehensum est, *repræsentare* studiat, aut in rem respondere. 2. Quod si eum non repræsentaverit, talem damnum incurrat, qualem ille sustinere debuerat, qui in ejus obsequium est inculpatus. »

[1] On a voulu le contester (Voyez notamment Meyer, *Die Gerichtsbarkeit über Unfreie und Hintersassen nach ältestem Recht* dans *Zeitschrift der Savigny-Stiftung*, t. II, Germ. Abtheil. (1881), p. 83 suiv.).
— Je me bornerai à citer ici les textes suivants : *Capitul. Papiense* (787), cap. 6 (Boretius, p. 199) : « Stetit nobis de hominibus libellariis, ut nullus comis nec juniores eorum eos amplius non distringant nec inquietent, nisi sicut a tempore Langobardorum eorum fuit consuetudo. » — *Capit. Mantuan. secund.*, cap. 1 et 5 (Boretius, p. 196).
— Constitutio de Hispanis prima (815), cap. 3 (Boretius, p. 262) : « Et si quispiam eorum in partem quam ille ad habitandum sibi occupaverat alios homines undecunque venientes adtraxerit et secum in portione sua, quam adprisionem vocant, habitare fecerit, utatur illorum servitio absque alicujus contradictione vel impedimento, et *liceat illi eos distringere ad justitias faciendas quales ipsi inter se definire possunt*. Cetera vero judicia, id est criminales actiones, ad examen comitis reserventur. » — Præceptum Caroli calvi de Hispanis (844), cap. 3 (Baluze, II, 27) : « Nisi pro tribus criminalibus actionibus, id est, homicidio, rapto et incendio, nec ipsi nec eorum homines a quolibet comite aut ministro judiciariæ potestatis ullo modo judicentur aut distringantur; sed liceat ipsis, secundum eorum legem, *de aliis hominibus judicia terminare,* et præter hæc tria, et de se et de eorum hominibus secundum propriam legem omnia *mutuo* definire. » — Voyez, en outre, la note suivante.

[2] Chlotharii II Edictum (614), cap. 15 (?) (Boretius, p. 22-23) : « Si *homines ecclesiarum aut potentum* de causis criminalibus fuerint accusati, agentes eorum ab agentibus publicis requisiti si ipsos in audientia pu..... foris domus ipsorum *ad justitiam reddenda præsentare noluerint, et distringantur, quatenus eosdem debeant præsentare.* » —

Il est difficile d'imaginer que les hommes libres pussent habiter le domaine d'autrui sans être au moins dans l'état de dépendance créée par la tenure. Si cela arrivait pourtant, si, par exemple, de simples baux à ferme étaient conclus avec eux, la juridiction foncière ne laissait pas de s'accroître. L'arbitrage du propriétaire s'imposait en cas de conflits entre ses hommes et les habitants libres de ses domaines. Il naissait même une justice répressive, puisque le premier intérêt du maître était de faire régner l'ordre, et que les actions pénales aboutissaient, pour la plupart, à des réparations pécuniaires. Aussi voyons-nous à l'époque carlovingienne les simples habitants libres d'un domaine représentés en justice par le propriétaire, exactement comme les colons ou les recommandés[1].

Il faut ajouter que dans les domaines d'une vaste étendue le propriétaire eut la haute main sur la justice populaire. Quand, en effet, les anciennes centaines se furent rétrécies, un grand domaine pouvait englober une centaine ou vicarie tout entière : le centenier fut nommé alors par le propriétaire du sol[2].

Luitprandi, Leg. (727), cap. 92, (Pertz, LL., IV, 145) : « Si quis liber homo, in terra aliena resedens *livellario nomine*, humicidium fecerit, et fugam lapsus fuerit, tunc ille in cujus terra ipse humicida habitavit, habeat spatium in mense uno ipsum hominem perquirendum : et si eum invenerit, licenciam habeat ipsum hominem, *quamvis liber sit*, conpræhindendum et tradendum in manu illius, cui humicidium fecit. Et si hoc non fecerit, etc. »

[1] Conv. Ticin. (855), cap. 3 (Pertz, LL., I, p. 435) : « De liberis hominibus qui super alterius res resident et usque nunc a ministris rei publicæ *contra legem* ad placita protrahebantur, et ideo pignera bantur, constituimus, ut *secundum legem patroni eorum eos ad placitum adducant.* » — Cf. Capit. de villis (800), cap. 52 (Boretius, p. 88) : « Volumus ut de fiscalis vel servis nostris *sive de ingenuis qui per fiscos aut villas nostras commanent* diversis hominibus plenam et integram, qualem habuerint, reddere faciant justitiam. »

[2] Sohm, *Die Fränkische Reichs-und-Gerichtsverfassung* (Weimar, 1871), p. 208-209, 254-255).

Ainsi se constitua la suprématie territoriale (*mitium*) dont nous avons parlé au précédent chapitre, et qui absorba tout naturellement le *mundium* pour tous autres que les recommandés proprement dits. La justice appartint au grand propriétaire et non plus au chef de famille. Seuls les *vassi* et, à l'extrémité opposée, les esclaves restèrent dans une relation *personnelle* avec le maître. Quant à eux seuls, la justice conserva le caractère de justice domestique : de *disciplina* pour les esclaves, de *districtio,* de *correctio,* pour les *vassi*[1].

Ce que nous venons de dire de la juridiction du propriétaire foncier n'exclut en aucune manière le fonctionnement du tribunal présidé par le comte, du *mallum publicum.* Sans parler même du cas où un étranger se trouvait partie au procès, le propriétaire restait toujours libre de se décharger de l'exercice d'un droit qu'il estimait difficile ou périlleux. Qu'un de ses hommes fût victime d'un crime commis par un autre, rien ordinairement ne devait le retenir de livrer le coupable au comte pour le faire juger et punir.

Ce n'était pas, en effet, le jugement qui, au point de vue de ses prérogatives et de ses droits, importait le

---

[1] Voyez notamment : Capitul. missorum ital. (784-810), cap. 8 (Boretius, p. 206) : « Ut nullus consenciat suis hominibus ad male faciendum infra patriam; et de eo quod dicunt se non posse habere homines ad marcam defendendam, si eos bene distringunt. » — *Admonitio ad omnes regni ordines* (823-825) cap. 17 (Boretius, p. 303) : « Ut cognoscat unusquisque omnes qui *in suo obsequio* in tali itinere pergunt, sive sui sint sive alieni, ut ille de eorum factis rationem se sciat redditurum..... et senior qui talem secum duxerit, quem aut *constringere* noluit aut non potuit, ut nostram jussionem servaret et insuper in nostro regno prædas facere non timeret... et... *eum corrigere* sicut decet neglexerit, honore suo privetur... » — Synod. Pistens. (862), cap. 4 (Pertz, LL., I, p. 481) : « Seniorem et quemlibet regni potentem... si sui vel in suo obsequio manentes talia fecerint, si eos non *correxerit* et *emendari* quæ faciunt non obtinuerit..., etc. » — Cf. Convent. apud Marsnam, II (851), cap. 8 (Pertz, LL., I, p. 409.) Conventus Silvacensis (853), cap. 13 (Pertz, LL., I, p. 425).

plus à un propriétaire d'alors. L'indépendance de son domaine était garantie quand la poursuite et l'exécution ne pouvaient pas, sans son consentement ou son concours, se pratiquer sur les hommes qui y avaient fixé leur résidence. Là se trouvait, en matière judiciaire, la source principale des abus de pouvoir, des déprédations et des extorsions que commettaient les fonctionnaires royaux chaque fois qu'ils ne rencontraient pas devant eux une autorité capable de leur tenir tête[1]. Sous prétexte d'assurer la comparution en justice d'un accusé et le paiement des compositions ou des amendes éventuelles, les comtes et leurs agents s'emparaient de ses parents ou de ses voisins (*fidejussores tollere*)[2], et, enflant à leur profit les amendes dues au fisc, *freda*, ils dépouillaient et le coupable et ses répondants.

Le propriétaire puissant, *potens vir*, était à l'abri de cette intrusion des fonctionnaires, non-seulement quand le conflit s'agitait entre les habitants de ses terres, mais alors même qu'un étranger y était intéressé. Nous avons vu, en effet, que tous les habitants du domaine étaient protégés, étaient couverts par lui. Ils espéraient à lui, *per eum sperare*[3]. L'expression est significative. Si l'un

---

[1] Les preuves abondent dans les diplômes, les capitulaires, les récits des historiens, dans Grégoire de Tours notamment.

[2] Voyez, par exemple, Marculfe I, form. 28 (Zeumer, p. 60; de Rozière, 435) : « Ille rex illo comite. Fidelis, Deo propitio, noster illi ad presentiam nostram veniens clementiam regni nostri suggessit, eo quod paginsis vester illi eidem terra sua... per fortia tullisset... Propterea ordinatione præsenti ad vos direximus, per qua omnino jobemus, ut ipso illo taliter constringatis, qualiter, si ita agitur, ac causa contra jam dicto illo legibus studeat emendare. *Certe si noluerit*, et ante vos rectæ non finitur, memorato illo, *tultis fidejussoribus*, kalendas illas ad nostram eum cum omnibus modis diregire studeatis presentiam. »

[3] Diplôme de Childebert (28 avril 546) : « Qui per ipsum monasterium sperare videntur » (Pertz, Monum. Dipl. p. 6). Diplôme de Chilpéric (562) : « Amicis, susceptis vel qui per eumdem sperare vi-

d'eux venait à se rendre coupable d'un délit ou d'un crime à l'encontre d'un étranger, seul le maître du domaine pouvait le contraindre (*distringere*) et l'amener au tribunal du comte. Il est vrai qu'il était tenu de le faire, et qu'en cas de refus, il s'exposait à être contraint lui-même ; mais une pareille contrainte était de pratique difficile, et les rois francs durent recourir à une voie détournée pour la faire exercer par leurs agents[1].

Dès l'époque des lois germaniques, nous voyons les hommes libres, surtout les puissants, refuser de comparaître au *mallum* et d'exécuter les sentences qui y étaient rendues contre eux. Il fallait pour obtenir justice recourir au tribunal du roi[2]. Dans le royaume franc postérieur à la conquête, les comtes restèrent impuissants au

dentur, vel unde legitimo redebet mitio » (Monum. Dipl. p. 12), Marculfe, I, form. 24 : « Vel qui per eum sperare videntur, vel undecumquæ legitime reddebit mitthio » (Zeumer, p. 58; de Rozière, 9), etc.

[1] Capitul. Haristall. (mars 779), cap. 21 (Boretius, p. 51) : « Si comis in suo ministerio justitias non fecerit, misso nostro de sua casa soniare faciat usque dum justitiæ ibidem factæ fuerint ; *et si vassus noster justitiam non fecerit*, tunc et comis et missus ad ipsius casa sedeant et de suo vivant quousque justitiam faciat. » Waitz a remarqué avec raison que ce texte prévoit le cas où un grand voudrait procurer l'impunité à ses hommes (*Ueber die Anfänge der Vassalität*, Göttingen, 1856, p. 21). — Adde Capit. missor. (819), cap. 23 (Boretius, p. 291) : « Ut ubicumque ipsi missi aut episcopum aut abbatem aut alium quemlibet quocumque honore præditum invenerint qui justitiam facere vel noluit vel prohibuit, de ipsius rebus vivant quamdiu in eo loco justitias facere debent. »

[2] Lex Salica, tit. 56 (Ed. Hessels et Kern, col. 352) : « Si quis ad mallum venire contempserit, aut quod ei a rachineburgiis fuerit judicatum adimplere distulerit... tunc ad regis præsentia ipso manire debet. » — Cf. Lex Baiuwar., tit. 2, cap. 5 (Pertz, LL. III, p. 284) : « Et si talis *homo potens* hoc fecerit, quem ille comis distringere non potest, tunc dicat Duci suo et Dux illum distringat secundum legem. » — Lex Alamann., Hlotharii, tit. 36, cap. 5 : « Et si est talis persona, quod comes ad placitum vel centenarius, vel missus comitis distringere non potest, tunc eum Dux legitime distringat... » (Pertz, LL. III, p. 57.)

regard des vassaux du roi ou des grands propriétaires[1]. Qu'il s'agît de procès les intéressant directement ou intéressant les hommes placés dans leur *mitium*, le roi lui-même avait besoin d'intervenir pour faire rendre justice. Des deux parts son intervention était justifiée. Les comtes se heurtaient à la résistance des grands, les grands résistaient dans le but d'échapper aux exactions des comtes.

Il s'établit ainsi, moitié de force, moitié de concession, une compétence exceptionnelle au profit des recommandés du roi, parmi lesquels les *vassi* tenaient le premier rang, et en général des *potentes*[2]. Toutes ces per-

---

[1] Capit. Saxon. (28 oct. 797), cap. 5 (Boretius, p. 72) : « Si quis de nobilioribus ad placitum mannitus venire contempserit, solidos quatuor componat... » — Capit. 801-814, cap. 5 (Boretius, p. 145) : « ... de episcopis, abbatibus, vel ceteris nostris hominibus qui ad placitum vestrum venire contempserint. Illos vero per bannum nostrum ad placitum vestrum bannire faciatis; et qui tunc venire contempserint, eorum nomina annotata ad placitum nostrum generale nobis repræsentes. » — Cf. Capit. missorum (819), cap. 28 (Boretius, p. 291).

[2] Capitul. Aquisgran. (801-813), cap. 12 (Boretius, p. 171) : « Ut *homines boni generis*, qui infra comitatum inique vel injuste agunt, in præsentia regis ducantur; et rex super eos districtionem faciat carcerandi, exiliandi usque ad emendationem illorum. » — Capitul. de justitiis faciendis (811-813), cap. 2 (Boretius, p. 176) : « Ut episcopi, abbates, comites et *potentiores quique*, si causam inter se habuerint ac se pacificare noluerint, *ad nostram jubeantur venire præsentiam, neque illorum contentio aliubi dijudicetur*, neque propter hoc pauperum et minus potentium justitiæ remaneant. Neque comes palatii nostri potentiores causas sine nostra jussione finire præsumat, sed tantum ad pauperum et minus potentium justitias faciendas sibi sciat esse vacandum. » — Capitul. Olonn. ecclesiast. primum (mai 825), cap. 1 (Boretius, p. 326) : « Si autem vassallus noster in hac culpa lapsus fuerit, sicut supra per comitem distringatur; quod si non audierit, nobis innotescatur, antequam in vinculis mittatur. » — Capit. Wormat. (829), cap. 7 (Pertz, LL., I, p. 350) : « Et si quis contemptor inventus fuerit, et nec Episcopum nec comitem audire velit, si noster homo fuerit, *ad præsentiam nostram venire compellatur*. » — Capit. Karlom., apud Vernis Palat. (884), cap. 11 (Pertz, LL., I,

sonnes pouvaient en appeler directement au tribunal du palais, pour leurs procès et pour ceux de leurs hommes. Ce n'était pas, sans doute, un droit absolu qu'on leur reconnaissait, mais il dépendait toujours d'eux de le faire naître, puisque leur seule résistance ou le prétexte tiré des frais trop considérables de la procédure ordinaire[1] y donnait ouverture à leur profit.

Les privilèges du propriétaire puissant ne se bornaient pas là. A l'indépendance dont il jouissait au regard des agents de l'ordre judiciaire se joignait l'exemption d'impôt. Les immunités si nombreuses dont nous avons constaté l'existence à l'époque gallo-romaine avaient survécu, et elles s'étaient peut-être étendues encore. Il est hors de doute que les rois francs maintinrent l'impôt territorial et la capitation perçus du temps des Romains, et il ne me paraît pas moins incontestable que ces impôts furent levés d'après les cadastres qu'avait dressés l'administration impériale[2]. Toutes les grandes *villæ* gallo-romaines dont le propriétaire autrefois avait su empêcher l'inscription au registre cadastral, de droit, de force ou d'habileté[3], arrivèrent ainsi libres de toutes charges publiques[4] aux

---

p. 553) : « De nostris quoque dominicis vassallis jubemus, ut si aliquis prædas egerit, comes in cujus potestate fuerit, ad emendationem eum vocet... Quod *si proclamaverit se ante præsentiam nostram velle distringi potius quam ante comitem*, per credibiles fidejussores aut per sacramentum melioris hominis ante nos venire permittatur, ut ibi talis ratio finem accipiat. » — Adde Capit. missor. gener. (802), cap. 39 (Boretius, p. 98). Marculfe I, form. 27 (Zeumer, p. 59; de Rozière, 434), etc.

[1] Cf. Marculfe I, form. 24 (Zeumer, p. 58; de Rozière, 9).

[2] Cf. Waitz, *Deutsche Verfassungsgeschichte*, t. II, 2ᵉ partie (3ᵉ édit. 1882), p. 258 suiv.

[3] Voyez plus haut, pages 72 et 75.

[4] A partir de Constantin, l'impôt foncier (*jugatio*) et la capitation personnelle des colons (*capitatio*) furent réunis sur un même rôle, le propriétaire étant déclaré responsable de l'une et de l'autre (Cf. Révillout, Etude sur l'histoire du colonat, *Rev. hist. de droit*, III,

mains des chefs francs qui en prirent possession. Le même avantage fut assuré aux grandes fermes établies par les envahisseurs, soit sur des terres désertes, soit à l'aide de territoires concédés par le roi. Les terres désertes, fort nombreuses au v° siècle, n'étaient pas recensées alors[1]. Quant aux terres du fisc, elles passaient franches d'impôt foncier à tous ceux qui en obtenaient la concession. Il en était ainsi du temps de l'empire[2], et le même principe resta en vigueur sous les rois francs. Si elles étaient cultivées déjà, la capitation comme les redevances que les habitants payaient au fisc était attribué au donataire[3].

On voit, d'après cela, que seuls ou presque seuls les petits propriétaires supportaient le poids de l'impôt territorial.

Si nous réunissons tous les traits sous lesquels le domaine du grand propriétaire vient de nous apparaître, nous avons devant nous une *potestas,* franche et libre, une terre inaccessible aux agents de la force publique et aux collecteurs d'impôts, dont le propriétaire possède, en fait sinon en droit, le privilège de porter devant le tribunal du palais ses causes et celles de ses hommes.

Mais il n'était ni indifférent ni inutile au grand propriétaire de s'assurer la conservation de ces avantages,

---

1857, p. 216-217). L'immunité du grand propriétaire s'étendait donc à la capitation de ses hommes.

[1] Elles n'étaient soumises à l'impôt qu'après une occupation de trois ans. Voyez Code Théodosien, V, 15, c. 8 (Ed. Hænel, p. 499-500), et au Code de Justinien le titre *De omni agro deserto* (xi, 58).

[2] Cod. Théod., *De collatione donat. vel relevat. possessionum* (xi, 20), c. 4 : « Largitates tam nostræ clementiæ quam retro principum ex eo tempore quo in bene meritos de re publica conferuntur, tenere perpetem firmitatem præcipimus,... nec quicquam pro his possessionibus quæ *largitate principali* jam dudum in singulos quosque colatæ sunt, damnosæ conventionis molestiam pertimescat » (Hænel, p. 1104-1105).

[3] Vita S. Eligii, c. 15 (d'Achery, *Spicilegium,* II, p. 83).

de les faire sanctionner par l'autorité royale, et d'opposer ainsi une digue de plus aux empiètements croissants de fonctionnaires avides et audacieux. Le moyen qui s'offrait naturellement à lui était de se faire admettre dans le *mundium* du roi, d'être reçu au nombre de ses fidèles.

La charte que le roi lui délivrait alors garantissait et son privilège de juridiction, et son droit de justice, et en général l'indépendance de son territoire au regard des officiers du roi, agents d'exécution ou receveurs d'impôts[1]. Aussi n'est-il pas rare de rencontrer dans les textes le mot *immunitas* employé comme synonyme de *mundium*[2]. Le *mundium* accordé au grand propriétaire protégeait son immunité.

[1] Cartæ senonicæ, form. 28 (Zeumer, p. 197; de Rozière, 11) : « Omnibus episcopis, seo et venerabilibus omnibus abbatibus... domesticis, vicariis, centenariis... ille rex Francorum, vir inluster. Cognuscas, *iste presens ille ad nos venit et nostrum commendatione expetivit abire*, et nos ipso gradante animo recipimus vel retenemus. Propterea omnino vobis rogamus atque jubimus, ut ne(que) vos neque juniores neque successoresque vestris ipso vel hominis suis, qui per ipso legitimi sperare videntur, *inquietare* nec *condempnare*, nec de rebus suis in nullo abstrahere nec dismanuare non presumatis nec facere permittatis. Et si talis causa adversus eo surrexerit, aut orta fuerit, et ibidem absque eorum iniquo dispendio minime definitas fuerint,... talis causa ante nos fenetivam accipiant sententiam. » — Diplôme de Charlemagne en faveur de Jean, possesseur de la terre de Fontjoncouse (Cartul. de Fontjoncouse, *Bull. de la Commission arch. de Narbonne*, t. I, p. 109-110) (Mars 795, d'après Sickel, *Acta Karolinorum*, K. 144) : « Rectum est regalis potestas illis *tuitionem* impartiat quorum necessitas comprobatur... Et cum ad nos venisset... *in manibus nostris se commendavit*... Nos vero concedimus et ipsum villarem et omnes suos terminos et pertinentias suas ab integre, et quantum ille cum hominibus suis in villa Fontejoncosa occupavit vel occupaverit vel de heremo traxerit... Hæc omnia concedimus ei per nostrum donitum, ut habeat ille et posteritas sua *absque ullo censu aut inquietudine*, dum nobis aut filiis nostris fideles extiterint » (La donation de terres n'est qu'apparente : Jean était devenu propriétaire par droit d'occupation *(aprisio)*).

[2] Voyez, par exemple : Charte de Louis le Débonnaire, 28 février

Dans la pratique, cela ne suffisait pas encore. Dès l'époque mérovingienne, les comtes étaient trop âpres et trop indisciplinés pour s'arrêter devant une injonction du roi conçue en termes généraux, devant une simple charte de *mundium*, et plus tard ils le firent d'autant moins que le nombre des protégés du roi augmentait chaque jour[1]. Si le maître du domaine n'était pas de puissance à faire respecter ses privilèges en tenant tête aux fonctionnaires publics, il fallait que le roi non-seulement le prît sous son *mundium*, mais consacrât en termes exprès l'immunité dont il jouissait, fît défense à ses agents de le troubler dans l'exercice de sa pleine et franche propriété : « *in integra emunitate... eam jure proprietario... teneat atque possideat*[2]. »

815 (Cart. Montier-en-Der. MS. Bibl. nat., nouv. acq. lat. 1251, f° 9) : « Sub immunitatis *nostre* defensione. » — Charte de Louis le Débonnaire, 27 juillet 818 (Cart. Perrecy, MS. Bibl. nat. 17721, f° 3), même formule, etc.

[1] Une formule de Bourges nous a conservé un curieux exemple de l'inefficacité d'une simple charte de mainbour, au commencement du IX⁰ siècle : « Piissimo ac serenissimo domino meo Carolo, excellentissimo augusto... Venerunt itaque (manquent les noms) dicentes, quod ex jussione vestra missi vestri fuissent, et per mala ingenia atque forcia mihi res proprietatis meæ tulerunt quæ legitime atque juræ hereditario mihi obvenerunt, et Joseph episcopo (évêque de Bourges de 792 à 815) mihi tradere conpulerunt... Ego alium defensorem presentaliter manifestare non potui, nisi vestræ regalis clementiæ *cartam mundburalem ostendi, et mihi nihil profuit*, sed, ut dixi, per ingenia mala adque volontate pessima eicientes me de ipsa hereditate... Vestra pietas hoc emendare conpellat, qualiter elimosina atque mercis seu *mundeburdum* vester semper adcrescat..... Peto namquæ pietati vestræ, ut exinde revestita fuissem, per misericordia vestra talem missum habuissem, qui mihi exinde in locum protectionis vestræ *defensare et munburire* fecisset... » (Formulæ Bituricenses, form. 14, Zeumer, p. 174; de Rozière, 419).

[2] Marculfe I, form. 14 (Zeumer, p. 52; de Rozière, 138) : « Ergo cognuscat magnitudo seo strenuetas vestra, nos inlustri viro lui, prumptissima volontate villa nuncupante illa,... *sicut ab illo*, aut *a fisco nostro, fuit possessa* vel moderno tempore possedetur, visi fui-

L'Eglise, comme propriétaire, était dans une condition particulière; elle ne jouissait pas, nous le verrons tout à l'heure, de tous les avantages que nous avons trouvé inhérents au domaine du *potens vir*. L'immunité d'impôt ordinairement lui faisait défaut, et elle ne parvenait pas à soustraire les habitants de ses terres à la poursuite et à la juridiction des comtes ou de leurs agents. Elle avait donc un besoin plus impérieux de la protection royale que les propriétaires laïques, et en outre les concessions

mus *concedisse*. Quapropter per presentem auctoritatem nostram decernemus, quod perpetualiter mansurum esse jobemus, ut ipsa villa illa antedictus vir ille, ut dixemus, in omni integritate, cum terris, domibus, ædificiis, accolabus, mancipiis..... vel qualibet genus ominum dicione fisci nostri subditum, qui ibidem commanent, *in integra emunitate, absque ullius introitus judicum de quaslibet causas freta exigendum,* perpetualiter habeat concessa, ita ut eam *jure proprietario* absque ullius expectata judicum tradicione *habeat, teneat atque possedeat...* » — (Marculfe I, form. 17; Zeumer, p. 54; de Rozière, 152) : « Igitur inlustris vir illi clementiæ regni nostri suggessit, eo quod ante hos annos illi quondam rex, parens noster, villa aliqua nuncupante sic, in pago illo, quam antea ad fisco suo aspexerat et illi tenuerat, *pro fidæi suæ respectu... in integra emunitate, absque ullius introitus judicum de quaslibet causas freta exigendum,* eidem concessisset... Precipientes ergo, ut, sicut constat antedicta villa illa *cum omni sua integritate* ab ipso principe illo memorato lui fuisse concessa, et eam ad presens *jure proprietario possidere videtur...* et ipse et posteritas ejus *eam teneant et possedeant* et cui voluerint ad possedendum relinquant, vel quicquid exinde facere decreverint, *ex nostro permisso liberum perfruantur arbitrio.* »

Le passage du *mundium* à l'immunité peut être suivi avec exactitude si l'on rapproche, par exemple, les deux chartes successives accordées au propriétaire du domaine de Fontjoncouse. Nous avons reproduit la première (suprà, p. 100, note) : nous allons mettre la seconde en regard. Un intervalle de vingt ans les sépare. La plus récente fut octroyée par Louis le Débonnaire, le 1er janvier 815. Elle confirme la plus ancienne, mais le rédacteur pouvait dire à juste titre qu'elle l'améliore. Elle fait jaillir, en effet, les conséquences que celle-ci contenait en germe. A une formule vague de respecter les droits du propriétaire elle substitue la défense formelle adressée aux fonctionnaires du roi, comte et vicaire, de contraindre

qui lui étaient faites devaient être plus étendues que pour ceux-ci. Tandis, en effet, qu'il suffisait de sanctionner l'immunité acquise de longue date au Germain puissant ou au riche Gallo-romain, une concession formelle, un véritable abandon des droits du fisc, droit à l'impôt, droit à l'amende judiciaire, *freda*, était nécessaire pour qu'une église ou une abbaye, après avoir été admise dans le *mundium* du roi, pût jouir de l'immunité[1].

De pareilles concessions furent nombreuses, et par leur

et de juger les hommes habitant le domaine. Elle élève, en d'autres termes, une barrière solide entre eux et lui. C'est pour cela qu'on peut dire que la charte de 795 est encore une charte de *mundium*, et que la charte de 815 est déjà une charte d'immunité. Voici cette dernière Cartul. de Fontjoncouse, *loc. cit.*, p. 110-111) (1er janvier 815, d'après Sickel, *Acta Karolin.*, L. 42) : « Notum sit qualiter homo fidelis noster nomine Johannes, veniens in nostra præsentia... qui *in manibus nostris se commendavit*, et petivit nobis sua aprisione quicquid genitor noster ei concesserat... et ostendit nobis exinde auctoritate quod genitor noster ei fecit. Nos vero alia ei facere jussimus, sive *melioravimus* et concedimus eidem fideli nostro Johanne in pago Narbonense villare Fontes et villare Cellacarbonilis... Omnia per nostrum donitum habeant ille et filii sui, et posteritas eorum, *absque ullum censum vel alicujus inquietudine. Et nullus comes, nec vicarius, nec juniores eorum, nec ullus judex publicus, illorum homines qui super illorum aprisione habitant, aut in illorum proprio, destringere nec* JUDICARE *præsumant* : sed Johannes et filii sui et posteritas illorum illi eos judicent et distringant et quicquid per legem judicaverint stabilis permaneat, et si extra legem fecerint, per legem emendent. »

[1] Cette distinction est importante, et je crois qu'elle a passé inaperçue. Elle résulte de la comparaison des formules d'immunité laïque et ecclésiastique. — Voyez, en outre, les chartes, peu nombreuses mais fort précieuses, où l'immunité apparaît comme un simple exercice du droit de propriété. Au commencement du viiie siècle, par exemple, Volfaudus ou Wolfvaldus, puissant laïque, fonde sur un domaine qui lui appartient un couvent en l'honneur de saint Michel. Il proclame lui-même l'immunité dont les terres qu'il abandonne doivent jouir par cela seul qu'elles étaient sa propriété : « Illud nobis in hac voluntate nostra scriptum esse complacuit, ut nullus judex, nec pontifex de civitate vel ex ipsa parrochia Virdunense in ipso monasterio nullam potestatem aut quaslibet redibitiones aut re-

importance même elles reléguèrent au second plan, soit l'immunité laïque, soit la condition analogue où pouvait se trouver un grand domaine, indépendamment de toute concession royale. Néanmoins ces trois formes différentes de l'immunité ont laissé des traces fort reconnaissables dans les textes, et, en les suivant du vııı° siècle à la fin du ıx°, on peut se rendre compte que leur sort a été intimement lié[1]. Il est incontestable, en tout cas, que le développement qu'a pris l'immunité ecclésiastique et l'extension croissante des avantages qui y étaient contenus exercèrent une influence considérable sur la formation

quisitiones exigendi habeat potestatem ingrediendi, quia in ipso predio nostro proprio sumpto (et) labore ædificavimus (Cart. Saint-Mihiel, MS. f° 45, col. 1, année 709). — Telle était l'indépendance de ce propriétaire qu'il se révolta contre le roi, et que ses biens durent être confisqués pour forfaiture (Voyez Diplôme de Pépin (29 juillet 755). Arch. nat. Tardif, Monum. hist., 47, n° 56). — Dans le cartulaire de Vierzon, un donateur qui fait, il est vrai, confirmer sa charte par le roi (Charles le Chauve), s'exprime ainsi : « Remota omni inique consuetudinis dominatione, ita ut nullus heres, nullus arbiter publicis ex judiciaria potestate homines tam ingenuos quam servos super terram ipsius celle residentes distringere, nec ullas reddibitiones vel freda requirere vel fidejussores cogi presumat (C. Vierzon, MS. Bibl. nat., f° 6 r°, col. 2).

[1] Voyez plus haut, p. 101, note 2 et la note précédente. — L'assimilation expresse entre l'immunité proprement dite, la *potestas* d'un grand, et le domaine du roi est faite notamment dans les textes suivants : Capit. Karoli Calvi apud Carisiacum (857 février) (Pertz, LL. I, p. 455), cap. 4 : « Mancipia aliena quæ intra *immunitates* fugiunt aut intra *fiscum nostrum, aut aliorum potestate...* » — Edict. Pistense (864), cap. 18 (Pertz, p. 492) : « Et si falsus monetarius... *in fiscum nostrum, vel in quamcumque immunitatem, aut alicujus potentis potestatem vel proprietatem* confugerit... Si autem in immunitatem vel potestatem aut proprietatem alicujus potentis confugerit, secundum quod in tertio libro capitularis, xxvı capit. continetur de eo qui furtum aut homicidium, vel quodlibet crimen foris committens *infra immunitatem* fugerit inde fiat; id est mandet comes vel publicæ rei minister Episcopo vel abbati vel illi quicunque locum Episcopi vel abbatis vel abbatissæ tenuerit, *vel potentis hominis in cujus potestatem vel proprietatem confugerit*, ut reddat ei reum..., etc. »

d'une souveraineté territoriale aux mains des propriétaires laïques eux-mêmes. A ce point de vue, il importe de déterminer plus précisément son origine et sa portée.

CHAPITRE IX.

LE ROYAUME FRANC. — IV. L'IMMUNITÉ ECCLÉSIASTIQUE.

L'Ég'ise jouissait de la protection générale des rois francs. Elle la partageait avec les faibles, les *minus potentes*, les veuves ou les orphelins. Le comte ou le *missus* devait prendre ses causes en main[1], l'assister, la soutenir et lui faciliter, au besoin, le recours au jugement direct du roi ou du *comes palatii*[2]. A l'encontre de voisins turbulents ou de malfaiteurs vulgaires la protection ainsi organisée pouvait être suffisante; mais qui donc garantissait l'Église contre ses protecteurs attitrés eux-mêmes, contre les propres agents du roi? Sans doute, elle avait la ressource de se faire admettre dans la protection plus étroite, dans le *mundium* particulier du roi, et abbés comme évêques n'y manquèrent pas. Mais, nous l'avons vu, la délivrance d'une simple charte de *mundium* était une barrière bien fragile aux empiètements des comtes ou des *missi*, et elle n'avait pas même, pour les propriétaires ecclésiastiques, l'avantage de les confirmer dans la jouis-

---

[1] Capitul. missor. spec. (802), cap. 19 (Boretius, p. 101) : « Insuper totum, undecumque necesse fuerit, tam de justitiis nostris quamque et justitias ecclesiarum, viduarum, orfanorum, pupillorum et ceterorum hominum inquirant (missi) et perficiant. » — Capitula de justit. faciendis (c. 820), cap. 1 (Boretius, p. 295), etc.

[2] Capit. Aquisgr. (801-813), cap. 2 (Boretius, p. 171) : « Ut ecclesiæ, viduæ, pupilli per bannum regis pacem habeant. Sin aliter, in præsentia nostra hoc veniat, si fieri potest; sin autem, missi nostri investigent illud quomodo gestum sit : » etc.

sance de prérogatives déjà acquises, de placer sous la sauvegarde du roi l'indépendance de leurs domaines. Ni l'immunité d'impôt, ni la justice territoriale ne préexistaient d'ordinaire entre leurs mains.

Il est constant, d'abord, que sous les Mérovingiens[1], comme sous les empereurs romains, l'Eglise n'était pas dispensée de l'impôt. Aucune immunité générale ne lui était reconnue. Si l'on considère, d'autre part, l'origine de ses possessions territoriales, on les voit formées en grande partie de champs, de prés, de fermes, de médiocre étendue. Ce sont de petits propriétaires qui, par piété, pour trouver un asile, pour accroître aussi leurs ressources en obtenant, à titre d'usufruit, des terres plus importantes, donnent leurs biens à l'Église. Il ne pouvait être question ici de l'immunité qui s'attachait dès l'époque gallo-romaine et demeura attachée plus tard aux grands domaines, aux *villæ* des *potentes*.

Pour la même raison, les domaines de l'Église étaient rarement d'un seul tenant. Un couvent possédait des biens disséminés à de grandes distances, enchevêtrés dans des possessions particulières, morcelés à l'infini (ce qui subsista durant tout le moyen âge). La justice territoriale dans ces conditions avait plus de peine à s'établir. A chaque instant des conflits pouvaient éclater entre les hommes de l'abbé et les habitants de terres voisines. A chaque instant, dès lors, l'intervention du comte pouvait être mise en mouvement, pour saisir un délinquant, assurer sa comparution en justice, exécuter une sentence. Le privilège de juridiction que l'Église aurait invoquée (recours au tribunal du roi), ou le droit de représenter elle-même devant le *mallum* les hommes placés sous son autorité, devaient rester illusoires en fait. Et cela d'autant plus qu'elle ne disposait pas d'une

---

[1] Grégoire de Tours, IV, 5; X, 7; Fustel de Coulanges, *Histoire des institutions politiques*, p. 444.

force matérielle suffisante pour contraindre les habitants de ses terres et les conduire en justice, et qu'elle était sans doute réduite à invoquer parfois elle-même le concours du comte ou de ses agents pour rétablir l'ordre entre ses subordonnés.

La propriété ecclésiastique restait donc ouverte aux fonctionnaires du roi, aux comtes, aux *missi*. Chargés de la protéger, d'y lever des impôts, appelés à y faire la police, à y exercer des actes de poursuite et d'exécution, ils avaient devant eux un champ libre à tous les abus. Perception de l'impôt territorial (*tributa, functiones*), perception des amendes judiciaires (*freda*), prise de garants (*fidejussores tollere*), prise de gîte et de fournitures (*mansiones, paratas tollere*) (ce qui était aussi une charge de la propriété foncière au profit des fonctionnaires publics), autant d'occasions de commettre des extorsions, de piller les paysans, de les ruiner.

Si une simple charte de *mundium* ne pouvait pas mettre l'Église à l'abri d'abus aussi dangereux et aussi graves, il n'en était pas de même d'une recommandation, accompagnée de concessions formelles.

Nous avons vu plus haut que le recommandé recevait protection en échange de la fidélité qu'il promettait à son seigneur, assistance et dons en échange de ses services. Quand un évêque ou un abbé se recommandait au roi, les services qu'il engageait étaient de l'ordre spirituel. Son église ou son couvent devaient prier pour le roi et pour la prospérité du royaume. A cela correspondaient tout naturellement les libéralités royales. Elles tendaient au même but. Elles empêchaient que le recommandé ne fût troublé dans l'exercice de sa mission religieuse. Le roi lui faisait don des charges publiques, par une déclaration expresse, ou bien en lui confirmant la possession de ses biens, comme s'il les tenait directement du fisc, — ce qui équivalait, nous le savons, à une dispense de l'impôt foncier et à une transmission du droit aux impôts de capitation et aux redevances que le fisc percevait jusqu'alors des habitants[1]. Il faisait don, en outre, à son recommandé des amendes judiciaires (*freda*) qui auraient dû tomber dans son trésor. Par cette double libéralité, les fonctionnaires royaux étaient écartés du territoire privilégié : le roi n'ayant plus rien à y prétendre, ils n'avaient plus à y entrer en son nom[2]. Et, en effet, l'accès leur en était rigoureusement interdit par la charte royale, que nous pouvons appeler maintenant, de son vrai nom, charte d'*immunité*[3].

Tant au point de vue des impositions publiques qu'au point de vue de la poursuite ou de l'exécution judiciaire,

---

[1] Cette fiction offrait encore l'avantage de placer les biens dont la possession était ainsi confirmée sous l'autorité directe du roi. Si l'Église était troublée à leur sujet, c'était devant lui ou devant le comte du palais que la contestation devait être portée. Cf. Capitul. de monast. S. Crucis Pictav. (822-824), cap. 3 (Boretius, p. 302) : « Similiter ut res monasterii, quas modo habent, non prius ab ullo auferantur quam aut ante domnum Pippinum aut ante comitem palatii illius præfata ratio reddatur. » — Cap. 5. « De cæteris vero quæstionibus, quas aut alii ab ipsis aut ipsæ quærunt ab aliis, secundum consuetudinem ante comitem vel vicarios ejus justitiam reddant et accipiant... »

[2] Sauf le cas où l'immuniste, malgré des sommations répétées, refusait de livrer un malfaiteur étranger qui s'était réfugié dans son domaine, et sauf aussi l'obligation du service militaire, quand elle n'avait pas fait l'objet d'une dispense expresse.

[3] Les éléments primordiaux de l'immunité se retrouvent tous dans les chartes et les formules, dans les plus anciennes notamment. Sans doute on ne peut s'attendre à les voir toujours réunis; l'un ou l'autre était parfois sous-entendu ou mentionné d'une manière explicite. D'autre part, il arriva avec le temps que les deux éléments essentiels, la dispense d'impôt et l'inviolabilité du territoire au regard des officiers de justice, prirent une place prépondérante et reléguèrent dans l'ombre les autres dispositions de l'acte. Celles-ci, pourtant, ne s'effacèrent jamais entièrement : nous allons le constater.

1° *Recommandation*. — C'est par la recommandation que se constituait le *mundium* étroit, la protection spéciale du roi, aussi bien au

la propriété ecclésiastique devenait *immunis*. L'immuniste, comme le *potens vir,* était tenu seulement de représenter devant le tribunal du comte les habitants de ses terres ou d'y comparaître lui-même, s'il ne recourait pas au tribunal du roi.

Mais la police, comment serait-elle faite sur le territoire de l'immunité? comment l'évêque ou l'abbé contraindraient-ils leurs hommes à comparaître au *mallum?* Comment aussi résisteraient-ils, en fait, aux empiètements des fonctionnaires publics? Le roi était loin, et sa protection pouvait demeurer vaine.

Il fut pourvu à tout cela par l'institution des avoués,

profit des ecclésiastiques que des laïques, qui tous devenaient par là ses *fidèles* (Voyez, à cet égard, diplôme de Pépin, circ. 748; Pertz, Dipl., p. 105-106. — Additam. e cod. Marculfi, form. 2 (Zeumer, p. 111; de Rozière, 10), etc..

Cette recommandation, nous la trouvons en tête des plus anciennes chartes d'immunité (Voyez plus haut, p. 100, note 1 *in fine,* et en ce qui concerne les ecclésiastiques : Diplôme de Childebert I, 20 janvier 528; Pertz, Dipl., p. 4. — Dipl. de Childebert I, 28 avril 546, *ibid.*, p. 6 : « Venerabilis vir Daumerus, abba de monasterio Anisola... expetiit, ut eum et ipsum monasterium una cum omnibus rebus vel hominibus suis... *sermone tuitionis nostræ* vel *mundeburde recipere* deberemus..... sub omni emunitate vel tuitionis nostræ sermone valeant tenere. » — Diplôme de Pépin, 25 avril 752 : « Sigobaldus abbas de monasterio Anisola... ad nos venit... et omnes res eorum in manu nostra *plenius commendavit,* et nos gratanti animo ipsum et congregationem ejus in nostro *mundeburdo* suscepimus et retinemus... » (Martène et Durand *Ampl., collectio* I, col. 26).

Plus tard, l'acte de la recommandation ne fut plus mentionné expressément. Il allait de soi. Néanmoins il laissa une trace ineffaçable dans les chartes d'immunité, car la formule *sub tuitionis defensione, sub mundeburdo,* y fut en quelque sorte de style à l'époque carlovingienne.

2° *Services.* — Les services spirituels que devaient le recommandé et son église ou son couvent étaient avant tout des prières. Le devoir de prier pour le roi et le royaume fut d'abord inscrit en toutes lettres dans les chartes d'immunité : « Quatenus melius eis delectet pro stabilitate regni nostri misericordiam potius deprecare » (Dipl. de Childebert I, 28 avril 546; Pertz, Dipl., p. 6-7). — « Unde et ipsa

advocati, defensores, institution moins nouvelle qu'elle ne paraît, car elle n'était, en définitive, qu'une application, qu'une conséquence, de la recommandation au roi, du *mundium* royal.

Dans la justice telle que les Germains la connaissaient, la force personnelle de l'individu, son autorité, son influence, jouaient un rôle plus considérable que l'intervention impartiale ou éclairée du juge. Le juge veillait surtout à l'observation des formes légales; quant à la solution du litige, elle dépendait en majeure partie des

congregatio pro stabilitate regni nostri vel salutate patriæ Domini misericordiam jugiter *debeat exorare* » (Dipl. de Thierry IV, 3 mars 721 ; Pertz, Dipl., p. 84, etc.). A la longue, la mention en parut superflue. N'était-ce pas l'accomplissement tout naturel et simple de la mission de l'Église? Néanmoins on retrouve encore à la fin du ixe siècle des stipulations formelles à ce sujet («... nobis fideliter deservire atque pro stabilitate nostra vel totius regni..... Dei misericordiam exorare ») (Langres, 880, Gallia Christ., IV, 136).

3° *Dons.* Tantôt le recommandé, abbé ou évêque, recevait, comme conséquence de la recommandation, des biens du fisc, biens qui jouissaient alors d'une immunité garantie par le *mundium* du roi (Diplôme de Childebert I, 20 janv. 528; Pertz, Dipl., p. 4-5 : « Monachus quidam postulavit... ut eum cum monachis suis in *nostra defensione et tuitione* susciperemus. Cujus petitionem... implere studuimus. Dedimus ergo ei de *fisco nostro* Maddoallo... Ipsum etiam domnum et venerabilem virum cum omnibus monachis suis, et res ad se pertinentes, in nostro mundeburde vel tuitione recepisse et tenere cognoscat. Quapropter per præsentem præceptum jubemus, ut neque vos neque successores, etc... sed liceat eis per hanc auctoritatem... sub *immunitatis nostræ tuitione... vel mundeburde* quietus residere, etc. »).

D'autres fois le don consistait uniquement dans l'impôt et les amendes que le fisc avait levés jusqu'alors sur les terres du recommandé.

De même que la remise ou la concession d'impôts résultait indirectement de la nature fiscale des biens donnés, de même elle pouvait résulter indirectement d'une simple défense aux officiers du roi de *condamner* et de *lever des impôts.* C'est en effet ainsi qu'elle se montre à nous dans certaines chartes : « Quapropter... ut neque vos neque juniores vestri... ipsi Daumero abbate vel monachis ipsius vel qui per ipsum monasterium sperare videntur, nec *condemnare*, nec

personnes en présence. Le plus brave ou le plus robuste sortaient victorieux du combat judiciaire ou des ordalies, le plus considéré l'emportait par son serment et celui des conjurateurs qui l'appuyaient[1].

Les faibles étaient sacrifiés sans merci, s'ils ne trouvaient un protecteur qui se substituât à eux, qui les représentât en justice.

inquietare, nec *inferendas sumere*... præsumatis » (Dipl. de Childebert I, 546; Pertz, Dipl., p. 6).

Ailleurs, la donation est directe : le roi cède formellement au couvent ou à l'église toutes les amendes judiciaires et tous les impôts auxquels il pouvait prétendre (Diplôme de Dagobert I, en faveur de Rebais, 1er octobre 635; Pertz, Dipl., p. 17) : « Sub omni emunitate hoc ipsum monasterium vel congregatio sua sibimet omnes *fredos concessos* debeat possidere, vel quicquid exinde fiscus forsitan de eorum hominibus aut de ingenuis aut de servientibus aut in eorum agris commanentibus vel *undecumque* poterat sperare, *ex indulgentia nostra* in luminaribus ipsius sancti loci vel stipendia servorum Dei... debeant cuncta proficere. » Adde Pertz, Dipl., p. 28, 52, 62, 72, etc. Ici il semble que l'interdiction de l'accès du territoire est, à l'inverse des chartes précédentes, une conséquence de la donation.

De ces formes différentes que revêtait la libéralité du roi devait se dégager ce qu'elle avait de fondamental : l'inviolabilité du territoire, la franchise d'impôts, l'affranchissement de la justice des officiers du roi. En d'autres termes, c'était au fond un *privilège* que le roi accordait; et ce fut là, en effet, ce qu'on finit par considérer comme le véritable objet de sa libéralité, comme le bénéfice, *beneficium*, qu'il octroyait : « *beneficia concessa* » (Dipl. Thierry IV, 721; Pertz, p. 81), « talem nobis *beneficium prestetisse* » (Dipl. Thierry IV, 727; Pertz, p. 85), « *beneficium indulsisse* » (Marculfe I, form. 3; Zeumer, p. 43; de Rozière, 16), etc. — Cf. à cet égard, les dispenses de tonlieu et autres impôts indirects perçus en lieu quelconque du royaume (par exemple, Diplôme de Lothaire III, 660; Pertz, Dipl., p. 35).

En résumé, l'immunité, débarrassée des stipulations accessoires, devait aboutir à un privilège royal accompagné d'une formule de sauvegarde. Tels me paraissent avoir été effectivement ses caractères extérieurs sous les Carlovingiens.

[1] Cf. Sohm, *Die Fränkische Reichs und Rechtsverfassung*, p. 501-502, p. 573 suiv.

Cette représentation offrait trop d'avantages pour que chacun ne la recherchât pas. Mais en même temps elle troublait l'ordre judiciaire. De là diverses défenses faites par les lois germaniques et les capitulaires de se faire représenter par un plus puissant que soi[1]. Nous avons vu prohiber de même, à l'époque gallo-romaine, le patronage judiciaire des grands.

Une exception pourtant s'imposait. Les personnes placées sous la protection royale ayant par cela même un patron, *tutor, defensor,* qui l'emportait sur tous autres dans le royaume, c'était un minimum pour elles d'être défendues en justice par un tiers. S'agissait-il des pauvres, des veuves ou orphelins, de tous ceux, en un mot, qui jouissaient de la *tuitio* générale, le juge ou le *missus* appréciaient l'opportunité de les pourvoir d'un pareil défenseur[2], et le comte, suivant les cas, leur en constituait un[3]. Pour les églises on alla plus loin : les capitulaires leur reconnurent un droit absolu à la représentation judiciaire[4]. Telle était à plus forte raison, la

---

[1] Lex Burgundionum 22 (Monum. LL. III, p. 542) : « Quicunque Romanus causam suam, quam cum alio Romano habet, Burgundioni agendam tradiderit, causam perdat : et is qui suscepit, inferat multæ nomine sol. XII. » — Capitul. missorum generale 802, cap. 9 (Boretius, p. 93) : « Ut nemo in placito pro alio rationare usum habeat defensionem alterius injuste, sive pro cupiditate aliqua, minus rationare valente vel pro ingenio rationis suæ justum judicium marrire vel rationem suam minus valente opprimendi studio. Sed unusquisque pro sua causa vel censum vel debito ratione reddat... » — Capit. de missor. officiis, 810, cap. 5 (Boretius, p. 155).

[2] Cf. Capit. 802, cap. 9 (Boretius, p. 93).

[3] Capit. legibus addenda (818-819), cap. 3 (Boretius, p. 281) : « *De viduis et pupillis et pauperibus.* Ut quandocumque in mallum ante comitem venerint, primo eorum causa audiatur et definiatur. Et si testes per se ad causas suas quærendas habere non potuerint, vel legem nescierint, *comes illos vel illas adjuvet, dando eis talem hominem qui rationem eorum teneat vel pro eis loquatur.* »

[4] Pippini Capit. (circa 790), cap. 3 (Boretius, p. 201) : « De advo-

condition faite aux recommandés du roi, vassaux laïques[1], évêques ou abbés[2].

L'avoué, le défenseur, tenait la place du roi comme protecteur, et plus était étroit le lien de la protection, plus sa subordination était visible. Négligeable pour les églises qui n'étaient pas dans le *mundium* particulier du roi, elle prenait une véritable importance pour les églises dotées d'une charte d'immunité. Celles-là pouvaient regarder l'avoué comme leur mandataire et le choisir librement[3]; celles-ci durent prendre l'agrément du roi, dont l'avoué n'était que le délégué auprès d'elles[4]. Le roi souvent même se réserva la nomination des avoués[5]. C'est qu'aussi leur rôle était considérable quand le *mundium* se doublait de l'immunité.

L'immuniste était-il demandeur, avait-il à se plaindre d'un officier du roi, ou d'un particulier, l'avoué prenait fait et cause pour lui; il comparaissait en son nom au *mallum* du comte. La même tâche lui incombait si un

catis sacerdotum : volumus ut pro ecclesiastico honore et pro illorum reverentia advocatos habeant. »

[1] Pippini Capit. italic. (804-810), cap. 10 (Boretius, p. 210) : « Ut vassi et austaldi nostri in nostris ministeriis, sicut decet, honorem et plenam justiciam habeant, et, si presentes esse non possunt, suos advocatos habeant, qui eorum res ante comitem defendere possint et, quicquid eis queritur, justitiam faciant. »

[2] Par exemple : Capit. de mon. S. Crucis (822-824), cap. 8 (Boretius, p. 302) : « Si quando necesse fuerit per jussionem domni Pippini regis Ramnulfum specialiter missum habeant; quando vero necesse non fuerit, advocatus earum per se justitiam faciat et accipiat. »

[3] Formulæ Senonenses, f. 10 (Zeumer, p. 216; de Rozière, 390).

[4] Privilegium Karoli (856) (Cart. Montier-en-Der, Ms. Bibl. nat., lat. nouv. acq. 1251, fos 24-25) : « Advocatus eorum quem ipsi monachi *cum consensu nostro* elegerint, *nostra vice* eos in omnibus *adjuvet, prosit et defendat.* »

[5] Capit. missorum (803), cap. 3 (Boretius, p. 115) : « Ut missi nostri scabinios — *advocatos*, notarios per singula loca elegant » Capit., lib. V, § 33, VII, § 392).

F.

homme de l'immuniste était lésé dans sa personne ou dans ses biens. Supposez qu'un crime fût commis par un étranger sur le territoire affranchi, l'avoué devait s'emparer du délinquant, le livrer au comte et le faire juger.

Réciproquement, l'avoué répond pour l'immuniste et pour les personnes placées sous son autorité (*mitium*). Le comte n'ayant plus accès sur le domaine, c'est à l'avoué qu'il s'adresse quand un tiers élève une plainte contre un de ceux qui l'habitent. L'avoué amènera le défendeur devant le tribunal public[1]. De la sorte l'immunité sera respectée, et l'exercice régulier de la justice ne souffrira aucune atteinte.

Les attributions dont nous venons de voir investi l'avoué étaient inséparables du maintien de l'ordre sur les terres de l'immuniste, de la police (*districtio*), de l'exécution des condamnations prononcées, de la levée des amendes judiciaires (*freda*) auxquelles avait renoncé le roi. Ce concours d'un bras fort faisait disparaître sur les domaines ecclésiastiques le principal obstacle à la constitution d'une justice territoriale.

L'abbé ou l'évêque pouvaient exercer maintenant, grâce à l'avoué, et tout comme le grand propriétaire laïque, la juridiction qui découlait du *mitium*, la justice sur tous les hommes qui dépendaient d'eux. Ils jugeaient leurs contestations, ou les faisaient juger par un agent spécial[2], et cette juridiction trouvait sa garantie dans la défense faite

---

[1] S'il ne le fait pas il est responsable. On admit plus tard que l'immunité pouvait être enfreinte si le coupable n'était pas extradé — à supposer, toutefois, que le crime eût été commis au dehors. On assimila ce cas à celui où un malfaiteur étranger s'était réfugié sur le territoire de l'immunité (Capit. 873 (apud Carisiacum), cap. 3 (Pertz, LL., I, p. 520).

[2] Les *judices* de l'immunité sont mentionnés dans le Capitul. Haristall. (779), cap. 9 (Boretius, p. 48); les *agentes episcoporum aut potentum* sont mis en regard des *agentes publici* dans l'Edictum Chlotarii II (614), cap. 15 (Cbn. cap. 20 ; Boretius, p. 22-23).

aux officiers du roi de pénétrer sur le territoire de l'immunité *ad causas audiendas*. Néanmoins, les comtes ne paraissent pas avoir renoncé facilement au droit qu'ils s'étaient arrogé d'intervenir entre le propriétaire ecclésiastique et les hommes de ses domaines. A lire certaines chartes, il semble que la pratique se soit conservée parfois de faire conduire les hommes de l'immunité au *mallum* du comte, alors même que la contestation ne s'agitait qu'entre eux[1]. S'il y eut là une éclipse temporaire du droit de juridiction de l'immuniste, ce droit, par contre, prit un accroissement considérable dans d'autres directions.

On peut admettre, sans crainte d'erreur, que les rois francs en concédant les premières chartes d'immunité, en défendant à leurs agents de tenir des audiences, de juger, en concédant à leur protégé les *freda* que la juridiction royale aurait eu le droit de percevoir, n'avaient en vue que les hommes qui habitaient le domaine, qui étaient dans le *mitium* du propriétaire. C'était là la juridiction qu'il fallait, avant tout, mettre à l'abri des empiétements et des abus des officiers royaux ; c'était la seule, du reste, qui appartînt, *ipso jure,* en dehors de toute concession spéciale, au propriétaire foncier. Le droit de celui-ci cessait dès qu'un étranger était partie au procès et ne se soumettait pas de son plein gré à sa juridiction. Il y avait seulement alors à sauvegarder l'in-

---

[1] Diplôme de Louis le Débonnaire (19 octobre 820) (Cartul. de Notre-Dame de Paris, I, p. 260-261) : « Advocatus ejusdem Ecclesiæ tam de ipsa terra Sancti Germani quam de predicta terra Sanctæ Mariæ in insula posita rectam ac legalem rationem reddat, sine aliqua judiciaria potestate inibi vel banno, nisi in mallo legitimo vel regali placito, sicuti lex Ecclesiarum præcipit... Ut nullam etiam districtionem de hominibus super terram Sanctæ Mariæ manentibus judiciaria potestas exercere præsumat, nisi, ut supradiximus, in mallo legitimo comitis, *et ibi una cum advocato Parisiacæ Ecclesiæ venire non differant, et rectam rationem ac legalem justitiam adimplere cogantur.* »

violabilité du territoire, en n'y laissant pratiquer ni acte de poursuite, ni acte d'exécution. L'avoué conduisait, comme nous l'avons vu, le défendeur ou l'accusé, étranger pris sur le territoire ou homme de l'immuniste, devant le tribunal du comte.

Mais une fois que la justice de l'immuniste fut organisée et fonctionna régulièrement, elle s'étendit par une propension naturelle. La défense de percevoir les *freda* était conçue, il faut le remarquer, en termes généraux, et, comme la levée de l'amende judiciaire emportait en règle le droit de juger, l'immuniste s'attribua, sans grand effort, la connaissance de tous les conflits qui venaient à naître sur son territoire entre les hommes qui l'habitaient et des étrangers, — peut-être même entre étrangers. Les principes qui prévalurent dans l'organisation judiciaire du royaume franc, la règle surtout que la compétence ne se déterminait pas uniquement par le domicile, mais par le lieu du délit, *forum delicti commissi*[1], facilitèrent ce développement de la justice de l'immuniste[2]. Dès le VIIIe siècle et le milieu du IXe, nous

---

[1] Capit. Kar. Calvi apud Caris. (873), cap. 1 (Pertz, I, p. 519) : « Et si de uno missatico vel comitatu in alium missaticum vel comitatum fugerit,... per fidejussores constringat, ut velit nolit illuc reveniat et *ibi malum emendet ubi illud perpetravit.* » — Cap. Karlom. apud Vern. (884), cap. 11 (Pertz, I, p. 553) : « Si aliquis prædas egerit, comes in cujus potestate fuerit, ad emendationem eum venire vocet... per forciam illud emendare cogatur... *in eodem loco ubi præda commissa fuerit.* »

[2] Ajoutez que dans les chartes postérieures (chartes de confirmation), les rois interprétaient parfois eux-mêmes la concession de *freda* dans le sens le plus large, en y faisant rentrer ceux qui étaient dûs par des personnes étrangères à l'immunité. Diplôme de Lothaire (Beyer, Urkundenbuch, p. 94) : « Ut *si quælibet persona extranea* ejus insidiando servum interemerit, *freda* quæ a publicis exigebantur actoribus ad ejus perenni jure cedant partem. Nihilominus etiam, sicut in nostro altero continetur privilegio, modis omnibus sanccimus, quatinus omnia freda quæ servis ejusdem monasterii ad jus publicum legalis institutio persolvere cogit, ut ad lumi-

rencontrons des chartes où il est formellement consacré[1].

CHAPITRE X.

LA VASSALITÉ ET LE BÉNÉFICE.

J'ai montré à l'œuvre, dans les chapitres qui précèdent, la protection du roi franc en qui se résumait l'État tout

---

naria ejusdem cenobii deinceps perseverent, per hanc nostram stabilimus auctoritatem. »

[1] *Cas où l'habitant de l'immunité est défendeur contre un étranger.*

« Si vero aliquis fuerit qui contra istis hominibus... aliquas justicias requirere aut exactare voluerit, tunc advocati et ministri ipsius monasterii illud prout justum est diligenter rei veritatem inquirere studeant et *emendant*... ut nullus judex publicus... super hominibus liberis vel sclavis ullam potestatem habeat in quoquam illos distringendos, sed neque *ad placitum ullum...* unquam tempore ire conpellat, *quamdiu advocati ejusdem sedis justitiam facere voluerint* » (Charte de Louis le Germanique, 18 janvier 853, Monum. Boica, 28, 1, p. 46).

Cas où l'habitant de l'immunité est soit demandeur soit défendeur contre un étranger.

Je ne puis mieux faire pour montrer les progrès qu'avait faits dès le viiie siècle le droit de l'immuniste à juger les contestations nées entre les étrangers et les habitants de son domaine, que de reproduire dans ses parties essentielles une charte accordée en 775 à l'abbaye de Gorze. L'authenticité de cette charte n'est pas contestable : elle est reconnue par Waitz (*Deutsche Verfassungsgeschichte*, IV, p. 379, note 2), et par Sickel (*Acta Karolin.*, K. 36), mais son texte a été souvent défiguré par les éditeurs. Je la transcris d'après le cartulaire original de Gorze (xiie siècle), conservé à la Bibliothèque de Metz (autrefois sous le n° 76, aujourd'hui sous le n° 826).

Preceptum Karoli regis de nostris necessitatibus.

Carolus Dei gratia rex Francorum et Langobardonum, vir illustris, ducibus, comitibus, domesticis vel omnibus agentibus tam ultra quam citra Renum, Rodanum et Ligerim consistentibus... Vir apostolicus domnus et pater noster Angilrannus episcopus Sancte ecclesie Metensis pontifex, preceptiones rerum precessorum antecessorum

entier. Insuffisante pour préserver les faibles, paysans, petits propriétaires, gens de métier, contre les spoliations et les abus de pouvoir des fonctionnaires, elle favorisait par contre l'avènement d'une aristocratie omnipotente. Aux grands propriétaires laïques elle assurait le maintien de leurs prérogatives, l'intégrité de leur domaine, son indépendance au regard des officiers royaux

nostrorum, eorum manibus roboratas, nobis protulit recensendas, ubi generaliter cognovimus esse insertum quod antecessoribus suis tale fuisset jam a longo tempore indultum beneficium ut nullus ex judicibus publicus in curtes ipsius ecclesie Mettensis et domni Stephani peculiaris patroni nostri seu basilicas infra ipsam urbem construstas vel infra ipsam parrochiam tam monasteria vicos vel castella ad eandem aspicientia, ingredi non presumerent aut aliquod ibidem generare detrimentum, nec homines eorum per mallos byrgos (*mallobergos*) publicos nec per audientias nullus deberet admallare aut per aliqua iniqua ingenia presumeret condempnare, neque freta vel teloneos exactare aut aliquos paratos facere, sed in eorum privatas audientias agentes ipsius ecclesie unicuique de reputatis conditionibus directum facerent et ab aliis simulque perciperent veritatem et ubi feodum (*emenda* : leodum ou leodem) ipsi agentes aut reliqui homines memorate ecclesie acciperent, freta ad ipsa loca sanctorum deberent Christo presule proficere in argumentum. Pari modo et si homines eorum pro quolibet excessu cujuscumque feodum (*leodum*) dissolvebant fretus qui exinde in publicum sperare potuerit ad ipsas ecclesias fuisset concessus... Precipientes... jubemus ut neque vos neque juniores seu successores vestri in curtes ipsius ecclesie... seu cellas vel omnibus ecclesiis ad eandem pertinentibus vel aspicientibus nulla freta, nec teloneos vel conjectos aut summutas (*emenda*: summatas) vel aliquos paratos faciendum vel qualecumque ingenium ad aliquod detrimentum generare penitus ingredi non deberetis si gratiam meam vobis in omnibus optatis habere propiciam. Illud placuit addi scribendum ut de tribus causis de hoste publico, hoc est de banno nostro quando publiciter promovetur et wacta vel pontos componendum, illi homines bene ingenui qui de suo capite bene ingenui, immunes esse videntur, qui super terras ipsius ecclesie vel ipsius pontificis aut abbatibus (*sic*) suis cummanere noscuntur, si in aliquo exinde de istis tribus causis negligentes apparuerint, exinde cum judicibus nostris deducant rationes sed non amplius vel minus. In reliquo vero, pro mercedis nostre augmento, sub emunitate ipsi sint conservati... (Cart. de Gorze, p. 37).

et aux dépens du fisc. A l'Église, aux évêques et aux abbés, elle procurait directement les mêmes avantages, et les étendait encore.

Si, après ce regard d'ensemble, nous voulons distinguer les périodes historiques, nous verrons la protection du roi à son apogée sous les premiers Mérovingiens, décliner et déchoir avec leur prestige, revivre sous la puissante main de Charlemagne, pour disparaître presque entièrement sous ses débiles successeurs.

Pendant le siècle qui suivit l'établissement du royaume mérovingien en France, les rois jouissaient d'une autorité absolue, sans contrôle et sans frein. Les fonctionnaires se trouvaient dans leur étroite dépendance : ils étaient leurs agents, leurs serviteurs personnels. Contenus par eux, les grands propriétaires gallo-romains ou francs n'osaient lever la tête. Les immunités ecclésiastiques étaient rares.

Au VIIe siècle, la scène change. Les comtes et les ducs avaient obtenu des concessions importantes et nombreuses de terres fiscales (*bénéfices*), et étaient allé grossir les rangs des propriétaires indépendants. Ils avaient obtenu, en outre, des délégations d'impôts (*honores*) : ils percevaient à leur profit une partie des charges publiques. Par là et par la protection même du roi dont ils jouissaient comme fonctionnaires, et qui mettait leur fortune et leurs droits à l'abri des usurpations, influence et richesses croissaient simultanément entre leurs mains. Ils devenaient le noyau d'une aristocratie redoutable.

Les événements leur furent propices. A la faveur des compétitions qui ensanglantèrent le trône et qui mirent la Neustrie et l'Austrasie aux prises, à la faveur aussi de la minorité des rois, les fonctionnaires s'émancipèrent du pouvoir central, se dégagèrent de leur devoir d'obéissance, tout en retenant les avantages attachés à leurs charges. C'était à eux seuls et aux grands propriétaires fonciers que la protection, désormais plus nominale que réelle des rois mérovingiens, pouvait servir. Elle leur donnait un titre que les laïques faisaient valoir par la force, les ecclésiastiques à l'aide des armes spirituelles. Les immunités se multiplièrent, arrachées à la faiblesse des rois, ou accordées sous leur nom par les maires du palais.

De concession en concession, la royauté mérovingienne s'était dessaisie, pièce à pièce, de la richesse foncière et de l'impôt, de la justice et de l'autorité. Le simple particulier, habitant des campagnes ou des villes, était ainsi comme étouffé entre le fonctionnaire omnipotent et le seigneur territorial. Le patronage privé, depuis le servage volontaire du paysan (*obnoxiatio*) jusqu'à la recommandation proprement dite du soldat (*mundium* ou *vassaticum*[1]), devenait son seul refuge.

Le gouvernement centralisateur de Charlemagne voulut faire converger vers l'État les forces ainsi groupées autour de particuliers, et prévenir les dangers que la recommandation lui faisait courir. Charlemagne fit exercer une surveillance active et incessante sur les *seniores*[2], il

---

[1] Les expressions *per manus, in manibus se commendare, in mundoburdum se commendare, in vassaticum se commendare, tradere, dare,* etc., sont synonymes. Voyez les textes cités par Ehrenberg : *Commendation und Huldigung* (Weimar, 1877 p. 12-13). Il faut remarquer seulement que les mots *vassus, vassalus, senior, vassaticum,* furent réservés de préférence aux relations nées de la recommandation proprement dite, telle que nous l'avons vu se constituer au viiie siècle (*suprà*, p. 86-88). — Cf. les textes suivants : Annal. Lauriss. maj. a. 757; Pertz, SS. I, p. 140 : « Tassilo..... in vasatico se commendans per manus. » — Capitul. missorum (786), cap. 4 (Boretius, p. 67) : « Qui honorati beneficia et ministeria tenent vel *in bassallatico honorati sunt* cum domini sui et caballos, arma et scuto et lancea spata et senespasio habere possunt..... tam de illos qui infra pago nati sunt et pagensales fuerint, quamque et de illis qui aliunde in bassalatico commendati sunt. » — Constitutio de Hispanis prima (815), cap. 6 (Boretius, p. 262). « Noverint tamen iidem Hispani sibi licentiam a nobis esse concessam ut *se in vassaticum* comitibus nostris *more solito commendent.* »

[2] Capitul. missorum in Theod. villa (805), cap. 19 (Boretius, p. 125 :

intervint dans leurs rapports avec leurs hommes, il chercha à rattacher les uns et les autres à l'administration centrale, d'une part en assimilant au serment du vassal le serment de fidélité que de tout temps les sujets avaient dû prêter au roi[1], d'autre part en exigeant solidairement du seigneur et du recommandé les obligations dues à l'État, le service militaire surtout[2].

« Nostri missi caveant et diligenter inquirant, ne per aliquod malum ingenium subtrahant nostram justitiam alteri tradendo aut commendando. »

[1] Voy. *suprà*, p. 82. — Il est instructif de comparer les formules des deux serments que Charlemagne lui-même se fit prêter, à quinze ou seize ans d'intervalle, l'un en 786 (Capit. missorum, 786 vel 792, Boretius, p. 66), l'autre en 802, après son couronnement à Rome. Le premier ne consacrait encore que d'une manière vague et générale la fidélité due au roi : « De sacramentis fidelitatis causa, quod nobis et filiis nostris jurare debent, quod his verbis contestari debet : Sic promitto ego ille partibus domini mei Caroli regis et filiorum ejus, *quia fidelis sum et ero diebus vitæ meæ sine fraude et malo ingenio* » (Duplex legat. edictum, 23 mars 789, cap. 18; Boretius, p. 63). — Tout autre est le serment de 802. Charlemagne semble jaloux de la fidélité que les recommandés, les *vassi*, gardent à leur seigneur. Il veut se l'assurer identique. Il vise à être le *senior* de tous ses sujets, sinon au point de vue des services, du moins au point de vue de la foi jurée. Voici, en effet, la formule qui nous a été conservée, avec sa variante : « Sacramentale qualiter repromitto ego, quod ab isto die inantea fidelis sum domno Karolo piissimo imperatori, filio Pippini regis et Berthanæ reginæ, pura mente absque fraude et malo ingenio de mea parte ad suam partem et ad honorem regni sui, *sicut per drictum debet esse homo domino suo. Si me adjuvet Deus*, etc. » — Item aliud. « Sacramentale qualiter repromitto ego : domino Karolo..... fidelis sum, *sicut homo per drictum debet esse domino suo*, ad suum regnum et ad suum rectum, etc. » (Capit. missor. spec. 802, cap. 19; Boretius, p. 101-102).

[2] Les *vassi* doivent se rendre à l'armée sous la conduite de leur *senior*. Si celui-ci ne les amène pas, il est responsable de l'amende, de l'hériban encouru. — Capit. missor. de exercitu promovendo (808), cap. 1 (Boretius, p. 137) : « Ut omnis liber homo, qui quatuor mansos vestitos de proprio suo sive de alicujus beneficio habet, ipse se præparet et per se in hostem pergat, sive *cum seniore suo si senior*

Si la monarchie profitait, en somme, de cette organisation, elle la renforçait en même temps. Le seniorat et la recommandation deviennent une institution, un des rouages les plus importants de l'État. Les Capitulaires mentionnent à chaque pas les *seniores* et les *vassi*. Le droit de se choisir un seigneur à son gré[1] et de lui prêter serment[2] est reconnu à tout homme libre. L'obligation de le servir, de lui rester fidèle jusqu'à la mort[3], est revêtue de la sanction impériale.

Il serait inexact de dire que Charlemagne innovait, mais il consolidait le passé, et parfois aussi il préparait une évolution vers l'avenir.

A ce dernier point de vue, aucune de ses mesures n'est aussi digne d'attention que la fixation des devoirs qui

---

ejus perrexerit, sive cum comite suo. » — Cap. 5. « *Domini vero eorum* qui eos domi remanere permiserint... similiter *bannum nostrum rewadient* et *fidem faciant*... » — Capitul. Bonon. (811), cap. 9 (Boretius, p. 167) : « Quicumque liber homo inventus fuerit anno præsente *cum seniore suo* in hoste non fuisse, plenum heribannum persolvere cogatur. Et si *senior* vel comis illius eum domi dimiserit, ipse *pro eo eundum bannum persolvat;* et tot heribanni ab eo exigantur, quot homines domi dimisit. »

[1] Capit. Papiense (787), cap. 13 (Boretius, p. 200) : « Stetit nobis de illos liberos Langobardos, ut *licentiam habeant se commendandi ubi voluerint*, si commendatus non est, sicut a tempore Langobardorum fecerint, in tantum ut suo comiti faciet rationabiliter quod debet. »

[2] Capitul. missor. in Theod. villa generale (805), cap. 9 (Boretius, p. 124) : « De juramento, ut *nulli alteri per sacramentum fidelitas promittatur nisi nobis et unicuique proprio seniori* ad nostram utilitatem et sui senioris. »

[3] Capit. Papiense (787), cap. 5 (Boretius, p. 199) : « Stetit nobis de illos homines qui hic intra Italia eorum seniores dimittunt, ut nullus eos debeat recipere in vassatico sine comeatu senioris sui, antequam sciat veraciter, pro qua causa aut culpa ipse suum seniorem dimisit. » — Memorat. de exercitu in Gallia occ. præpar. (807), cap. 2 (Boretius, p. 135) : « Et pro hac consideratione nullus suum seniorem dimittat. » — Capit. Aquisgr. (801-813), cap. 16 (Boretius, p. 172). — Capit. Kar. magno adscripta, cap. 8 (Boretius, p. 215).

incombent aux bénéficiers du roi. Le seul fait de l'acceptation d'un bénéfice entraîne un service militaire plus direct, plus personnel, plus étendu[1]. Au lieu que le propriétaire de quatre manses de terre ne doit se rendre à l'armée qu'aux époques et pour un temps déterminé, le bénéficier doit être toujours prêt à marcher, sans qu'il puisse alléguer même l'exiguité de sa possession. Et remarquez surtout que ce n'est pas en sa qualité de *vassal*, de *vassus*, mais en sa qualité de bénéficier, de donataire, que cette obligation lui est imposée.

On peut mesurer ainsi toute la distance qui sépare l'époque carlovingienne des temps antérieurs. Deux siècles auparavant l'essentiel n'était pas l'acceptation d'un bénéfice, mais la recommandation, le *mundium*. Le bénéfice n'apparaissait alors que comme une conséquence parfois lointaine des relations du recommandé et du patron. Le seigneur qui voulait témoigner sa reconnaissance à son fidèle, ou s'acquitter en une fois de son obligation d'entretien, lui donnait des terres, tantôt à titre bénéficiaire (jouissance viagère), tantôt en pleine propriété, à titre d'alleu. Alleux donnés et bénéfices concédés pouvaient être repris en cas d'infidélité[2], mais ce n'était jamais la

---

[1] Memorat. de exercitu in Gallia occid. præpar. (807), cap. 1 (Boretius, p. 134) : « In primis *quicumque beneficia habere videntur*, omnes in hostem veniant. » — Capitul. de causis diversis (807?), cap. 3 (Boretius, p. 136) : « De Frisionibus volumus, ut comites et vassalli nostri, *qui beneficia habere videntur*, et caballarii omnes generaliter ad placitum nostrum veniant bene præparati ; reliqui vero pauperiores sex septimum præparare faciant, et sic ad condictum placitum bene præparati hostiliter veniant. » — Capit. Bonon. (811), cap. 5 (Boretius, p. 167) : « Quicumque ex his *qui beneficium principis habent* parem suum contra hostes communes in exercitu pergentem dimiserit et cum eo ire vel stare noluerit, honorem suum et beneficium perdat, etc. »

[2] Voyez, par exemple, Charte de Thierry III, en faveur de l'abbaye de Bèze (4 septembre 677) (Pertz, Diplom., p. 43) : « Merito *beneficia quæ possident* amittere videntur, qui non solum largitoribus

libéralité du seigneur qui formait le principe des obligations du vassal, c'était la tradition qu'il avait faite lui-même de sa foi. Si la concession de terre était viagère, elle faisait retour au seigneur, lors du décès du fidèle, à moins que le fils eût été non-seulement reçu *fidèle* à son tour, mais gratifié comme son père.

Dans cette organisation ancienne, le *mundium* était la base. Maintenant son action s'affaiblit. Le principe des obligations du vassal se déplace : il s'incorpore à la possession de la terre, du bénéfice. Le bénéfice devient, — nous verrons dans quelles circonstances, — de fait subsidiaire, élément principal. Il sera ainsi le pivot du système féodal.

Les institutions de patronage et de clientèle, préparées par tout le développement antérieur de la société, depuis l'époque gallo-romaine jusqu'à la fondation de l'empire carlovingien, recevaient donc une forme plus précise. Si Charlemagne enrayait d'une main la formation de la féodalité qui, avec une aristocratie livrée à elle-même, se serait peut-être constituée dès le VIIIe siècle, il travaillait de l'autre à en perfectionner les organes. Que le pouvoir central vint à disparaître, la vassalité et le bénéfice, façonnés, remis au moule par un aussi rude artisan, étaient de force à tenir debout, à devenir l'élément régulateur de l'organisation sociale, à pourvoir — quoique d'une façon imparfaite — à la protection générale qui avait été, en principe, la fonction essentielle de la monarchie franque.

---

ipsorum beneficiorum ingrati existunt, verum etiam *infideles* eis esse comprobantur. Ad hujusmodi igitur exemplum postquam omnibus patefactum est, qualiter Adalricus dux Deo sibi contrario nobis infidelis apparuit et se Austrasiis consociavit, ut adversum nos et nostros fideles scelera sua, si dominus Deus permisisset, exercuisset, nos propter ipsum facinus *omnes res suas* ad nostrum fiscum jussimus revocari. »

CHAPITRE XI.

CONTINUATION. — LE GROUPEMENT FÉODAL.

Quand, après Charlemagne, le pouvoir royal s'en alla par lambeaux, quand, vers la fin du ɪxᵉ siècle, les comtes et ducs, dénouant ou brisant les liens qui les attachaient à la couronne, exercèrent comme un droit propre les attributions qu'ils avaient exercées jadis comme représentants du roi, ils rencontrèrent en face d'eux des adversaires redoutables de leur autorité. C'étaient :

1° Les grands propriétaires restés indépendants;

2° Les vassaux et bénéficiers du roi qui, depuis longtemps, n'avaient qu'un but : transformer leurs bénéfices en alleux[1], se libérer des charges qui grevaient leur per-

---

[1] S'il est vrai que beaucoup de bénéfices furent transformés en alleux, il faut abandonner l'axiome historique, devenu presque un lieu commun, que les alleux disparurent entièrement à la fin du ɪxᵉ siècle, qu'il n'y eut plus alors de terres libres, mais seulement des terres inféodées? C'est plutôt l'inverse qu'il faudrait admettre, en ce qui concerne au moins les vassaux du roi. Et, en effet, nous constaterons au xɪᵉ siècle l'existence, ignorée par la plupart des historiens, de fort nombreux alleux. Ici, je veux montrer seulement que dans la lutte engagée par l'aristocratie contre la royauté, aucun effort n'a été plus soutenu que celui qui tendait à transformer les bénéfices en alleux, qu'aucun, en tout cas, n'a été plus fréquemment combattu par les Carlovingiens. Charlemagne lui-même dut sévir contre les bénéficiers qui recouraient aux moyens les plus subtils pour atteindre leur but, et ses successeurs furent évidemment trop faibles pour arrêter le courant : Capitul. missorum Niumag. dat. (806), cap. 6-7 (Boretius, p. 131), cap. 6 : « Auditum habemus, qualiter et comites et alii homines qui nostra beneficia habere videntur conparant sibi proprietates de ipso nostro beneficio et faciant servire ad ipsas proprietates servientes nostros de eorum beneficio, et curtes nostræ remanent desertæ et in aliquibus locis ipsi vicinantes multa mala paciuntur. » — Cap. 7 : « Audivimus quod aliqui *reddunt beneficium*

sonne et leurs terres, s'assurer la même indépendance que les grands alleutiers; et qui souvent y avaient réussi. Cela valait mieux pour eux que l'hérédité des bénéfices, dont ils jouissaient, du reste, en fait depuis longtemps [1] ;

nostrum ad alios homines in proprietatem, et in ipso placito dato pretio CONPARANT IPSAS RES ITERUM SIBI IN ALODEM : quod omnino cavendum est, quia qui hoc faciunt *non bene custodiunt fidem quam nobis promissam habent.* Et ne forte in aliqua infidelitate inveniantur; quia qui hoc faciunt, per eorum voluntatem ad aures nostras talia opera illorum non perveniunt. » Adde Ansegisi Capit. III, cap. 19-20 (Boretius, p. 427-428). — Cap. missor. generale (802), cap. 6 (Bor., p. 93) : « Ut beneficium domni imperatoris desertare nemo audeat, *propriam suam exinde construere.* » — Cap. missor. spec. (802), cap. 10 (Bor., p. 100), *item* (802), cap. 49 (Boret., p. 104). — Cap. a misso cogn. facta (803-813), cap. 3 (Bor., p. 146). — Cap. de causis diversis (807?) (Boret., p. 136) : « Quia auditum habemus, quod aliqui homines illorum beneficia habent deserta, et alodes eorum restauratos. » — Cap. miss. Aquisgr. sec. (810), cap. 9 (Bor., p. 154). — Capit. de justitiis faciendis (811-813) (Boret., p. 177), cap. 6 : « Quomodo eadem beneficia condricta sunt, aut *quis de beneficio suo alodem comparavit vel struxit.* » Cap. 7 : « Ut non solum beneficia episcoporum, abbatum, abbatissarum atque comitum sive vassallorum nostrorum, sed etiam nostri fisci describantur, ut scire possimus quantum etiam de nostro in uniuscujusque legatione habeamus. » — Capit. per se scrib. (818-819), cap. 3 (Boretius, p. 287). — Capitul. missorum (819), cap. 11 (Bor., p. 290). — Capit. Wormat. (829), cap. 1 (Pertz, LL., I, p. 351). — Capit. Karoli Calvi (846), cap. 20 (Pertz, LL., I, p. 389). — Cf. *Vita Ludovici pii* (Bouquet VI, p. 90) ad ann. 795 : « Qui cum primo vere a patre dimitteretur, interrogatus est ab eo, cur Rex cum foret, tantæ tenuitatis esset in re familiari, ut nec benedictionem quidem, nisi ex postulato sibi offerre posset, didicitque ab illo, quia privatis studens quisque primorum, negligens autem publicorum perversa vice, *dum publica vertuntur in privata,* nomine tenus dominus factus sit omnium pene indigus... misit illi missos suos... præcipiens, ut villæ, quæ eatenus usui servierant regio, obsequio restituerentur publico : quod et factum est. »

[1] L'hérédité des bénéfices existait en fait longtemps avant le capitulaire de Kiersy (Voyez déjà : Lex Burgund., tit. I, cap. 3 : « Si quis de populo nostro a parentibus nostris munificentiæ causa aliquid percepisse dignoscitur, id quod ei conlatum est, etiam ex nostra largitate, ut filiis suis relinquat, præsenti constitutione præstamus »

3° Les immunistes ecclésiastiques ;
4° Les avoués des églises.

Dans les villes, le régime municipal avait disparu presque partout. Il était devenu, sous les Romains, un fardeau trop onéreux et trop odieux pour que la population ne s'en débarrassât pas au plus vite après la conquête. Les habitants étaient placés maintenant sous l'autorité et la juridiction des comtes ou des évêques, parfois aussi des grands propriétaires dans le domaine desquels les villes rentraient. D'ordinaire, évêques, comtes et propriétaires se partageaient le pouvoir.

(Pertz, LL. III, p. 532). — Decreta Tassilonis, cap. 8 : « De eo quod parentes principis quodcumque præstatum fuisset nobilibus intra Baiuvarios, hoc constituit, ut permaneret, et esset sub potestate uniuscujusque relinquendum posteris, quamdiu stabiles fœdere servassent apud principem ad serviendum sibi, et hæc firma permaneret : ita constituit » (Pertz, LL., III, p. 460). — Lex Wisigoth. V, tit. 2, cap. 2 (Walter, I, p. 514). — Liutpr. Leg., cap. 59 : « Nam quod a nostris decessoribus cuicumque datum est, stabili ordine volumus permanere, sicut et illum quod nos dedimus aut inantea dederemus » (Pertz, LL., IV, p. 131).

En droit, par contre, le principe de l'hérédité ne fut pas absolu, même après 877. On rencontre encore au Xe et XIe siècle des bénéfices à vie. Par exemple, Cart. de Saint-Symphorien d'Autun, Ms. Bibl. nat., f° 10 v°-11 r° : « Rodulfus gratia Dei rex... expetierunt canonici serenitatem nostram et quia pauperes erant, terram Sancti Symphoriani quam Addo noster fidelis *dum vixerat in beneficio habuerat,* ipsis ad victum concedere... » De même pour les bénéfices octroyés par des particuliers. Au XIe siècle, l'abbaye de Bèze concède à un chevalier divers biens, en échange des services qu'il offre : « eâ convenientiâ ut hoc *ipsum beneficium diebus vitæ suæ teneret;* post obitum vero suum nec filius ejus, nec filia, aut aliquis ex ejus parentela, se de eo intermittere aut præsumere auderet, nisi eis bonâ voluntate aut gratanti donatione abbatis, aut monachorum ejus concederetur » (Cartul. de Bèze, d'Achery II, p. 417, col. 1).

On a donc tort, au point de vue restreint de l'hérédité des bénéfices, de dater du Capitulaire de Kiersy l'avènement du régime féodal. A un point de vue plus général, nous décrirons dans le cours de ce livre les phases nombreuses par lesquelles ce régime a passé avant d'atteindre sa forme définitive.

Aucune suprématie territoriale complète ne pouvait donc s'établir; rien qui ressemblât à un État compacte; d'autant moins que les domaines étaient enchevêtrés les uns dans les autres, et que la propriété de l'Église était disséminée partout. Les comtes et ducs exerçaient surtout leur autorité sur les petits propriétaires. Les grands propriétaires, de leur côté, avaient à lutter contre leurs fidèles, lesquels s'efforçaient ou de se rendre entièrement indépendants, ou d'obtenir des droits plus étendus sur leurs bénéfices et leurs tenures. L'Église, enfin, cherchait constamment à étendre ses possessions, et, à l'abri des concessions d'immunité, s'attribuait les droits régaliens.

La société se trouvait ainsi dans un état de violente instabilité[1]. Chacun était poussé à s'agrandir aux dépens de son voisin : aucune autorité ne limitait son action : il le pouvait, s'il avait la force. Mais alors se fit jour d'au-

---

[1] Le besoin de sécurité et de paix est sans cesse affirmé dans la seconde moitié du IX⁰ siècle, et l'anarchie est dépeinte sous les couleurs les plus sombres par les empereurs eux-mêmes. Voyez, par exemple, le lamentable tableau que tracent en 850 les empereurs Lothaire et Louis II (Capit. dat. in conventu Ticinense; Pertz, LL., I, p. 403-407). Cap. 2 : « Quia ex diversis locis hujusmodi noxii homines inter se conspirent, et diversos comitatus circumeuntes *prædas et rapinas per villas seu et per vias vel per silvas faciant*, et innocentes homines deprædentur et spolient... Hujusmodi inquietudo et injusta direptio a populo nostro auferatur, et liceat omnibus *sub nostra ditione* degentibus *cum salvatione et pace vivere.* » Cap. 3. Audivimus quoque quod quidam *domos et possessiones habentes*, concilient sibi atque consocient *latrones* aliunde venientes, eosque occulte *foveant et solatium dent...* » Cap. 5. « Hoc etiam multorum querellis ad nos delatum est quod *potentes et honorati viri* locis quibus conversantur *minorem populum depopulentur et opprimant*, et eorum prata depascant; mansionem etiam contra voluntatem privatorum hominum sive pauperum domibus sui hominibus disperciant, eisque per vim quælibet tollant. » — Adde Capit. Karlomanni, apud Vernis Palat. (884). Præfat. (Pertz., LL. I, p. 551) : « Non est autem mirum si pagani et exteræ nationes nobis dominantur, nobisque bona temporalia tollunt, DUM UNUSQUISQUE PROXIMO SUO PER VIM TOLLIT UNDE VIVERE DEBET. »

tant plus vivement et devint un principe d'organisation, le besoin de protection de l'individu isolé.

Une sorte de cristallisation s'opère au sein de cette masse flottante. L'homme le plus puissant, celui qui a de nombreux hommes d'armes, des retraites assurées (*castella*) en cas d'alarme, celui-là attirera des soldats dans sa clientèle (*vassalité*), des paysans dans sa dépendance (*potestas*), des villages entiers dans sa tutelle (*commandise*). L'Église qui jouit de l'autorité séculière et spirituelle, qui peut faire prévaloir ses droits et ceux de ses subordonnés à la fois par les armes temporelles et par les peines ecclésiastiques, voit s'accroître ses domaines par les *précaires*.

Si le faible a un besoin absolu de trouver un protecteur, le fort, le seigneur, n'a pas un besoin moindre de trouver des hommes, des soldats, des serviteurs, des tenanciers. De là vient qu'à partir de la fin du IXe siècle, la recommandation et le bénéfice sont indissolublement unis, soudés l'un à l'autre, qu'à vrai dire ils ne forment plus qu'un même tout. Nul n'obtenait plus de bénéfice, de concession d'une terre ou d'un droit lucratif, s'il ne s'était recommandé[1]. Réciproquement, nul ne se recommandait, n'engageait ses services et sa fidélité, s'il n'obtenait en échange des concessions rémunératoires[2].

---

[1] Voyez, pour les bénéficiers du roi, Einhardi Epistolæ, 27 (ed. Teulet, 1843, II, p. 40) : « Postulat ut sibi liceat beneficium suum habere, quod ei domnus Karolus imperator dedit... usque dum ille ad præsentiam ejus venerit ac se in manus ejus commendaverit. » Et les autres lettres d'Eginhard citées par Waitz, *Vassalität*, p. 26. — Pour les bénéficiers d'un couvent ou de simples particuliers, voyez Concil. Turon. a. 813, cap. 45, 51 (Sirmond. Concil. Gall. II, p. 305) : « Nam et nobis visum est, prædictis heredibus hanc dare optionem, ut, si voluissent traditiones parentum suorum consequi... rectoribus ecclesiarum se commendarent et hereditatem illam in beneficium, unde se adjuvare et sustentare possent, acciperent. » — Waitz, *ibid.*, p. 35.

[2] Capitul. Karoli Calvi. (846) cap. 20 (Pertz, LL., I, p. 389) : « Do-

Cette fusion de la recommandation et du bénéfice marque le passage du système bénéficier au système féodal. A une époque, en effet, où la parole donnée, où le serment même avait perdu toute efficacité, toute valeur propre[1], et où le pouvoir royal était impuissant à les faire respecter, le bénéfice devint l'élément prépondérant du contrat. Il assura le respect de la foi jurée et l'acquit des services. Il tint lieu de la sanction royale.

Le seigneur qui voulait trouver un fidèle, qui avait besoin de son assistance, ne lui demandait plus au préalable sa parole, sa fidélité, l'engagement de ses services. Il lui offrait une valeur appréciable en argent, un fonds de terre, des serfs, des droits à redevance ou à impôt. C'est sur cette donation que se greffait l'obligation du vassal. Le contrat qui intervenait était un contrat *réel*, dans toute la force du terme. La concession du bénéfice, investiture du fonds de terre[2], tradition des choses mobilières, etc., était, pour nous servir d'une formule juridique, la *cause* de l'engagement du fidèle. Supprimez-la, en supposant soit un fait du seigneur, soit un abandon volontaire du vassal, et le contrat tout entier se trouve anéanti.

Pourtant tous les éléments anciens de la recomman-

---

mestica domus vestra aliter obsequiis domesticorum repleri non poterit, nisi habueritis unde eis meritis respondere et indigentiæ solatium ferre possitis. »

[1] Il suffit de penser aux serments réitérés de fidélité que les Carlovingiens exigèrent. Charlemagne lui-même fit jurer jusqu'à quatre fois tous ses sujets, et après lui les serments se répétèrent avec une fréquence et une inutilité croissante (Cf. Waitz, *Deutsche Verfassungsgesch.*, t. III (2ᵉ édition, 1883), p. 299 suiv.

[2] Aussi, dans la pureté des principes féodaux, l'investiture précédait-elle la foi. *Livre des fiefs*, II, titre 4. « Utrum autem præcedere debeat fidelitas investituram, an investitura fidelitatem, quæsitum scio : et sæpe responsum est, investituram debere præcedere fidelitatem. Fidelitatem autem dicimus jusjurandum quod a vassallo præstatur domino. »

dation, et eux seuls aussi, se rencontrent dans le contrat ; la promesse des services qu'un *homme* doit à son seigneur (ce qu'on appela au moyen âge hommage, *hominagium*), le serment de fidélité (ce qu'on appela la *foi*), subsistent à côté de la concession faite par le seigneur. Mais leurs rôles sont intervertis. Anciennement le don d'armes, d'un cheval, d'une pièce de monnaie (*solidus*) et l'investiture même d'un fonds de terre par la *festuca*, ne servaient qu'à solenniser le contrat, à le constater sous une forme symbolique : maintenant c'étaient l'hommage et le serment qui avaient cette fonction. Le centre de gravité du contrat s'était déplacé : de la recommandation il avait passé au bénéfice[1]. C'est que là se trouvait dorénavant la seule sanction possible. Le vassal était payé par avance, et si, à son tour, il ne s'acquittait pas de ses devoirs, s'il violait son serment, il portait la peine de son transgressement, le bien qu'il avait reçu lui était repris par le jugement de ses pairs[2].

Dans le contrat que nous venons d'étudier et qui devint le contrat de fief, les intérêts des deux parties en pré-

---

[1] On peut déjà le constater dans le premier capitulaire rendu en faveur des Espagnols (815), cap. 6 (Boretius, p. 262) : « Et si beneficium aliquod quisquam eorum ab eo cui se commendavit fuerit consecutus, sciat se *de illo* tale obsequium seniori suo exhibere debere, *quale nostrates homines de simili beneficio* senioribus suis exhibere solent. » — Voici même une charte de quelques années antérieure : « Notitia qualiter domnus Atto episcopus in beneficium præstabit ecclesiæ, in loco qui dicitur Tankiricha suo homine, cui nomen Uuldarrich. Ipse enim Uuldarrich seipsum tradidit in servitium Attonis episcopi seu domui sanctæ Mariæ usque ad finem vitæ suæ, *in hoc enim ipsum beneficium accepit, ut fideliter in servitio domui sanctæ Mariæ permansisset, et si aliter aliquid fecisset, privatus de ipso beneficio permansisset* » (Meichelbeck, *Historia Frisingensis*, I, 2, 142, nº 251 ; Lœrsch et Schrœder, *Urkunden*, 2º édit., nº 38).

[2] C'était, en somme, l'application d'un *pacte commissoire* tacite. Les feudistes ont donc touché juste en empruntant à la langue juridique de Rome l'expression *Committere*, pour désigner la confiscation du fief fondée sur la violation du contrat.

sence se faisaient équilibre, c'est pour cela qu'il était parfaitement synallagmatique. Mais dans les diverses classes de la société, les situations respectives pouvaient différer à l'infini; le besoin de protection de l'un l'emportait souvent de beaucoup sur le besoin d'assistance qu'éprouvait l'autre. De là une série de contrats, dont le mécanisme au fond reste le même, et qui vont depuis le contrat de fief jusqu'au servage; l'obéissance et les services d'une part, la protection et les concessions de l'autre, variant suivant la condition des individus : *Contrat de censive,* où un fonds de terre est concédé, la protection assurée; en échange d'assistance, de prestations en nature et en argent. — *Contrat de précaire,* où l'Église, suivant les personnes, accorde outre sa protection la jouissance de terres plus étendues que celles dont la propriété lui est abandonnée, et où le précariste, en même temps qu'il cesse d'être propriétaire, s'impose des charges plus ou moins lourdes. — *Contrat de commande,* où le seigneur n'accorde plus que sa protection, et stipule en retour des services de corps et des redevances. Ici le contrat devient presque unilatéral, et ce caractère s'accentue jusqu'à aboutir à *l'asservissement volontaire,* où l'homme se donne tout entier, corps et biens, pour avoir la vie sauve.

Ainsi se crée une échelle de protection et d'assistance mutuelles[1], ou de protection en échange de services et de prestations[2]. Quand les rapports sont réciproques, il y

---

[1] Guillaume-Longue-Épée, duc des Normands, fait dire aux chefs qui se sont révoltés contre lui : « Terram quam dari vobis petitis... libenter concedet vobis. Confidit enim se tueri vestro adjutorio : vos autem non diffidatis foveri munirique suo patrocinio » (Dudonis *De Moribus et actis primor. Normanniæ ducum,* III, 44. Ed. Jules Lair, Caen, 1865, p. 189).

[2] Les plus grands mêmes doivent prendre place dans cette hiérarchie. Hugues le Grand, dans la chronique de Dudon, le fait entendre aussi clairement que possible à Richard, duc des Normands : « Ricardus, dit-il à l'oncle du duc, nec regi nec duci militat, nec

a une sanction des deux parts; autrement il n'y en
a qu'aux mains du protecteur, et celui-ci alors échange
souvent ce noble rôle contre celui de tyran. L'absence
de sanction, auquel nul pouvoir central ne supplée,
est le mal dont souffre le moyen âge. Mal immense,
source de misères sans nom et de cruautés sauvages.
L'Église le combat, la conscience des masses populaires
le prend corps à corps. Il finira par succomber sous leur
vigoureuse étreinte. Nous allons assister à cette lutte, et
peut-être parviendrons-nous à discerner dans les mouve-
ments désordonnés du moyen âge les oscillations de la
société humaine cherchant son équilibre éternel de justice
et de liberté.

ulli nisi Deo obsequi præstat. Tenet sicuti rex monarchiam Northman-
nicæ regionis, *et non habet amicos sibi connexos inextricabili fœdere
adjutorii et societatis....* Quærite ergo salubre vobis consilium ut, securi insidiarum et deceptionum, non timeatis fatalem mundanæ varie-
tatis eventum.... Non est quippe mos Franciæ ut quislibet princeps
duxve, constipatus abundantius tanto milite, perseveret cunctis diebus taliter in dominio ditionis suæ, *ut non, aut famulatu voluntatis
suæ aut coactus vi et potestate, incumbat acclivius imperatori, vel regi
ducive :* et si forte perseveraverit in temeritate audaciæ suæ, ut non
famularetur alicui volenter præcopiosa ubertate sufficientiæ suæ, solent ei rixæ dissensionesque atque casus innumerabilis detrimenti
sæpissime accidere. Quapropter si placuisset Ricardo duci, tuo ne-
poti, seipsum flectere ut *militaret mihi*, etc. » (Dudo, *op. cit.*, IV,
93, Ed. Lair, p. 239).

LIVRE DEUXIÈME

LA DISSOLUTION DE LA SOCIÉTÉ

LIVRE II.

LA DISSOLUTION DE LA SOCIÉTÉ.

CHAPITRE PREMIER.

LA JUSTICE, UNE FORME DE LA PROTECTION.
CE QU'IL EN SUBSISTE AU X° SIÈCLE.

Nous avons étudié au livre précédent le rôle joué par la protection dans la société germanique, dans le monde gallo-romain, dans la société franque. Nous avons vu comment elle était tombée dès la fin du IX° siècle, par défaillance du pouvoir central, aux mains des particuliers. Cela fait, nous avons à assister aux conséquences innombrables et d'une gravité que l'esprit a peine à mesurer, qui allaient sortir de ce déplacement, — il faut dire plus, — de cette rupture de l'axe social.

Plusieurs fois déjà, à la dissolution de l'empire romain d'Occident, à la chute de la royauté mérovingienne, on avait confiné à l'anarchie. Mais chaque fois, il s'était rencontré une organisation locale assez résistante ou un pouvoir central assez vivace pour coordonner les éléments en lutte, pour rétablir une harmonie relative après les commotions et les bouleversements. Maintenant c'en était fait. L'étendue disproportionnée de l'empire reconstitué par Charlemagne, la discipline qu'il y avait introduite et dont le fonctionnement régulier exigeait la force motrice, partant du centre, que lui seul pouvait donner ou renouveler, autant de causes d'une anarchie irrémédiable. Le colosse est si gigantesque, les diverses parties en ont été si puissamment agencées que, s'écroulant, il jonchera le sol de débris informes. Nulle main ne saura plus les ajuster. Chacun voudra y ramasser une arme; les mieux partagés s'y façonneront un piédestal à leur taille.

Interrogez les contemporains : ils ont le sentiment poignant d'un immense effondrement[1]. Pour les plus exaltés

---

[1] *Flori Diaconi Lugdunensis querela de divisione Imperii post mortem Ludovici Pii* (Monum. Germ. Poetæ latini ævi Carolini, ed. Duemmler, t. II (Berlin, 1884), p. 561-563).

> Floruit egregium claro diademate regnum :
> Princeps unus erat, populus quoque subditus unus;
> Lex simul et judex totas ornaverat urbes,
> Pax cives tenuit, virtus exterruit hostes.
>
> . . . .
>
> At nunc tantus apex, tanto de culmine lapsus,
> Florea seu quondam capiti dejecta corona,
>
> . . . .
>
> Cunctorum teritur pedibus diademate nudus.
>
> Perdidit imperii pariter nomenque decusque
> Et regnum unitum concidit sorte triformi,
> Induperator ibi prorsus jam nemo putatur,
> Pro rege est regulus, *pro regno fragmina regni.*
>
> . . . .
>
> *Cassatur generale bonum, sua quisque tuetur.*
>
> . . . .
>
> Stat paries subitam minitans validamque ruinam,
> Jamdudum inclynus, scissuris undique plenus.
> Inliniturque luto fluito, citiusque casuro.
> Mistura hic paleæ nulla est, membra omnia nutant.

Vita Walæ, II, 7 (*Acta sanctorum ordinis Benedicti*, Saec. IV, I, p. 496) : « O dies illa, quæ pæne æternas huic orbi tenebras attulit et discrimina, quæ pacatum Imperium et unitum conscidit particulatim ac divisit, germanitates violavit, consanguineos dirempsit, inimicitias ubique pocreavit, et concives dispersit, fidem exterminavit, caritatem delevit, ecclesias quoque violavit, et omnia corrupit! Unde cottidie civilia surgunt bella, ut ita loquar, et plusquam civilia. Exercitus totius patriæ pæne huc illucque perimitur : provinciæ, pagi et

ou pour les plus abattus, ce sont les temps annoncés par l'Apocalypse : l'humanité touche à son dernier jour.

Au lieu de localiser la croyance à la fin prochaine du monde aux abords de l'an mille, pourquoi les historiens ne l'ont-ils pas fait remonter, en effet, au règne de Charles le Chauve[1]? *Mundi termino appropinquante, ruinis crebrescentibus,* n'est-ce pas un gémissement qui se répercute depuis lors jusqu'au XIIe siècle[2]? Formule, je le

---

urbes passim depopulantur. Si qui residui sunt, sine viribus ubique aut fugiunt, aut cæduntur gladiis. Hinc undique paganorum et hostium incursiones, hinc quod omne vulgus conciditur, villæ, civitates innumeræ cremantur. Heu miseradies, quam infelicior nox sequitur. »

[1] On a fait récemment justice des terreurs légendaires de l'an mille (Voyez dom Plaine, *Revue des questions historiques*, janvier 1873, R. Rosières, *Revue politique et littéraire,* 30 mars 1878, et un livre nouveau, *L'an mille*, par Jules Roy (Paris, 1885); mais il demeure constant qu'à diverses époques du moyen-âge, soit sous l'influence d'idées superstitieuses, soit sous le coup d'effroyables calamités, l'imagination populaire se laissa frapper et convaincre de l'approche du dernier jour.

Quand nous avons vu de notre temps la crédulité publique se préoccuper de je ne sais quelle rencontre de la terre et des astres, faut-il s'étonner qu'en l'an 992, par exemple, on crût à la venue de l'Antechrist parce que, cette année-là, l'Annonciation tombait un vendredi-saint (Voy. *Vita Abbonis auctore Aimono*, dom Bouquet, t. X, p. 332). — Quand au XVIIIe siècle et dans notre siècle encore, à des moments de crise fatale, les superstitions les plus grossières ont eu prise sur les esprits affolés, quels désespoirs, quelles hallucinations ne devaient pas engendrer dans la société disloquée, dépecée, du IXe, du Xe, du XIe siècle, les catastrophes sans nom qui l'assaillirent, guerres, famines et pestes?

[2] Voyez par exemple la série suivante des chartes de Beaulieu en Limousin : an. 856, an. 860 : « Mundi senio sese impellente ad occasum » (*Cartulaire*, p. 1, 36); an. 866 : « Appropinquante mundi senio atque ruinis crebrescentibus » (p. 10); an. 878 : « Hujus mundi superveniente termino atque crebrescentibus ejus ruinis, impellente senio » (p. 83); an. 882, 885 (3 chartes), 893, 916 : « Appropinquante mundi senio et sese ad occasum impellente » (p. 102, 99, 182, 230, 202); an. 927, circa 930, 967 : « Hujus mundi termino appropinquante atque crebrescentibus ejus ruinis impellente jam senio » (p.

veux bien, mais formule qui ne devint vide de sens et de réalité qu'aux temps plus modernes où le pouvoir croissant de la monarchie capétienne eut redonné des assises à la société vacillante.

Interrogez aussi dans leurs actes les successeurs de Charlemagne; ils ont la conscience très vive que leur fonction primordiale, leur mission essentielle, ils sont impuissants à la remplir. Assurer la protection de tous contre les incursions des pirates du Nord ou de l'Est, assurer spécialement la protection des faibles, défendre l'Église, maintenir leurs propres fidèles dans le devoir et dans la concorde, ils le voudraient, ils le devraient, ils ne le peuvent. La paix! la paix! c'est le cri qui leur échappe[1], comme il s'échappera de toutes les poitrines au XIe siècle[2]. Préceptes religieux, objurgations impé-

---

116, 90, 125); an. 984 : « senescente mundo atque in maligno posito » (p. 207); an. 1062-1072 : « mundi senio sese impellente ad occasum » (p. 32).

L'usage de ce préambule est fréquent dans les diverses parties de la France, aux IXe, X^e et XIe siècles. La formule première, Marculfe peut l'avoir fournie (Marculfe, II, 3 : « Mundi terminum, ruinis crebriscentibus adpropinquantem indicia certa manifestantur et experimenta liquida declarare nuscuntur » (Zeumer, p. 74. De Rozière, 275); mais les variantes sont innombrables, et elles se réfèrent parfois à des faits précis. Voyez, par exemple, *Cartul. de Saint-Georges de Rennes*, MS. f° 7, v° (1040) : « Mundi terminum propinquare prenunciata a Domino signa multiplici frequentia sui declarant. Surgit enim gens contra gentem et regnum adversus regnum et terre motus magni fiunt per loca. Unde ego Berta, dono Dei tocius Britannie comitissa et filius meus Conanus, hiis signis territi... »

[1] De Louis le Débonnaire à Carloman, les dispositions des capitulaires pour rétablir la concorde entre les sujets deviennent chaque jour plus nombreuses et plus pressantes. Il semble que le souverain soit hanté du désir inassouvi de la paix.

[2] Je songe en ce moment à l'explosion des sentiments publics en faveur de la paix de Dieu que Raoul Glaber nous a si vivement décrite (liv. IV, chap. 5; D. Bouquet, X, p. 49-50); je songe aussi à l'éloge enthousiaste de la paix que contiennent tant de documents

riales, tout demeure infructueux. La paix ne se rétablit nulle part, le désordre, le pillage, le vol à main armée (*rapina*), deviennent (singulière contradiction et des mots et des faits!) un ordre régulier des choses. Quelle lutte désespérée s'engage entre le chef d'un empire qui s'écroule et l'anarchie envahissante! L'ennemi que la monarchie combat, ce ne sont pas quelques grands vassaux affamés d'indépendance, c'est tout le monde; ce n'est pas la défection de quelques chefs, c'est la désagrégation universelle.

Lisez, par exemple, lisez d'une haleine ce capitulaire si navrant que Carloman date, en 884, de son palais de

du moyen âge, préambule en la forme, base au fond, des premières associations communales. Qu'on lise seulement la glorification de la paix inscrite en tête de la charte dont Beaudoin III, comte de Flandre, dota en l'an 1114 la ville de Valenciennes. Je l'emprunte à une traduction faite en 1275 par un chanoine de Saint-Jean, Robert de Villers, et publiée en 1873 dans les *Mémoires historiques de Valenciennes* (t. III, p. 294 et suiv.). Elle joint au charme naïf du langage l'avantage d'avoir été faite sur un texte plus complet que celui des Annales de Hainaut de Jacques de Guyse (Ed. Fortia d'Urban, t. XI, p. 265 et suiv.) :

« El non de le sainte et indivisible Trinitet, dou père, dou fil et dou saint esperit, pais à Diu plaisans, pais à tous boens amie et anemie à tous les mauvais, est establie par le grasse dou saint esprit en Valenchienes et en le pourchainte de che mesme castiel par le conte Baudewin et Yolent se feme, conteesse et ses barons et ses chevaliers et ses bourgois et par l'assens des clercs tout avant.

« Ore donques, pour che que nous avons fait mencion de pais, disons aucune chose de li, mi treschier frère, pour vostre pourfit. Pais fait à désirer, pais doit on querre, pais est à tous à garder, car quel cose est plus douche ne plus glorieuse de pais? Pais enrichit les povres et met les riches en honneur; pais oste toutte paour et aporte santé et seurtet, et qui est chil qui porroit tous les biens que pais fait raconter? La divine escripture dist ensi en son loenge : « Hé! Diex, comme sont ore biel li piet de chiaux qui annonchent pais et apportent boin message »...... Et puisque pais fait tant à loer et elle abonde de tant de biens, amés le, mi treschier frère, de tout vo cuer, tenés le en toute vos pensée, wardés le de toute vo force, par quoij vous puissiés vivre à onneur et parvenir à le pais qui tousjours durra, de

Verneuil. La déprédation, voilà l'adversaire; elle est devenue une *institution*, elle tient tête à la royauté et à l'Église. Les décisions des saints canons, les capitulaires des empereurs, restent lettre morte contre elle[1]. C'est un poison qui a tout envahi et tout corrompu[2]. On en use librement, on ne le considère plus comme un mal[3]. Du petit au grand, du colon et du serf[4] jusqu'au *vassus*

lequelle nostre Sires dist : « Je vous doins me pais, je vous relainques pais... »

« Ensi que deseure est dit pais est formée par l'ottroy de nostre Seigneur, et pour ce que elle soit fermement tenue et gardée sans violense, elle est prononchée et criée par conseil et par decré, par foi fianchée et par scirement confermée. Cascuns donques ki voelt savoir comment ceste pais est establie, oie et entenge en quelles lois elle gist. »

La sécurité, la paix, que les derniers Carlovingiens poursuivent de leurs stériles efforts, les bourgeois du xiie siècle la célèbrent comme un bien longtemps perdu et enfin reconquis. Nul trait ne saurait marquer d'une façon plus précise le début et la fin de cette période de dissolution sociale que nous nous sommes donné la tâche d'analyser.

[1] « Placuit ut quædam statuta sacrorum canonum necnon quædam capitula antecessorum nostrorum renovarentur, quia graviter et moleste ferimus, quod peccatis impedientibus et malitiis perversorum hominum exuberantibus, ultra modum vilescunt atque pene *adnullata existunt, præcipue illa quæ contra malum rapinæ et depraedationis* a sanctis patribus sunt promulgata et a christianissimis regibus auctoritate regia confirmata. » Capitula apud Vernis Palatium (884). (Pertz, *Leges*, I, p. 551).

[2] « Ita passim longe lateque hoc venenum diffusum et dispersum est, ut quasi libere jam male abutantur omnes infecti et corrupti corpore et anima hoc tam sceleratissimo atque mortifero morbo » (*Ibid.*).

[3] « Malum rapinæ pro nihilo ducunt. » Capit. apud Vernis Palatium (Pertz, *Leges*, I, p. 551). — Voyez déjà Conv. apud Marsnam. (847), cap. 6 (Pertz, *Leges*, I, p. 393) : « Ut rapinæ et depredationes, quæ *quasi jure legitimo hactenus factæ sunt* penitus interdicantur, et nemo se impune post hæc eas præsumere posse confidat. »

[4] « Quicumque infra regnum nostrum aliquid rapuerit aut deprædatus fuerit, omnia in triplum componat..... Si autem *colonus* aut *servus* fuerit similiter, omnia in triplum componat aut dominus pro eo sexaginta ictus bene pressos accipiat. » Capitula ap. Vernis Palat., cap. 4, (p. 552). — « De *nostris dominicis vassallis* jubemus ut si ali-

dominicus, chacun veut vivre aux dépens du prochain. — Et le malheureux souverain fait de vains efforts, par les peines dont il menace les uns, par les exhortations qu'il adresse aux autres, par l'autorité dont il prétend armer évêques et prêtres, pour endiguer les passions individuelles qui s'échappent par des milliers de fissures et menacent de tout submerger.

Il voudrait, lui le roi, créer une sorte de ligue du bien public, il fait appel à ses fidèles, à ses officiers, au clergé, aux francs hommes, à ceux surtout qui peuvent l'aider à rendre la justice « *francis hominibus mundanæ legis documentis eruditos;* » déjà il n'est plus temps. Chacun suit son intérêt immédiat, que ce soit pour s'affranchir de toute contrainte ou pour se mettre à l'abri.

Quelle chimère de fondre en un seul corps, en un État, ces associations innombrables que les hommes ont formées pour s'attaquer les uns les autres ou pour résister aux attaques! Quelle chimère, par exemple, de vouloir dominer les rapports de seigneur à recommandé, de comte à administré, de vouloir supprimer les associations de défense mutuelle organisées par les paysans « collectam, quam vulgo *geldam* vocant, contra illos qui aliquid rapuerint[1]! » Quelle chimère aussi de mettre fin au brigandage en organisant l'hospitalité, en faisant prêcher par les prêtres à leurs paroissiens le devoir d'accueillir

---

quis prædas egerit, comes in cujus potestate fuerit ad emendationem eum vocet » (*Ibid.*, cap. 11, p. 553).

[1] Capit ap. Vern. Palat. cap. 14 (Pertz, *Leges,* I, p. 553). — Cf. déjà *Annales de Saint-Bertin,* ad. an. 859, Ed. Dehaisnes, p. 97-98 : « Vulgus promiscuum inter Sequanam et Ligerim inter se conjurans adversus Danos in Sequana consistentes, fortiter resistit; sed quia incaute sumpta est eorum conjuratio, a potentioribus nostris facile interficiuntur. » C'est bien *nostris* qu'il faut lire et non pas *nostri*, comme le suggère l'abbé Dehaisnes. Il n'a pas vu en effet que ce passage des *Annales* est pris d'une vieille chronique normande (dans Duchesne, *Histor. Norm. Script.*, p. 2-3). *Nostris* se rapporte donc aux Normands.

tous ceux qui passeraient « nulli iter facienti mansionem denegent[1]! » N'était-ce pas ouvrir la porte aux pillards? n'était-ce pas enraciner ce droit de gîte ou de *procuratio*, cette hospitalité forcée qui devint un droit seigneurial si lourd pour les populations du moyen-âge[2]?

Les organes gouvernementaux sont dissous et ils seront longs à se reconstituer. Le corps social est privé de sa puissance de cohésion et l'affinité ne s'exerce plus entre ses diverses parties qu'à faible distance. Il y a une infinité de forces locales agissantes, mais la résultante générale qui se traduit par la sécurité publique est réduite à un minimum infime.

Parmi les formes sous lesquelles la protection de l'État se manifeste au sein d'une société organisée, il n'en est pas de plus importante, de plus indispensable, que la *justice*. Or, dans la France du xe siècle que restait-il, que pouvait-il rester de la justice, conçue, constituée dans l'intérêt du pays tout entier ou d'une partie, si faible fût-elle, de son territoire? Nous allons le rechercher.

[1] Capit ap. Vern. Palat., cap. 13, p. 553.
[2] Voyez le chapitre XVIII du présent Livre.

CHAPITRE II.

CONTINUATION. — LE ROI.

Théoriquement, le champ d'action de la royauté est demeuré immense; en fait, la puissance effective qui s'attache à son titre, la sanction que revêt son autorité, le roi l'emprunte à sa situation personnelle, à sa bravoure, à son habileté, au nombre et à la fidélité de ses vassaux.

C'est une erreur trop commune de représenter le pouvoir des derniers Carlovingiens, de Charles le Simple, de Louis d'Outremer, de Lothaire, comme un vain simulacre, comme une ombre de royauté. C'est une erreur égale, mais dérivée de celle-ci, de croire à une absorption de la souveraineté royale par la suzeraineté féodale, de considérer le triomphe des Capétiens, non comme un changement de dynastie, mais comme un changement de système, comme une révolution politique profonde.

Faut-il d'autres preuves du prestige dont la royauté jouissait encore dans la première moitié du xe siècle que l'acharnement avec lequel, de vive force ou par ruse, les ducs de France cherchèrent à s'en emparer? Quant aux principes sur lesquels reposait le trône, qui dictaient au roi ses devoirs et lui donnaient droit en échange à l'obéissance et au dévouement de son peuple, ils furent sous les derniers Carlovingiens ce qu'ils avaient été chez les Germains et dans le royaume franc, ce qu'ils restèrent ensuite sous les Capétiens; ils se résument d'un mot : la protection.

Sous Louis d'Outremer, le légat du pape, Marin, définit

l'autorité royale : il l'appelle patronage, *patrocinium*[1]. Quel est quarante ans plus tard l'argument décisif de l'archevêque de Reims, Adalbéron, dans l'assemblée des grands du royaume où il soutient la candidature de Hugues Capet au trône de France? « Élisez-le, dit-il, il vous protégera, de même qu'il protégera la chose publique. Vous aurez en lui un père. Nul jusqu'à présent n'a invoqué en vain son patronage (*patrocinium*)[2]. »

Hugues Capet lui-même et ses successeurs continueront à tenir le même langage. Leur mission est de protéger leurs sujets, de faire régner la justice[3].

Protection et justice sont, en effet, tout un.

En 829, le sixième concile de Paris avait mis excellemment en relief le rôle de protecteur suprême dévolu au souverain. « La justice royale, ce sont ses termes, voici en quoi elle consiste : n'opprimer personne; départir une justice égale à tous; protéger les étrangers, les mineurs et les veuves; réprimer les vols, punir les adultères... protéger les églises, secourir les pauvres, placer des hommes justes à la tête des affaires du royaume, s'entourer de conseillers expérimentés, prudents et intègres, défendre la patrie, vaillamment et comme il convient, contre les

---

[1] « Regiæ dominationis imperium ante dixit restaurandum, ut, ejus vigore firmato ejusque potentia utiliter restituta, ejus post liberalitate ecclesiarum Dei honor consequenter recrescat; *ejus patrocinio agente*, virtus bonis quibusque redeat » (Richeri *Histor.*, II, 72; éd. Waitz, p. 75).

[2] « Promovete igitur vobis ducem, actu, nobilitate, copiis clarissimum, quem non solum rei publicæ, sed et privatarum rerum *tutorem* invenietis. Ipsa ejus benevolentia favente, eum *pro patre* habebitis. Quis enim ad eum confugit et *patrocinium* non invenit? Quis suorum auxiliis destitutus per eum suis non restitutus fuit »? (Richeri *Histor.*, IV, 11; éd. Waitz, p. 133).

[3] Diplôme de Hugues Capet et de Robert pour Saint-Pierre de Melun (année 991) : « Multorum sinceritati perspicaciter patet, idcirco Reges constitutos, quatinus regnorum jura sagaciter examinantes, omnia nociva resecandi, cuncta que proficua propagandi, studiosius operam impenderent » (Dom Bouquet, X, p. 559-560).

ennemis¹. » Cette définition traverse deux siècles sans rien perdre de sa vérité. Abbon, abbé de Fleuri, l'insère textuellement dans les canons qu'il présente aux rois Hugues Capet et Robert².

Cela dit, il faut reconnaître que les derniers Carlovingiens étaient dans l'impossibilité presque absolue de remplir les devoirs que la dignité royale leur imposait. Loin de trouver dans les grands du royaume des auxiliaires sages, dévoués et intègres, pour maintenir l'ordre et redresser les torts, ils étaient également impuissants à les soumettre et à les accorder. « Chacun d'eux, suivant les paroles de Richer, cherchait à l'emporter, chacun à s'agrandir comme il le pouvait. Nul ne se souciait de l'avantage du roi ou de la protection du royaume. Leur préoccupation suprême était de s'enrichir des dépouilles d'autrui. D'où il arriva que la concorde fit place à une discorde universelle³. »

Comment résister alors aux ennemis du dehors? Comment défendre le pays contre Normands, Sarrasins et

¹ « Justitia regis est, neminem injuste per potentiam opprimere, sine acceptione personarum inter virum et proximum suum *judicare*, advenis et pupillis et viduis *defensorem esse*, furta cohibere, adulteria punire... ecclesias *defendere*, pauperes eleemosynis alere, justos super regni negotia constituere, senes et sapientes et sobrios consiliarios habere.... *patriam fortiter et juste contra adversarios defendere*... » (Concilii Parisiensis, VI, lib. II, cap. I ; Labbe et Cossart, *Concilia*, XIV, col. 575).

² Dom Bouquet, X, p. 627 : « Ex canonibus Abbonis abbatis ad Hugonem et Robertum reges. » — On la trouve également reproduite en partie dans la lettre de Nithard à Hugues Capet sur l'administration du royaume (Collection dom Housseau, t. I, n° 234).

³ « Cum regnorum principes nimia rerum cupidine sese preire contenderent, quisque ut poterat rem dilatabat. Nemo regis provectum, nemo regni tutelam querebat. Aliena adquirere summum cuique erat. Nec rem suam provehere videbatur, qui alieni aliquid non addebat. Unde et omnium concordia in summam discordiam relapsa est. Hinc direptiones, hinc incendia, hinc rerum pervasiones exarsere. Quæ cum immanissime agitarentur, piratæ..... ad rerum immani-

Hongrois[1]? Comment surtout prendre en main la cause du faible et du petit, paysan ou bourgeois, contre l'homme de guerre qui l'opprime et le rançonne? Et que devenait du même coup la justice du roi, la sécurité qu'il devait assurer à tous, la paix qu'il devait faire régner? Dans ses convulsions mêmes, la royauté blesse ceux qu'elle devrait secourir. Elle ne le cède en rien aux seigneurs qu'elle combat, par les dévastations dont elle frappe le pauvre peuple[2], par les extorsions auxquelles elle le soumet, par les impôts dont elle l'accable[3].

tatem incitantur » (Richeri *Histor.*, I, 4; éd. Waitz, p. 3-4). — « Cum per innumera annorum curricula crebrescentibus malis et bellorum maximè immanitate pene totius Aquitaniæ provinciæ redigeretur in solitudinem, videlicet propter insolentias tyrannorum inter se divaricantium principatus culmen ambientius et Francorum regum jugo colla submittere nolentium, tanta clade et incendiorum flagrantia consumpta esset et his conversationibus non solum respublica deperiret, rerum etiam monachorum penitus adnullaretur ordo » (*Archives de Noaillé*, MS. du IXᵉ siècle, Copie Bibl. nat. lat., 12757, fᵒ 211).

[1] Richer attribue à la dissension des grands et à l'abandon où ils laissent le roi la possibilité pour les Hongrois de ravager impunément le pays : « Qui (Hungari) nimium sævientes, municipia aliquot, villasque et agros depopulati sunt. Basilicas quoque quam plures combusserunt; ac indempnes redire *ob principum dissidentiam* permissi sunt cum magna captivorum multitudine. Rex (Louis d'Outremer) enim copias non habens, ignominiam pertulit et, *utpote a suis desertus*, sevientibus cessit » (Richeri *Histor.*, II, 7; éd. Waitz, p. 43).

[2] Voy., par exemple, Richeri *Hist.*, II, 58; éd. Waitz, p. 68 : « Incendiis predisque vehementibus totam regionem usque Ligerim depopulati sunt » (il s'agit de Louis d'Outremer et de ses alliés, les rois Otton et Conrad). — *Ibid.*, II, 93; éd. Waitz, p. 84 : « Usque ad fluvium Sequanam quicquid ducis visum est per 40 miliaria immanissime insectati sunt. » — *Ibid.*, III, 89; éd. Waitz, p. 119 : « Tanta crudelitate in se non armis sed insidiis latentibus debacchati sunt (Lothaire et Hugues Capet) ut aliquot annis res publica principibus dissidentibus multum lederetur. Tunc etiam multarum rerum usurpationes, miserorum quoque oppressiones et *circa minus potentes* calamitates nefariæ a quibusdam pravis exercitæ sunt. »

[3] Il suffit de se reporter à ce que Guillaume de Jumièges nous apprend des rapports du roi de France avec la Normandie : « Rex

Le roi ne remplissant pas ses devoirs, la masse des habitants se trouve relevée des siens, relevée de son obligation de fidélité et d'obéissance, soustraite à l'action de la royauté, soustraite à sa justice. A aucune époque on n'a peut-être usé et abusé du serment, du serment de fidélité surtout, autant qu'au xe siècle. C'est que l'homme paisible et désarmé subit le contre-coup de toutes les luttes, de toutes les dissensions qui mettent les seigneurs aux prises. Tantôt c'est l'un des belligérants tantôt c'est l'autre qui s'empare d'une ville, d'un bourg ou d'un domaine, et chaque fois le vainqueur fait jurer fidélité et soumission [1]. Les serments vaudront ce que durera la victoire. Or, la royauté eut rarement pour elle la constance de la fortune. Si dans une ville reprise ou dans un territoire reconquis elle faisait prêter serment de fidélité aux habitants, bientôt elle reperdait l'un et l'autre, sa conquête et la fidélité des bourgeois.

Dans ce vaste pays qui, de la Manche à la Méditerranée,

etenim aliquandiu apud Rotomagum morans, præfectum comitatui præfecit Rodulphum agnomento Tortam qui vectigalia annuatim a subditis exigeret et tota hæc in provincia jura ac quælibet negocia decerneret. *Qui paganis deterior...* » (Vuillelmi Gemmeticensis *Hist. Norm.*, IV, cap. 6; Duchesne, *Hist. Norm. script.*, Paris, 1619, p. 242).

[1] La chronique de Richer nous en fournit de très nombreux exemples : I, 58; Ed. Waitz, p. 35 : « Atrabatum obsidione adhibita cepit, civesque victos ac juratos sibi annexuit. » — I, 63; Ed. Waitz, p. 38 : « Vulgus qui in urbe remanserat, eisque fidem sacramento fecerat, fidem abrumpit, ac a tergo duriter eos cedit. » — IV, 48; Ed. Waitz, p. 150 : « Die altera civibus accitis, de fide sibi habenda pertractat. Illi, acsi qui capti erant et qui jam in jus alterius cesserant, fidem faciunt et regi sacramento asciscuntur. »

Il était, du reste, habituel au xe siècle et pour les causes les plus diverses, d'engager sa foi par serment, *fidem facere sacramento*, qu'il s'agît d'une conjuration ou d'une alliance, d'un complot ou d'un simple accord. La fréquence même de pareils serments en prouve l'inanité. Il n'était pas jusqu'aux évêques qui ne les violassent effrontément (Voyez Richer, *Histor.*, IV, 47; éd. Waitz, p. 149 et suiv.). — Quelle solidité offrait un lien de sujétion que la force ou l'astuce pouvaient rompre aussi souvent qu'ils le nouaient ?

de la Flandre à la Marche d'Espagne, restait soumis nominalement à la souveraineé royale, reconnaissait ses droits et vénérait ses titres, où donc la justice du roi pouvait-elle encore s'exercer, d'une manière effective, comme justice territoriale? Ce fut un jour dans les seules villes de Reims et de Laon[1]. Et quand ces villes furent elles-mêmes perdues, elle se réduisit à quelques villas des bassins de l'Oise et de l'Aisne. Partout ailleurs la fidélité due au roi, l'ancien *leudesamio*, cédait le pas au serment féodal qui liait le vassal à son seigneur[2], au serment de fidélité qui

---

[1] Les plaintes que Richer met dans la bouche de Louis d'Outremer nous montrent la royauté privée de son dernier asile : « Apud quos etiam rex his verbis conquestus est. Et : « Eia tu, inquiens, Hugo! Eia tu, Hugo! Quantis bonis a te privatus, quantis malis affectus, quanto etiam merore nunc detineor! *Urbem Remorum pervasisti. Laudunum surripuisti. His tantum duobus recipiebar, his duobus claudebar...* Quo me itaque conferam? » (Richer, *Histor.*, II, 52; éd. Waitz, p. 65).

[2] Le serment féodal créait un engagement bien plus étroit que le simple serment de fidélité. Il consistait, de son essence, dans la promesse jurée de combattre fidèlement pour le seigneur auquel on s'était préalablement donné en plaçant les mains jointes dans les siennes. — Parmi les chroniqueurs du xe siècle, Richer surtout distingue nettement ces deux serments. Tandis qu'il désigne le serment de fidélité par l'expression *fidem facere sacramento*, il emploie toujours une périphrase plus ou moins longue pour relever l'importance du serment féodal : « Regis manibus sese militaturum committit fidemque spondet, ac sacramento firmat » (I, 53; éd. Waitz, p. 33); — « tiranni manibus sese exinde militaturum committit ac ex militia fidem accommodat » (II, 7; éd. Waitz, p. 43); » — « fide pacti miliciam jurant » (II, 28; éd. Waitz, p. 53); » — « per manus et sacramentum regis efficitur,... multam abinde fidem se servaturum pollicens » (II, 97, p. 85); » — « sese ei (tiranno) committens, fidem pro militia accommodat (III, 11, p. 90); » — fidelem militiam per jusjurandum coram omnibus spondent » (III, 13, p. 91), etc. »
La même distinction se retrouve dans Dudon. Le simple serment de fidélité c'est celui, par exemple, que Louis d'Outremer fait prêter au jeune duc Richard par les habitants d'Evreux : « Diu morulans Ebroicas cogens que subdolo corde ad fidelitatem pueri civium turmas » (Dudo, IV, 72, p. 227). — Le serment féodal, c'est celui que

attachait par les liens étroits de la domination actuelle et de la compression violente l'habitant du territoire au chef qui s'en était emparé.

Non seulement donc la royauté perdit l'autorité judiciaire sur les arrière-vassaux des grands feudataires qui se partageaient le pays, mais elle la perdit aussi, sauf ce que nous allons dire, sur les propriétaires ecclésiastiques et laïques, sur les artisans ou les cultivateurs qui restaient en dehors de la hiérarchie féodale.

Quant aux grands feudataires eux-mêmes, qu'il s'agît du duc de Normandie ou du duc d'Aquitaine, l'hommage et la fidélité qui les rattachaient à la couronne ressemblaient bien plutôt à une sorte de traité d'alliance, aussi souvent rompu que renouvelé.

A côté des devoirs généraux qui lui incombaient, la royauté en avait de spéciaux; protéger les églises, protéger les mineurs, les veuves, les étrangers, tous ceux en un mot qui n'avaient pas de protecteur attitré[1]. Des

---

prêtent les grands vassaux : « Berengerus comes et Alannus pariter cæterique Britones necnon Northmannorum principes subsiderunt se volentes Willelmo unanimes, *juramento sacræ fidei illi se colligaverunt, manusque suas manibus illius vice cordis dederunt, voveruntque se militaturos contraque finitimas gentes debellaturos* » (Dudo, III, 38, p. 182; Adde, *ibid.*, III, 58, p. 202; IV, 68, p. 222 : « Ricardo infanti manibus datis, super sacrosanctas reliquias fidem obsequentis famulatus et militationis facientes spoponderunt et voverunt illi se per omnia esse fideles. » — IV, 69, p. 223 : « Pignoribus que pretiosorum sanctorum delatis, sanciunt illi tenorem *integerrimæ fidelitatis et militationis, more christianæ conjurationis.* »

La garantie principale de la fidélité féodale se trouvait, nous l'avons déjà remarqué plus haut (voy. p. 130 suiv.), dans la crainte du vassal de perdre les libéralités qu'il avait reçues de son seigneur comme prix de sa fidélité. Cf. par exemple Richer, *Histor.*, III, 20; éd. Waitz, p. 93 : « Tetbaldi filio, qui sese sibi commiserat militaturum, castrum *sub conditione servandæ fidelitatis concedit.* »

[1] Le sixième concile de Paris retraçait ainsi, en 829, la mission de la royauté (lib. II, c. 2, Labbe et Cossart, *Concilia*, t. XIV, col. 577):

« Regale ministerium specialiter est populum Dei gubernare et

lois barbares aux capitulaires, de là aux actes et aux chroniques du x°, du xi°, du xii° siècle, nous trouvons sans cesse rappelée, souvent par les rois eux-mêmes, cette fonction si conforme à la nature de la royauté germanique[1] et que les Anglo-Saxons résumèrent pour leur compte en l'expressive formule : « A tous les Francs de naissance et à tous les étrangers, le roi doit tenir lieu de famille et de défenseur, s'ils n'en ont pas d'autre[2]. »

L'Église, dans ses divers organes, clergé régulier et séculier, avait jusqu'au x° siècle tiré grand parti de la protection particulière du roi. C'est en lui rappelant sans cesse qu'il était le défenseur né de la foi, le tuteur et le patron des corps religieux, qu'évêques et abbés s'étaient fait délivrer par la chancellerie royale les chartes de *mundium* d'abord, les chartes d'immunité ensuite, qui devaient leur assurer une situation enviable entre toutes, une indépendance quasi-souveraine, en supprimant tout autre intermédiaire que l'avoué entre le trône et eux[3]. Maintenant encore, ils recouraient au roi dans des cas extrêmes. Ils invoquaient son intervention contre les seigneurs qui envahissaient leurs terres ou empiétaient sur leurs droits, ils le sollicitaient contre les déprédations dont

---

regere cum æquitate et justitia et ut pacem et concordiam habeant studere. Ipse enim debet primo defensor esse ecclesiarum et servorum Dei, viduarum, orphanorum, ceterorumque pauperum, necnon et omnium indigentium. Ipsius enim terror et studium hujuscemodi, in quantum possibile est, esse debet primo ut nulla injustitia fiat; deinde si evenerit, ut nullo modo eam subsistere permittat... » Cf. les préambules de nombreuses chartes du xi° siècle, entre autres le privilège de Henri Ier pour l'Église de Noyon (vers 1048). D. Grenier, t. 233, f° 170).

[1] Voyez *supra*, p. 82 suiv.

[2] « Omnibus Francigenis et alienigenis debet esse rex pro cognatione et pro advocato si penitus alium non habent » (*Leges Henrici I*, c. 75, § 7).

[3] Voy. *supra*, p. 112 suiv.

ses propres agents se rendaient coupables. Les exemples n'en sont pas rares au x⁰ et au xi⁰ siècle[1].

Mais, tout compte fait, les seigneurs ecclésiastiques avaient moins à gagner qu'ils pouvaient perdre à se placer ainsi sous la tutelle du roi. Voyaient-ils en face d'eux quelque rival puissant, d'ordinaire le secours invoqué ne leur servait de rien; leur adversaire refusait de se soumettre à la justice du roi, et celui-ci n'était pas en mesure ou ne se souciait pas de l'y contraindre. La compétition était-elle faible, ils en venaient tout seuls à bout,

---

[1] Dans l'Ile de France surtout. Je cite comme exemples les deux chartes suivantes du Cartulaire blanc de Saint-Denis et une autre du Cartulaire de Saint-Médard de Soissons :

Charte de Robert II, 8 kal. février, indict. 2, 1ʳᵉ année du règne (25 janvier 989). *C. de Saint-Denis*, copie xiv⁰ S. f⁰ 101-103. C. orig., I, 45, ch. 38, dans Doublet, p. 822-824.

« ... Submovemus omnem circummanentium oppressionem et præcipue Burchardi cognomento Barbati infestationem qui de feudo Sancti Dionysii prope ipsum castrum in insula Sequanæ tenebat munitionem quæ sibi proveniebat ex suâ conjuge, conjugi autem ex marito suo Hugone cognomento Basseth, quam tunc temporis ipse B. de novo duxerat lege maritali. Hic enim cum intolerabiliter ipsam sanctam ecclesiam et pauperes ejus vexaret, ab abbate jam dicto Viviano et fratribus monachis querimonia facta apud nostræ clementiæ audientiam, Burchardus a nobis submonitus esset ut ab hac injuria quiesceret. Ipse autem in maliciæ suæ pertinaciam perseveraret ex sententia palatinorum nostrorum adjudicavimus ei materiam auferre superbiæ. Nostro ergo regali decreto eversum iri ipsam munitionem per fideles nostros mandavimus. Unde gravissimam irarum flammam adversus ecclesiam domini nostri Dionysii conflavimus. Ut autem sub pacis vinculo posset recurrere ab utraque parte facta dissentio, gravis enim pro eversione castri sui adversus ecclesiam et pauperes ejus a Burchardo exorta erat motio, nostræ dispositionis ordinatione, regina nostra Constantia annitente, ad bonum concordiæ consensum abbatis adduximus, annuente omni sibi subdita congregatione, munitionem ei firmari concedentes quam Monmaurenciacum dicunt, ferme tribus leugis a castello sancti Dionysii secus fontem qui dicitur S. Walarici, sub tali conditione, ut et hominium ipsi abbati Viviano Burchardus et successores sui abbatibus futuris in ecclesia Sⁱ Dⁱ facerent de feudo quod se contingebat ex sua con-

à prix d'argent, par la force, par les peines spirituelles.

Il valait donc mieux pour eux renoncer à une protection illusoire et s'assurer une émancipation plus complète,

juge... Hæc omnia B. *nostra et reginæ nostræ mediante auctoritate* de manu abbatis et ecclesiæ suscepit in feodum cum sua conjuge... Hoc et definientes, ut omni tempore bis in anno hoc est in Pascha et festo Si Di, omnes feudati in suprad. munitione Monmaurenciacensi commanentes in curia abbatis obsides se traderent et inde nullo calliditatis ingenio exeundi licentiam quærerent donec de rebus ecclesiæ subtractis aut imminutis aut invasis tam per B. quam per suos ipsi abbati et fratribus... responderent et ad libitum eorum dictante justitia Deo et S° D° satisfacerent. »

B. s'engage en outre à livrer à la justice de l'abbé, dans les 40 jours de l'avis qu'il en aura reçu, toute personne qui, après avoir causé un préjudice à l'abbaye, se sera réfugiée dans son château (Cf. charte de Louis le Gros sur la destruction du château du Puiset (de Puteolo). 1101. C. orig., II, p. 41 (Doublet, p. 843).

Charte de Robert II. *Cart. blanc de Saint-Denis,* copie xiv° S. f° 94-95. C. orig., I, p. 42, ch. 34, dans Doublet, p. 825-826 :

« Ego Rotbertus permissu Dei gratiæ Francorum rex... abigo ab hoc nunc et usque in æternum omnes pessimarum exactiones consuetudinum, repellens venatores atque falconarios... Namque jamdicti exactores pessimi, dico autem venatores atque falconarii, capiendi specie salvamenti, penè vernaculos B. Dionysii devastantes, populabantur, abactorumque more spoliantes eos prædabantur... Quare mentis medullas tenus divini gratia tactus amoris, has flagelli Dei exasperationes, ejusdem iræ exacerbationes, plagarumque irritationes, salvamenta inquam, sic hyronicè dicta, annonæ exactiones, porcorum captiones, atque redemptiones, vini ablationes, venatorum hospitationes, falconariorum diversiones, hæc inquam omnia exhorrens abominor, abominans veto, quatenus successorum abhinc nullus has abominationes præsumat illicitas, loquor autem regum, aut ducum, aut comitum, aut fortè militum, sed prædicta omnia fratrum serviant utilitatibus... »

Charte de Henri Ier en faveur de Saint-Médard de Soissons (1048) (*Cartulaire de Saint-Médard de Soissons,* f° 101 r°. D. Grenier, n° 233, f° 167 r° et n° 293, 1re charte) :

« Anno incarnati verbi MXLVIII agente in sceptris regni Francorum glorioso rege Henrico sub anno XVIII, post multas tyrannice dominationis pressuras et pericula quas per septennium venerabilis locus abbatie Sanctorum Medardi et Sebastiani atque Gregorii pape perpessus fuerat, divina preveniente gratia, ejusdem gloriosi regis

des droits plus étendus. L'immunité, en effet, n'excluait pas la justice personnelle du roi, pas plus qu'elle n'empêchait le roi d'avoir accès sur le territoire affranchi[1].

industria, ipsam abbatiam de potestate Stephani Comitis in sua mundeburde recepit propria. »

Il est nécessaire de mettre en parallèle avec ce qui précède les rapports qui existaient à la même époque entre la royauté et les corps religieux dans les provinces françaises soumises à un souverain étranger. Je transcris donc en partie une charte très instructive du Cartulaire de Remiremont. La protection et la justice de l'empereur d'Allemagne coûtaient cher : la moitié des immeubles et de lourdes redevances qui pesaient directement sur les habitants :

« Ego Henricus Dei gracia Romanorum imperator Cæsar Augustus sicut notum ab antecessoribus nostris habui ita ad successores nostros notum transmittere curavi, videlicet quod Beatus Romaricus in Vozago, juxta fluvium Moselle monasterium quod ab ipso Romariceum vocatur fundavit multumque de possessionibus suis ditavit, romane libertati et regali deffensioni subjiciens. Decrevit enim ut presuli sancte Romane sedis in quarto anno austolinum cum albo equo representaretur, regie vero potestati dedit medietatem allodiorum suorum, scilicet DCC mansos, hac conditione ut aliam medietatem id est totidem DCC mansos integre et libere custodiret et deffensaret ad prebendam fratrum et sororum, etc... Decrevit quoque idem beatus pater, cum regem contingeretvenire Metim vel Tullum, si abbatissa prefati monasterii ad curiam pro expetenda justicia de injuriis suis veniret, et si rex ei justiciam fideliter faceret, abbatissa ibidem pro facta justicia servicium exhiberet... Est autem talis determinacio illius servicii. LXXX modii fru-menti, ad modium prebende sororum, de avenâ CCCC mod. sed ex hiis centum equis abbatisse dum laborat in eodem servicio, de porcis LX, de vaccis XX, bacones sagiminales IIII[or], verres IV, pulli CCCC, ovorum V modios, de lacte carrata que septem mod. tantum capiat, de mediis potus sororum, casei et pisces convenienter secundum predicta, scutelle et carbones, verva sufficienter et XII libre piperis. Ad luminaria XII tabule cere, de vino VII carrate et V medonis, quarum unaqueque tam vini quam medonis consistat ex VII modiis. Hoc tale servicium regno debetur in predictis locis si justicia fit abbatisse de suis injuriis... » *Suit la répartition entre les divers sujets et préposés de l'abbaye* (Charte de Henri IV, 1070, *Cartul. de Remiremont*, f° 78 v°-79 r°).

[1] M. Fustel de Coulanges a mis ce point en vive lumière dans sa belle étude sur l'immunité (Paris, 1883, p. 29).

Même quand l'immuniste fut investi d'une juridiction propre sur tous les habitants de son domaine, il resta en principe justiciable du tribunal royal, de la *curia regis*. En outre, les chartes d'immunité contenaient souvent des réserves expresses de certaines parties de la haute justice, de certains droits lucratifs, de certains impôts. Les droits régaliens, enfin, le droit de monnaie notamment, ne passaient pas à l'immuniste.

Pour faire tomber impunément ces derniers obstacles à leur pleine indépendance, ces dernières restrictions à leur souveraineté territoriale, évêques et abbés immunistes durent décliner la compétence de la justice royale et soustraire à l'autorité directe du roi leurs personnes et leurs biens, comme ils avaient obtenu précédemment du roi lui-même qu'ils fussent soustraits à l'autorité de ses agents. Ils ne manquèrent pas de le faire. Assignés à la cour du roi, ils refusèrent d'y comparaître. Les corps religieux se firent octroyer comme privilège l'affranchissement de la justice royale[1]. A l'ancienne formule que nul officier public (*judex publicus*) ne pénètre sur le territoire immune pour y tenir des plaids, lever des amendes judiciaires, etc., ils substituèrent celle-ci : que nul roi, nul duc, nul comte, n'ait prise sur telles terres, etc.[2]. Ces

---

[1] « Ego Robertus Moritonii comes... do et concedo montem Sancti Michaelis de Cornubio Deo et monachis Ecclesie sancti Michaelis de periculo maris servientibus... annuente piissimo domino meo Willelmo Rege cum Mathilde Regina... ita quietam ac liberam de omnibus placitis querelis atque forifactis ut de nulla re Regie justitie monachi respondebunt, nisi de solo homicidio... » (1066-1087. *Cartul. du Mont Saint-Michel*, MS. latin, 5430A, f° 274. Moreau, XXIX, f° 91).

[2] « Ut plane nulla humana potestas, regis, ducum, comitum, vicecomitum, castalaldionum, aldionum, scarionum, vel archiepiscoporum, vel tam ecclesiastice milicie quam secularis officii presumat, audeat, pertemptet aliquid de rebus et facultatibus auferre monasterio Sancte Marie quod ego Goffridus comes et Agnes comitissa de propriis sumptibus contruximus » (1047. *Cart. de Notre-Dame de Saintes*, p. 4).

« Anno secundo regnante domno Ludovico rege, ego Raimundus,

immunités, de forme nouvelle, ils les firent confirmer soit par les seigneurs de leur région[1] soit par le pape[2], et ils retournèrent ainsi contre la royauté l'arme qu'elle avait trop imprudemment mise entre leurs mains. Était-il, du reste, chose plus naturelle que de recourir à un seigneur local, puisque celui-ci tenait tête avec avantage au souverain nominal, que de recourir surtout au pape, puisque le roi, depuis le xe siècle, en était réduit à l'invoquer, lui aussi, comme un protecteur[3]?

qui et Pontius, primarchio et dux Aquitanorum.... sit locus ipse a dominatu omnium hominum liber et absolutus, ut *neque rex neque princeps, neque episcopus, neque ullus er propinquis nostris, neque ulla quælibet unquam persona* dominatum exercere sub aliqua occasione, vel in loco, vel in rebus ad ipsum pertinentibus, præsumat » (937. *Cartul. de l'Église de Saint-Pons de Thomières. Hist. gén. du Languedoc*, nouv. édit., V, col. 176-177).

[1] « Placuit etiam huic testamento inseri ut ab hac die nec nostro, nec parentum nostrorum *nec fastibus regie magnitudinis, nec cujuslibet terrenæ potestatis jugo, subiciantur*..., neque aliquis principum secularium, non comes quisquam, nec episcopus quilibet, non pontifex supradicte sedis Romanæ... deprecor invadat res ipsorum sevorum Dei, non distrahat, non minuat, etc. » (Charte de fondation de l'abbaye de Cluny par Guillaume le Pieux, duc d'Aquitaine, 11 septembre 910. *Chartes de Cluny*, I, p. 126. Adde charte de 929, *ibid.*, p. 360).

[2] « Quocirca quia petisti a nobis, amande fili Belane, ut jamdictum monasterium tibi ad regendum commissum, sub apostolicæ defensionis tutela susciperemus... Statuentes... contradicimus ut nullus episcopus, dux, marchio, comes, vicecomes, castaldio, aut alia quelibet magna parvaque, cujuscumque ordinis aut dignitatis seu conditionis persona prefatum monasterium aut te, amande fili, successoresque tuos de omnibus rebus ac possessionibus suis habitis vel habendis, sicut superius legitur, disvertire aut molestare, vel foderum ullamque publicam functionem de ipso monasterio vel de colonis ac possessionibus suis exigere presumat » (Privilège du pape Nicolas II en faveur de Saint-Victor de Nevers, 29 décembre 1059. *Cart. de Saint-Victor de Marseille*, II, p. 544-545). — Les chartes de mainbour pontificale sont excessivement nombreuses au xie siècle. Il est peu de cartulaires qui n'en contiennent.

[3] Voyez, par exemple, Richeri *Histor.*, II, 27. Ed. Waitz, p. 52-53 :

Bien au-dessous des dignitaires ecclésiastiques dont nous venons de parler se trouvait la multitude des clercs et desservants qui auraient pu prétendre, comme membres de l'Église, à un patronage, à une mainbour spéciale du roi. Il est difficile de voir comment la justice royale serait intervenue dans les affaires où ils étaient intéressés. Elle se heurtait aux droits qui, dans l'ordre spirituel, appartenaient à leurs supérieurs, dans l'ordre temporel, à leurs seigneurs. Aussi ne rencontre-t-on guère d'exemple d'une telle intervention aux Xe et XIe siècles, du moins en dehors du domaine royal.

Pour des raisons analogues, on chercherait assez vainement une charte de mainbour ou de *mundium* délivrée par la chancellerie royale à des particuliers isolés, des *minus potentes* ou des veuves, comme l'époque antérieure nous en présente des types assez nombreux. Ce n'est que plus tard, à partir du XIIe et du XIIIe siècle, que la monarchie devenue plus puissante pourra renouer la tradition rompue, et, ressaisissant son rôle, substituer à la sauvegarde seigneuriale la sauvegarde royale, aux anciennes chartes de mainbour la bourgeoisie du roi.

Toutefois, il était diverses catégories de personnes qu'à raison de leur condition hors cadre, de leur répartition instable dans toutes les parties du royaume, les rois pouvaient revendiquer comme leurs, et sur lesquels ils devaient étendre d'autant plus volontiers leur patronage

« Interea a domno Stephano papa vir clarus nomine Damasus legatus in Gallias directus est, apostolicæ sedis litteras afferens, jussionem apostolicam continentes, ut principes provinciarum regem suum Ludovicum recipere non differrent nec gladio ultra hostili eum insectarentur; et ni cessent, anathematis telo omnes esse figendos... A predicto etiam papa mox alia legatio directa est per Remensis ecclesiæ legatos, qui a papa eodem sacerdotale pallium Hugoni metropolitano detulere, dicentes, apostolicæ jussionis hanc esse sententiam, ut Galliarum principes regem suum persequi parcant et insuper illum magnifice attollant. »

qu'ils y trouvaient eux-mêmes plus de profits. J'entends parler des Juifs, des étrangers et des hôtes.

Les formules carlovingiennes nous montrent des Juifs placés dans la mainbour du roi[1], et au commencement du XIIᵉ siècle nous voyons encore Louis VII céder à l'abbaye de Saint-Denis la justice sur un certain nombre de familles juives[2].

Quant aux étrangers, ils ne comprenaient certainement jusqu'au IXᵉ siècle que les hommes venus du dehors, ceux qui n'avaient pas à prêter au roi le serment de fidélité (leudesamio). Les plus nombreux d'entre eux, les immigrés de la Grande-Bretagne (*Albani*), communiquèrent leur nom aux autres, de même que dans la Grande-Bretagne on définissait les étrangers des Gaulois et des Armoricains[3]. Une fois que la sujétion au roi eut cédé devant la sujétion au seigneur local ou territorial, on rangea dans la catégorie des étrangers, des *aubains*, toute la population flottante qui parcourait la France à la recherche d'un sort meilleur. Ces nomades avaient quitté leur seigneur. Ils n'appartenaient plus à personne. De passage

---

[1] *Formulæ imperiales*, 30. *Præceptum Judeorum* (Zeumer, p. 309, de Rozière, 27) : « Istos Hebreos, Domatum rabbi et Samuelem nepotem ejus, sub nostra defensione suscepimus ac retinemus. » — Adde 31 (Zeumer, p. 310, de Rozière, 28), 52 (Zeumer, p. 325, de Rozière, 29) : « Iste Hebreus, nomine Abraham, habitans in civitate Cesaraugusta, ad nostram veniens præsentiam, in manibus nostris se commendavit, et eum sub sermone tuitionis nostre recepimus ac retinemus. »

[2] « Concessimus ut judæi qui ad præsens sunt vel habendi sunt in burgo seu in castello Sancti Dyonisii usque ad quinque, cum familiis suis liberi sint ab omni justitia nostra et ab omni exactione nostra, tantum sub jure vel sub justitia sint abbatis » (Charte de Louis-le-Gros (1111), *Cart. de Saint-Denis*, copie XIVᵉ S. fº 111. C. orig. I, p. 47, ch. 39, Doublet, p. 842).

[3] Charte du roi de Wessex, Ecgberht (835) : « Similiter de hereditate peregrinorum, id est Gallorum et Brittonum, et horum similium, ecclesiæ reddatur » (Thorpe, *Diplomatarium ævi Saxonici*, p. 87. — *Cartularium Saxonicum*, I, p. 578).

dans une seigneurie, on pouvait les appeler indifféremment aubains ou hôtes, mais on réserva la qualification d'hôtes à ceux d'entre eux qui prenaient de nouveau racine au sol, qui s'établissaient sur une terre pour la défricher et y fonder un domicile durable[1]. Jusque-là, quel que fût le nom qu'on leur donnât, aubains ou hôtes, le roi était en droit de les considérer comme ses protégés et par suite comme ses justiciables. — Et je ne serais pas étonné que ce fut là en effet l'origine de certains droits que la royauté conserva sur les hôtes, même alors que leur titre eut

---

[1] La distinction entre aubains et hôtes me paraît très nettement faite dans la charte suivante du Cartulaire de Saint-Vincent du Mans.

Gervais, archevêque de Reims (1055-1067), avait donné à l'abbaye la terre de Sarciacum avec toutes ses *consuetudines*. Son neveu Gervais confirma son don, en spécifiant qu'il s'agissait de la justice de cette terre : « *vicariata et quicquid ad vicariatam pertinet* » (f° 128).
Mais voici alors la contestation qui prit naissance :

« Sequenti vero tempore ceperunt ministri.... Gervasii inferre quasdam querelas in terra... de Sarciaco, clamantes omnes homines *albanios* qui in eadem terra *non habentes domus proprias* conservabantur et pro hoc ab eis telonium et vicariam vi accipiebant et monachis auferebant, et eos, vellent nollent monachi, in predictâ terrâ tenebant. Accipiebant etiam vi theloneum de *hominibus S^i V^i* qui undecunque in eâdem terrâ ad *manendum* veniebant, vel inde aliquid ad curiam dominicam vel in toto fevo domini Gervasii quoquomodo deferebant. Pro his igitur querelis perrexit abbas Ranulfus et cum eo monachi ipsius R. et W, P. atque G. ad seped. Gervasium apud Magittam querelasque deposuerunt et precepit inde judicium fieri. Judicavit igitur omnis curia *quod nullus alius albanius esset dicendus, nisi is qui per terram ibat et in eâ nec parentem, nec amicum, nec hospicium ullo modo habebat, nec in illâ terrâ aliter nisi transeundo habitabat.* De talibus ut in suo fevo habere consuetudines sepedictus dominus debebat, et si quis hujusmodi in ipsâ terrâ moreretur, nisi parentem haberet qui reclamaret aut de aliquo Sancto heredem faceret, suas res jamdictus dominus habere posset. Ceteri omnes monachorum essent. Judicaverunt etiam quod nullus in illâ terrâ quocunque modo manere posset nisi per monachos aut per eorum homines. Theloneum quoque reddendum judicaverunt. Precepit itaque dom. Gervasius Adelardo vicario suo qui has querelas proprie inferebat ut redderet... » (*Cart. de Saint-Vincent du Mans*, MS. f° 129).

pris un sens technique, qu'ils furent devenus les manants d'un seigneur ecclésiastique ou laïque [1].

En tout cas, ces droits n'eurent qu'une médiocre portée. Sur les hôtes proprement dits, sur les aubains et sur les juifs, l'autorité royale ne put maintenir de prérogatives durables. Elle dut reculer comme ailleurs devant la seigneurie : parfois elle lui abandonna volontairement ses droits [2]. Le haut justicier de la région ou quelque seigneur de rang d'ordre inférieur se trouva, par usurpation ou par concession, investi de la *justitia* des hôtes, des aubains et des juifs.

Il en arriva exactement de même de la connaissance des délits qui ne rentraient pas dans les quatre cas ordinaires

---

[1] « *Hospites illi qui in villa que Stampis appellatur* monachis dati sunt vel dabuntur, eas consuetudines quas nobis dum in manu laicorum erant persolvere consueverant, nobis persolvent, nisi vel a nobis vel a successoribus nostris condonate fuerit » (*Cartul. de Morigny*, p. 26. Charte de Louis-le-Gros, 1120).

« Ego Ludovicus, gratia Dei Francorum rex..... a consuetudine jacendi totam cellam de Leonis Curia absolvimus, retento herbergagio nostro, super rusticos ville, et *quoscunque sive ecclesie sive militum hospites,* sed de cetero jacere nostrum nichil constabit monachis » (*Cartul. de Saint-Père de Chartres*, II, p. 647-648. Charte de Louis VII, 1153).

[2] « Universis autem *monachorum hospitibus ubicumque sint* concedimus, ne prepositus noster vel alterius cujuslibet potestatis homo ullam de eis justiciam faciat donec monachi de justicia deficiant, nisi vel in presenti forifacto eos invenerit, sive castrum nostrum vel banni leugam infregerint. Sciendum tamen est quod in loco ubi abbatia sedet, vel in hospitibus ibidem commanentibus sanguinem, infractionem, bannum, seu aliquam prorsus consuetudinem non requirimus, sed locum et *omnes hospites circa eumdem locum commanentes,* ab omni lege et consuetudine liberos et absolutos im perpetuum esse concedimus » (*Cart. de Morigny, loc. cit.*).

« Concedimus quod nos vel heredes nostri nunquam Beati Martini homines vel hospites capiemus nisi in presenti forifacto fuerint deprehensi, et si nos vel homines nostri querelam adversus eos aliquam habuerimus in curiam Beati Martini ibimus et justitiam per

de la haute justice[1], tels que l'usure et le faux monnayage, et qui n'en allèrent pas moins augmenter le ressort de la justice privée au détriment de la justice royale. L'Église revendiqua compétence sur les usuriers ou même sur les simples prêteurs comme violateurs de la loi religieuse, et quant au droit de justicier les faux monnayeurs, il passa avec le droit régalien de monnaie, dont il n'était qu'un accessoire, aux mains des plus considérables d'entre les seigneurs féodaux, évêques, abbés, ou hommes de guerre[2].

Que restait-il donc au roi, en dehors des quelques lambeaux de justice plutôt personnelle que territoriale qu'il avait pu retenir? Était-ce, grâce au prestige qui malgré tout l'entourait, lui le successeur de Charlemagne et l'oint du Seigneur, la possibilité de se faire accepter comme arbitre des litiges qui divisaient les grands du royaume, comme pacificateur de leurs querelles? Cet arbitrage royal n'était déjà plus qu'une exception à la fin du IXe siècle et dans le cours du Xe. Les chroniqueurs du temps nous l'apprennent expressément. « Eudes, nous dit Richer, n'eut que rarement le pouvoir, au milieu des

manum prioris et monachorum inde suscipiemus » (*Cart. de Saint-Martin-des-Champs*, MS. f° 77, v°, Charte de Louis-le-Gros, 1128).

[1] Latro, incendium, homicidium, raptus.

[2] Là encore la royauté se dépouilla parfois elle-même, en concédant la juridiction sur les usuriers et les faux monnayeurs :

« Decrevimus ut si quoslibet homines, liberos vel servos, hospites vel advenas, cujuscumque personæ sexus vel ordinis, intra castrum vel burgum S^t D^i vel infra terminos ab antecessoribus nostris constitutos manentes contigerit esse *usurarios*, sub jure tantum sint abbatis et monach. ejus, a nullo redimendi seu puniendi vel aliquam *justitiam cogendi* nisi ab ipsis. Concessimus quoque eidem ecclesiæ quod si aliquis fuerit *falsæ monetæ compositor* sive falsi auri vel argenti compositor, inventor, vel portitor, infra eosdem terminos repertus, in forisfacturam vel redemptionem ipsam non quisquam ponat manum præter abbatem et justitiam ejus » (Ch. de Louis-le-Gros (an. 1111), *C. de Saint-Denis*, Copie du XIVe siècle, f°^{s} 110-111. C. orig. I, p. 47, ch. 39, Doublet, p. 841 et Tardif, *Monum. historiques*, n° 347).

luttes armées, d'arranger les différends[1]. » Et le même chroniqueur en indiquait le motif vrai dans cette phrase qu'il biffa ensuite, comme attentatoire sans doute à la majesté royale : « Les chefs militaires (*milites*) dédaignaient de se soumettre à une autorité aussi peu armée[2]. » Richer, après cela, n'est-il pas injuste quand il reproche à Charles le Simple d'avoir trop négligé de faire exécuter ses jugements[3]!

Il n'y avait guère qu'un moyen sûr pour les derniers Carlovingiens de faire accepter leur arbitrage, c'était de supporter tous les frais de l'accord, de renvoyer les deux parties également contentes. Voyez, par exemple, comment Louis d'Outremer arrive à réconcilier le comte de Flandre Arnould et Hélouin, comte de Montreuil, dont les longs et sanglants conflits avaient été une des causes immédiates de l'assassinat du duc des Normands, Guillaume Longue-Épée. Il les appelle devant lui, les engage à s'accorder, s'offre comme amiable compositeur, leur promet d'être équitable[4]. Ses avances sont accueillies, son arbitrage accepté[5]. Mais en sera-t-il de même de la sentence une fois rendue? Le roi est persuadé que non. Arnould ne veut rien rendre de ce qu'il a pris à Hélouin; Hélouin ne veut rien abandonner de ce qu'il a perdu[6]. Il ne reste donc au roi, s'il veut être obéi, qu'à négocier

---

[1] Richeri *Histor.*, I, 5; éd. Waitz, p. 5 : « Creatusque rex, strenue atque utiliter omnia gessit, preter quod in militari tumultu raram componendi lites potestatem habuit. »

[2] « Eo quod milites mediocri interdum subdi contempnerent » (Richeri *Histor.*, I, 5; éd. Waitz, p. 5, note**).

[3] « Circa exsequenda juditia paulo neglegentior fuit » (Richeri *Histor.*, I, 14; éd. Waitz, p. 11).

[4] « Convocatis de amicicia suadet; sese inter eos judicem penitus æquitatem utrique parti facturum pollicens » (Richeri *Histor.*, II, 40; éd. Waitz, p. 59).

[5] « Concedunt itaque ac jussis regiis parent. Datis que vadibus, equitatis jura exsecuntur » (*Ibid.*).

[6] « Qui (rex) cum Arnulfum de recompensatione rerum ereptarum nutare ac Erluinum instantius amissa repetere adverteret » (*Ibid.*).

une transaction à ses propres dépens. Il le fait en cédant à Hélouin la ville d'Amiens. Chacun alors fut satisfait : l'un était indemnisé, l'autre dispensé de toute restitution [1]; mais il faut avouer que les fonctions d'arbitre ainsi comprises étaient moins une prérogative souveraine qu'un fardeau onéreux.

Ce n'est qu'avec le temps, avec le pouvoir grandissant de la monarchie capétienne, que l'arbitrage royal (qu'il faut néanmoins distinguer toujours, je le montrerai plus loin, de la justice régulière, normale, dévolue à la *curia regis*) prit corps et consistance. Il s'étendit alors, se généralisa, s'imposa et contribua, pour sa bonne part, à rendre une vitalité et une force nouvelles aux attributs judiciaires de la royauté que nous venons de voir somnoler à l'état latent.

---

[1] « Erluino Ambianum in recompensatione amissorum pro Arnulfo concessit. Sicque factum est, ut Erluino sua restituerentur et Arnulfo sua non minuerentur. Regis itaque industria in amiciciam revocati, regia negotia exinde curabant » (*Ibidem*).

CHAPITRE III.

CONTINUATION. — LES CHEFS (PRINCIPES).

Échappée, en fait sinon en droit, des mains débiles du souverain, la justice allait-elle par une pente naturelle échoir en propre aux fonctionnaires qui par leur charge en avaient eu jusque-là l'exercice ou aux chefs régionaux qui pouvaient y prétendre de par leur autorité quasi-royale ? Gardons-nous ici d'un abus trop facile de la logique, ne nous hâtons pas de conclure d'une simple vraisemblance à une réalité historique. Le raisonnement que l'on est tenté de faire et que beaucoup d'historiens ont fait est spécieux. Le voici.

Les ducs qui sous les derniers Carlovingiens commandaient à de vastes régions, tels que les ducs d'Aquitaine, de Bretagne, de Normandie, tels que le duc de France aussi, devinrent par l'indépendance conquise au regard de la couronne de véritables souverains des pays soumis à leur autorité. Il en fut de même des comtes les plus puissants, des comtes de Bourgogne et de Flandre par exemple. Quant aux trois ou quatre cents comtes d'ordre inférieur et à leurs subordonnés bien plus nombreux (*vicarii, juniores*), qui tous ensemble administraient les Gaules et qui avaient de proche en proche, d'accord avec la royauté, étendu leur juridiction aux dépens de la justice populaire, ils s'attribuèrent définitivement le droit de justice comme un bien propre, avec tous les produits lucratifs qui y étaient attachés. En même temps ils transformèrent en droits seigneuriaux les impôts qu'ils percevaient jadis au profit du fisc. Ainsi naquirent comtés et vicomtés. En résumé — et à supposer que cet exposé fût aussi conforme aux faits qu'il semble rationnel — il y aurait eu éclosion simultanée d'un grand nombre de seigneuries territoriales, plus ou moins puissantes mais compactes, dans lesquelles la justice aurait pu s'exercer d'une façon uniforme et régulière.

La marche de l'histoire est rarement aussi simple, et elle n'a pas été simple du tout au IXe et au Xe siècle. Il est un élément primordial dont il faut tenir le plus grand compte, nous l'avons remarqué déjà, c'est l'état d'instabilité, d'anarchie même, où la société se trouvait plongée[1]. Les chefs les plus redoutés, ducs ou comtes, n'échappaient pas à cette force dissolvante qu'ils contribuaient à créer. Ils étaient en lutte avec leurs égaux ou avec leurs inférieurs, avec les évêques, investis de la juridiction que les capitulaires leur avaient reconnue et doublés maintenant de seigneurs féodaux, avec les grands propriétaires laïques ou les immunistes ecclésiastiques. De toutes parts on faisait brèche à leur autorité, et par la multiplicité des attaques on arrivait à la mettre en pièce.

Du reste, il n'est pas vrai qu'ils fussent — théoriquement au moins — indépendants de la couronne, car au Xe siècle et malgré le capitulaire de Kiersy dont on a tant exagéré la portée[2], nous les voyons sans cesse encore investis de leurs fonctions par les rois[3].

[1] Voyez *suprà*, liv. I, chap. 11, p. 128 suiv. et les deux chapitres précédents.

[2] Voyez *suprà*, p. 126, note 1. — Depuis que ceci était écrit, il a paru une étude très consciencieuse sur le Capitulaire de Kiersy, où cet acte est ramené à de plus justes proportions (Émile Bourgeois, *Le Capitulaire de Kiersy-sur-Oise*, Paris, 1885).

[3] Richeri *Histor.*, II, 39; éd. Waitz, p. 59 : « Rex equitatum parans, cum Gerberga Regina in Aquitaniam proficiscitur. Ac urbem Nivernicam deveniens, Gothorum ducem Ragemundum Aquitanorumque precipuos illic obvios excepit. Apud quos de provinciarum cura pertractans, ut illorum omnia sui juris viderentur, ab eis provincias excepit. Nec distulit earum administrationem eis credere. Commisit itaque ac suo dono illos principari constituit, regia hilaritate hilares redire permittens. »

Il n'est pas vrai davantage que la justice publique ait été confisquée à leur profit. Dans les régions où un *mallum publicum* continue à se réunir, le duc ou le comte ne le tient pas toujours dans sa dépendance ou bien il est loin d'y occuper une place prépondérante[1].

Ajoutez que les limites de leur autorité étaient aussi flottantes que cette autorité elle-même était mal assise.

La puissance ducale ne s'étendait pas à une circonscription territoriale définie. Il n'y avait à proprement parler ni duché de France[2], ni duché d'Aquitaine, ni duché de

---

[1] La convocation du *mallum* avait lieu surtout sous l'influence et dans l'intérêt des corps religieux, pour leur faire obtenir justice au regard de personnes séculières. Or on continuait à observer les dispositions des capitulaires (*Capitul. Francof.* (794), cap. 30. Boretius, p. 77) qui voulaient qu'en pareil cas l'évêque et le comte siégeassent tous deux au tribunal. C'était donc une véritable juridiction mixte qui fonctionnait ainsi. Comme les présidents, les assesseurs étaient clercs et laïques, et il n'est pas difficile de voir que la prépondérance se trouvait assurée par là à l'élément religieux. L'unité de direction, l'esprit de corps, l'ascendant moral, l'habileté dialectique, la connaissance du droit et des ressources de la procédure, étaient presque entièrement de son côté et faisaient barrière à une appropriation de la justice par l'élément séculier.

Voyez comme exemples du fonctionnement de pareils *malla publica* : « Cum in Dei nomine resideret Aridemandus episcopus sedis Tolosæ civitatis, cum viro venerabili qui est missus advocatus Raymundo comite Tolosæ civitatis et marchio, per consensu Odone comite genitore suo, una cum abbatibus, presbyteris, judices, scaphinos et regimburgos, tam Gotos quam Romanos seu etiam et Salicos, qui jussis causam audire, dirimere et legibus definire..... et aliorum plurimorum bonorum hominum quicum eos residebant in mallo publico, in castro Ausona, in die sabbato.... » (Plaid tenu à Alzonne, diocèse de Carcassonne, 16 juin 918, *Hist. gén. du Languedoc*, nouv. éd., t. V, col. 137). — Plaid tenu à Narbonne, 11 mars 933, *ibid.*, col. 160; Plaid tenu à Elne, 1er novembre 1000, *ibid.*, col. 337; Plaids tenus dans le diocèse de Béziers, 20 août 1053, *ibid.*, col. 471. — *Chartes de Cluny*, I, p. 589 (an. 943), p. 720 (an. 950), p. 810 (an. 953). — *Cartul. de Nîmes*, p. 10 (an. 898), etc., etc.

[2] De Barthélemy, *Revue des questions historiques*, XIII, p. 108. Luchaire, *Histoire des institutions monarchiques de la France*, I, p. 13.

Normandie, mais des ducs des Francs, des Aquitains, des Normands ou pirates[1]. En d'autres termes, les habitants des Gaules étaient groupés encore par nationalités secondaires, au point de vue de l'autorité dont ils relevaient, bien qu'ils ne le fussent pas d'une manière rigoureuse au point de vue de leur répartition sur le sol. Au xe siècle, on se rattachait bien moins à une province d'origine qu'à un groupe ethnique (*gens patria*). Qu'il y eût là pour des hommes énergiques et audacieux des chances plus grandes d'augmenter leur pouvoir et de se préparer une véritable suprématie territoriale, qu'à cet égard l'ambiguïté du titre des ducs des Francs ait servi l'ambition des Robertiniens, je suis loin d'en disconvenir. Mais qu'on remarque, par contre, combien les empiétements sur des droits si mal définis étaient plus faciles, comme la position était ouverte de tous côtés aux entreprises de cette foule d'aventuriers armés en guerre qui voulaient se faire leur place au soleil.

Les limites territoriales où se mouvait l'autorité des comtes étaient mieux établies[2]; mais leurs attributions et celles de leurs inférieurs, vicomtes et centeniers, s'entrecroisaient en tout sens avec les droits des immunistes ou des avoués, des bénéficiers ou des grands propriétaires. En outre, leur moindre puissance les mettait plus directement aux prises avec les innombrables compétiteurs que toute proie attirait[3]. La distance qui les séparait était bien vite franchie. Il suffisait, en ce temps, d'être redouté dans une étroite région pour être rangé bientôt au nombre des *principes,* des chefs. Richer, par exemple,

---

[1] Dux Francorum, Aquitanorum, Gothorum, Britanorum, Nortmannorum, piratarum, etc. (Richeri *Histor.,* passim).

[2] Richer, pourtant, ne parle pas plus de *comté* que de *duché.*

[3] Exceptionnellement ils s'élevaient, au contraire, au-dessus des ducs, jusqu'à se faire décerner le titre de roi. C'est ainsi que Rodolphe Ier, fils du comte de la Bourgogne supérieure, Conrad le Jeune, créa le royaume de la Bourgogne transjurane que son fils, Rodolphe II, a ensuite érigé en royaume d'Arles.

donne indifféremment ce titre aux chefs de provinces, de villes ou de bourgs, aux chefs même d'insurgés et de bandes de brigands[1]. Et ce n'est pas là une simple rencontre de mots. Tel, brigand aujourd'hui, pouvait être comte demain. Il se faisait élever par corvées un châteaufort, et, à moins qu'il n'en fût délogé à temps, il faisait souche de seigneurs féodaux[2], souche de ces comtes par la grâce de Dieu dont les chartes du xie siècle nous présentent un nombre si respectable[3]. Que le comté fût un

---

[1] *Principes provinciarum* (II, 27. Ed. Waitz, p. 52, II, 30, p. 54). *Principes urbium* (II, 5, p. 42), *civitatis princeps* (II, 98, p. 85, etc.). — Laudunensis urbis pervasorem atque *nefariæ factionis* temerarium *principem* (IV, 56, p. 155). — *Latronem principem* (II, 8, p. 44).

[2] Deux épisodes racontés par Richer sont fort instructifs à cet égard : Richeri *Histor.*, II, 8. Ed. Waitz, p. 43-44 : » Rex ad oppidum Montiniacum cohortem mittit, quæ illud occupet, captumque diruat, eo quod Serlus quidam latrocinia exercens, illic receptui sese habebat. Cohors ergo oppidum appetens, latrones impugnat. Nec morata vi capit, comburit ac subruit. Latronem principem comprehensum, dimissis minoribus, regi deducit. Qui cum jussu regio gladiatori decollandus traderetur, Artoldi Remorum metropolitani interventu gratiam ab rege obtinuit, ac sese ulterius non latrocinaturum juratus, abire permissus est » — (*Ibid.*, II, 100, p. 86) : « Et cum jam Burgundiæ extrema attingeret (rex), viatorum relatu comperit, quosdam qui latrociniis et discursionibus provinciam infestabant, Angelbertum scilicet et Gozbertum, munitionem quæ dicebatur Briona (Brienne-le-Château) exstruxisse, quo etiam post flagitiosa exercitia sese recipiebant. Hanc igitur rex aggressus, obsidione circumdat; pugnaque continua ac fame atterit et tandem capit solotenusque diruit. Latronculos vero petente Letoldo sub sacramento abire permittit. »
Pour deux chefs de pillards atteints et vaincus, combien n'en échappaient-ils pas triomphants? Voyez, du reste, avec quelle indulgence le roi les traite. Ils sont assimilés à des seigneurs belligérants. Ils se retirent en paix, après avoir prêté serment, serment de ne plus exercer de brigandage ou même serment de fidélité. Avouons que la garantie était minime et la précaution naïve.

[3] « Theobaldus Dei gratia comes, magni comitis Palatini Odinis filius (vers 1038. *Cartul. de l'Yonne*, p. 175). — « Ego Milo, comes castri Tornodori, gratia Dei omnipotentis » (29 septembre 1046. *Cart. de l'Yonne*, p. 180, etc.). — Il y en a une infinité d'exemples.

simple château, un bourg ou un domaine rural, peu importait en somme. Le titre de comte ou vicomte, sire ou baron, ne coûtait rien à prendre, et il se justifiait de soi-même puisque bientôt venaient s'y joindre tous les profits qu'extorquait la force et que le long usage légitimait [1].

Ducs, comtes ou vicomtes, vicaires et centeniers n'étaient donc pas, dans le vrai sens du mot, des seigneurs territoriaux. Ils ne l'étaient pleinement que sur les domaines dont ils avaient en même temps la propriété, héréditaire ou acquise [2]. Pour le surplus, leur autorité, et spécialement leur droit de justice, portait sur les personnes bien plus que sur le territoire. Nous les trouvons, sans doute, mentionnés aux Xe et XIe siècles comme gardiens de l'ordre, comme administrateurs suprêmes, *rectores patriæ* [3],

---

[1] Les titres de duc, comte, marquis, prince, patrice, avoué, etc., n'avaient plus ou n'avaient pas encore de signification précise. Dudon, par exemple, les applique à tort et à travers, souvent tous à la fois, aux ducs des Normands : « Advocationis gradu dux et patricius. » — « Eligite ducem vobis et protectorem patricium et comitem » (III, 37, p. 181). — « Duce et advocato caremus » (III, 45, p. 190-191). — « Ricardus, *dux* insignis memoriæ præpotentissimus, sanctæ que recordationis *patricius* nitidissimus, atque rememorandæ benignitatis *marchio* famosissimus » (IV, 66, p. 218). — « Congruus comes duxque patricius hæreditarius » — « marchionis nobilissimi » (IV, 67, p. 221), etc.

[2] Dès l'époque carlovingienne, on le sait, des terres étaient attribuées aux fonctionnaires comme émoluments de leurs charges (Voyez le chapitre XX du présent livre).

[3] « Fulco comes Andegavensis, Iherosolimitanum iter aggrediens... apud Sanctum Maurum hospitatus est. Monachi vero eum *tanquam defensorem ac rectorem totius patriæ* honorifice receperunt » (vers 1030. *Cartul. de Saint-Maur-sur-Loire*, ch. 8, Archives d'Anjou, I, p. 356). — « Videns quosdam raptores ecclesie qui post excessum Ricardi comitis ejusque filii Roberti, omni postposita equitate, jure quodam tirannico, terras Sancte Marie plurimas Baiocensis ecclesie, quia vi abstulerant, dolui; quod multum diu ferre non potui, sed Rotberto archiepiscopo et comiti et vicecomiti Niello *ceterisque senioribus regni justiciam gerentibus* facere clamorem necessarium duxi » (vers 1036. Livre noir de l'Église de Bayeux, f° 6 v°, publié par M. Delisle, *Histoire de Saint-Sauveur-le-Vicomte*, pièces justificatives, p. 13-16. — « Dixit

mais c'était là un titre nu quand l'homme qui le portait n'était pas de taille à faire respecter lui-même ses ordres, sa justice et sa loi[1].

Le chef qui prétendait commander à une région devait faire prêter serment de fidélité aux habitants qu'il voulait s'attacher, simples hommes libres[2] ou hauts barons[3] — par

Girardus Paganus pro aliis hoc curiam comitis judicare quod... ad abbatem, ab abbate vero ad comitem, si opus esset, deberet clamorem perferre. Sic enim, et de omnibus aliis elemosinis quæ essent in terra comitis et comitissæ, esse faciendum asserebant; eo quod ipsi essent *domini et principes terræ*, et ideo quicumque elemosinas dedissent, datæ statim *sub eorum defensione* devenirent » (vers 1107. Charte du prieuré de Rillé, ch. 15, Archives d'Anjou, II, p. 46-47).

[1] « ... Cum filii filiorum præfatæ mulieris ad militiam devenssenit, cœperunt malum facere Andreæ monacho ob prædictam decimam (une dîme restituée à l'abbaye) non tamen ad judicium accedere volentes hoc solum dicebant illam haberi a sua parentela et ideo habere contenderent. At vero Andreas asserebat nec pro morte concedere ut unquam haberent. Verum *quia justitia eo in tempore non reperiebat utpote comite juvinculo necnon et terra turbata dolebat nimium*, deinde petierunt ipsi ab Andrea ut eam acciperet ab eis in vadimonium propter pecuniam. Ipse autem considerans tempus adversum fecit istud... (XIe siècle. *Cartul. de Saint-Jean-d'Angély*, MS. f° 50 r°).

Guicher, seigneur de Château-Renault, affranchit l'abbé et les religieux de Vendôme d'un droit de *rotagium* : « Consuetudinem quandam quam vulgo rotagium appellatur quam exigebat... non quidem recte, sed sicut mos est secularibus facere, *ubi non est persona potentior qui possit vel velit ab injustis eos invasionibus prohibere* (juin 1080, *Cartul. de Vendôme*, MS. f° 83 r°; dom Housseau, III, n° 802. — Dans une autre charte du même cartulaire, les moines sont obligés de céder aux prétentions injustes d'un seigneur « *quia defecerat qui justitiam eis adquireret* » (*Ibid.*, f° 104; D. Housseau, III, n° 803).

[2] *Suprà*, p. 147. Il en était encore ainsi au XIIe siècle. On peut voir, comme exemple, le serment de fidélité prêté par les habitants de Carcassonne au vicomte Bernard Aton vers 1107 : « Nos noti homines Carcassonæ, milites, burgenses et universus alius populus ejus et suburbani, facimus fidelitatem rectam et firmam tibi nostro seniori Bernardo Atonis vicecomiti et uxori tuæ Ceciliæ vicecomitissæ, filiis vestris, sicut in hac carta scriptum. Juramus itaque..., etc. » (D. Vaissette, *Hist. gén. du Languedoc*, nouv. éd., t. V, col. 804).

[3] Nous avons montré plus haut qu'il fallait distinguer ce serment

là il les rendait justiciables de sa cour ; — ou bien aussi il recourait pour les lier au contrat féodal. Mais tout cela, le seigneur voisin ou rival pouvait le tenter et l'obtenir. Il n'est pas rare, en effet, de le voir soustraire ainsi des sujets à la juridiction de leur maître [1].

Comme le roi, enfin, le *princeps* diminuait, morcelait, déchiquetait son droit de justice, en concédant des immunités, en inféodant les droits qui lui appartenaient sur des familles ou des individus nommément désignés, sur des catégories ou des groupes d'habitants.

du serment féodal (p. 148). Les barons qui le prêtaient ne devenaient pas vassaux, mais fidèles. Ils n'étaient pas justiciables de la cour féodale, mais de la cour de seigneurie (Voyez *infrà*, chapitre VIII).

[1] Cette pratique n'avait pas disparu au xıı⁰ siècle. Je citerai, entre autres, le différend dont elle faisait le fond entre l'évêque et les vicomtes de Béziers (1131) (Collect. Doat, t. 61, f⁰ 168, publié dans *Hist. du Languedoc,* nouv. éd., V, col. 975 et suiv.) : « Conquerebatur prædictus episcopus de juramento quod fecerant sui burgenses qui stabant in suis burgis ipsis prædictis fratribus et matri eorum et hominibus eorum... et quod nolunt eum sequi in expeditione homines eorum et sui... et de justiciis latronum et adulterorum ; quæ omnia prædicta tam ipsi fratres quam burgenses villæ Bitterrensis Domino Deo et ecclesiæ Bitterensi auferebant consilio et auxilio ipsorum. » — Le comte de Toulouse Alphonse décide : « Ut prædicti fratres absolvant a sacramento et absolvere faciant a consulibus Bitterrensibus omnes homines qui morantur in burgis ad ecclesias Bitterrenses pertinentibus nec in aliquo contra ipsum episcopum vel successores suos episcopos prædicti fratres vel eorum hæredes eos manuteneant. » Il constate, en outre, que la justice avait appartenu à un des prédécesseurs presque immédiats de l'évêque Bermond, à Arnaud de Levezon (1095-1121), et il réserve le jugement de ce chef : « De justiciis homicidarum, adulterorum et etiam latronum, quam certum est Arnaldum Biterrensem tunc episcopum de suis burgensibus et aliis laicis et clericis justicias hujusmodi habuisse et illic ipso conquerente retinet comes altercationem terminandam suo judicio. »

La justice était donc arrivée aux mains des vicomtes de Béziers en même temps qu'ils s'étaient fait prêter serment de fidélité par les bourgeois de l'évêque. Celui-ci ne put la récupérer qu'en prêtant dessus 5,000 sols, monnaie de Melgor. Voyez une autre charte du 18

La justice territoriale des ducs et comtes et, en général, des seigneurs féodaux n'est donc pas sortie directement de la dissolution de l'empire carlovingien. Elle ne s'est constituée que plus tard, quand, ainsi que nous le verrons, les obstacles à la territorialité de la justice furent tombés, quand les plus braves et les plus habiles réussirent par une sélection naturelle à transformer en domination incontestée et durable l'autorité qui n'avait été trop souvent entre les mains de leurs prédécesseurs qu'un titre nominal ou précaire.

mai de la même année (1131) (Doat, t. 61, f° 164, publiée dans *Hist. du Languedoc,* nouv. éd., V, col. 977) : « Ego Cecilia Biterrensis vice comitissa et ego Rogerius..... impignoramus vobis (Bermundo) totas ipsas justicias et placita, hoc est de homicidiis, adulteriis et latrociniis et de omnibus aliis quærimoniis quæ nos juste sive injuste solemus quærere et visi sumus habere in canonicis, monachis et clericis et in eorum familiis, laicis sive clericis utriusque sexus de toto Biterri et de toto Biterrensi episcopatu qui ibi et quæ modo sunt et in antea erunt. »

CHAPITRE IV.

CONTINUATION. — LES IMMUNISTES ECCLÉSIASTIQUES [1]
ET LES AVOUÉS.

Les immunités se multiplièrent sur toute la surface de la France durant le ɪxᵉ et le xᵉ siècle. Elles n'émanaient plus seulement des rois, elles émanaient surtout aussi des *principes* que nous venons de passer en revue [2].

[1] Les immunistes laïques se confondent désormais avec les propriétaires d'alleux dont il est traité au chapitre suivant.

[2] Il ne saurait être question de donner un aperçu même sommaire des immunités seigneuriales dont les cartulaires abondent. Je me bornerai à en relever quelques types différents.

Immunité concédée par un comte. « Post discessum viri mei Stephani comitis (Étienne II, comte de Blois et de Chartres) in Jerusalem, ut dictum est, euntis, Ego Adela comitissa... presentem cartam sive preceptum tuitionis gratia immunitatisque impressione sigilli mei, ex auctoritate viri mei atque mea sigillatum, etc. » (1096, *Cartul. de Marmoutier pour le Dunois*, p. 82). — « Hæc concessio et auctorizatio, videlicet de ecclesia et terra..... Sancto Paulo Cormaricensi ac suis monachis, Fulcone Andegavorum et Turonensium comite, auctorizante et affirmante Hugone de Langeso, facta est sicut quondam Eblo de Turri possederat, habuerat ac tenuerat, ut nulla consuetudo vel in ecclesia, vel in in terra, vel in bosco, vel in plano, vel in pratis, vel in vineis, vel in hortis, vel in hominibus ibi habitantibus, vel in vinagio, decimæ, vel in pasnagio, vel in pascuario, vel in censu, vel in omni redditu, vel insuper in omni re mobili et immobili ab ullo hominum inde requiratur; sed ita sint omnia in potestate et dominatione abbatis et monachorum Sancti Pauli, sicut claustra et officia monasterii principalis monachi habitant ac Deo servire videntur; nec ullus aut præpositus, aut minister pristinorum seniorum, contra voluntatem monachorum Sancti Pauli ullum jus ibi requirat; sed ad voluntatem abbatis supradictus locus præpositos habeat ac ministros » (1070, *Cartulaire de Cormery*, p. 84).

Immunité concédée par un vicomte. « Eudo vicecomes, abbatiam suam

Au nombre répondait une extension croissante des droits compris dans l'immunité. Il coûtait d'autant moins au souverain de se montrer généreux en paroles que sa propre autorité était plus contestée en fait; de même le seigneur féodal en accordant une franchise élevait plus encore une barrière contre ses rivaux qu'il ne renonçait à des prérogatives personnelles [1].

de Sancto Salvatore valde diligens, eam quietam fecit sicut Nigellus, frater ejus, antea fecerat, et liberam, et homines suos et omnes terras quas habet ecclesia de feodo suo, ab omnibus placitis et querelis, videlicet de trevia, de adulteriis et de omnibus aliis rebus que pertinent ad christianitatem, ita ut monachi habeant placita in curia sua omnemque emendacionem. Quicquid enim ipse et Nigellus frater ejus jam dicte abbatie dederunt, sic libere et quiete dederunt quod in eo preter orationes et beneficia nichil retinuerunt » (1104, Cartul. de Saint-Sauveur, n° 14, publié par L. Delisle, *Histoire de Saint-Sauveur-le-Vicomte*, pièces justific., p. 57).

Immunité concédée par un seigneur. » Arnaudus de Mauritania, sicut in privilegiis nostris habetur, ita abbaciam in Vallibus liberam instituit, ut nec sibi ultra, nec alicui heredum suorum, ullo humano servicio subderetur, villam etiam et omnes homines in ea commorantes, liberos et quietos ab omni exactione et consuetudine et omni servicio, de jure proprio in jus et possessionem ecclesie absque ullo retinaculo in perpetuum delegavit... Hujus itaque instituti immemor Arnaudus Gammo successor ejus, ecclesiam inquietare presumpsit, et res ejus diripere, homines ante se, relicto abbate, *ad judicium cogere*, et quantum vellet ab eis extorquere. Qui tandem malefactis resipiscens, tempore P. abbatis, cognomento Sancti Salvatoris, promisit se ab his infestationibus velle desistere; veniens itaque in ecclesia, super altare Sancti Stephani, manu propria, firmavit, concessit ut numquam amplius aliquam violentiam hominibus inferret, vel aliqua occasione ante se ad judicium cogeret, nisi tantum pro his que de agris vel vineis reddere debent, si forte in illis deliquerint » (commenc. du XIIe siècle, Cartul. de Saint-Étienne-de-Vaux, ch. 8, *Cartul. de la Saintonge*, I, p. 9).

[1] Quelquefois le concédant ne se faisait aucun scrupule de l'avouer ingénument. « Ego Humbaldus de Uriaco... notifico etiam tam presentibus quam futuris, quod sicut Philippus rex Francorum et Archinbaldus Burbunensis fecerunt Capellam liberam et inmunem ab invasione et potestate omnium hominum nisi tantum beati Dionisii et solius prioris, ita ego, *quamvis locus Capelle non sit mei juris*, con-

CONTINUATION. — LES IMMUNITÉS ECCLÉSIASTIQUES.

Et que l'on ne croie pas qu'il y ait eu une corrélation étroite entre l'efficacité de la charte d'immunité et le pouvoir réel du seigneur qui l'octroyait, que l'une n'ait pu valoir ni durer plus que l'autre. Ce serait une complète méprise. L'abbé ou l'évêque immuniste trouvait dans les peines spirituelles dont il était armé, dans la confirmation par bulle pontificale et, en général, dans le recours aux autorités supérieures de l'Église, le moyen de donner pleine force et vigueur aux privilèges séculiers dont il avait obtenu la concession[1].

cedo ut nullus homo, nec ego nec aliquis de genere meo vel quilibet extraneus umquam presumat intra IIII^{or} cruces Capelle vicariam querere, nec hominem capere, aut sua ei auferre, vel vim ei inferre » (1068, *Cartul. de la Chapelle-Aude*, p. 30.)

[1] En outre il ne faut pas perdre de vue que la justice publique, le *mallum publicum*, continua à fonctionner au xe siècle, dans l'Est et dans le Midi notamment, et que l'immuniste y trouva une protection contre les violateurs de ses privilèges. Sans doute la compétence était mal établie, la composition du tribunal souvent arbitraire, sa convocation aléatoire et son autorité incertaine; mais l'influence dont l'immuniste jouissait lui permettait d'écarter ces obstacles et de faire reconnaître et proclamer les droits que lui conféraient les chartes royales. En voici une preuve :

« Veniens Vibardus, mandatarius Donadeo abbati et congregatio Sancti Joannis monasterii Castro-Mallasti (Montolieu), die veneris in civitate Narbonæ, in præsentia domno Aymerico archiepiscopo, et domino Pontione comite seu et marchione, vel judices qui jussi sunt causas dirimere et legibus deffinire, tam Gotos quam Romanos velut etiam Salicos, id est Warnarius, Abo, Rodgarius, Bastolco saione; sive in præsentia Lorio, etc., et aliorum multorum bonorum hominum, quicumque ipsos judices ibidem residebant, in *mallo publico*, in Narbona civitate, in eorum præsentia sic se proclamabat... *de supra nominato comite*, quia iste comes sive sui homines se prendiderunt panem et vinum et porcos et aliis cæteris rebus male ordine et injuste, quod facere non debuerant, de alode quæ vocatur Fraciano et de alios alodes qui sunt in comitatu Narbonense de supradicto S. Joanne. Et ego mandatarius *privilegium in manu teneo, de Romam quæ est mater ecclesia, et præceptum quod domni imperatores et reges fecerunt* ad jam dicta Casa-Dei, et ipsa præcepta ipso mallo fuerunt ostensa et solemniter fuerunt relecta ; et resonabat in ipso privilegio

Il y avait là un centre de résistance d'une rare énergie, contre lequel venait se briser cette houle immense qui emportait le reste de la société en une agitation continue. Ne pas perdre de terrain était, dans de telles conditions, le sûr moyen d'en gagner davantage. C'est ainsi que de concession[1] à empiètement la haute justice

vel in ipsos præceptos, quod nullus comes, seu vicecomes, nec vicarius, nec centenarius, nec ullus homo in eorum vocatione in illorum monitate (immunitate) prendidisset nec boves, nec caballos, nec asinos, nec paratas, nec portaticum, nec telone, nec fideijussores tollendos, nec illorum homines distringendos... Tunc ipsi judices et ipsi auditores, cum audissent talem rei veritatis et *tales regum authoritates*, interrogaverunt ipso comite supradicto, qualem legem vivebat. At quid responderet de causa, unde iste mandatarius requirebat : « Sic fuisse (inquit) non sciebam quod ipse abbas vel ipsa congregatio cœnobitarum tales regales authoritates habuissent, unde perdonatum fuisse; et quantum ego feci, ignoranter hoc feci. » Tunc ipsi judices et ipsi auditores, cum audissent ipso comite sic respondenet, decreverunt judicium et ordinaverunt ipso jam dicto comite, quod conlaudasset ipsas scripturas dominicas et vuadiasset legaliter, sicut in lege Salica continetur; ita et fecit » (11 mai 933. Archives de l'abb. de Montolieu, publié dans *Hist. du Languedoc,* nouv. éd., V, col. 160-161).

[1] Les formules d'immunité devinrent de plus en plus compréhensives, qu'elles émanassent des rois ou des seigneurs. Les chartes suivantes permettront d'en juger.

Charte du roi Raoul en faveur de l'église du Puy, 8 avril 924, publiée dans *Hist. du Languedoc,* nouv. éd., V, col. 146-147 : « Hoc præceptum immunitatis fieri jussimus, concedentes ei... omne burgum ipsi ecclesiæ adjacentem et universa quæ ibidem ad dominium et *potestatem comitis* hactenus pertinuisse visa sunt : forum scilicet, teloneum, monetam, et omnem districtum cum terra et mansionibus ipsius burgi... Ut nullus comes, etc. »

Charte de Hugues Capet en faveur de l'abbaye de Sainte-Colombe de Sens, 988. *Cartul. de l'Yonne*, I, p. 150-152 : « Guntio abbas fratresque..... intulerunt obtutibus nostris habere se auctoritatem immunitatis quam antecessores nostri piissimi reges Francorum prædicto loco concesserunt. Erat autem insertum in illa auctoritate qualiter ipsi nostri antecessores præd. monasterium cum omnibus villis atque terris... *sub plenissima tuitione et inmunitatis defensione* habuissent. Postulaverunt denique nobis... remitti sibi a nostra mansue-

et les autres droits de souveraineté passèrent aux mains des immunistes.

Ils avaient, eux du moins, une véritable justice territoriale. Grâce à la défense d'accès et au droit de ne pas juger seulement les hommes qui leur étaient attachés par des liens personnels, mais tous les habitants (*manentes*)[1] et même les étrangers pris sur leur territoire, leur autorité embrassait une circonscription fermée. Le droit d'asile, dont jouissait d'ordinaire une partie des domaines ecclé-

tudine, ob amorem Dei, vicarias inlicitas quas acternus injuste nos et nostri antecessores visi sumus tenere... Quapropter precipientes jubemus ut nullus judex publicus vel alia quælibet judiciariæ potestatis predita persona in villam superius nominatam, vel in ecclesiam seu in adjacentiis membris vel maisnilis constructis... ad causas judicario more audiendas vel freda exigenda, aut homines ipsius potestatis tam ingenuos quam et servos *super ipsam potestatem commanentes, juste aut injuste distringendos, aut bannum, seu incendium, aut homicidium vel raptum requirendum aut teloneum tollendum*, etc... Est autem ipsa potestas undique determinata atque divisa ita ut usque hodie permaneat illa mirabilis divisio. »

Charte d'Étienne II, comte de Blois et de Chartres, en faveur de l'abbaye de Marmoutier 1096. *Cartul. de Marmoutier pour le Dunois*, p. 81 : « Infra terminos igitur illos ac limites nullus unquam, etc., sed omnium rerum quæ inibi, quocumque modo fuerint, consuetudines, reddibitiones, forisfacturæ, justiciæ, vicariæ, districturæ, exactiones, emendationes, leges, sint in æternum beati Martini Majoris monasterii et monachorum ejus. » — *Adde*. Chartes de 977, 982. *Marca Hispanica*, col. 920, 930, etc.

[1] Charte de Lothaire en faveur du Chapitre de Notre-Dame de Paris, vers 982. Cartul. de Notre-Dame de Paris, t. I, p. 276 : « Præcipimus et corroboramus.... ut nullus unquam ex judiciari potestate accinctus, vel quocumque modo nullis que ingeniis, in prædictis villis *aliquam judicandi potestatem* inibi exerceat; neque aliquem censum... neque bannum, nec freda, nec ullas districtiones faciendas, nec ullas paratas requirendas, nec foraticum, nec pulveraticum, nec ullas leges faciendas, nec *de liberis homnibus albanisque ac colonibus, in supradicta terra commanentibus*, aliquem censum vel aliquas reddibitiones accipere præsumat seu quicquid fiscus noster exigere aut sperare præsentialiter potuerit, requerire non præsumat. » Voyez aussi la charte de Hugues Capet, *suprà*, p. 174, note 1, etc.

siastiques, vint renforcer encore ces avantages en rendant leur juridiction plus exclusive dans l'enceinte réservée et en exposant à des peines plus rigoureuses les téméraires qui osaient la franchir, soit pour y commettre un méfait, soit pour y arrêter un délinquant[1].

[1] L'asile s'appelait aussi *immunitas*, comme il s'appelait *salvitas* ou *dextri*. Il comprit au xie siècle, en vertu des décisions des conciles et des papes, au moins trente ou quarante pas (*dextri, passus ecclesiastici*) autour des églises (Voyez Décret du Concile de Tulujes (1041), *Hist. du Languedoc*, nouv. éd., V, col. 442; Concile de Lillebonne (1080). Bessin, *Concilia Rotom. prov.*, I, p. 68-69 (Rouen, 1717), etc. Cartul. de Saint-Victor de Marseille, II, p. 49 (1064), etc.). Mais souvent l'étendue comprise entre les croix de bois ou de pierre qui marquaient les limites de l'asile était bien plus considérable, comme il apparaît par la charte que j'emprunte au Cartulaire de la Chapelle-Aude. Cette charte et les trois autres dont je la fais suivre, montrent de plus que la pleine juridiction s'attachait fréquemment au droit d'asile.

« In tanta libertate concessi (villam), ut in presentia multorum constituissent quatinus juxta supradictam Capellam loca quatuor terminarentur in quibus singulis crux lignea poneretur. Quod si forte fur vel alicujus criminis reus intra constituta loca deprehenderetur, liber omnino esset, quamdiu infra metam quatuor locorum moraretur, reddita pecunia, si apud se inveniretur unde criminis furto accusabatur. Si autem supradicte Capelle aliquis incola vicino suo vel extraneo injusticiam fecisset, nullius hominis nisi solius prioris vel aliorum fratrum justicie subjacuisset... Ad ultimum regalis sublimitas tantam incolis Capelle libertatem concessit, ut nullus in ea habitans bannum aut telonum aut vicariam aliquam nisi sancto Dyonisio persolvisset... » Charte de Philippe I, en faveur du prieuré de la Chapelle-Aude, 1065 (*Cartulaire de la Chapelle-Aude*, p. 23-24).

« Ego Wido... concessi quod si quis alicujus flagitii reus vel vincula cujuslibet carceris etiam mei evasus intra officinas vel eorum claustrum refugium quæsierit, postquam intra eorum clausulas fugerit, nullus ei oppressionem aliquam inferre præsumat... Ut autem quietius vivere potuissent, nullum intra eorum clausulas justitia nisi eosdem monachos habere permisi... » (1055-1089, *Cart. de Bourgueil*, MS., D. Houss, II *bis*, n° 569).

« Et faciant ipse abbas vel ipsi monachi salvetatem unde monstratum habemus per ipsos terminos de ipso perario usque ad fontem et de ipsa fonte usque ad strata publica quæ adjacit ad alode Carlone et quomodo ipsa strata reducit ad ipso perario jamdicto. Et de ipsos

Je n'entends pas dire évidemment que les immunistes ecclésiastiques vivaient à l'abri de toute violence, de toute usurpation; qu'ils ne furent jamais dépouillés de leur droit de justice. Il suffit de parcourir les archives monastiques pour apprendre combien de pareilles usurpations furent fréquentes. Le droit de justice était un des biens les plus convoités, parce qu'il était une des sources les plus abondantes de profits. Le brigand féodal s'en emparait comme il s'emparait de champs ou de bois, de serfs ou de troupeaux[1]. Il devenait justicier, haut ou bas, comme il de-

homines qui infra istos terminos stant et mansiones habent, faciant et donent censum per unumquemque annum duos denarios et de alios qui venturi sunt vel hedificaturi mansiones vel cellarios in providentia abbatis vel monachis sit qualemque censum reddere debeant, et justicia similiter sit de ipsos homines qui infra istos terminos steterint vel ipsam salvetatem fregerint sicut dictum est ad abbatem et ad monachos » (Vers 1072. Charte de Raimond Garsia et Gaston au profit de l'abbaye de Lézat. Cartul. de Lézat, MS. f° 47 r°, col. 2, publiée dans *Hist. du Languedoc*, nouv. éd., V., col. 593).

« Arnaldus Faidit fecit donum et cartam Deo et Beato Joanni Baptistæ de Ecclesia Sancti Georgii videlicet de Cadillac... et annuit hanc constitutionem habere perpetualiter. Inprimis dominationem et justitiam de suis et de cunctis hominibus in salvatione Sancti habitantibus, ita ut si aliquando quispiam illic cohabitantium aliquid injuste fecerit, vel ipsi Arnaldo aut cuilibet mortalium pro nemine, enim per manum monachi justifficetur. Si vero superbiæ spiritu inflatus per monachum facere rectum noluerit aut locum stationis penitus deserere voluerit, omnem substantiam ipsius monachus capiat et habeat donec elatione postposita humiliter reus rectumque per eum faciat. Simili modo quicumque in tanta deffensione sanctuarii Ecclesiæ cellerarium sive domum habuerit, per monachum justifficetur » (*Cartul. de Saint-Jean d'Angély*, MS., f° 126 v° (1092).

Adde Chartes de 987, *Hist. gén. du Languedoc*, V, col. 306; de 1067, *ibid.*, col. 547, etc. et *infrà*, liv. III, chap. III).

[1] « Clamorem fecerat... abba ad comitem Tetbaldum de diversis direptionibus et injuriis ac torturis quas Waldricus (castri Sancti Florentini) pro occasione salvamenti, vel inmoderata vi faciebat in potestate memorata... Qui convictus omnium judicio dereliquit in eorum præsentia, *omnes torturas et consuetudines quas per suam vim inmiserat...* hoc est *bannum, placitum, justiciam, districtum, incendium,*

venait propriétaire, — de par le droit de la force. Mais les immunistes avaient, du moins, pour se défendre, des avantages singuliers, et dépossédés de leurs droits, ils pouvaient les ressaisir mieux que personne.

Un seul de leurs adversaires était exceptionnellement dangereux, car il était installé au cœur même de la place : je veux dire l'*avoué*.

Quand au IXe siècle l'autorité publique fut partagée en guise de dépouille, les immunistes et leurs avoués se trouvèrent d'accord pour soustraire le territoire de l'immunité à toute juridiction étrangère. L'avoué se refusa à conduire (comme jusque-là il avait dû le faire) les hommes de l'immuniste devant le tribunal du comte ou du seigneur de la région, aussi bien qu'à obliger l'immuniste lui-même à plaider devant ce tribunal ou devant le tribunal du roi. Mais ce but atteint, les deux alliés, immuniste et avoué, ne tardèrent pas à en venir aux prises. Les avoués voulurent s'emparer de la justice à laquelle ils avaient pour mission essentielle de prêter main-forte. Souvent ils y réussirent. Leurs empiètements tiennent une grande place au milieu de ces *malæ consuetudines,* de ces mauvaises coutumes dont les cartulaires sont pleins et que les corps religieux avaient pour souci constant d'extirper.

Après beaucoup de mal fait et subi de part et d'autre, les deux adversaires composaient. Des accords intervenaient sous forme de règlements d'avouerie et sur les bases habituelles que voici :

1° Juridiction de l'immuniste sur ses hommes, sauf le

homicidium, violentiam quæ vulgo appellatur *rat; furtum, taxiam, infracturam, assaltus* et *quicquid culparum dici aut estimari potest,* omnibus derelictis... » (1035, Jugement en faveur de l'abbaye de Saint-Germain d'Auxerre; *Cartul. de l'Yonne,* t. I, p. 170). — *Adde,* même Cartulaire, p. 179, p. 221. Cartulaire de Notre-Dame de Saintes, ch. 181 (Cart. de la Saintonge, II, p. 120-121). Cartul. de Saint-Père de Chartres, p. 126, 175, 216, 230, etc., etc.

cas où ils sont réfractaires et ne peuvent être domptés sans l'assistance de l'avoué ;

2° Juridiction de l'avoué sur les étrangers délinquants, — mais à condition que son concours soit requis par l'immuniste. En ce cas, partage des émoluments de justice ; le tiers des amendes étant attribué d'ordinaire à l'avoué [1].

Parfois il arrivait qu'un droit plus étendu fût accordé à l'avoué, qu'il fût admis, par exemple, à partager le droit de justice [2] ou que l'immuniste se trouvât même réduit à la juridiction sur ses hommes propres [3]. En sens opposé, nous voyons l'avoué exclu de toute participation à la justice au regard de tous autres que ses tenanciers [4], et n'intervenant plus que comme officier de police pour arrêter les coupables et faire exécuter les sentences.

[1] Il serait superflu de donner ici des exemples. Nous étudierons plus tard en détail les règlements d'avouerie.

[2] « Notum volumus omnibus tam presentibus quam futuris fuisse intolerabile retroactis diebus litigium propter injusticiam erga abbatiam inter hujus loci abbatem et advocatum, quod nulla unquam potuit sedari suggestione procerum donec Rotbertus comes Flandriæ ad hoc perduxit data commutatione, ut advocatus nihil in abbatia præter tria generalia placita et eorum exactiones haberet, et si quilibet pugnaret, furtum aut rapinam faceret, ipse cum abbate sedens justificaret, et exinde tertium denarium acciperet » (vers 1070. *Cartulaire de Saint-Bavon*, ch. 14, p. 21.)

[3] Voyez par exemple la charte de Montier-en-Der que nous donnons plus loin. — Cf. Charte de Saint-Pierre-de-Gand (1070) : « In fisco sancti Petri Harnis multimodas retroactis temporibus injuste advocationis passi sumus injurias. Ob quod presentiam comitis Eustachii advocationem ejusdem ville tenentis adivimus, et consultu fidelium nostrorum precio dato, quicquid injurie super homines seu bona sancti Petri fiebat, redemimus hoc rationis ordine : scilicet ut in eadem villa nil injuste advocationis deinceps exerceat.... tamen de extraneis super sanguinis effusione et percussione quod jus exigit, accipiet ; de internitione etiam extraneorum debitum, quod plebeia lingua dicitur lio, teneat ; de hominibus sancti Petri, pro suprascriptis rebus tantum tercium denarium habeat » (1070. Publié par de Saint-Genois, *Histoire des avoueries en Belgique*, p. 197-198).

[4] Règlement devant l'évêque de Metz des droits respectifs de l'ab-

Cette dernière fonction lui resta toujours. L'Église, en effet, ne pouvant verser le sang, l'abbé ou l'évêque immuniste devaient abandonner à l'avoué l'exécution des

baye de Gorze et de Vuezelon, son avoué pour la potestas d'Amella, qui s'était rendu coupable d'usurpations nombreuses;

« ... Sequestravimus quæ sint jura abbatis quæ advocati, sicut indicant hoc ordine sequentia. Apud Amellam nullus habet bannum neque potestatem nisi abbas Gorziensis præpositusque suus et ministeriales sui cum omnibus appendiciis. In tribus annalibus placitis et in aliis placitis per annum continuum præpositus et villicus agent et finient absque advocato quæcumque ad placita pertinent..... Villicus bannalis quemcumque rebellem accipiet per se et per suos et in cippum tradet eum cogendo donec justitiam exequatur, sine advocato, nisi forte necesse fuerit. In centena totius potestatis Amellæ tam de fure quam de latrone et de aliis omnibus diffiniet villicus sine advocato omnia, *secundum judicium Scabiniorum ipsius curtis Amellæ*. Quod si fur vel latro *extraneus* fuerit et *se redemerit*, advocatus terciam partem suscipiet; si vero aufugerit dum in custodia tenetur nihil interest advocati a villico requirere si se poterit purgare cum suo assensu non aufugisse..... De leuda hominis interfecti solus villicus placitabit, accipiens ad opus abbatis leudam, advocatus nichil habebit inde nisi invitatus fuerit. De mutatione monetæ et de duello sive incipiatur, sive finiatur, nichil pertinet ad potestatem advocati.

« Advocatus enim, ut omnia alia in libera potestate abbatis consistant, mansos X habet in feodo, *præter bannum quem retinet abbas*, quos mansos habet seorsum ut totam potestatem defendat, sine alio respectu nisi qui inscriptus est. Habet etiam idem adv. in illis mansis manentes, debentes sibi censum de capitibus, et habet ibi proprium villicum, decanum, *scabinionem*, omnes que redditus illorum X mansorum absque banno..... Annali placito abbatis finito, sequenti die adv. habebit placitum suum super suos homines de suis decem mansis tenentes et super illos censum de capite sibi debentes. Quod si causa aliqua in suo placito usque ad duellum pervenerit, in curte abbatis Amellæ finietur et abbatis villicus faciet districtionem dabitque abbati suam justitiam et advocato suam. Si meta aliqua fuerit exterminata in illis X mansis de feodo advocati, villicus faciet abbatis totam districtionem, dans advocato suam justiciam, abbati bannum et metam restituet. Advocatus domum propriam apud Amellam nullam habebit neque sui servientes, nec hospitabitur ibi, nisi forte causa sui placiti venerit, et tunc tantum apud suos hominis hospitabitur... » (1095. *C. Gorze* MS. lat. 5436, f° 68 v°-69 v°).

CONTINUATION. — LES IMMUNITÉS ECCLÉSIASTIQUES.

malfaiteurs[1]. Ils ne retenaient pour leurs agents que la punition corporelle d'actes de moindre gravité, tels que les larcins, qui étaient punis de simple fustigation, alors que les vols étaient punis de mort[2].

La sollicitude avec laquelle les corps religieux veillaient sur leurs prérogatives fit que les droits de chacun restèrent, à cet égard, assez nettement délimités pour prévenir un empiètement trop facile [3].

[1] La plus ancienne constitution de Strasbourg pose très nettement ce principe :
« Habet (causidicus) potestatem cogendi et constringendi judicatos quam vocant bannum, non ab episcopo sed ab advocato. Illam enim potestatem, que spectat ad sanguinis effusionem suspendendorum, decollandorum, truncandorum et hujusmodi pro qualitate delictorum, ecclesiastica persona nec habere nec dare debet. Unde, postquam episcopus advocatum posuerit, imperator ei bannum, id est gladii vindictam in hujusmodi dampnandos et omnem potestatem stringendi, tribuit » (*Urkundenbuch der Stadt Strasburg*, I, Strasbourg, 1879, p. 468). — Sur la foi de Grandidier on avait, sans raisons suffisantes, placé ce document vers l'an 980. Le nouvel éditeur (M. Wiegand) est tombé dans l'excès opposé en le considérant comme postérieur à 1129. Son argumentation est loin d'être sans réplique et le texte lui-même me paraît fournir la preuve qu'il appartient au xie siècle ou aux premières années du xiie.

[2] Cela ne les empêchait pas en tout cas de garder pour leur compte les profits pécuniaires de la justice (rachat, amendes, etc.). — Cf. Charte de Henri II, roi d'Angleterre en faveur de l'abbaye de Fontevrault : « De furto autem et sanguine et raptu et de omnibus aliis forisfactis, concedo eis justiciam et omnem questum; retenta nichi per baillivos meos exsecutione justiciæ de vita et membris, *cujus questum omnimodum dono eis et concedo. Et id michi non retinui, nisi quia non est religiosarum personarum de vita vel membris quemquam judicare* » (Chartes du Pont-de-Cé, Marchegay, *Archives d'Anjou*, II, p. 256).

[3] Voyez à cet égard les réserves formulées dans l'ancienne constitution de Strasbourg et la curieuse délimitation de droits qu'elle impose à l'avoué ou à ses agents :
« Hanc igitur (potestatem stringendi) cum non habeat (advocatus) nisi ex gratia advocatie, justum est, ut nulla ratione eam neget causidico, theloneario, monete magistro, quoscumque statuerit episco-

A tout prendre, malgré les usurpations des avoués et le partage d'attributions qui leur fut consenti, l'immuniste ecclésiastique nous apparaît comme le chef de la justice dans ses domaines, le protecteur, le maître, au lieu et place de l'État qui s'est disloqué.

pus, de quo tenet advocatiam. In hanc igitur civitatem judicandi potestatem nemo habet nisi imperator vel episcopus vel qui de ipso habent. — Ejus (custodis cippi) officium est ad suspendium dampnatos ad patibulum educere, oculos dampnati panno preligare, patibulum erigere, scalam apponere, usque ad scalam reum applicare. Tum demum assumet eum vicarius advocati et laqueo collo innexo illum suspendet. — Si quis vero dampnatus fuerit manu, idem cipparius tenebit bartam, vicarius advocati librabit malleum lignum et amputabit manum » (*Urkundenbuch der Stadt Strasburg*, I, p. 468).

CHAPITRE V.

CONTINUATION. — LES PROPRIÉTAIRES D'ALLEUX.

Au milieu des troubles et des déchirements du IXe et du Xe siècle, le propriétaire de vastes domaines héréditaires jouissait à coup sûr d'une situation privilégiée. Appuyé sur les hommes d'armes dont il s'assure le concours par les libéralités qu'il leur fait, entouré de ses tenanciers, de ses domestiques et de ses serfs, qu'il arme, en cas de danger, de piques et de fléaux, de bâtons et de coutelas; retranché dans ses fermes fortifiées et derrière les murailles et les fossés qui enceignent la motte de ses châteaux-forts (*castella*), il est seigneur indépendant, il ne relève véritablement que de Dieu et de lui-même, il tient tête, s'il le faut, à roi et à duc comme à aventuriers et à brigands.

Qui donc prétendrait des droits sur son domaine, qui donc y revendiquerait la juridiction ou la souveraineté? Qui oserait s'interposer entre ses hommes et lui? Du temps de Charlemagne ou de Louis le Débonnaire, ses ancêtres déjà étaient maîtres chez eux. Ils maintenaient la police sur leurs terres; ils en interdisaient l'accès au comte et aux autres fonctionnaires royaux, de par l'antique franchise du grand propriétaire germain ou en vertu de la mainbour spéciale du roi[1]. Pourquoi leur descendant n'en ferait-il pas autant?

Sans doute, il n'est plus question pour lui d'être, à l'égal des propriétaires ecclésiastiques, protégé par des chartes d'immunité. Entre laïques, la protection revêt désormais

---

[1] Voyez plus haut le chap. VIII du livre I, *L'immunité laïque*, p. 91 suiv.

la forme du contrat féodal. Si le grand alleutier voulait s'assurer pour ses possessions et pour ceux qui les occupent le *mundium* du roi ou d'un seigneur régional, il devrait lui abandonner un instant ses droits et les reprendre ensuite de ses mains à charge de foi et d'hommage; il devrait faire de son alleu un fief, de lui-même un vassal. Mais il ne s'y résoudra qu'à la dernière extrémité. Longtemps il aura bien plus à y perdre qu'il n'y pourra gagner. L'autorité du roi est devenue illusoire; l'autorité du chef régional est chancelante et précaire, et il se sent de force à les contrebalancer. Sa terre demeure donc libre, pleinement libre. Il n'y a plus même de *mallum publicum* devant lequel il ait à conduire ses hommes ou à se présenter lui-même. Le voici à la fois grand propriétaire et petit souverain, maître et justicier.

A travers toutes les époques se dessine ainsi et s'accentue la suprématie de la grande propriété foncière. Après la conquête romaine, indépendance du grand seigneur gallo-romain[1]; au VI° et au VII° siècle, domination du propriétaire puissant, *potens vir*, sur des circonscriptions territoriales[2]; au IX° siècle, le domaine devenu une *potestas* et assimilé à l'immunité[3], l'immunité accordée même expressément à son possesseur; enfin, au X° siècle, le grand propriétaire terrien investi d'une souveraineté de fait, marchant de pair avec les chefs laïques et religieux, comme eux à la tête d'une seigneurie. Le X° siècle marque, on ne saurait mieux, ce point d'arrivée lentement conquis, dans l'expressive formule que voici : « Les terres sont de quatre espèces, elles font partie du fisc royal, ou de la seigneurie de l'évêque, ou de la seigneurie du comte, ou de la seigneurie indépendante du propriétaire » : « Aut sint de fisco regali, aut de potestate

---

[1] *Suprà*, p. 71 suiv.
[2] *Suprà*, p. 90.
[3] *Suprà*, p. 101, note 1.

episcopali, vel de potestate comitali, *sive de franchisia*[1]. »

Mais en dehors des vastes domaines formant comme un petit Etat libre, n'y avait-il pas une franchise d'impôts et de services? n'y avait-il pas une justice territoriale inhérente à des terres de moindre importance, due à leur qualité d'*alleux?* On ne l'admet pas, — du moins en ce qui concerne la justice. A entendre nos vieux feudistes, y compris les plus illustres, et nos historiens modernes qui les ont un peu aveuglément suivis, l'alleu n'aurait jamais emporté le droit de juger, la juridiction. Il existait bien dans les pays coutumiers des alleux *nobles* auxquels la justice était attachée, mais elle était venue s'y joindre après coup, par la réunion fortuite en une même main de la propriété allodiale et de la seigneurie.

Quant aux pays de droit écrit, ajoute-t-on, les alleux qu'on y appelle nobles et ceux qu'on y dit roturiers sont, les uns comme les autres, soumis à la juridiction seigneuriale ou royale; ils ne diffèrent que par la franchise des redevances justicières, qui appartient aux premiers, qui est refusée aux seconds.

Que cette conception de l'alleu se soit trouvée exacte aux XVe et XVIe siècles, je ne le conteste pas; mais je prétends qu'elle était l'œuvre des feudistes intéressés à faire triompher les prétentions des hauts justiciers à l'encontre des possesseurs de fiefs et de terres libres, ou à étendre les prérogatives de la couronne et les limites de son domaine. La nature de l'alleu était autre au début de la féodalité, son indépendance plus absolue, et la part qui lui revient dans la formation de la justice territoriale a par suite été mal comprise.

---

[1] Charte de Conrad, roi de la Bourgogne transjurane, en faveur de Saint-Chaffre-le-Monestier (circa 956) (Cartulaire de Saint-Chaffre MS. lat. 5456 A f° 25) (Dipl. publié dans D. Bouquet, IX, p. 698, et *Gallia christiana*, II, Instrum., col. 260). — H. Secretan, dans son *Essai sur la féodalité* (Lausanne, 1858), cite ce texte (p. 406, note 1), sans en indiquer la provenance et sans en saisir la vraie signification.

Le véritable alleu, l'alleu franc et quitte[1], était libre comme l'air. Qu'il procédât d'une libéralité royale ou d'un partage entre conquérants, comme celui qu'au xe siècle encore pratiquèrent les Normands[2]; qu'un seigneur régional investi des droits de souveraineté l'eût cédé tel qu'il le possédait lui-même ou qu'il eût été détaché des domaines libres d'un grand propriétaire; qu'il eût passé de main en main gardant une franchise traditionnelle ou qu'il eût été conquis sur des terres désertes de l'aveu des seigneurs qui auraient pu y prétendre quelque autorité, l'alleu digne de ce nom réunissait comme en un faisceau les qualités de l'ancienne terre patrimoniale du germain, du fonds italique de l'époque gallo-romaine et de la terre d'immunité. Nul n'avait à y prétendre hommage ou services, nul ne pouvait y lever cens, impôts ou redevances justicières, nul n'avait police à y exercer, justice à y rendre, nul même ne devait y pénétrer, sans l'assentiment du propriétaire, pour y arrêter un délinquant transfuge ou pour y saisir des objets qu'il revendiquait comme siens.

[1] Il ne faut pas perdre de vue, en effet, que la qualification d'alleu fut appliquée souvent du xe au xiie siècle à des terres imparfaitement libres pour indiquer qu'elles étaient des terres patrimoniales et non point des acquêts, de même qu'elle fut appliquée à des fiefs pour marquer leur transmissibilité successorale. Nous aurons l'occasion d'en signaler de fréquents exemples.

[2] Dudonis Sancti Quintini, *De moribus et actis primorum Normanniæ ducum*, II, 31 (éd. Lair, p. 171) : « Octavo die expiationis ejus, vestimentis chrismalibus vel baptismalibus exutus, cœpit metiri terram verbis (vergis?) suis comitibus, atque largiri fidelibus... Securitatem omnibus gentibus in sua terra manere cupientibus fecit. Illam terram suis fidelibus funiculo divisit, universamque diu desertam reædificavit, atque de suis militibus advenisque gentibus refertam restruxit. » — Comme le remarque J. Steenstrup (*Études préliminaires pour servir à l'histoire des Normands*, Paris, 1881, p. 156), « il est hors de doute que les Normands reçurent leurs parts comme propriété perpétuelle sans autre devoir que celui d'aider Rollon à la défense du pays. »

Les chartes s'étendent avec complaisance sur ces franchises du véritable alleu, soit en termes généraux, soit avec des détails qui ne permettent aucune méprise sur l'étendue des droits qu'elles comportent. Nous allons en parcourir quelques-unes[1].

En 1096, un homme fort riche de Châtillon-le-Château, Pierre surnommé Jordan, enflammé de l'amour du Christ, partit pour la première Croisade. Arrivé à Antioche, « cité fameuse, » il tomba gravement malade et demanda à se faire moine. Un moine le consacre, après lui avoir coupé les cheveux, au nom et pour la gloire de Dieu et de l'apôtre saint Paul. Mais Pierre Jordan revient à la santé et regagne sa terre natale. Ce n'est pas pour longtemps. La maladie le ressaisit ; il se fait recevoir au nombre des moines de Cormery en Touraine et leur laisse, en signe d'affection et pour le salut de son âme, la moitié d'un domaine situé à Clion, — entièrement indépendant et franc, comme faisant partie de son alleu (*de alodo suo immunem omnino et quitam*). — L'autre moitié devra leur revenir (*in dominium*) après la mort de sa mère et de son fils[2].

---

[1] Le langage des chartes n'est pas assez rigoureux pour se prêter, comme celui des textes de lois ou des compositions historiques, à des citations tronquées. L'impression qui se dégage de l'ensemble est de beaucoup la plus importante, et la seule vraie. Ce n'est pas par abstraction qu'il faut procéder, c'est essentiellement par la voie concrète. Je ne me bornerai donc pas dans le cours de cet ouvrage (j'en fais ici la remarque une fois pour toutes) à citer les passages les plus saillants à l'appui de mon exposition, je reproduirai souvent, et malgré sa longueur, le texte intégral des chartes. Par cette méthode seulement, il sera possible au lecteur de pénétrer dans le vif de l'organisme social du moyen âge. Qu'il considère que ce sont des *chartes-types*, choisies entre mille, que je fais passer sous ses yeux, et il aura, au milieu de la variété en apparence insaisissable des documents, un fil conducteur, au milieu de la surabondance du détail, les éléments scientifiques d'une synthèse.

[2] « Notum sit omnibus fidelibus Sancti Pauli præsentibus atque futuris, quod quidam vir nobilis et prædives de Castellione Castro,

En 1082, Guérin, comte du territoire de Rosnay (Rosnay-l'Hôpital) se donne lui et ses alleux aux princes des apôtres, Pierre et Paul, et à saint Berchaire, c'est-à-dire entre comme moine à l'abbaye de Montier-en-Der en lui apportant les terres dont il est, sauf le droit de ses proches, seul maître et seigneur. Or, comment ces terres nous sont-elles définies? Ce sont des « alleux de libre condition, des terres sur lesquelles aucun avoué n'a autorité, aucun pouvoir judiciaire n'a action, où nulle personne du dehors ne peut exercer police ou contrainte, qui, enfin, ne doivent redevances à homme qui vive[1]. »

nomine Petrus, cognomine Jordanus, amore Christi succensus Jerusalem cum reliqua multitudine, in illa prima quæ tunc fuit motione ierit. Qui cum pervenisset ad Antiochiam, civitatem famosissimam, infirmitate gravi depressus, petiit se fieri monachum..... Qui non multo post convaluit, et peracto itinere suo et voto reversus est. Transactis vero non multis diebus iterum cœpit infirmari, et mandans ad se monachos sancti Pauli apostoli Cormaricensis, rogavit ut se sicut fratrem et monachum suum susciperent et secum ducerent, relinquens illis in signo amoris et dilectionis, pro salute animæ suæ, *medietatem terræ suæ quæ est Claudiomaco, de alodo suo immunem omnino et quitum, ab eis perpetuo possidendam* » (Cartul. de Cormery, ch. 51 (1096-1103), p. 104).

[1] » In nomine Sanctæ et individuæ Trinitatis, omnibus sanctæ catholicæ Ecclesiæ filiis, ego Guarinus, *dictus comes Rosnacensis territorii...*, cogitavi ut... donarem *partem alodii mei* et illud quod habebam in ecclesia Sanctæ Margaretæ, Deo et sancto Petro Cluniacensis cenobii.... Sed altare et quartam partem ipsius ecclesiæ tunc temporis possidebant fratres Dervensis monasterii..... consilio habito cum domino Apostolico Hildebranno nomine, in papatu dicto Gregorio, ut morerer mundo et viverem Deo, in remissionem omnium delictorum et salutem antecessorum meorum, cum benedictione Apostolica, et cum licentia episcopi mei, domni Hugonis Trecassini, et cum favore Theobaldi, comitis palatini, cum etiam laude propinquorum meorum, *dedi me cum alodiis meis* principibus apostolorum Petro et Paulo venerabili quoque Berchario, in presentia domni Brunonis abbatis et monachorum fideliumque suorum. Itaque jam dictus abbas et monachi annuerunt Cluniacensibus altare et quartam partem supramemoratæ ecclesiæ, acceptis sibi *alodiis quæ erant liberæ conditionis, et absque jugo ullius advocationis, sine alicujus judiciaria potestate,*

CONTINUATION. — LES PROPRIÉTAIRES D'ALLEUX. 193

Des formules équivalentes se retrouvent dans toutes les parties de la France.

En Bretagne, où les mentions d'alleux sont fréquentes, l'alleu libre est le plus souvent caractérisé ainsi : « In alode comparato et dicombito, sine redemptione unquam, sine renda et sine opere, dicofrit, diuuohart, *et sine ulla re ulli homini sub cœlo* nisi ad S. (l'acheteur ou le donataire) vel cui voluerit[1]. » On rencontre aussi cette expres-

sine banno, ad postremum sine aliqua redibutione omnis hominis. Hæc autem sunt alodia que tradidi Deo et SS. apostolis Petro et Paulo, beato quoque martyri Berchario, monachis que suis perpetualiter habenda, *Roserias, Muceium, Juncherium*, cum appenditiis suis, videlicet servis et ancillis, terris cultis et incultis, silvis, pratis aquis aquarumque decursibus » (*Cart. de Montier-en-Der*, MS. f° 58 v°).

[1] *Cartulaire de Redon*, ch. 153, vers 865, p. 117; ch. 152, vers 830, p. 116; ch. 49, 13 juillet 866, p. 39 : « Totum et ad integrum, sine censu et sine tributo et sine opere et sine loth ulli homini sub cœlo nisi Sancto Salvatori et supradictis monachis. » — Adde, ch. 52 (12 août 866), p. 42; ch. 76 (26 avril 862), p. 59, etc. — Deux chartes du ixe siècle insérées au même cartulaire proclament en termes pittoresques la franchise absolue de la terre allodiale. Le cens royal seul est réservé dans l'une d'elles.

Vers 825, un mactiern breton, Jarnhitin, en sa qualité de prince de la région, permet à un homme du nom de Worworet qui lui apporte à titre de présent deux flacons d'excellent vin, de défricher dans une forêt autant de terre qu'il le pourra et d'en jouir ensuite libre comme l'ermite qui vit dans le désert et n'a d'autre seigneur que Dieu seul.

« ... Uuoruuoret nomine, venit ad tyrannum Jarnhitinum ad Lisbedu et secum duas flacones vini optimi deferens,... et postea... ille Jarnhiden dedit illi Uuruueletdo, sicut hereditarius et princeps, locum supradictum (locum qui dicitur Rosgal) in elemosina sempiterna, et dedit illi licentiam quantum ex silva et saltu in circuitu potuisset preparare et abscidere atque eradicare, *sicut heremitario in deserto qui non habet dominatorem excepto Deo solo* » (Cartul. de Redon, ch. 267 (814-825), p. 216-217).

L'autre acte est du 9 avril 842. C'est une vente faite par un breton nommé Wenerdon au prêtre Sulcomin. Le domaine vendu est de valeur, car le prix consiste en deux chevaux et une somme d'argent importante. Sa franchise est complète. Il n'est soumis à agent du fisc ni à gouverneur de province, il ne doit cens, tribut, ni service à nul homme sous le ciel, il est aussi libre que si le vendeur

sion significative : « *sine exactore satrapaque*[1], » et cette autre : « Sine censu, sine tributo... et sine aliquo *majore vel judice*[2]. »

Dans l'Artois, l'abbaye de Saint-Vaast possède de nombreux alleux *libres*. Ce sont les terres, nous dit le Cartulaire rédigé par Guimann, où la justice appartient au couvent[3]. S'agit-il d'une forêt possédée à ce titre, le vieux moine du XIIe siècle, prudent et avisé, ne manque pas de remarquer qu'elle est franche de toute charge coutumière, et que le propriétaire seul peut justicier les voleurs[4].

l'avait, sur ses épaules, apporté dans son sac de delà les mers, aussi libre qu'une île au milieu des flots « dedit istam terram... *sicut de transmare super scapulas suas in sacco suo detulisset, et sicut insula in mare*, sine fine, sine commutacione, sine jubeleo anno, *sine exactore satrapaque*, sine censu et sine tributo, sine opere alicui homini sub cœlo nisi Sulcomino presbytero et cui voluerit post se commendare, preter censum regis » (*Cartul. de Redon*, ch. 136 (9 avril 842), p. 103).

[1] Voyez la note précédente.

[2] *Cartul. de Redon*, ch. 126 (1er avril 858), p. 95.

[3] « Quamvis in villa de Ballol diversitas consuetudinum in terris et redditibus sancti Vedasti plurimam pariat confusionem, *eo quod sanctus Vedastus nullum nisi tantum in liberis alodiis suis districtum habeat*, nos tamen que juris ecclesie nostre sunt conservantes, ad liquidum disquisitam et majorum testimonio probatam reddituum et consuetudinum veritatem litteris mandamus » (*Cartul. de Saint-Vaast d'Arras*, p. 376). — « Hii hospites et terra infirmarii *de alodio* sunt. Habet ibi infirmarius *districtum*, theloneum, foragia, relevationem ad misericordiam » (*Ibidem*, p. 380). — « *In alodiis* et in novalibus de Bunduz habet sanctus Vedastus *districtum et justitiam*; et de ipsis et de terris infirmarii, si necesse fuerit vel abbas voluerit, veniunt Atrebatum scabini » (*Ibidem*, p. 380).

[4] « Ego Desiderius canonicus ecclesie beate et gloriose virginis Marie, mansionarius autem Castri beatissimi Patris Vedasti, quomodo possessiones patrimonii mei disposuerim ad usus ecclesie scriptis notificare curavi... quid ergo fratribus sancto Vedasto deservientibus... dimiserim hic annotatur. Medietatem ecclesie de Ransart VII curtilia vestita in eadem villa ad VII mod. et *tantumdem sylve liberi alodii, quod nullas consuetudines, nec etiam latronis acceptionem nisi possessori debet*... » (Cartul. de Saint-Vaast, p. 294).

Dans la Saintonge, voici d'abord des termes singuliers pour marquer l'indépendance de l'alleu. Un nouveau convers de l'abbaye de Saint-Étienne de Baigne lui fait don de son alleu situé à Chalinac. Cet alleu, dit-il, jouit d'une telle immunité que nul homme ne doit, par violence ou autrement, y rien prendre, pas même y manger des fruits sans licence spéciale [1]. — D'autres chartes sont plus explicites. Dans l'une d'elles, datée du 12 février 1068, le propriétaire d'un alleu en ayant précédemment détaché la justice pour la donner en fief, il la reprend des mains de son vassal afin de pouvoir céder le bien dans son intégrité d'alleu, sans réserve de la vicairie [2] ni d'aucun autre droit [3]. Nous voyons clairement ici que la juridiction est partie intégrante de l'alleu.

La même conclusion ressort avec une évidence non

---

[1] « Ego Willelmus promitto stabilitatem meam et conversionem morum meorum, et obedientiam secundum regulam sancti Benedicti... mecum dedi Deo et sancto Stephano et monachis ibidem Deo servientibus alodium meum quod est in villa que vocatur Achalinac, hoc est quarta pars de toto alodio de parte rivi que est posita Condeom. Illud alodium sic est immune ut nullus homo aliquid vi aut aliquo modo accipiet, nec etiam de illius terre fructibus sine licencia comedet... » (*Cartul. de Saint-Étienne de Baigne*, ch. 231 (1075-1080), p. 106).

[2] M. Guérard avait déjà remarqué (*Prolégomènes du Cartulaire de Saint-Père de Chartres*, n° 105), et Ducange l'avait prouvé avant lui, que la vicairie, au XIe siècle, ne désigne pas seulement la justice inférieure, mais qu'elle comprend souvent la haute justice.

[3] « Iterius de Berbezillo Alduini filius et Guitberge, divinis preceptis commonitus, pro se et pro redemptione anime patris sui atque genitricis sue seu parentum suorum *unde illi hec hereditas procedebat*, dedit *in alodio* de hereditatibus suis Deo et sancto protomartyri Stephano illam terram que est ad Gardam Rotadi. Bernardus autem *vicarius* de Berbezillo ipso die tenebat de supradicto Iterio in fevo, quam dimisit Iterio ut sancto Stephano daret in alodio *sine retinaculo vicarie, vel ullius rei...* Et auctorizaverunt supradicto martyri ut *habitatores hujus terre non fecissent rectum nisi per manum abbatis vel monachorum...* » (Cartul. de Saint-Étienne de Baigne, ch. 230 (12 février 1068), p. 105).

moindre d'un document postérieur de près de cent années. Foucaud de Bran avait abandonné généreusement à l'abbaye de Baigne un alleu qu'il possédait à Pouillac et à Mananengs. Itier de Born veut porter atteinte à cette libéralité en soutenant qu'il a sur cet alleu droit de juridiction. La contestation est portée devant Adémar d'Archiac. Finalement il est reconnu que l'abbaye doit posséder l'alleu *librement,* et qu'en conséquence la justice doit lui en appartenir[1]. Itier de Born succombe donc dans ses

[1] « Notum fieri volumus successoribus nostris concordiam quæ facta fuit inter Heliam abbatem et monachos Beanie, et Iterium de Born de querelis quas habebant inter se ante Ademarum de Archiaco apud Podrum Cabrunum. Abbas et monachi dicebant quod Fulcaudus de Bren dederat Deo et ecclesie beati Stephani Beanie et monachis ibidem Deo servientibus in helemosina *alodium* quod habebat Apaulac, et Amananengs..., et Iterius de Born auferebat abbati et monachis helemosinam supradictam, *dicens quod in alodio isto habebat justiciam*, quam abbas et monachi et parentes... omnino denegabant.... Ademarus vero de Archiaco audita utriusque ratione... ivit in partem cum Folcone de M.... et multis aliis, et fecerunt talem concordiam ut ecclesia et monachi *alodium* supradictum *libere habuissent* tali pacto quod si abbas alicui ex parentibus qui in illo alodio partem habebant *injuriam de alodio* fecerit, ille qui clamaverit primitus abbati querelam suam dicat, et *abbas ei per se justiciam exequatur*, judicio vel concordia, in alodio vel in illo loco ubi inter se concordaverint. Quod si abbas renuerit et Iterius de Born viderit parentem clamantem, dicat abbati, et abbas per se vel per Iterium de Born clamanti justiciam exequatur. De ceteris partibus quas parentes in alodio supradicto habebant laudatum fuit ut hoc quod parentes de alodio illo ecclesie Beanie dederint, ita ecclesia *libere habeat* sicut supradictum est. *In illis hominibus* qui per supradictos parentes vel per monachos *in supradicto alodio steterint, vel laboraverint nullam justiciam* nec consuetudinem habeat Iterius de Born » (*Cartul. de Saint-Étienne-de-Baigne,* ch. 494 (1141-1149), p. 199-200).

Cf. la charte suivante du Cartulaire manuscr. de Saint-Jean-d'Angely :

« Notum sit omnibus quod *alaudium* Geliæ *in quo est villa de Carboneriis* fuit quondam datum Deo et Sancto Joanni. Quod cum monachi diu tenuissent et habuissent insurrexit vicecomes de Auniaco Vuillelmus et Kalo filius suus et Ramnulfus Rabiola et Mingodus Rabiola, *clamantes vicariam de omnibus rebus.* Cumque hoc monachi viriliter

prétentions, de même qu'il essaya inutilement de soutenir qu'un autre bien donné à titre d'alleu par Arnaud de Laverine relevait de lui comme fief.

C'est peut-être dans le Dunois que la liberté de l'alleu a été mise le plus vivement en relief par les chartes.

En l'an 995, Eudes Ier, comte de Tours et de Blois, fit don à l'abbaye de Marmoutier de l'alleu de Chamars, *Camartium*, important domaine situé près de Châteaudun. La terre donnée devait arriver et rester aux mains du nouveau propriétaire entièrement franche et libre, comme le rappelle dans sa charte de confirmation Eudes II, le Champenois, fils du premier donateur[1]. Mais le couvent eut à lutter plus tard pour maintenir l'indépendance de son domaine. Cette lutte précisément est instructive pour nous.

Étienne de Vieil-Alone, dont la qualité ne nous est pas autrement connue, avait mis du blé en dépôt dans une maison dépendant de la terre de Chamars. Il était en mésintelligence ou en conflit avec Geofroi, vicomte de Dunois; d'où la précaution fort sage de mettre en lieu sûr une partie de son avoir. Le vicomte en est prévenu et il commence

deffenderent surrexit quidam eorum homoncio nomine Arnaldus cognomento Tortus, dicens *nunquam ibi fuisse vicariam* nisi de quatuor rebus, hoc est de furto, et de homicidio et raptu et incendio. De his IV *si venerit clamor ante eos* facient justitiam, *sin aliter nihil reclamabunt pro his IV rebus.* Portavit ipse Arnaldus judicium et salvus factus est (*Cartul. de Saint-Jean-d'Angely*, MS. f° 66 v°-67 r°).

[1] « Odo comes, ad ultimum vitæ exitum perductus, apud Sanctum Martinum Majoris Monasterii monachorum conversione suscepta, eidem loco in perpetuum possidendum *alodum de Camartio*, simul cum omnibus consuetudinibus sibi pertinentibus, *quietum et totum solidum libere concessit...* Sed, postea, malitiosis infidelibusque ministris ista revocantibus multoque pejora invadentibus, Odo comes, filius ejus, illa fieri ac pullulari prohibuit, et videntibus multis de suis fidelibus, quod pater suus bene ac religiose statuerat, firmum ac stabile esse decrevit » (*Cartul. de Marmoutier pour le Dunois*, ch. 4 (1032-1037), p. 5). — Nous n'avons que cette charte de confirmation. La charte originaire de la concession d'Eudes Ier ne nous est pas parvenue.

par envoyer ses serviteurs reconnaître les localités. Ils trouvent le coffre renfermant le grain, et l'un d'eux, du nom de Fourrier, ayant forcé la serrure, ils inspectent le contenu et s'en retournent sans rien prendre. Mais le prieur de Chamars (car l'alleu avait donné naissance à un prieuré) ne laissera pas passer l'injure. Il mande au vicomte qu'il ait à lui rendre raison de la violation d'alleu, *infractio alodii,* dont ses hommes se sont rendus coupables.

Devant la cour de justice de l'alleu, la cour de justice de Saint-Martin de Chamars, se présentent donc vicomte et serviteurs. Fourrier, le coupable, nie et s'excuse, mais il est condamné à amender sa loi, *legem suam emendare,* c'est-à-dire à payer au prieur une amende en rapport avec sa condition; et il s'exécute.

On n'était encore qu'au début. Le vicomte Geofroi convoite le blé que ses hommes ont si maladroitement inspecté; il demande au prieur de le lui livrer. Le refus est net. Étienne de Vieil Alone, répond le moine, l'a déposé paisiblement sur la terre libre de Chamars, il l'en fera sortir de même quand il lui plaira. Colère du vicomte : ses émissaires s'emparent de force du bien qu'on ne leur laisse pas prendre de gré. Cette fois le prieur s'adresse au comte de Blois, Thibaut IV, désespérant de venir autrement à bout d'un adversaire devenu redoutable. On plaide devant la cour de Thibaut et le vicomte Geofroi est condamné pour violation de l'alleu, *pro infractione alodii,* à remplir de nouveau de grain le coffre qu'il a fait vider, et, en outre, à payer une amende de soixante livres au prieur et au comte[1].

---

[1] « Posteris nostris notum fieri volumus quod Gaufredus, Dunensis vicecomes, mortuo patre suo, annonam Stepheni de Veteri Alona, quæ erat in alodio Sancti Martini capere volens, misit famulos suos ad domum, ubi erat archa cum annona, et invenerunt ipsam archam firmatam. Tunc unus ex famulis, qui vocabatur Furrerius, vi extorsit morallam de serratura et aperuit archam; cumque vidissent famuli,

L'alleu est donc protégé ici presque à l'égal de l'aître d'une église ou comme l'étaient jadis la maison et l'enclos du germain[1].

Qu'on ne croie pas, du reste, que cette protection était due à une immunité spéciale dont le prieuré jouissait. Une charte de quelques années postérieure nous dit

quod archa plena esset annona, dimiserunt eam et illa vice nichil de annona abstulerunt. Tunc monachus, qui tunc prior erat apud Chamarcium, misit ad Gaufredum vicecomitem, mandans ei ut sibi rectitudinem de famulis suis faceret, qui archam illam in alodio Sancti Martini fregerant, de archa scilicet fracta et de *alodii infractione*. Tunc Gaufredus vicecomes venit cum famulis suis, in curiam Sancti Martini pro rectitudine facienda, et ibi negavit Furrerius se vi extorsisse morallam de serratura, sed dixit archam non esse firmam, et ideo se traxisse morallam de serratura, et se nullam vim intulisse morallæ; et tunc judicatum est Furrerium legem suam monacho emendare debere, eo quod de serratura extraxisset morallam et ita Furrerius legem suam monacho emendavit, et totam persolvit.

« Postea vero ipse Gaufredus vicecomes volens iterum annonam ipsam capere, pro qua Furrerius legem suam monacho emendaverat, misit ad monachum ipsum et mandavit ei, ut annonam quæ erat in archa, pro qua Furrerius legem suam emendaverat, ei reddere faceret. Tunc monachus mandavit ei, quod annonam Stephani de Veteri Alona neque reddere, neque tradere ei faceret, quia Stephanus annonam suam quiete et pacifice *in alodio Sancti Martini posuerat*, ideo ipse Stephanus quiete et pacifice annonam suam de alodio Sancti Martini reportaret ubi vellet. Tunc iratus Gaufredus vicecomes misit famulos suos ad domum, ubi annona erat et totam annonam illam de alodio, per vim aportare fecit. Unde clamore facto comiti. Protinus Thetbaudus comes Gaufredum vicecomitem, *pro infractione alodii*, apud Carnotum de rectitudine facienda submonuit. Die igitur constituta placitandi, Gaufredus vicecomes apud Carnotum, in curiam comitis venit et auditis utrinque causis judices, qui astaverunt, judicaverunt quod Gaufredus vicecomes archam ipsam annonam plenam restitueret, ac redderet, et *pro infractione alodii* sexaginta libras comiti atque monacho emendaret..... Et sic Gaufredus vicecomes fecit reimplere archam supradictam, quam evacuaverat de annona per famulos suos, sicut ei fuerat judicatum » (*Cartul. de Marmoutier pour le Dunois*, ch. 93 (1111-1112), p. 83).

[1] Il est digne de remarque que dans les lois germaniques on trouve une sorte d'assimilation, au point de vue de l'asile, entre la maison et

expressément que la terre de Chamars est tout simplement restée franche et libre comme elle l'était du temps de son précédent possesseur, le comte Eudes. Et cette liberté, on va le voir plus en détail encore, était aussi complète qu'il se peut concevoir.

Le comte de Blois, Thibaut, qui avait fait rendre justice au prieur de Chamars essaya, à son tour, d'empiéter sur ses droits. Il était en guerre avec le roi de France, Louis le Gros, et tenait le château du Puiset. Par son ordre, Salomon, son panetier, qui pour lors était prévôt de Châteaudun, pria les moines de Saint-Martin d'envoyer leurs hommes de Chamars au Puiset pour défendre la personne du comte. Ils consentirent, en effet, à les semondre; les uns obéirent, mais les autres point. Le prévôt leur mande aussitôt qu'ils aient à conduire les réfractaires dans la demeure du comte et à les soumettre à sa justice. Refus catégorique des moines. « C'est à nous, disent-ils, qu'il appartient de juger nos hommes et non au comte. » Ce voyant, le prévôt saisit dix d'entre les coupables pour les faire juger. Le comte de Blois prend fait et cause pour son prévôt et il fixe aux moines un plaid pour vider le conflit.

L'argumentation du comte est simple. Du moment que la semonce est faite pour lui et dans son intérêt, c'est à lui aussi qu'il revient de punir les hommes qui refusent de l'écouter. Mais les moines répliquent que la terre de Chamars leur a été donnée par les ancêtres du comte actuel aussi libre qu'ils l'avaient possédée eux-mêmes, que rien n'avait été réservé par eux, ni justice, ni semonce, ni expédition militaire, rien absolument rien, *neque justiciam, neque aliquam submonitionem.... et ut absolute dicam nihil*

---

l'église. Voyez par exemple : *Legis Frisionum, Addit. Sapientum*, I, 1 : « Homo faidosus pacem *habet in ecclesia, in domo sua*, ad ecclesiam eundo de ecclesia redeundo, ad placitum eundo, de placito redeundo. Qui hanc pacem effregerit et hominem occiderit novies XXX solid. componat » (Pertz, *Leges*, III, p. 682-683).

omnino! que si le comte de Blois était hébergé auprès de Chamars ou si les hommes du prieuré le suivaient dans ses chevauchées, c'étaient là de bons procédés entièrement bénévoles de la part des moines. A eux seuls donc pouvait appartenir la justice en cas de désobéissance à leur semonce. La cour du comte, dans laquelle un légiste, *lege doctus,* siégeait à côté des seigneurs, donna gain de cause aux moines, et Thibaut confirma la sentence[1].

[1] « Posteris nostris notum fieri volumus, quod quando Tetbaldus comes, filius Stephani comitis, habuit guerram cum Ludovico rege Franciæ, filio Philippi regis, Salomon panetarius, qui tunc erat prepositus Castri Duni, venit ad monachos Sancti Martini et deprecatus est eos ex parte comitis, quatinus homines suos de Camarcio, sub nomine belli mitterent ad castellum Puteoli, ad custodiendum corpus comitis. Monachi vero homines suos submonuerunt, et de illis hominibus quædam pars perrexit ad castellum usque ad comitem, et quædam pars remansit.

Salomon autem prepositus, quando rediit de castello et de comite, mandavit monachis ut homines suos, qui remanserant, ducerent ad domum comitis et facerent comiti rectitudinem domibus, eo quod non perrexissent ad Castellum pro submonitione facta propter comitem. Monachi vero dixerunt *quod homines suos ad domum comitis pro rectitudine facienda nullo modo ducerent*, quia de hoc quod homines sui eorum submonitionem neglexerant, forisfactura erat *monachorum non comitis.* Et quia monachi ad domum comitis homines suos pro rectitudine facienda ducere noluerunt, accepit ex eis Salomon prepositus decem et misit eos per fidem de rectitudine facienda.

Tunc perrexerunt monachi ad comitem et ostenderunt ei injuriam quam Salomon faciebat eis de hominibus suis, et comes dixit eis quod ipse volebat habere forisfacturam de hominibus illis, qui pro submonitione facta pro eo, ad castellum non perrexerant. Tunc monachi obtulerunt ei inde rectitudinem et comes nominavit monachis diem placiti, apud Castrum Dunum.

Ad diem vero nominatum monachi in curiam comitis venerunt. Tunc dixit comes, quod vellet habere emendationes de hominibus illis Sancti Martini, qui ad Castellum non perrexerant, eo quod supradicta submonitio pro ipso facta fuit. Monachi vero responderunt comiti, quod *alodium de Chamartio et totam terram, quam antecessores sui comites apud Castrum Dunum monachis in elemosinam dederant, ita quietam et liberam sicuti eam tenebant, ita prorsus beato*

Donc, franchise d'impôts et de prestations, exemption de service militaire, juridiction propre, tous ces avantages étaient attachés à la possession même de l'alleu.

Aux preuves de ce fait que je viens de tirer des chartes et qu'il me paraît superflu de multiplier j'ajouterai cette remarque générale.

Dans toutes les parties de la France on trouve des ventes ou donations de terres avec la stipulation : *absque*

Martino et monachis suis in elemosinam concesserunt, ut nichil sibi omnino in ea retinerent, neque justiciam, neque aliquam submonitionem, neque caballicationem et, ut absolute dicam, nichil omnino sibi vel suis retinuerunt. Hoc vero quod comes apud Camartium manducabat, et quod homines Sancti Martini in caballationes suas ducebat, hoc factum erat propter amorem et familiaritatem, quam monachi, qui apud Chamartium habitabant, habebant cum comite. Dixeruntque hoc esse factum contra donum elemosinæ et sine consilio et consensu capituli Majoris Monasterii. Et ostenderunt ei cartam, quam habebant de dono et de *libertate elemosinæ*, quia elemosina *quiæta atque libera data fuit.* Dixerunt etiam monachi, quod si homines Sancti Martini submonitionem monachorum neglexerant, licet illa submonitio facta esset propter comitem, tamen forisfactura erat monachorum non comitis; addiderunt etiam monachi cunctis audientibus, quod ex quo tempore elemosina primitus data fuit usque ad illud tempus, ab illis causis, quas modo comes requirebat, quietam atque liberam elemosinam tenuissent. Tunc Tetbaldus comes accepit consilium cum famulis suis, cum Alberto videlicet Infante, et cum Salomone preposito, et cum Fromundo celerario, et cum aliis famulis suis, convocavitque ad consilium suum optimates suos Radulphum videlicet de Balgentiaco, et Gaufredum vicecomitem, Guillelmum Goetum juvenem, et Nivelonem de Fracta Valle, et Raimbaldum Cratonem, Reginaldum de Spieriis, Gaufredum *legedoctum*, Rotbertum fratrem ejus, et plures alios, qui omnes pariter laudaverunt comiti, ne turbaret elemosinam antecessorum suorum et suam, quam augmentare debebat, non minuere. Tunc comes, adquiescens consilio eorum, nolens habere peccatum de hoc quod alii benefecerant, noluit amplius tenere placitum, sed rem sicut prius extiterat ita dimisit.

Tunc accedentes monachi ad comitem fecerunt clamorem de Fromundo celerario, qui equos cujusdam quadrigarii de domo Ingelrici majoris, vi extraxerat, ad cleias portandas ad castellum Puteoli, et

consuetudine, ab omnibus consuetudinibus absolutum, quietum, etc. On se tromperait évidemment si l'on y voyait toujours la marque d'un alleu proprement dit, d'un alleu dont le propriétaire a tous les droits, y compris le droit de juridiction. La *consuetudo,* d'ordinaire, ne s'entend que des redevances seigneuriales de toute nature. Mais il est incontestable aussi que d'autres fois la uridiction y rentre[1]. L'ambiguïté d'une formule aussi

---

hoc modo *alodium infringerat.* Comes vero precepit Frotmundo ut ibidem faceret monachis rectitudinem inde, ibique Frotmundus coram comite et omni frequentia emendavit monachis, hoc quod de domo Ingelrici equos vi extraxerat et alodium infregerat » (*Cartul. de Marmoutier pour le Dunois,* ch. 94 (1114), p. 84-86).

[1] « Notum esse volo... quod vir nobilis Hugo Bardul ad hanc ecclesiam..... venerit, plangens, lamentans et valde gemens, et confitens flagitia sua, quæ ipse vel sui in Deum commiserant et in sanctas ejus ecclesias a nativitate sua, in pervasionibus terrarum, maxime hujus sanctæ Dei ecclesiæ, in depredationibus pauperum, et quod gravius est, in eorum internetionibus, etiam in seditionibus seu in bellis, dicens pro his omnibus se penitentia ductum et ad emendationem paratum. Petiit itaque ut pro his malis.... apud Castellum suum Belfort construeremus ecclesiam, accepta terra ab eo, que et ecclesie sufficeret et *habitationibus nostris* vel *nostrorum* per *circuitum construendis*... dans per omnia immunitatem quod neque *bannum,* nec *corvàdam,* nec ullam ibi accipiet *consuetudinem, vel justitiam, vel latronem,* nisi forte, quod absit, castelli sui traditorem » (*Cartul. de Montier-en-Der,* MS. f⁰ˢ 56 v⁰-57 r⁰, xɪᵉ s.).

« Petrus de Bullio... concessit tres domos in burgo *absque ulla consuetudine,* ita ut homines qui in illis domibus habitaverint *non faciant rectum* pro *qualicumque injustitia nisi pro monacho* » (Cartul. de l'abbaye de Talmond, ch. 20 (1074-1127), p. 106).

« *Consuetudinem* etiam illam que *vigeria* dicitur, scilicet de homicidio, furto, raptu, incendio, Deo et beate Marie prorsus finimus » (*Cartul. de Notre-Dame de Saintes*, ch. 1 (1047). *Cartul. de la Saintonge*, I, p. 4).

« De *consuetudine* Plubihan... *Consuetudo* nostra est... galoir de albanis, assalatus de via, et vim scilicet raptum feminarum, etc. » (*Cartul. de Saint-Georges de Rennes,* MS. f⁰ 5 r⁰ (xɪᵉ siècle).

« Hæc est conventio quam fecit Imbertus episcopus contra Albertum militem et uxorem ejus de potestatem Steuville. *Omnes consuetudi-*

usitée a pu servir aux alleutiers à étendre la franchise de leurs terres. Réciproquement elle a permis aux justiciers et aux champions de leurs revendications de soutenir que la liberté de l'alleu ne visait que la *consuetudo* entendue dans son sens étroit, qu'elle n'impliquait tout au plus que l'affranchissement des redevances justicières.

Un point essentiel me semble acquis. Du IXe au XIe siècle nous trouvons des propriétaires terriens qui sont souverains maîtres chez eux, dont le domaine est presque aussi inviolable qu'un asile, qui ont seuls droit d'y lever des redevances ou d'y rendre la justice. Il me reste à démontrer que ce fait était à la fois assez général et assez ancien pour que la juridiction fût considérée comme de l'essence même de l'allodialité, pour qu'en dehors de toute intervention d'un seigneur haut ou bas justicier, elle en découlât de plein droit comme un attribut nécessaire de la propriété libre. — Les chartes vont nous en donner la preuve.

L'an 1070, noble homme Gauthier et sa femme Ratsinde donnent à l'abbaye de Saint-Nicaise de Reims la moitié d'un alleu avec tout ce qu'il comprend. Ils déclarent expressément que la justice séculière qui REVIENT A L'ALLEU appartiendra désormais aux moines[1].

---

nis, nisi illas quæ ad vicariam pertinent, scilicet sanguis, bannus, raptura, incendium, latro... *de nullo forisfacto aliquem hominem non justiciabit, nisi de illis forisfactis* quæ superius sunt scripta, et illa per testes idoneos qui vel viderint vel audierint hoc unde ille appellabit. Hæc autem justicia in potestate et non in castello aut alio loco fiat. Quod si homo ille qui appellatus fuerit se per bellum defendere voluerit, respectum VII dierum habeat, et interim Parisius ad canonicos veniat, et illis et præposito notum faciat, et sic in spatio VII dierum cum præposito vel cum misso ejus ad castellum ad legem faciendam redeat. In atrio *nullam consuetudinem* habeat omnino » (*Cartul. de Notre-Dame de Paris* (circa. 1045, I, p. 323-324).

[1] « ... Signatur hujus carte signaculo cujusdam allodii legalis traditio facta super altare Scti Petri Ruminiacensis (Rumigny) a quodam nobili viro Waltero manenti in Feria castello, quod fieri persuasit ejus

Robert Ier, évêque d'Arras, confirme en 1124 à l'abbaye de Marchiennes les droits qui appartiennent à celle-ci de toute antiquité sur l'*atrium*, — comme sur un *libre alleu*, — et parmi ces droits il énumère en première ligne la juridiction. Sans doute il peut s'agir ici de l'immunité et de l'asile, mais cela ne rendrait que plus significative la comparaison avec un libre alleu. Voici, du reste, les termes dont l'évêque se sert :

« Tam præsentis scripti attestatione quam etiam sigilli nostri impressione nec non et honestarum personarum astipulatione in atrio illo, *ut in libero alodio, debita jura* Marcianensi firmamus æcclesiæ, *districtum* scilicet ac theloneum vel quicquid ibi *jure antiquitatis* primitus habuit *potestatis et justiciæ*[1]. »

Dans le même cartulaire de Marchiennes se rencontrent des conversions assez fréquentes de fiefs en alleux, conversions faites dans l'intérêt de l'abbaye que de généreux donateurs veulent enrichir de leurs largesses. La terre, en pareil cas, est dégagée des liens de la féodalité par un accord entre le suzerain et les feudataires; elle recouvre, si je puis dire, sa virginité perdue; elle passera au pouvoir de son nouveau maître libre et pure de toute exigence étrangère. Or, quelles sont les entraves qui tombent pour qu'elle émerge comme un libre et franc alleu ? Ce sont les redevances seigneuriales, c'est la juridiction :

uxor Ratsendis, causa salutis patris sui Francisci in eodem loco tumulati. Talem namque locum sibi heredem elegerant, donantes ejus altari *medietatem alodii* Auguste dono legali cum ramo et cespite et quicquid erat servitii, in servis et ancillis, in agris, in aqua, et sylvis, molendino et ecclesia, quomodo jure hereditario possidebant post precedentium patrum funera, quia vero infecundi jam senilem etatem adtigerant orbati filiorum gaudiis..... *et quicquid secularis justicie eidem allodio accidisset judicandum, expulsis laicis advocatis, clericorum arbitrio reliquerunt...* » (*Cartul. de Saint-Nicaise de Reims*, f° 102. Moreau, XXX, f° 53 (1070).

[1] *Cartulaire de Marchiennes*, MS., f° 61. — Voyez aussi même cartulaire, f° 168.

« *emancipatam et liberam ab omni consuetudine et secu-*
« *lari justicia,* JURE ET USU ALODII[1]. »

Pour ne pas m'attarder aux citations, je donnerai de suite une charte du xie siècle qui, entre toutes, me paraît décisive. Il n'est pas possible, on va le voir, de marquer avec plus de rigueur et de netteté le caractère juridique de l'alleu. Un jurisconsulte nourri de droit romain — et peut-être le rédacteur de la charte l'était-il — n'aurait pas pu mieux définir.

Renart, sénéchal de Calonne, cède à l'abbaye de Marmoutier l'alleu de Regniac, situé dans le Vendômois, paroisse de Saint-Amand. Cette terre, dit la charte, est libre de toute *consuetudo*, c'est un alleu, et voici en conséquence l'immunité dont elle jouit. Si quelqu'un de ses habitants a commis un excès qui l'oblige à se mesurer en champ clos ou à subir l'épreuve du fer ardent, ou bien s'il s'est rendu coupable de quelque autre délit, il n'appartient à nul autre de le juger qu'au propriétaire et possesseur de l'alleu. C'est lui qui, par la vertu de son titre de propriétaire, *per se ipsum,* juge et punit, de quelque

---

[1] « Ego Symon de Oisi notum facio tam præsentibus quam futuris quandam terram in territorio Saliacensi *que de feodo meo descenderat* quam Robertus de Fercons et post eum Hugo filius ejus, similiter cognomento Fercons, de Richero de Roelvilla, et Richerus de Bernardo de Hamblan, Bernardus vero de me in feodo tenuerat, facta alterutrum redditione, cum scilicet Hugo Fercons Richero, Richerus Bernardo, B[us] autem mihi reddidisset quam de me in feodo tenebat, me et filium meum Egidium dedisse in elemosinam Æcclesiæ Marcianensi *emancipatam et liberam ab omni consuetudine et seculari justicia,* JURE ET USU ALODII possessione ecclesiastica possidendam ab ecclesiâ in perpetuum. Ego igitur per omnia paci et quieti ecclesiæ providens in futurum, et ut beneficium meum ratum permaneat, et inconvulsum, facto prius judicio ab hominibus meis me et illos nichil in terra illa posse ulterius reclamare, convocatis meis et ipsius ecclesiæ hominibus in monte de Alloes ipsis presentibus, testamentum feci et filio meo presente Egidio..... etc. » (*Cartul. de Marchiennes*, MS., f° 175 (1160).
— De même, charte suivante, f° 176 (1171) et charte f°s 177-178 (1167).

espèce que soit le méfait, et perçoit l'amende légale. Il en est ainsi à tel point que si le jugement de Dieu s'accomplit à l'église de Saint-Amand (l'église paroissiale; — c'était, en effet, dans cette église que l'épreuve judiciaire était en règle subie), le propriétaire seul aura le droit de justice. De même encore quant au combat judiciaire qui se livre sur le territoire de l'alleu. Enfin, la même juridiction appartient au propriétaire sur le délinquant étranger qui s'est réfugié sur son domaine, y est poursuivi et arrêté[1].

« *Qui dominus et possessor est alodii est et per se ipsum districtor et judex forisfacti;* » — cette formule, d'une précision doctrinale, ne tranche-t-elle pas la question que nous avons soulevée?

Je pourrais ne rien ajouter, mais je veux montrer encore la justice naissant avec la propriété, formant avec celle-ci dès sa naissance une entité juridique, s'en séparant parfois ensuite par la volonté seule du propriétaire.

On sait combien était immense l'étendue des forêts qui occupaient le sol de l'ancienne Gaule et qui, attaquées en partie par la civilisation romaine et par les établissements

« [1] *Notitia de alodio de Regniaco.*
» Nosse debebitis si qui eritis posteri nostri Majoris scilicet hujus habitatores monasterii Scti Martini Rainardum senescalcum de Calonna petisse a domno abbate nostro Alberto et a nobis uti ei tres arpennos vinearum apud Lavarzinum in terra Gauscelini Rotunnardi sitos quos Seherius nepos Herberti presbiteri huic loco monachus deveniens dederat, habendos in vita sua tantum hac convenientia concederemus ut post ejus decessum diligenter culti sicut a nobis sibi forent traditi nullo suorum hereditante vel jus in eis aliquid proclamante cum toto blado in nostrum dominium redirent.... Et ipse dedit nobis in recompensationem illorum quendam *alodum suum Regniacum nomine* quod habebat in Vindocinensi ex quo quandam nobis jam dederat partem. Quod *ita solidum et quietum sicut habue-rat* cum totâ integritate sua et consuetudinibus omnibus nichil prorsus ex eo diminuens vel sibi retinens Scto Martino et nobis habendum in possessionem eternam.... Est autem idem alodium in pago ut præmis-sum est Vindocinensi, parrechia videlicet Sancti Amandi haut longe

germains, reparurent avec l'administration forestière de Charlemagne, l'*inforestation* en vue de la chasse et aussi les calamités du x° et du xi° siècle. Les Germains, comme tous les peuples primitifs, eurent de la peine à considérer les forêts comme susceptibles d'appropriation. Les droits de la communauté villageoise s'y maintinrent sous forme de pacage, glandage, défrichement, avec une ténacité singulière. Néanmoins la forêt, sous réserve de certains droits d'usage, finit par passer dans le domaine privé. Le propriétaire perçut des redevances régulières pour l'exercice de ces droits.

Quand la population s'accrut, quand elle se fixa davantage sur le sol et se livra à une culture permanente, ce fut dans les forêts que de préférence elle construisit des maisons et fonda des villages. Nous en dirons plus tard les raisons. Mais une concession du propriétaire était indispensable pour occuper l'emplacement des maisons, jardins et dépendances, *habitationes, mansiones, arbergamenta; hortus; areæ;* et il ne l'accordait naturellement qu'à charge de cens, de prestations ou de services.

La propriété forestière subit ainsi une transformation profonde. L'ensemble des obligations qui pesaient sur

ad meridianam plagam ab æcclesia ipsius Sancti, nullum ex se præter decimam solvens redditum neque consuetudinem alicui. » — Suit la description des limites du domaine après quoi la charte reprend ainsi :

« His itaque determinationibus circumquaque finiens hujusmodi infra se obtinet privilegium ut si forte incolarum ejus aliquis in aliquo excedit unde aut bellum faciendum aut solitum candentis ferri judicium sit deportandum vel alio quolibet modo quo peccari potest delinquit, non ad alium quemlibet pertineat judicare de his, *sed qui dominus et possessor est alodii est et* PER SE IPSUM *districtor et judex forisfacti,* cujuscumque generis sit et legis emendationem exigit, ita ut si judicium illud apud predicti Sancti Amandi æcclesiam fuerit deportatum non tamen pro hoc de eo aliquid ad alium pertineat nisi ad ipsum. Similiter et de bello quod in eodem alodio faciendum est fiet. Eadem est et lex de reo qui alicunde aufugiens in eo consecutus fuerit et captus (*Cartul. de Marmoutier pour le Vendômois,* MS. f⁰ˢ 29 r⁰-30).

les occupants (et on les désigna du nom technique d'*habitatio, arbergamentum*) devint la partie la plus lucrative du domaine forestier. En même temps toute une série de relations réciproques se créait entre les nouveaux habitants et nécessitait l'intervention d'une force régulatrice, d'une police et d'une juridiction. A qui ces fonctions, avec leurs avantages, allaient-elles être dévolues? Au propriétaire, à lui seul en principe.

Ouvrons les recueils de chartes du XIe siècle; nous en trouvons un, le Cartulaire de Saint-Jean d'Angély, qui contient sur l'*habitatio* une suite de documents singulièrement précieux. Tous nous désignent comme base du droit de juridiction la propriété du sol.

Le propriétaire cède-t-il la pleine propriété de la forêt? La justice sur les hommes qui l'habitent, ou l'habiteront un jour, est transmise en même temps que l'*habitatio*[1], c'est-à-dire en même temps que le droit aux cens et aux prestations[2].

Ne cède-t-il que l'*habitatio?* Une partie correspondante de la justice passe avec elle à l'acquéreur. Il se fait alors

---

[1] « Ego Heldebertus cum uxore meâ Petronillâ.... contuli... Angeliacensi monasterio... terram simul (cum) nemore vetusto usque ad fluvium Quarantonem pertingentem ibique terminatam, *mansiones quoque præsentes sive futuras in eodem territorio* cum hortis et areis omnibusque redditibus ad eas appendentibus, OMNIQUE VICARIA, hæc quidem tota, ut ipsius sint propria, omni consorte absoluta. Terræ vero aratorie tam in censu quam in aliis, si qua sunt, medietatem » (*Cartul. de Saint-Jean-d'Angély*, MS. f° 117 r°-v°, 1071).

[2] S'il s'agit d'une propriété d'autre nature que de forêt, le propriétaire transmet de même avec l'*habitatio* le droit à la justice. Voyez, par exemple, la charte suivante :

« Ego Johannes Aimerici... dedi et concessi Deo et Scto Joanni... ecclesiam Sctæ Mariæ de Ternant cum cimitterio et fœdio presbiterali et *omne arbergamentum quod ibi faciant* excepta una domo quam retinui ad servandum panem meum et vinum, de quo (qua) censum reddam unum denarium senioribus. Presbiterum mittent monachi in ecclesia. *De hominibus arbergamenti erit justitia monachorum*....... » (*Cartul. de Saint-Jean d'Angély*, MS. f°[s] 176 v°-177 r°).

comme un partage de pouvoirs. Le propriétaire primitif continue à exercer la juridiction dans la forêt proprement dite (délits forestiers, etc.), le cessionnaire de l'*habitatio* en hérite dans les territoires défrichés[1].

Une fois commencé, le fractionnement ne s'arrête pas. Au lieu de céder la totalité de l'*habitatio*, le propriétaire parfois en retient la moitié. On le voit garder aussi la propriété de son bien-fonds et n'aliéner qu'une partie du droit de juridiction sur les habitants de la friche[2]. D'au-

[1] « Achardus de Borno concessit Deo Sctoque Joanni... pro CC solidis quos debebat sibi dudum accomodatis cum pararet ire in Hierusalem... *habitationes omnes in foresta hortos et areas et quidquid unquam necessarium erit sumere de ipsa foresta in opus sive utilitatem habitantium in ea*, excepto quod vendere non eis permissum est. Dedit etiam de terra quæ foris est pertinens ad forestantum quidquid in dominio habebat, scilicet terragium. Sed et hoc tunc statuit ut præpositus suus sæpedictæ forestæ faceret fiduciam Scto Joanni ut fidelis esset in his quæ sunt ibidem monachorum nec male tractaret res eorum. *Et de rusticiis statutum est ut ante monachum justicarentur...* » (*Cartul. de Saint-Jean d'Angély*, f° 62 r°).

« Ego Vuillelmus qui cognominor Jessaldus cum uxore mea nomine principis cognominata Valeneia filiis que meis Vuillelmo Gosselino et Lamberto *donamus* Deo et Beatæ Mariæ Virgini Sctoque Joanni Baptistæ et glorioso Reverentio conffessori et monachis ibidem Deo servientibus unum mansum terræ in loco qui dicitur ad areas et *habitationem sylvæ* quæ vocatur Crana eâ conditione ut ab his qui ibi habitare voluerint *nulla consuetudo a nobis exigatur* sed *totum sit Scti Joannis et monachorum ejus quidquid consuetudinis ex denominato loco debetur*. Qui autem ibi habitaverint ad suos usus de ipsâ sylva ut quid necesse fuerit accipiant, excepto quod de eâ nihil vendere præsumant. Ad coquendum vero in furno quantum opus fuerit *monachus* qui ibi fuerit accipiat, et ad cæteros usus. Porcos vero suos in pastionem ibi mittet et de eis nullam consuetudinem persolvet... » (*Cartul. de Saint-Jean d'Angély*, f° 74 r°-v°, 1074).

[2] « *Carta Ainordis de Jarrigia.*
» Domnæ Ainordi et filiis suis.... placuit donare beato Joanni Baptistæ *totius arbergationis medietatem* quæ in sylva ad Jarrigiam vocata fieri poterit nec non medietatem decimæ tectorum tam ipsius villæ ab hospitantibus ædificandæ quam omnis parrochiæ » (*Cartul. de Saint-Jean d'Angély*, MS. f° 50 v°).

tres fois, au contraire, il n'abandonne pas seulement toute la justice découlant de l'*habitatio*, c'est-à-dire presque toute la justice territoriale, mais en outre une part de copropriété du sol, une moitié, un tiers, etc.[1].

Ces combinaisons pouvaient se multiplier à l'infini et l'on comprend qu'en présence de ces mille rameaux qui s'entrecroisent en tous les sens et flottent dans l'incertain, on ait perdu de vue le tronc qui les avait portés et dont ils s'étaient détachés un à un ; j'entends la propriété foncière, j'entends le libre alleu.

---

[1] « Donavit Deo Sancto que Joanni Vuillelmus Paludellus *terram de Areoncellis cum medietate sylvæ et hominum harbergationem ex integro, ubicumque fiat, vel in ipsa quam dedit vel in quam retinuit partem*. Deinde vindicare volens quod fecerat donum *constituit ne quisquam inhabitantium ab eo nec ab aliquo rectum facere compellatur pro qualibet injuria nisi ante præsentiam monachi ad cujus curam pertinebit ipsos servare* » (Cartul. de Saint-Jean d'Angély, f° 117 r°).

« .. Ego Beraldus Sylvani et uxor mea Aldeardis et Ysemburgis filia Hugonis de Gemarvilla et Guillelmus filius ejus donamus Deo et Dei genitrici Mariæ et beatissimo præcursori Christi Joanni..... *omnem habitationem terræ trium massorum quam Helias Rufus de eodem Beato habebat Joanne in Gemarvilla, et hortos et areas hominum qui ibi habitabunt* in dominicatu, absque ulla contrarietate et *medietatem terræ, et pratorum et aquæ et sylvæ*. Illi autem homines qui ibi habitabunt boves habentes eosdem boves supradicto Beraldo tantummodo prestabunt semel in anno et servient illi, qui etiam in ipsa communi terrâ IV sextarias terræ arabilis in suo retinet dominicatu et duas domos et supradicta Ysemburgis tertiam et unaquæque domus reddet censum duorum denariorum Scto Joanni. In ipsa autem terra quæ communis est præpositus communiter missus erit... » (*Cartul. de Saint-Jean d'Angély*, f° 71 r°, 1060-1086).

« Gofredus dapifer de Auniaco cum filiis suis..... et uxor Vuillelmi Letgerii qui defunctus est.... donant Deo et Scto Joanni Baptistæ ad opus eleemosinæ *tertiam partem totius terræ de Curgeonio* favore et consilio illorum a quibus habebant istud beneficium scilicet favore Arberti de Roifec et Kalonis vicecomitis de Auniaco..... de terra, de vineis, de pratis, de sylva..... *Hospitia id est arbergemens quæ ibi fient omnia erunt nostra quieta et libera in dominicatu* absque ulla inquietudine, villani per omnia nostri et omnes consuetudines eorum nostræ propriæ et eleemosinarius mittet ibi præpositum suum ad

Je veux clore ici la discussion que j'avais ouverte. Aussi bien la conclusion me semble certaine : le principe même de l'allodialité emportait droit de juridiction. C'est donc directement du franc alleu que la seigneurie a pu sortir : elle ne s'est pas formée seulement par une rencontre accidentelle de la propriété et de la justice.

Maintenant, il est clair qu'un grand nombre d'alleux ne purent ni atteindre au rang de seigneurie, ni même être préservés intacts. Ceux qui échappèrent à l'inféodation pratiquée sous des milliers de formes, au morcellement infini du droit de propriété, à l'action dissolvante de la justice *personnelle* dont nous aurons à parler dans les chapitres suivants, n'échappèrent pas d'ordinaire à l'usurpation des justiciers.

Armés de la force matérielle et secondés par les feudistes, les justiciers ou bien détachèrent de l'alleu le droit de juridiction en laissant subsister la franchise des redevances justicières (alleux roturiers des pays de coutumes), ou bien mirent la main sur l'un et sur l'autre (alleux roturiers du Midi). Il ne resta plus alors que de rares témoins d'un passé disparu, mais il en resta. Dans l'enquête

voluntatem suam. Ipsi vero retinent sibi unum hominem qui tamen et *justitiam* et *omnem consuetudinem sicut alii villani* reddet nobis. Stagnum quoque quod vivarium dicitur nostrum proprie erit, excepto buccali de quo facient medietatem, et recipient medietatem. Similiter de molendinis et de furnis qui ibi flent facient unam medietatem et habebunt unam medietatem... de Podio Paneer *tertiam* partem habebimus per totum. Si vero *hospitia id est arbergemens* ibi ædificentur habebimus unam medietatem et ipsi aliam.....

« Si Gofredus dapifer vel successores ejus qui hanc terram tenuerunt male sint aliquando, quod absit, contra vicecomitem vel contra Arbertum de Roifec, ipse vicecomes et Arbertus vel succcessores eorum non se vertent ad rem Scti Joannis sed ad proprias terras eorum.

Si *homines nostri injustitiam fecerint* Gofredo dapifero et aliis particibus hujus terræ, *clamorem facient ad monachum eleemosinarium*. Si monachus justitiam non fecerit eis ipse juste justificabunt eos per terras suas quas coluerint..... » (*Cartul. de Saint-Jean d'Angély*, f⁰ˢ 57 r⁰-58 r⁰.

à laquelle le roi d'Angleterre se livre en Guyenne, on reconnaît avec surprise l'existence de petits alleutiers qui sont affranchis de la juridiction des seigneurs justiciers, aussi bien qu'ils le sont de leurs exigences fiscales. Ils sont leurs propres maîtres, dans la plénitude du terme [1].

---

[1] « On trouve des alleux tellement libres, que leurs possesseurs ne se croient pas tenus de les faire connaître au roi, et refusent formellement de répondre aux questions qui leur sont faites à cet égard. — « *Joannes Marquesius requisitus si tenebat aliquid in allodium liberum, dixit sic, sed quod noluit exprimere* » (Manusc. de Wolfenb., n° 262).

D'autres allodiaires déclarent qu'ils ne doivent rien au roi ni à personne qui vive. — « Tenent in allodium liberum sub dominio regis... *ita quod nihil debent inde facere sibi nec alicui alii viventi.* » (MS. de Wolf., n° 303).

Tandis que les uns sont soumis à la justice du roi, d'autres réclament contre le droit de juridiction; car, ajoute l'un d'eux, quand je comparais en justice devant le roi, c'est par violence, comme lorsque je lui ai prêté le serment de fidélité. — « Nec debebat facere homagium nec sacramentum... dixit etiam *quando stabit juri coram preposito de Barssaco hoc facit per violentiam*, item quod fecerat sacramentum fidelitatis » (MS. de Wolf., n° 147) (Martial et Jules Delpit, Notice d'un manuscrit de la bibliothèque de Wolfenbüttel, *Notices et extraits des Manuscrits de la Bibliothèque du roi*, T. XIV, 2ᵉ partie, p. 338).

CHAPITRE VI.

CONTINUATION. — LES POSSESSEURS DE FIEFS.

La distinction entre l'alleu et le fief a souvent été étendue au delà de ses exactes et légitimes limites. L'alleu devient un fief dès l'instant où son propriétaire l'engage à un seigneur comme garantie de la foi et de l'hommage qu'il lui prête; mais pour le surplus et une fois remplies les obligations que le contrat féodal impose, le possesseur peut continuer à exercer sur sa terre devenue fief les droits qu'il y exerçait quand elle était alleu, il peut continuer notamment à y rendre la justice. Pour le lui interdire, un accord exprès ou tacite devrait se joindre à l'inféodation.

Qu'un seigneur donne une de ses terres propres, un de ses alleux, en fief à un vassal, les conditions ne varieront qu'à son gré. Pourquoi ne la lui transmettrait-il pas avec tous les avantages qui jusqu'alors y étaient attachés, avec le ban, la justice, les produits lucratifs de toute nature? Et, en effet, les exemples sont incessants de fiefs ainsi concédés, où à la terre s'ajoute tout ou partie des droits de souveraineté.

La justice devait donc en principe accompagner le fief, comme elle accompagnait l'alleu. Nous avons ici encore le témoignage concordant des chartes.

Un seigneur de l'Ile de France, Albrand, tenait un domaine en fief d'un autre seigneur du nom de Guérin; celui-ci le tenait à son tour du comte Hugues, lequel l'avait reçu au même titre de l'évêque de Paris, Geofroi de Boulogne (1061-1095). Albrand, du consentement du suzerain et des seigneurs intermédiaires, concède le bien au prieuré de Saint-Martin-des-Champs. Il stipule seulement qu'il gardera pour les tenir en fief du prieuré la moitié des cens et des redevances justicières. La terre elle-même jusque-là possédée par Albrand comme feudataire passera donc au prieur; et comment lui arrivera-t-elle? avec la seigneurie et la juridiction *qui découlent de la possession même.* — « *Sub manu prioris erit senioratus et justicia* UT ILLIUS CUJUS EST VILLA[1]. » — N'est-ce pas, dans des conditions différentes, une formule aussi expressive que celle qui s'était offerte à nous dans la description d'un alleu du Vendômois?

Pour la seconde fois donc nous prenons les anciens feudistes en défaut. C'est à tort qu'ils prétendent faire remonter aux origines mêmes de la féodalité la règle : « *Fief et justice n'ont rien de commun.* » Leur but ne s'est pas déplacé. Ils veulent défendre et étendre les droits des seigneurs justiciers ou du roi contre les possesseurs de fiefs, comme ils se sont efforcés de le faire contre les possesseurs d'alleux. Le dernier mot leur resta; mais ils ne réussirent jamais à effacer toute trace de l'état antérieur des choses. Certaines coutumes, par exemple, continuèrent à considérer la justice, la basse justice au moins,

---

[1] « ... Hadebrannus... dedit... ecclesiæ Sancti Martini de Campis totam villam que Ceverencus vocatur cum suis appenditiis... villam vero tali pacto ut dimidium redditum a priore et senioribus teneret in fedo sive *in legibus seu quibuslibet consuetudinibus*. Major a priore et senioribus inibi constituetur, qui utrisque sub juramento faciet fidelitatem suam unicuique redditurus medietatem. Sub manu prioris erit *senioratus et justicia* UT ILLIUS CUJUS EST VILLA. Suprad. Hadebranus in qua parte ville elegerit domum in dominium sine censu seu aliquâ consuetudine possidebit. In ecclesia archas seu alia vasa sine arcandio habebit. Hoc concessum est a Gaufredo tum Parisiensi episcopo et ab Hugone comite... qui villam suprad. ex episcopi tenebat casamento. Firmatum est etiam a Guarino qui eam tenebat a comite suprad. in communi Sancti Martini capitulo... cum Hadebranno qui totum tenebat ab ipso Guarino » (*Cartul. de Saint-Martin-des-Champs*, MS. f°ˢ 33 v°-34 r°).

comme faisant partie intégrante du fief[1]. Cela sembla une anomalie bizarre, tant le souvenir du passé s'était obscurci et voilé.

La maxime « Fief et justice n'ont rien de commun » était devenue vraie, en effet, dans le cours du temps. D'une part, le suzerain en inféodant sa terre s'en était souvent réservé la justice[2], ou bien il l'avait usurpée ultérieurement sur son vassal; quelquefois même il avait été devancé en cela par un tiers s'érigeant en seigneur justicier. D'autre part, la justice s'était, — nous allons le montrer, — détachée du fief aussi bien que de l'alleu, sauf à se reconstituer plus tard comme justice territoriale d'une nouvelle espèce, comme justice justicière.

[1] « Dans d'autres (coutumes) (art. 56 de Bar, 1 d'Anjou, 3 du Maine), on ne met aucune différence entre la justice foncière et la basse-justice; et les autres (17 de Poitou, Anjou, Maine, Touraine, etc.) attribuent au seigneur d'un domaine féodal, ayant mouvance ou directe seigneurie, la basse-justice, en sorte qu'il n'y a pas de terre ayant directe seigneurie sans justice. Voici comment Pesnelle (sur l'art. 13 de Normandie) s'explique : « D'autant qu'il n'y a pas de fief en Normandie, qui n'ait cette justice qui est inhérente; de manière que tout seigneur de fief peut commettre un juge, un greffier, et un prévôt, pour tenir les pleds et gages-pleds aux fins de la manutention et jouissance de ses droits ordinaires ou casuels » (Jacquet, *Traité des justices de seigneur et des droits en dépendants*, Paris, 1764, in-4°, p. 345).

[2] « ... Gofredus Ysembertus et filii sui Walterius atque Aldierius donaverunt per quoddam lignum Deo Sanctoque Joanni in alaudio suo dimidium jugerem terræ ad Carboneriis in manu domni Oddonis abbatis, de quo etiam abbate *eandem terram acceperunt fœdaliter tali modo ut ibidem mansionem habentes nullum præter monachum in facienda justitia recognoscant,* reddent tamen unoquoque anno XII denarios censum facturi per omnia servitium Sancti Joannis quem admodum facere consueverant quodcum apud memoratus Carbonerias habitarent » (*Cartul. de Saint-Jean d'Angély*, MS. f° 66 r°-v°).

CHAPITRE VII.

COMMENT LA JUSTICE TERRITORIALE SE DÉSAGRÈGE AU PROFIT DE LA JUSTICE PERSONNELLE.

Nous venons de parcourir les divers aspects sous lesquels la justice se présente pendant la période que nous considérions plus spécialement, la première moitié du xe siècle. Nous avons constaté, à défaut d'une territorialité proprement dite, l'existence des éléments principaux d'où elle pouvait sortir. Comment expliquera-t-on alors que du xe au xie siècle le caractère territorial de la justice, loin de s'accentuer, loin de se renforcer et de s'étendre, ait sans cesse perdu de son importance? qu'au lieu de s'incorporer de plus en plus à la terre, la juridiction s'en soit de plus en plus séparée, et, une fois livrée à elle-même, se soit fractionnée en une infinité de tronçons où la personnalité[1] domine?

---

[1] Par *personnalité de la justice* je désigne la compétence à raison de la personne des plaideurs, par opposition à la compétence à raison du domicile ou à raison du lieu dans lequel un fait s'est passé.

Voici, pour mieux accentuer la différence, une charte qui met en regard la justice territoriale du seigneur justicier, d'une part, du propriétaire de l'autre, et entre les deux la justice personnelle sur des clercs et sur des tenanciers serviles :

(Ego Petrus Bermundus) *in* supra scripto *honore* de Palacio nichil retineo vel *in cunctis finibus et terminis ejus*, præter talem *vicariam* qualem de manu prænominati abbatis Stephani accipio, scilicet medietatem aliam de placitis et de vesticionibus hominum illorum *qui stabunt in vicariam meam.* De placitis vero et justiciis et vesticionibus illorum hominum *qui non sunt de mea vicaria, hoc est de clericis et de hominibus propriis monachorum* et *de illis qui stabunt in dominicis mansionibus eorum* et in cimiterio et in illis locis qui,

Nous touchons ici à un point capital qui, pour n'avoir pas été aperçu, a fait des origines de la justice seigneuriale un des problèmes historiques les plus inextricables et les moins résolus. Point capital, nœud du problème. La formule abstraite qui l'exprime, la voici : Le centre de gravité de la justice s'était déplacé au xie siècle, ses rapports avec le principe de la protection s'étaient intervertis.

Tant que la justice conserva quelque couleur d'intérêt public, tant qu'elle apparut, de près ou de loin, comme un des moyens d'assurer la protection de tous, l'office du comte, les droits des immunistes et des propriétaires d'alleux ne présentèrent que des dangers restreints à côté d'avantages incontestables. Si le comte abusait de ses pouvoirs, il y avait du moins un recours possible au *missus* royal ou au souverain lui-même. Si l'immuniste refusait de faire bonne justice ou la faisait volontairement mauvaise, en ne punissant pas comme il convenait un de ses hommes ou en condamnant injustement un étranger établi dans le ressort de l'immunité, — l'avoué, représentant d'un pouvoir supérieur, était en mesure de redresser les torts. De même le grand allodiaire pouvait être contraint par diverses voies, telle que la citation directe à la cour du roi, d'exercer la justice dans un intérêt général.

Mais maintenant (j'entends quand au xe siècle la féodalité prit décidément le dessus sur la royauté) plus de *missi,* plus de roi pouvant intervenir, l'avoué devenu lui-même un prétendant à la justice, l'immuniste et le grand propriétaire tout-puissants chez eux.

Dans de telles conditions, il ne fallait plus songer à se *faire protéger par la justice*[1], mais tout au contraire à se

transhacto tempore, *sine vicario* fuerunt sanctæ Fidi *in dominio*, nullam partem habebo » (*Cartulaire de l'abbaye de Conques, en Rouergue,* ch. 20 (27 juin 1078), p. 26).

[1] Quand il n'y avait pas hostilité ouverte des détenteurs de la justice, il y avait tout au moins indifférence de leur part. Il n'en est pas

protéger contre elle[1]. On était ramené au temps où les anciens Germains se liguaient par familles pour faire triompher leurs prétentions et opposer une résistance collective à toute revendication juste ou injuste. Le principal ressort social s'était, en effet, brisé : la protection de l'État avait disparu.

Deux efforts en sens contraire se firent donc jour : Effort du détenteur de la justice territoriale de s'en servir de plus en plus comme d'un instrument de domination et de meilleure preuve que la place si large qu'occupe la *defensio*, la protection spéciale, dans les rapports entre particuliers ou entre couvents et seigneurs. Celle-ci devient un véritable contrat d'assurance contre les risques incessants que font naître, à côté de la rapacité des justiciers, leur impuissance ou leur inertie. Voici une charte qui fera comprendre ma pensée :

« Quia Gauterius de Ulmello, multoties coram episcopo, *multoties etiam laicali judicio victus*, terram tamen quæ Racberteria vocatur inquietare nullatenus desistebat, propterea abbas Willelmus Petrum filium Hugonis de Porcante ad se venire mandavit et ei injurias quas a Gauterio injuste patiebatur proposuit. Petrus autem, qui altera vice in capitulo fuerat et ejusdem *terre defensionem S. Cruci firmaverat* in manu Willelmi abbatis, iterum concessit et firmavit ut Gauterium illum alterius (ulterius) ab omni injuria et inquietudine terre illius compesceret, et si quid Gauterius in tota terra illa faceret, *ipse Petrus abbati restitueret*. Propter quod ab abbate caritatem X solidorum accepit » (*Cartul. de l'abbaye de Talmond*, ch. 238, circ. 1115, p. 248-249).

[1] On voit, par exemple, un seigneur promettre protection contre son propre officier de justice. — Hugues, fils de Jean, était seigneur du village de Nesmy (*ejus vici dominus*). C'était un homme habile en paroles et puissant en ressources « *vir facundus lingue et opum munimine fretus* » (*Cartul. de Talmond*, ch. 286, p. 277). Quand il fut fait chevalier, il promit de défendre les biens de l'abbaye de Talmond et il reçut en échange de cette promesse quarante *solidi* (cum novus miles factus fuisset, terramque suam regendam de manu Petri filii Roberti suscepisset, in capitulum S. Crucis, residente domno abbate Willelmo intravit... *adjutorem nostrarum rerum* constanter futurum spopondit) (*Cartul. de Talmond*, ch. 228, circ. 1112, p. 243). Cet engagement ne le retint guère. Il suscita mille querelles aux moines dans le but de leur extorquer de l'argent. C'est ainsi qu'il se fit payer la promesse de protéger leurs hommes en justice

une source de profits; effort des justiciables de se soustraire à la justice territoriale pour se soumettre à la justice *personnelle,* soit à la justice de leurs égaux, de leurs pairs, soit à la justice d'un supérieur qui avait intérêt à les protéger *per fas et nefas,* à tort et à droit, qui, les préservant des exactions du justicier étranger, leur assurerait la modération dans la peine ou même l'impunité dans le crime [1].

Le protecteur qui s'offrait de lui-même, dirigeait les

comme s'ils étaient les siens propres, de les protéger même contre son vicaire :
« Willelmus abbas S. Crucis et Hugo de Naismilio, filius Joannis, multa litigia, multas ad invicem contentiones habuerunt propter calumpnias quas Hugo rebus S. Crucis, *per cupiditatem pecuniam extorquendi,* sepius inferebat. Cum autem quadam die Naismilium causa judicandi venissent barones, qui cum eis ex multis partibus venerant, pacem inter eos fidelem et in eternum mansuram fecerunt... Concessit ut homines monachorum pro ammonitione vicarii sui nunquam aliquo irent nisi cum persona Hugonis et cum licentia monachi. Si autem aliquando vicarius Hugonis in hominibus S. Crucis aliquam sibi partem vicarie pro aliqua causa vellet requirere, Hugo in sua curia, præsente abbate, homines S. Crucis *tanquam suos recte et per justitiam defenderet* » (Cartul. de Talmond, ch. 256, circ. 1120, p. 260-261).

Veut-on se rendre compte de la justice qu'il y avait à attendre des chefs régionaux, qu'on songe à ce type de batailleur féodal, le terrible comte d'Anjou, Foulques Nerra, fils de Geoffroi Grisegonelle.
« Per illud tempus Fulco, Gaufridi filius, Andecavorum tenebat comitatum : hostium callidus ac fortis debellator, ferus nimis et prosperis eventibus famam et fines suorum dilatans... Hi duo, pater et filius, ut natura dictabat, feritate, viribus, crudelitate feris pene fuerunt inferiores : hostium calcatores, cujusquam ordinis immisericordes, expeditionibus insistentes, ecclesiarum jura fisco proprio redigentes et inde suis oppida militibus extruentes ad suum munimen, suæque provinciæ metas vel vicarias ad libitum componentes... ecclesiæ nostræ, sub ipsorum non dominio sed tyrannide constitutæ, etc... » (*Historia Sancti Florentii Salmurensis,* dans Chroniques des Eglises d'Anjou, p. 259 260).

[1] En un temps où la justice était surtout une source de revenus, on ne se faisait aucun scrupule de se dérober à son atteinte. Les

efforts des justiciables et les faisait aboutir, c'était pour chacun d'eux l'homme sous la dépendance immédiate duquel il se trouvait placé, auquel il devait obéissance, fidélité, redevances ou services et qui, par cela même, avait intérêt à sa conservation ou à son enrichissement

stipulations si fréquentes, comme nous le verrons, par lesquelles, prévoyant le cas où un seigneur ne ferait pas justice de ses hommes, on admettait l'intervention d'un justicier étranger, le démontrent avec la dernière évidence. Il faut reconnaître aussi que l'asile fut souvent d'un grand secours aux couvents pour assurer une impunité au moins relative à ceux des hommes placés sous leur dépendance qui se rendaient coupables de quelque méfait au dehors.

Je relève dans le Cartulaire de Saint-Père de Chartres un exemple tout à fait frappant de la facilité avec laquelle un plaideur de mauvaise foi se mettait à l'abri derrière un puissant protecteur, et de la nécessité où il réduisait ainsi son adversaire de renoncer à la juridiction compétente et de le suivre devant le tribunal où il voulait l'entraîner.

Donation d'une terre avait été faite à l'abbaye de Saint-Père par un chevalier du nom d'Herchembaud, riche en terres mais exposé malgré cela à manquer du nécessaire (*plures terras possidens, non tamen rebus necessariis dives*), qui reçut en échange la fraternité du couvent et quelque argent. Herchembaud meurt, les moines l'ensevelissent dans leur cimetière comme un des leurs, et puis ils possèdent tranquillement le bien donné. Sur ces entrefaites, les fils du donateur, quoiqu'ils eussent ratifié la libéralité paternelle, veulent déposséder le couvent. En vain leur offre-t-on de soumettre le différend soit à la Cour de l'évêque, soit à la Cour du seigneur dont la terre dépendait, ils refusent ; ils vont se placer sous la protection d'un homme puissant d'Étampes, et alors dévastent impunément les terres de l'abbaye, brûlent les cabanes de ses paysans. « Quibus cum sequi justiciam in curia ecclesie vel in curia domne Helisendis, de cujus terra illa procedebat, offerremus, recipere recusaverunt; sed, *adeuntes quendam hominem fortem, Johannem nomine, apud Tampas, ejus adjutorio freti, predari terras nostras ceperunt, et casulas quasdam in eis combuxerunt.* »

Les moines sont obligés d'aller à Étampes, d'exposer leurs griefs aux clercs et barons, et de les menacer d'excommunier la ville si l'on continue à donner asile à leurs adversaires et à les assister dans leurs méfaits. La menace heureusement produit effet. Les fils d'Herchembaud sont mis en demeure de justifier leurs prétentions ou d'y renoncer. Où va-t-on plaider? C'est à Chartres qu'on le devrait : mais c'est à Étampes que les adversaires des moines ont le plus d'intérêt à être

relatif[1]. La dépendance était plus ou moins stricte; elle pouvait exister au regard d'un grand nombre de personnes. Autant de maîtres autant de justiciers. Chaque maître partiel avait sa part de justice. Réduite à son minimum, elle lui donnait le droit de connaître des difficultés nées de la perception d'une redevance ou de la prestation d'un service qui lui étaient dus, de juger la *forisfactura* commise de ce chef.

D'un mot on peut dire que le xe siècle et une partie du siècle suivant marquent la lutte presque toujours victorieuse de la justice personnelle contre la justice territoriale, tandis que plus tard, par des raisons que nous analyserons, la justice territoriale regagne et au delà le terrain perdu, — en s'organisant différemment et mieux.

La justice *personnelle* se constitue par des voies diverses : ou bien en vertu du principe général que le protecteur doit avoir juridiction sur le protégé (principe que nous trouvons déjà admis dans l'ancienne *recommandation*),

---

jugés, puisque c'est là que se trouve le patron, le protecteur qu'ils se sont donné. Cela suffit pour que l'envoyé du couvent accepte (un peu à la légère, dit mélancoliquement le rédacteur de la charte) le débat dans les conditions où il lui est offert. « Illis autem respondentibus se Carnotum non ausos ire, sed *ibi paratos esse justiciam probare*, quidam de fratribus nostris, qui ad hoc missus erat, confisus de justicia nostra, *aliquantulum inconsulte respondit nos ad justitiam suam exequendam quemlibet locum non effugere*, et die terminato constituit ibi placitare. » — Sous la menace d'un combat judiciaire, les contestants finirent par renoncer à leurs injustes prétentions, mais les moines de Saint-Père n'obtinrent aucune satisfaction pour les déprédations dont ils avaient été victimes (*Cartulaire de Saint-Père de Chartres*, II, p. 417 et suiv., circa. a. 1109).

[1] Mais il est évident que l'on tournait ici dans un cercle vicieux. Le maître faisait passer son intérêt avant l'intérêt de ses hommes. Il se servit donc de son droit de justice pour leur imposer des charges abusives. Aussi les verrons-nous plus loin dans une charte curieuse (*infrà*, chap. IX) recourir de nouveau à un protecteur étranger pour se faire assister et défendre devant la juridiction de leur propre maître.

ou bien par des concessions formelles venant corroborer ce principe, ou bien enfin par des *immunités personnelles*, générales ou particulières.

Elle est aidée, du reste, dans son développement par la personnalité des lois, laquelle a subsisté vivace bien plus longtemps que la plupart des historiens semblent le croire. Sans doute, les diverses lois germaniques ont cessé vers le milieu du xe siècle d'être appliquées dans leur ensemble et comme corps de droit. On n'en cite plus qu'exceptionnellement le titre, on en invoque plus rarement encore le texte; mais celles de leurs dispositions qui ont survécu — comme aussi les dispositions des lois romaines — ont donné naissance à des coutumes non écrites qui se manifestent sous la forme de statuts personnels, de statuts d'origine. Elles n'ont pas le caractère de lois territoriales.

Observons maintenant, sous la multiplicité de ses aspects, la formation de la justice personnelle.

CHAPITRE VIII.

CONTINUATION. — LA COUR DES PAIRS COMME VASSAUX, LA COUR DES PAIRS COMME FIDÈLES.

Je crois pouvoir dire que parmi les historiens de nos institutions il en est un petit nombre qui se soit fait une idée suffisamment nette de l'origine de la justice féodale et l'ait distinguée, comme il convient, d'une autre justice fort voisine, dérivée de la même source mais qui a couru et s'est développée parallèlement, j'entends la *justice de seigneurie*. La première appartient au suzerain féodal sur ses vassaux, celle-ci au seigneur sur ses fidèles.

On ne semble pas avoir mieux compris le rôle respectif dévolu dans ces deux ordres de juridictions au supérieur d'une part, aux égaux de l'autre. Si l'origine des pairs de France est considérée aujourd'hui encore comme une énigme historique, la justice par les pairs dans les cours seigneuriales n'est guère mieux élucidée. Je voudrais aborder la question par ses côtés essentiels; aussi bien c'est la seule manière de marquer avec précision ce qu'était ici la personnalité de la justice.

Dans la justice publique conforme aux anciens usages des Germains, dans le *mallum publicum* qu'ils avaient transplanté en Gaule, une garantie primordiale résidait pour le justiciable dans la composition du tribunal. Comme je l'ai dit antérieurement, le plaideur devait surtout compter sur lui-même et sur ses proches [1], mais encore fallait-il que les formes judiciaires fussent observées, qu'on s'en tînt aux règles traditionnelles suivant

[1] Voyez *suprà*, p. 110.

lesquelles, dans telle peuplade, l'homme libre pouvait se défendre comme accusé ou triompher comme accusateur.

L'établissement devenant durable et les relations se multipliant, le droit se compliqua. Le rôle du tribunal gagna en importance. Il devint de plus en plus essentiel que la justice fût exactement rendue suivant le droit de chacun. Qu'un procès s'agitât entre hommes libres, il fallait que les rachimbourgs, et plus tard les échevins, fussent pris parmi les hommes libres de la même *nation*, qu'en d'autres termes ils fussent des pairs[1]. Si les plai-

[1] *Capitulare saxonicum,* du 28 octobre 797 (Boretius, p. 71), cap. 4 : « Hoc etiam statuerunt, ut qualiscumque causa infra patriam *cum propriis vicinantibus* pacificata fuerit, ibi solito more ipsi *pagenses* solidos XII pro districtione recipiant, et pro wargida, quæ *juxta consuetudinem eorum* solebant facere, hoc concessum habeant. »

Capitulare missorum speciale, 802 (?) (Boretius, p. 102), cap. 48 : « Ut comites et judices confiteantur qua lege vivere debeant et secundum ipsam judicent. »

Quand le débat était entre personnes soumises à la loi romaine, entre corps religieux, par exemple, il fallait en vertu du même principe que la connaissance en appartînt à des *romains*. — Pour ce qui est du fond du droit, c'était une singulière législation romaine que l'on appliquait. Lisez plutôt dans le premier livre des *Miracles* de saint Benoît (rédigé au ixe siècle par le moine Adrevald) cet étrange procès où les docteurs ès-lois romaines d'Orléans ne trouvent rien de mieux que d'ordonner le combat judiciaire. Il faut qu'un jurisconsulte du Gâtinais s'élève contre cette décision et — à la grande indignation des moines — ramène le tribunal à une solution plus juridique :

« Aboritur controversia, inter præfatum hujus loci advocatum, atque advocatum S. Dionysii. Colliguntur ab utrisque partibus legum magistri et judices, qui pro partibus decertarent. Præterea aderant in eodem placito missi a latere regis, Jonas, episcopus Aurelianensis, et Donatus, comes Melidunensium. Sed cum litem in eo placito finire nequirent, *eo quod salicæ legis judices ecclesiasticas res sub Romana constitutas lege discernere perfecte non possent,* visum est missis dominicis *placitum Aurelianis mutare.* Veniente itaque ad condictum locum, magistri et judices, utraque ex parte, acerrime decertabant. Aderant namque *legum doctores* tam ex Aurelianensi quam ex Wastinensi provincia. Enim vero, longuiscule litem judicibus protrahenti-

deurs vivaient suivant des lois différentes, le tribunal devait être mixte[1].

La fonction des juges demeurait, du reste, la même. Ils n'avaient pas à trancher un différend *secundum bonum et æquum*, à discerner le juste, à observer l'équité. Leur seule mission était de dire le droit, *legem dicere*, en d'autres termes : déterminer les modes de preuve qui devaient être suivis (serments, épreuves ou combats

bus, eo quod nec hi cedere illis, nec illi assensum aliis præbere vellent, tandem adjudicatum est, *ut ab utraque parte testes exirent, qui, post sacramenti fidem, scutis ac baculis decertantes, finem controversiæ imponerent.*

« Sed cum id justum rectumque fuisset omnibus, quidam Wasti nensis regionis legis doctor, cui, quodam præsagio, Bestiale nomen pro humano indictum erat, quique ex parte S. Dionysii, munere corruptus, advenerat, verens ne si duo inter se decertarent, testis eorum reprobus inveniretur, judicium protulit : non esse rectum ut bello propter res ecclesiasticas testes decernerent; immo magis inter se advocati mancipia partirentur... » (*Miracula Sancti Benedicti*, lib. I, cap. 25. Édit. E. de Certain, p. 56-57).

[1] Cartulaire de Nîmes, ch. 8, 23 mai 898 (p. 17-18) : « Interrogati fuerunt a judicibus qua lege vivebant. Josue *Gotum* se esse dixit, Rodestagnus *Salicum*... Tunc ipsi suprascripti judices decreverunt ei judicium ut in quadraginta noctes suum auctorem presentare faciat qualiter sua lex est. Transactis autem XL noctibus, iterum veniens Rostagnus in castro Arene, in presentia Agilardo episcopo... seu et judices *tam Salicos quam Gotos* id est... » — Plaid tenu à Alzonne (diocèse de Carcassonne), 16 juin 918 (*Hist. gén. du Languedoc*, nouv. éd., V, col. 137) : « Cum in Dei nomine resideret Aridemandus episcopus sedis Tolosæ civitatis cum viro venerabili Bernardo, qui est missus advocato Raymundo comite Tolosæ civitatis et marchio... una cum abbatibus, presbyteris, judices, scaphinos et regimburgos *tam Gotos quam Romanos seu etiam et Salicos*, qui jussis causam adire, dirimere, et legibus definire; id est D. monachus. B. monachus, etc., *judices Romanorum;* Eudegarius, etc., *judici Gothorum;* Oliba, etc., *judices Salicorum.* » — Plaid tenu à Narbonne, 11 mars 933 (*Hist. gén. du Languedoc*, V, col. 160) : « In præsentia domno Aymerico archiepiscopo, et domino Pontione comite seu et marchione, vel judices qui jussi sunt causas dirimere et legibus deffinire, *tam Gotos quam Romanos velut etiam Salicos* id est... »

judiciaires), veiller à leur accomplissement, puis, si la preuve était fournie ou le fait avoué, le constater avec solennité et appliquer le tarif des amendes ou des compositions[1].

Ces idées étaient trop enracinées dans les esprits et dans les mœurs pour que nous ne les retrouvions pas au fond de toutes les institutions du moyen âge. Quand, dans la seconde moitié du ix° siècle, la royauté veut faire respecter les accords qu'elle conclut avec les principaux *fidèles* du royaume dans un but de paix générale, c'est à la justice ainsi comprise qu'elle s'attache d'instinct. Elle greffe ainsi de ses propres mains sur la justice publique des anciens âges les deux rejetons qui en absorberont toute la sève, la justice de fief et la justice de seigneurie. De même qu'en sanctionnant les obligations du *vassus* au regard de son *senior* et en subordonnant le service militaire à l'octroi d'un bénéfice [2], la législation carlovingienne a frayé les voies au contrat féodal, de même ici elle a fourni le substratum de la

---

[1] Voyez, par exemple, *Cartulaire de Nîmes*, p. 3-5, ch. du 22 avril 876 : « Tunc judices et persone interrogaverunt predicto episcopo et Bernario, ejus advocato, super ipsam noticiam, veram adprobare poterant annon ; sed presentialiter dixerunt, quia sic poterant. Tunc judices et scabini decreverunt eis judicium in primo placito, legibus munito, quod comes aut vices-comes in ipsam civitatem tenuerit ; donent quinque homines firmatores ipsius noticie... Et per manum fidei jussori suo Donodeo repromiserunt quod ita facerent ; quod si non fecerint, Deodonus suam legem componat, et inantea ipse episcopus et ejus advocatus faciant quod lex est. » — Adde *même Cartulaire*, p. 10-13. — *Cartul. de Saint-Victor de Marseille*, I, p. 33-34, p. 43-46, etc.

Dans la première charte que nous avons citée, le garant de l'évêque de Nîmes, qui doit le cas échéant payer une amende, est pris parmi les juges (*Deidono... judicibus*, p. 3). Bien plus nous verrons (*infrà*, chap. IX) l'un des assesseurs d'un *placitum* privé, un scabin, être désigné par ses collègues pour subir lui-même le jugement de Dieu.

[2] Voyez *suprà*, p. 123.

juridiction du suzerain féodal sur ses hommes, du duc, comte ou haut baron sur ses fidèles.

Les fidèles sont liés les uns aux autres ; ils sont égaux, ils sont *pares*, à raison de la fidélité commune [1] ; ils se doivent réciproquement aide, assistance et conseil [2]. Si le roi fait tort à l'un d'eux, tous doivent lui faire rendre justice [3]. Si l'un d'eux viole les accords, s'il trouble la paix ou s'insurge, les pairs de concert avec le roi doivent

---

[1] *Convent. apud Tusiacum* (865), cap. 1 (Pertz, *Leges*, I, p. 501) : « Et si aliquis audierit quod *pari suo, fideli nostro*, necessitas evenerit aut evenire debeat ad resistendum infideli nostro, non expectet ut illi hoc mandetur, sed statim sit præparatus, *sicut Dei fidelis e noster, ad suum parem in nostra fidelitate adjuvandum*, et quantum potuerit pergere festinet. »

[2] *Capitul. Aquisgranense* (801-813), cap. 20 (Boretius, p. 172) : « Et si quis *de fidelibus nostris* contra adversarium suum pugnam aut aliquid certamen agere voluit, et convocavit ad se aliquem de *conparis suis* ut ei adjutorium præbuisset, et ille noluit et exinde neglegens permansit, ipsum beneficium quod habuit auferatur ab eo et detur ei qui in stabilitate et *fidelitate sua* permansit. »
Convent. apud Marsnam, II (851), cap. 3 (Pertz, I, p. 408) : « Ut unusquisque *fideliter suum parem*, ubicumque necessitas illi fuerit, et ipse potuerit, aut per se, aut per filium, aut per fideles suos, et *consilio et auxilio adjuvet*, ut regnum, fideles, prosperitatem, atque honorem regium debite valeat obtinere. Et veraciter unusquique erga alterum certatim demonstret quia in *fratris* sui adversitate, si evenerit, fraterno modo contristatur, et in prosperitate illius laetatur » (de même *Convent. apud Confl.* (860), cap. 3, Pertz, I, p. 470, sauf que le mot *frater* est remplacé par celui de *par*).

[3] *Capitul. ad Aquitanos* (856), cap. 10 (Pertz, I, p. 446) : « Et si senior noster legem unicuique debitam, et a se et a suis antecessoribus nobis et nostris antecessoribus perdonatam, per rectam rationem vel misericordiam competentem unicuique in suo ordinare conservare non voluerit, et ammonitus a suis fidelibus suam intentionem non voluerit, sciatis quia sic est ille nobiscum et nos cum illo adunati, et sic sumus omnes per illius voluntatem et consensum confirmati, episcopi atque abbates cum laicis, et laici cum viris ecclesiasticis, ut *nullus suum parem dimittat, ut contra suam legem* et *rectam rationem et justum judicium*, etiamsi voluerit, quod absit, rex noster alicui facere non possit. »

le faire rentrer dans l'ordre [1]. Du petit au grand, la règle est la même. Est-ce le simple sujet (*subditus*) d'un seigneur (*senior*) qui se montre rebelle à la loi commune, il sera, lui aussi, jugé par ses co-fidèles [2].

Cette relation si étroite qui dès le ixe siècle était établie entre les pairs, elle devait, aux siècles suivants, porter ses fruits les plus riches là où l'obligation de fidélité fut la plus rigoureuse, là où l'hommage la corrobora, — dans le contrat de fief en un mot.

Si un conflit éclate entre le vassal et son seigneur, c'est aux pairs, aux co-vassaux, à le juger [3]. Ils con-

---

[1] *Capit. ad Aquitanos* (856), cap. 10 (Pertz, I, p. 440) : « Et si aliquis de nobis in quocumque ordine contra istum pactum in contra illum fecerit, si talis est, ut ille inde eum ammonere valeat ut emendet, faciat ; et si talis est causa, ut inde illum familiariter non debeat ammonere, et *ante suos pares illum in rectam rationem mittat*, et ille qui debitum pactum et rectam legem et debitam seniori reverentiam non vult exhibere et observare, justum justitiæ judicium sustineat. Et si sustinere non voluerit, et contumax et rebellis extiterit et converti non potuerit, a nostra omnium societate et regno ab omnibus expellatur. » — En 864, les fidèles condamnent Pépin d'Aquitaine, comme traître à la patrie et à la chrétienté (*christianitatis et patriæ proditor*) pour avoir pillé et ravagé le pays au sud de la Loire (*Annales de Saint-Bertin*, p. 137).

[2] *Convent. apud Marsnam*, II (851), cap. 8 (Pertz, I, p. 409) : « Et si aliquis *de subditis in quocumque ordine et statu* de hâc convenientia exierit aut se retraxerit, vel huic communi decreto contradixerit, seniores *cum veraciter fidelibus suis* hæc secundum Dei voluntatem et legem ac justam rationem velit aut nolit ille qui divino consilio et decreto, et huic convenientiæ resistens et contradicens fuerit, exsequantur. Et si aliquis *de senioribus* de hac convenientia exierit aut se retraxerit, vel huic communi decreto, quod absit, contradixerit, cum plures seniorum nostrorum fideles et regnorum primores in unum convenerunt, etc. »

[3] Cela, sans doute, n'empêchait pas le seigneur de recourir à la guerre privée contre son vassal et de tirer de lui une éclatante vengeance. En voici un exemple :

« Satis superque norunt qui Andegavensem pagum incolunt quique ejus vicina nunc temporis frequentant qualiter ego Andecavorum comes Fulco... castrum quod dicebatur Trevas a Harduino Goffredi

naîtront, par exemple, de la forfaiture que le vassal aura encourue en manquant à ses devoirs, soit par une désobéissance formelle, soit par quelque acte de violence. Ils assureront de même le respect au profit du vassal des obligations du seigneur[1], et, au besoin, pour lui

Fortis filio tulerim, ipsum que castrum *subverterim*, omnique eum hæreditate paterna privaverim ob ipsius scilicet insolentiam, et *a mea fidelitate insperatam defectionem*. Qui postquam H. oculorum luce privatus in sese rediit, ac veluti secularibus minus idoneus insuper et corporis infirmitate tactus melioris vitæ vias aggredi decrevit, in monasterio B. Nich. tonsoratus monachicam vitam ibidem se victurum, Deo teste, professione firmavit. Quod ego videns pietate ductus, terram quandam olim ei jure hæreditario debitam, ... quæ etiam ob corporales supplendas necessitates eidem H. ad tempus concesseram, ipsi monasterio .... dono dedi » (*C. Saint-Nicolas d'Angers*, vers 1070, Dom Houss., II bis, n° 735).

[1] Si le seigneur faisait tort du fief à son vassal, en le lui retirant, par exemple, ou en le diminuant, le vassal était délié lui-même de sa foi et pouvait la porter ailleurs (*Cartul. de la Trinité de Vendôme*, MS. nouv. acq. lat., 1232, f° 122 (xi siècle) : « Quando Gervasius episcopus guerram iniit contra seniorem suum, Gauffredum videlicet Andegavensium comitem, guirpivit quidam miles seniorem suum Salomonem de Lavarzino *sine forfacto* et vertit se ad Gervasium, *propter quod tulit ei Salomon suum fævum quod ab eo tenebat*. » — C'était au seigneur alors qui niait ses torts et articulait grief contre son vassal à le citer devant ses pairs.

Toutefois, la marche des événements n'était pas toujours celle-là. Il arrivait que le vassal se portât directement demandeur contre son seigneur. Voyez, par exemple, *Cartul. de Talmond*, ch. 260, p. 263 (circà 1120) : « Gaudinus Thorellus, *homo abbatis Willelmi pro feodo suo junctis manibus*, cum diu pacem cum eo sine aliqua querimonia habuisset, postmodum adversus eum quasdam venias et delicamenta consilio malignantium cepit movere, et dicere quia pater suus R. de abbate E. in feodo tenuerat marescaliam equorum et villicationem in terra S. Crucis et terram Isdraelis Servi et alia, unde *ignertiam* (refus de service ?) facere minabatur. Quapropter *in curiam* ad judicium abbas W. et Godinus venerunt, ibique frivolem et nichil esse quidquid G. querebat judicavit W. de L., W. B., etc., et tota baronia hujus terre. »

Au cas où le seigneur se rendait coupable d'un acte criminel à l'encontre d'un de ses hommes, il avait à en rendre compte devant la cour de ses propres pairs et de son suzerain.

faire rendre droit, ils menaceront le seigneur de se dégager unanimement de son service, de rompre le lien de la fidélité et de l'hommage [1].

Faut-il préciser davantage l'intervention de la justice des pairs entre le seigneur et son vassal, voici une charte où se déroule, dans tous ses détails, le conflit qui les divise, que les pairs tranchent puis pacifient [2].

[1] Cela s'appelait *vadiare de servitio*, gager du service. Voyez, par exemple, *Assises de Jérusalem* (Haute Cour), chap. 205 (Ed. Beugnot, I, p. 329). Les pairs disent au seigneur : « Por quei noz voz prions et requerons, come le nostre seignor, que voz nostre per tel tenés à dreit, et menés par l'esgart de vostre court... Et se voz ce ne faites, noz toz ensemble, et chascun par sei, voz gaions dou service que noz voz devons ; et bien sachiés que tant come il vodra faire dreit en vostre court par ces pers, noz ne soufririens que voz le surmenés, ainz le maindrons à dreit si come noz devonz. » Et se le seignor li viaut après ce mau faire, il le deivent aider et defendre contre totes genz, sauf le cors dou seignor, tant come il vodra dreit faire par ces pers. »

[2] « Heudo juvenis factus ac juvenum consilio usus, immisit quadam vice *quasi propter consuetudinem* omnes equos suos et suorum non solum equitum sed et rusticanorum in prata dominica monachorum Sancti Albini. Quod cum vidissent monachi et intellexissent impossibilitatem (*impossibilitas* est pris ici dans le sens de prétention injuste à une *possibilitas*, à une charge coutumière) antiquam tempore Heudonis quasi redivivam pullulare ac nisi recens succideretur in posterum crescere, perrexerunt ad comitem Gaufridum de tanto impossibili consulendum.

Quorum narrationem comes cum intellexisset, misit eos ad Gaufridum de Treviis ut de sua parte eum conjurarent omnem multitudinem equorum et equarum Heudonis et suorum sibi apud Bellum Fortem redderet. Quod cum audisset G. partim pro infirmitate qua etiam mortuus est, partim pro amicitia hominum de Blazono, quia plures erant sui homines, non solum facere renuit sed et Blazonenses de præcepto comitis occultè præmunivit. Quod cum comperisset Heudo et sui, ejecerunt equos et equas suas de pratis monachorum, sed pro uno equo quem inde ejecerunt IV aut amplius boves aut vaccas, porcos et alias pecudes in ea immiserunt.

Quod cum viderent monachi, pergentes iterum ad comitem narraverunt ei quomodo Gaufridus de Trevis facere præceptum suum renuisset. Tunc comes conviciatus et comminatus ei non minimum,

Eudes de Blaison, dans le but d'usurper un droit de pâturage sur les prés de l'abbaye de Saint-Aubin d'Angers, les fait envahir par les chevaux de ses chevaliers et de ses paysans. Le comte Geoffroi, dont il est l'homme mais qui est en même temps le protecteur de l'abbaye, donne ordre qu'on s'empare des chevaux. Eudes de Blaison, prévenu, les retire et les remplace par des bœufs,

præcepit masnadæ suæ, Burchardo scilicet de Jarziaco et Gaufrido Focali de Castro Insulæ cum aliis pluribus, ut ante non cessarent quam cum fortia hominum de Treviis omnem prædam quam in pratis invenirent sibi apud Bellum Fortem redderent.

Quod cum illi secundum præceptum comitis fecissent, secutus est Heudo prædam suam usque ad Bellum Fortem ibique ei de præda sua appellanti dominum suum, respondit se comes apud Castrum Ledi ex hoc responsurum. Quo cum etiam Heudo persecutus esset et aliquod sibi utile responsum de præda sua expectaret, vidente eo et audiente, omnis multitudo prædæ suæ ita distributa est per castrenses Castrorum Novorum Castrum Ledi obsidentium, et in brevi spatio consumpta est, ut vix recognosci possent ejus vel vestigia; hoc tantum ei comite respondente quod *Andecavis in curia sua ad terminum quem ei prædixit, justitiam ei exinde teneret* præsente Abbate de Sancto Albino cujus quærela prædam cæperat qui et eam si judicaretur bene reddere poterat.

Cum autem ad terminum a comite denominatum Andecavis *in curia comitis* Theodericus abbas et Heudo de B. ad placitandum de hoc convenissent, appellavit ultro comes H. de B. de hoc quod abbatiam suam sine clamore injuste invaserat; cui cum H. respondisset quod ei de hoc in misericordia sua rectum faceret sed tunc sibi de præda sua responderet, adjecit comes quod ipse in præda rectum habebat quam in pratis suis devastandis quasi pro consuetudine immissam repererat. Cui contra cum H. se in pratis talem consuetudinem antiquitus habuisse respondere conatus esset, cœpit comes narrare quomodo partitio supradicta tempore patris sui per ejus præceptum inter Tetbaudum Vetulum et Abbatem Hunebertum facta fuisset, et quod ei tunc nulla consuetudo ac nulla dominatio in monachorum parte remansisset. Quod cum H. contradicere probabiliter non posset, dixit iterum se ideo fecisse quia monachi pastitia sua quod comes fieri in terra sua vetuerat adpratassent. Cui cum comes adjecisset quare et ipse pastitia de Blazono depratasset, respondit Heudo quia Liger fluvius sibi naturalia prata sua tulisset. Cui cum contra comes opponeret Ligerim fluvium plus sibi terræ tollere quam regem Franciæ et

des vaches, des porcs et des moutons. Nouveaux ordres du comte : sa *maisnée* (sa maison militaire) saisit les troupeaux et les pousse jusqu'à Beaufort.

A son tour, Eudes de Blaison se plaint. Le comte lui assigne rendez-vous dans sa cour à Angers : là, il lui fera droit, en présence de l'abbé de Saint-Aubin.

Le débat s'engage, en effet : « Vous avez envahi mon abbaye, dit le comte, et, en conséquence, j'ai pu me saisir à bon droit de vos troupeaux. — Mais les moines, répond l'autre, ont, contrairement à vos ordres, transformé des pâturages communs en prés! — Vous en avez bien fait autant. — Il l'a fallu : La Loire a emporté mes prés. — Hé qu'importe? Ne m'a-t-elle pas enlevé plus de terres que le roi de France lui-même? Si la Loire est coupable, est-ce aux moines à payer? »

quod Liger peccaverat monachos non debere emendare, omissis oppositis *præcepit comes judicibus ut sententiam recti de hoc quod audierant proferrent.*
Judicaverunt igitur Adhelardus de Castro Guntero, et Gaufridus Crassus de Chimilliaco quod H. de B. quandoquidem post partitionem ab avo suo inter se et monachos factam et concordatam de duabus supradictis curtibus, nullam illum consuetudinem et dominationem in partitione monachorum sicut nec monachos in illius partitione retinuisse dicere probabiliter poterat, *dupliciter erga dominum suum comitem forsfecerat,* de hoc quod sine clamore abbatiam comitis invaserat et de hoc etiam quod ejus invasio omnino injusta fuerat. Guadiavit ergo H. comiti per judicamentum curiæ ejus forisfactum invasionis et injusticiæ suæ et cum deinde judices quid in guadio contineretur H. interrogaret, responderunt judices quantum comiti placeret.
Quid multa? totæ horæ illius diei bellæ fuerunt Heudoni quando a comite per judicum deprecationem potuit extorqueri ut ei comes forsfactum suum dimitteret, conditione tamen tali ut nunquam amplius abbatiam suam sine clamore invaderet, nec ullam consuetudinem in eam immittere præsumeret, præda omni in properda computata. Hoc judicaverunt Adhel. de C. G. et G. C. de Alb. coram comite Gaufrido in camera sua Andecavis. Hoc viderunt et audierunt de parte Heudonis Calido de Blazono, etc. » (*Cartul. de Saint-Aubin d'Angers*, f° 59, D. Housseau, II², n° 573 *bis*, xie s.).

Le comte ordonne aux juges (aux pairs d'Eudes) de prononcer la sentence. Ils déclarent Eudes de Blaison coupable de forfaiture envers son seigneur. « Et quelle sera la réparation, demande Eudes? — Elle est à l'arbitraire du seigneur. »

Mais les juges sont des pairs. Ils intercèdent auprès du comte : « Ah! le beau jour pour Eudes, s'écrie avec dépit le moine rédacteur de la charte, quand, sur la prière des juges, le comte pardonna à Eudes et le tint quitte de la forfaiture. »

Entre seigneur et vassal, le caractère et le rôle de la cour des pairs me semblent mis en pleine clarté par le document que nous venons d'analyser. Quant à sa compétence, elle embrasse l'infinie variété des relations concevables, tant est compréhensive et vaste la fidélité réciproque qui lui sert de base[1].

L'assistance mutuelle que les pairs se doivent engendre, d'autre part, pour eux l'obligation de trancher les différends qui les divisent, de rendre la justice entre co-vassaux, sous la présidence de leur seigneur.

Il y a plus, si le vassal est en litige avec un tiers,

---

[1] Il suffisait, par exemple, que le vassal eût atteint indirectement son seigneur en frappant un de ses proches. *Cartul. de la Trinité de Vendôme*, MS. f° 34 (1039) :

« Vivente Goffrido Andegavorum comite qui Martellus cognominatus est, cum honorem teneret Vindocini dominicum, miles quidam Walterius dictus.... qui et ipse in pago Vindocinensi honorifice fevatus erat, *quendam cognatum predicti comitis* nomine Mauricium *in congressu quodam occidit*. Unde graviter in iram adversus Galterium comes G. commotus est. Misit tamen hoc in judicium coram nobilibus baronibus suis et judicatum est quod Galterius idem totum ex integro *fevum suum forsfecerat quod de Goffridi comitis beneficio tenebat*. Quod Galterius audiens tam per se quam per suos amicos misericordiam apud G. comitem quesivit, quam hoc modo consecutus est. Dedit itaque comiti G° in emendacionem forsfacti duo molendina que ab ipso tenebat apud Vindocinum... » — Le comte cède ensuite ces moulins à l'abbaye « *in remissionem peccatorum Mauricii cognati sui interfecti et etiam Galterii qui eum interfecerat.* »

comme défendeur ou comme demandeur même[1], seigneur et pairs revendiqueront la connaissance de l'affaire.

Dans la plupart des procès ce sont les pairs qui jugent seuls. Le seigneur se borne à les convoquer à sa cour,

[1] Il me paraît superflu d'alléguer un exemple des cas excessivement nombreux où le vassal est cité par un tiers devant la cour de son seigneur. Le cas inverse était plus rare. Le tiers défendeur entendait être jugé par ses propres pairs et son propre seigneur. Toutefois, il acceptait une prorogation de juridiction quand il avait confiance dans les dispositions favorables du tribunal où on l'appelait. Témoin le texte suivant. Givon fils de Robert Avenel revendique contre les moines de l'abbaye de Saint-Florent de Saumur deux bordiers de terre et un moulin, disant que son père les avait tenus en fief de l'abbé Frédéric. Il était l'homme de Geofroi, duc de Bretagne, et c'est ce dernier qu'il saisit de sa plainte. Je laisse parler la charte :

« De quibus cum clamorem fecisset ad comitem Gaufridum....... *ipse comes mandavit eis ut suo homini in curia sua ad judicium starent.* Terminato ita die utrique in curiam Redonis advenerunt, cum que ille præsente comite unde adversus monachos causaretur, ut prælibatum est, recitasset, tam idem comes quam alii plures qui interrerant retractantes tempus ab obitu patris ejus mirari cœperunt qua fronte reclamare præsumebat quod tamdiu tacens eos tenuisse permiserat. Quadraginta enim annorum spacium vel eo amplius jam pertransierat ex quo ab hac luce discesserat. Judicatum est ergo monachis ut de illatà calumpnia sacramento se deffenderent.

At comes ne ille suspicaretur quod parti monachorum magis faveret quam suæ, eligere concessit utrum ipsum sacramentum plane cum testibus acciperet an bello calumpniaretur. Ipse vero habito consilio cum suis amicis quod sacramentum plane de testibus acciperet dixit et eosdem testes nominavit, videlicet Radulfum de Vendel et duos nepotes ejus, Walterium et Ansgerium, quos dilatione habita monachi inquisitos et repertos ad terminum in curiam secum adduxerunt. Quorum insperata præsentia supradictus Givonnus confutatus sacramentum ab eis ut dixerat accipere renuit. Tunc comes et non nulla frequentia nobilium qui tunc temporis aderant... monachos rectum habere dixerunt, et nullatenus de hac re ei responderi debere judicaverunt, ipsosque monachos adhortati sunt ut de hoc litteras facerent, cunctos que qui interfuerant in testimonium adhiberent » (*Cart. St-Flor. de Saumur*, cartul. blanc, fol. 71 r° et v°, 1022-1055. D. Houss., II, n° 379, même pièce, cart. noir, fol. 62 v° et 63 r°, *ibid.*, n° 380).

à les présider, à leur ordonner de statuer[1]. Son rôle rappelle le rôle dévolu au comte Carlovingien dans le mall public, le rôle des pairs, celui des rachimbourgs. Comme ces derniers, les pairs n'ont pas à décider en équité ou en droit; ils rendent le plus souvent de simples sentences interlocutoires; ils déterminent les preuves à fournir, règlent l'admission des témoignages, ordonnent le serment, le combat judiciaire ou quelque autre ordalie[2].

On peut dire même que, comme les rachimbourgs, ils prennent fait et cause pour l'une des parties et supportent personnellement les conséquences du jugement qu'ils ont rendu. Si le plaideur qui succombe n'acquiesce pas, les pairs qui lui ont donné tort doivent prouver le bien jugé, en l'affirmant par serment s'ils sont clercs, en le soutenant les armes à la main s'ils sont laïques[3].

[1] Voyez la charte, *suprà* (p. 236, note) : « Præcepit comes judicibus ut sententiam recti de hoc quod audierant proferrent. » — La même chose avait lieu dans les cours des pairs siégeant comme fidèles, dont nous allons parler. Par exemple, *Cartul. de Talmond*, ch. 118, p. 181 (circa 1095) : « Abbas ante dominum Pipinum clamorem retulit, qui ex hoc judicamentum fieri precepit baronibus suis. » — Voyez aussi la *Chanson de Roland*, v. 3750 et suiv. (éd. Léon Gautier) :

« Seignurs baruns, lur dist Carles li reis,
« De Guenelun kar me jugiez le dreit.
« ....
Respundent Franc : « Ore en tendrum cunseill. »

[2] Voyez la note 4, *infrà*. On trouvera les détails de la procédure judiciaire dans le livre IV de cet ouvrage.

[3] Cette distinction est très clairement marquée dans la charte suivante.

Une contestation s'élève entre Rohaud de Luigné et Girard, abbé de Saint-Aubin. — Le procès est porté à la cour de l'évêque, *in curia Episcopi* : « Abbas et monachi primum clamorem fecerunt de injusta invasione possessionis eorum; sed Roaldus dixit nichil se ad illa respondere nisi primum *Episcopus ei sponderet quod de Abbate et monachis rectum illi faceret*. Facta igitur sponsione sicut petebat, dixit

L'appel de faux jugement dérive précisément, à mon sens, de la qualité de pairs qui des anciens rachimbourgs a passé aux assesseurs des cours seigneuriales.

Les hommes libres, les *boni homines*, qui siégeaient au *mallum* étant les pairs et presque toujours les parents des deux adversaires en présence, ils étaient suspects d'épouser la querelle de l'un d'eux au détriment de l'autre, de même que les cojurateurs ou les témoins l'épousaient ouvertement. Voilà pourquoi les rachimbourgs, quand

Roaldus quidquid dicere voluit. » — Les moines obtiennent gain de cause. — « Et cum Roaldus huic judicum diffinitioni conaretur refragari primum omnium Episcopus dixit : « Super sanctum Evangelium et super sanctas reliquas presto sum jurare me et istos quos mecum judices assumpsi salva conscientia nostra rectum judicamentum de causa ista fecisse, *secundum antiquum morem predecessorum nostrorum.* » Ad hoc idem faciendum Marbodus Archidiaconus se protinus præsentavit et cum nec sic vellet Roaldus quietus esse, Babinus de Raies et Giraudus filius Andefredi dixerunt : « Dominus noster Episcopus et Dominus Marbod. Archid. judicium quod cum eis fecimus rectum esse volunt affirmare *jurando*, et nos qui laici sumus, id ipsum, si est contra quem, probamus *pugnando.* » Omnia hæc audivit R. et qui cum eo erant, nec ipse nec aliquis de suis adversus eos qui ista affirmabant se erexit qui è contra vellet affirmare pugnando *falsum esse* judicium quod fecerant. Nomina autem virorum qui huic placito judices aut auditores intefuerunt sunt ista. *De clericis... De laicis...* etc. » (*Cart. Saint-Aubin d'Angers*, fol. 66 v°. D. Houss., III, n° 976, avant 1095).

Je vois dans une charte du même cartulaire que le juge pouvait être amené à défendre son jugement devant une autre cour. Le fait est intéressant à relever, et le document presque entier mérite de prendre place ici, car il nous donne au vif la physionomie mouvementée d'une cour féodale.

« Notum esse volumus præsentibus et futuris nos Majoris Monasterii monachos et antecessores nostros, sicut scriptum invenimus, a vicariis de Rupibus fatigatos fuisse, qui in curiis nostris, et grangiis nostris seu messibus se vicariam habere reclamabant... Accidit ut domno Odone, Guarlupa nomine, de Parciaco præposito, in ejusdem obedientiæ grangia a flagellatoribus quædam mina frumenti fuisset furata, et præsente Guidone Sulionis filio vicariæ domino, ubi absconderant, est inventa. Qui cum pro vicaria sua illos utpote latrones in

ils se refusaient (par faveur évidemment pour l'un des plaideurs) à dire le droit, ou quand ils ne jugeaient pas selon la loi (*secundum legem*), étaient punis de la même amende que les témoins qui prêtaient un faux serment, qui s'abstenaient de paraître au plaid lorsqu'ils en étaient requis, ou qui, présents, ne consentaient pas à prêter le serment qu'on leur demandait[1]. Voilà pourquoi aussi les rachimbourgs étaient obligés de défendre leur sentence par le serment ou par les armes contre la partie qui la

captionem vellet ducere, prohibitus a monacho supradicto contradicente se nichil in grangiâ suâ habere vicariæ. Tandem diem placiti constituerunt et coram Rotberto Rupium domino *quia de fevo suo erat*, super hoc placitaturi convenerunt. Consedentibus igitur nobis coram Rotberto de Rupibus, *congregatis multis in curiâ suâ baronibus*, jussus est a domino suo, prædicto Rotberto, Wido Sulionis filius quomodo eandem vicariam in curiis nostris... se habuisse testaretur edicere; et nos quam ejusdem vicariæ vestituram in illis locis habueramus ostendere..... Cum nos... sub legalibus testibus sanguinis et furti et omnis forsfacturæ in eisdem locis factæ justitiam et fecisse et habuisse monstraremus..... tandem ex præcepto domni Rotberti barones qui aderant secesserunt, illi contentioni recte judicando finem imposituri : qui de consilio in quo judicium concordaverant redientes adjudicaverunt, *domnus Alexander pro omnibus loquens,* quia si homo ille.... ignito ferro probare vellet, etc.

» Wido et ejusdem vicariæ participes... probationem illam recusantes conclamare coeperunt illos *injustum judicium fecisse,* dicentes se hujusmodi judicio non concedere. Ad hæc illi quorum assensu judicium factum fuerat et præcipue Wanilo de Balgentiaco et Adraldus qui filiam Alexandri habebat irati surrexerunt, offerentes in omnibus curiis probaturos se justum judicium fecisse..... Ad ultimum tamen jamdicti vicarii justo convicti judicio..... nos in pace dimiserunt..... et sine aliquo contradictu postea de eisdem latronibus, ipsis scientibus vicariis, justitiam fecimus et omnis forsfacturæ emendationem secundum voluntatem nostram sumpsimus. Hujus rei testes sunt viri legitimi. Domnus R. de R. dominus in cujus curia hoc factum est, Alexander de Rupibus, etc.., et alii quam plures tum ex monachis tum ex famulis » (1102. *Cartul. Turon. Maj. Mon.;* D. Housseau, IV, n° 1208).

[1] Cbn. *Lex Salica*, tit. 48, *De falso testimonio*, tit. 49, *De testibus*, tit. 57, *De Rachineburgiis.*

reprochait, exactement encore comme les témoins défendaient leur témoignage par le combat judiciaire¹.

Ces idées ne purent que fructifier et se répandre quand chacun chercha au sein d'une association étroite (association féodale, association sous un même protecteur régional, association entre bourgeois (*pares communiæ*), etc.) une garantie contre les violences et les injustices, et en même temps — contradiction toute humaine! — une impunité pour ses propres excès. Les pairs qui décidaient contre les intérêts de l'une des parties se posaient en adversaires, en ennemis, et du plaideur lui-même et de ses parents ou fidèles. C'était donc au juge et non pas au jugement que ceux-ci s'attaquaient. Cela est si vrai qu'il suffisait qu'un des juges eût exprimé son avis avant la sentence définitive pour qu'il pût être pris à partie et appelé en champ clos.

La relation si vivante du procès de Ganelon dans la *Chanson de Roland* nous fournit à cet égard des traits bien expressifs. L'appel de faux jugement s'y montre comme une conséquence de ce fait capital que la justice féodale, au XI⁰ siècle, oscille entre la protection mutuelle que se doivent les pairs et la fidélité qu'ils doivent à leur seigneur. C'est un troisième élément, le concours des proches, qui fait pencher la balance d'un côté ou de l'autre.

Ganelon amène avec lui trente de ses parents, parmi lesquels Pinabel, qui le rassure en ces termes :

« Vus serez guariz sempres.
« N'i ad Franceis ki vus juget à pendre,

¹ *Lex Salica*, texte d'Hérold. tit. 60, *De Rathinburgiis*, cap. 2 : « Si vero Rathenburgii illi legem dixerint, et ille contra quem dixerunt eis *contradicat*, et hoc *sustinere* noluerit eos enim contra legem judicasse sibi putat et id comprobare non poterit... » (Cf. Liutpr., *Liber Papiensis*, 28) (Pertz, LL. ɪᴠ, p. 420); *Lex Baiuwar.*, tit. 16, cap. 3 et 6 (Pertz, LL. ɪɪɪ, p. 438); *Lex Burgund.*, tit. 45 (Pertz, LL. ɪɪɪ, p. 550-551).

CONTINUATION. — LA COUR DES PAIRS.

> « U l'Emperere nos dous cors en asemblet,
> « A l'brant d'acier que jo ne l'en desmente. »
> (Vers 3788-3791.)

Tous les barons, alors, excepté un seul, prennent fait et cause pour Ganelon et demandent à Charlemagne de l'acquitter :

> « Que clamez quite le cunte Guenelun. »
> (Vers 3809.)

L'assistance entre pairs l'emporte ici sur la fidélité du vassal. Aussi l'empereur s'écrie : Vous êtes tous des félons :

> « Vus estes mi felun ! »
> (Vers 3814.)

Mais Thierry, frère du duc Geoffroi d'Anjou, fait passer avant tout le service dû à Charles :

> « Bels sire reis, ne vus dementez si,
> « Ja savez que mult vus ai servit. »
> (Vers 3824-3825.)

Il se prononce pour la condamnation que son seigneur désire et se déclare prêt à combattre contre les parents de Ganelon.

> « ... Le juz jo a pendre e a murir
> « Et sun cors metre el'camp pur les mastins,
> « Si cume fel ki felunie fist.
> « S'or ad parent ki m'i voeillet desmentir,
> « A ceste espée que jo ai ceinte ici
> « Mon jugement voeill sempres guarantir. »
> (Vers 3831-3835.)

Le défi est relevé aussitôt. Pinabel *fausse* le jugement de Thierry :

> Et dist à l'rei : « Sire, vostre est li plaiz;
> « Kar cumandez que tel noise n'i ait.
> « Ci vei Tierri ki jugement ad fait ;
> « *Jo si li fals :* od lui m'en cumbatrai. »
> El' puign li met le destre guant de cerf.
> (Vers 3841-3845.)

Le combat s'engage, Pinabel est vaincu et tué. Trente parents de Ganelon qui lui ont servi de garants sont pendus, Ganelon lui-même supplicié.

Il est, d'après ce qui précède, facile de s'expliquer — en dehors de toute félonie[1] — que, pour fausser le jugement de la cour, c'étaient les pairs et non le seigneur qu'il fallait prendre à partie[2]. On s'explique tout aussi bien l'appel de défaute de droit contre les pairs. Quand ceux-ci (en cas de contestation du vassal avec le seigneur notamment) ne voulaient pas vider le procès par un des modes traditionnels ou différaient de le faire, ils violaient un de leurs devoirs féodaux et rendaient légitime le recours au suzerain[3].

En résumé, le suzerain féodal et ses vassaux se protègent réciproquement contre toute juridiction extérieure[4] :

---

[1] Suivant Montesquieu : « Appeler son seigneur de faux jugement, c'était dire que son jugement avait été faussement et méchamment rendu; or, avancer de telles paroles contre son seigneur c'était commettre une espèce de crime de félonie. Ainsi, au lieu d'appeler pour faux jugement le seigneur qui établissait et réglait le tribunal, on appelait les pairs qui formaient le tribunal même; on évitait par là le crime de félonie; on n'insultait que ses pairs, à qui on pouvait toujours faire raison de l'insulte » (*Esprit des lois*, liv. 28, chap. 27).

[2] Ce n'était qu'exceptionnellement que le seigneur se déclarait prêt à *affirmer* le jugement de sa cour et s'en rendait ainsi solidaire. On peut en voir un exemple, *infrà*, p. 247, note.

[3] Ici encore, l'analogie est frappante avec les rachimbourgs du mall germanique.

[4] Protection juste ou injuste, mais protection. — Vers 1067, les moines de Marmoutier avaient à se plaindre d'un certain Ulger. Ils sont obligés de soumettre le différend à son seigneur, le comte de Poitou : « Convenimus in curiam Pictavensis comitis G. quoniam quidem et hujus homo comitis legitimus erat idem Ulgerius, nec erat tunc in Andecavo comes per quem idem deduci ad justiciam posset. » Ulger ne voulant pas se soumettre et le comte ne voulant pas perdre un de ses hommes, les moines durent acheter le repos à prix d'argent. Le comte lui-même contribue pour une large part dans l'indemnité payée : « Cum nec militem suum comes prædictus vellet amittere, nec pati posset ut ille nos ulterius vexaret injuste, tali res est compla-

ils s'efforcent d'interposer entre chacun d'eux et les tiers étrangers à leur association la justice *personnelle* de la cour féodale.

Cette organisation se complète ensuite par des accords que les suzerains féodaux concluent. Pour prévenir entre les juridictions personnelles les conflits incessants que leur multiplication faisait naître et qu'il fallait résoudre par des guerres privées ou par les marques et représailles[1], les seigneurs s'engagent à faire rendre justice à leurs vassaux ou à leurs fidèles respectifs par la cour de chacun[2] et ils travaillent ainsi, sans le savoir, à la première ébauche d'un ordre judiciaire plus parfait.

A côté de la justice féodale des vassaux se maintient, comme nous l'avons vu se constituer sous les Carlovingiens, la justice sur les fidèles qui n'ont pas en même temps rendu hommage, qui ne sont liés que par le simple serment de fidélité. Ils forment une cour des pairs différente de la cour des vassaux, mais dont le fonctionnement est analogue. Le duc, comte ou baron, qui les convoque et les préside n'agit plus comme seigneur féo-

---

cata fine : ab ipso quidem comite solidos ducentos, a nobis autem accepit Ulgerius ipse quingentos » (*Archives de Marmoutier*, 1067, D. Housseau, II, 2, n° 708 et *ibidem*, n° 710).

[1] Cf. Statuts de Toulouse (1152). *Hist. gén. du Languedoc*, V, col. 1163-1164.

[2] Accord entre Bernard, comte de Melgueil, et Guillaume, seigneur de Montpellier, 9 mai 1125 (*Hist. gén. du Languedoc*, V, col. 931) : « De illis hominibus quos comes per honorem seu pecuniam quam super comitem habuerint ad justitiam distringere poterit, si aliquid extra Montempessulanum forifecerint habitatoribus Montispessulani, ... Guillelmus conqueratur comiti vel per se vel per suos et dominus comes faciat illi inde justitiam. Quod si comes non fecerit et Guillelmus eam aliter consequi poterit, non reclamet se inde comes. Guillelmus vero de hominibus qui aliquid forifecerint comiti vel suis faciat justiciam ipsi et suis conquerenti vel per se vel per suos ; quod si contempserit et comes aliter suam consecutus justitiam fuerit, non inde se reclamet Guillelmus. »

dal, en vertu du contrat de fief, mais comme *princeps*, en vertu d'une sorte de souveraineté. C'est par la féauté qu'ils lui ont jurée qu'il requiert les barons de siéger avec lui dans sa grande salle de pierre (*camera petrina*). C'est au même titre qu'il réunit clercs et laïques dans son palais et les range autour ou au-dessous de lui sur des gradins de pierre ou de marbre[1].

[1] Le duc d'Aquitaine Guillaume VI, saisi d'une contestation entre l'abbaye de la Trinité de Vendôme et l'abbaye de Talmond, envoie à l'abbé défendeur (celui de Talmond) les deux châtelains (*custodes*) de Talmond, en leur prescrivant de faire rendre justice : « Ipsi autem domnum abbatem adeuntes, duxerunt secum Willelmum Ulricum, Robertum filium Ebonis, Garinum filium Engelbaldi, Hugonem Calvum, Poncium filium Ascelini, Giraudum Rufum, Stephanum de Niort, Willelmum Achardum, et *convocaverunt eos per fidem quam debebant eidem duci Willelmo* ut, secundum scientiam et intelligentiam justitie, dicerent rectum judicium inter domnum abbatem et Robertum monachum... » (*Cartul. de Talmond*, ch. 51 (1074-1078), p. 128-129). — De même plus loin : « Quem clamorem suscipiens dux amans justitie, Normanno precepit et constrinxit eum *per fidem sibi debitam* ut hunc clamorem audiret coram principibus Talemondensium et ordinaret secundum justitiam... Hoc judicium dominus Normannus judicavit et confirmavit et cum eo Petrus de Bullio, W. Achardus..... et reliqua *curialis multitudo que aderat maxima* » (*ibid.*, p. 130-131).

Il est remarquable que c'est parfois la partie intéressée elle-même qui recrute parmi les principaux du pays une cour des pairs pour lui soumettre le procès : « Temporibus domni Alexandri abbatis, orta est contentio inter ipsum et Goscelinum fratrem Achardi venatoris. ... Unde capellanus S. Hilarii nomine Baudoinus coactus retulit clamorem ante abbatem Alexandrum, qui *congregavit omnes barones quos invenire potuit ad hoc judicamentum*, coram quibus fecit clamorem de injuria supradicta » (*Cartul. de Talmond*, ch. 188, *circa* 1098, p. 215). — « Radulfus cognomento Agnus, veniens ad mortem, dedit S. Cruci complantum unius quarterii vinee, quod donum Nycolaus cognomento Queterius calumpniavit. Unde compulsus abbas *retulit hoc baronibus judicari*. Qui omnes judicaverunt... » (*Ibid.*, ch. 201 *circa* 1105, p. 233).

Voici maintenant quelques chartes à l'appui de ce qui est dit au texte :

« More anticorum patrum cunctorumque civium lege Romanorum decretum est in orbe terrarum ut principes sæculares legalia præ-

Toutefois les simples fidèles étaient de plus en plus clairsemés. En dehors des alleutiers et de certains habi-

cepta servantes judiciariâ potestate falsa destruerent et recta perquirerent, unde universo orbi notum debet esse quia *residente cum obtimatibus suis domno Ebolo venerabili comite pridiæ Idus Madii Pictavis civitate*, affuit ibi quidam advocatus Sctæ Mariæ et Scti Juniani ex Nobiliaco monasterio Gualdo nomine proclamans rectum judicium *coram domno comite et principibus suis* de Aldeberto Lemovicensi... »
(*Archives de l'abbaye de Noaillé*, 14 mai 994, Moreau, III, f° 188).

« ... Placito que publico coram *Eusebio Andecavensi Episcopo et eodem comite ac reliquis patriæ primoribus* » (1067. Cartul. de Saint-Florent de Saumur, D. Housseau, II, 2, n° 702).

« Die Apostolorum Philippi et Jacobi tenuit Fulco comes *cum optimatibus suis* apud castrum quod Salmurus appellatur *sedens in aula sua super gradus lapideos* placitum inter abbatissam Richildem et Thomam Chinonensem atque Gaufridum Ortarium de terra quam in curte Petræ calumpniabantur. Ubi ab ipsis calumpniæ suæ ratione prolata atque ab abbatissa mendositati eorum responsione veritatis opposita, judicavit supra positus comes, primatesque sui sicophantas illos, Thomam scilicet et Gaufr. O., terram Sctæ Mariæ injuste calumpniatos fuisse, et nullum jus, nullam que eos rectitudinem in terra illa habere. Et ne forte potuissent quandoque auctoritatis censuram depravare, ad *affirmandum curiæ suæ judicium dixit se comes continuo paratum esse*. Nomina autem quorumdam nobilium, clericorum videlicet et laicorum, qui huic placito affuerunt, hic ad testimonium subnotata sunt. Marbodus Archidiaconus, Hugo de Sancto Laudo, Godefridus Sctæ Mariæ capellanus, *de Laicis*, vicecomes Gaufridus, juvenis de Meduana, Berlaius de Mosteriolo, Urso de Mosteriolo, Gilduinus de Doe, Gild. de Monte Rebolli, Albericus filius Ritberti, Raginaldus Fossart, Herncisus de Sancta Cruce, Lethardus de Sancto Lamberto, affuerunt etiam duo filii ejusdem Thomæ, qui patrem suum judicio convictum viderunt, et recognoscentem in eodem placito se a comitissa Hyldegarde quingentos solidos pro ipsa terra accepisse audierunt » (*Cartul. de Ronceray*, fol. 21 v°, 1073-1119, D. Housseau, II, 2, n° 780).

« Tempore quo Hucbertus vicecomes et Rotbertus Burgundus conabantur diruere turrem Johannis de Lusdo, convenerunt ante eos ad placitum de vineis de Luchiaco *in camera petrina vicecomitis* Fulchradus prior et Gaufridus bajulus et Willelmus medicus monachi S. Albini contra uxorem Viviani divitis, etc. Hoc judicamentum judicaverunt R. Burgundus et H. proconsul » (*Cartul. Saint-Aubin d'Angers*, D. Housseau, III, n° 985, vers 1095).

tants de villes ou de bourgs, on n'en comptait plus guère que parmi les seigneurs ecclésiastiques et les barons indépendants. Tous autres étaient engagés dans des liens plus stricts, plus directs, que le **lien de fidélité**[1]. Ils étaient ou vassaux ou recommandés, **tenanciers** ou censitaires, et ils pouvaient, dans la plupart **des** cas, — à moins qu'il ne s'agît, **par** exemple, d'une violation du serment de fidélité prêté au *princeps* — se réclamer de la justice personnelle de leur seigneur.

La distinction entre la cour des pairs siégeant comme vassaux et la cour des pairs siégeant comme fidèles — distinction qu'il ne faut jamais perdre de vue, sous peine de ne rien comprendre au fonctionnement de la justice pendant les x⁰ et xi⁰ siècles ni à son sort ultérieur, — perdait ainsi de son importance pratique. En même temps elle tendait à s'effacer par une confusion insensible.

[1] Nous voyons pourtant des gens du commun jugés par une cour que préside un baron et où les assesseurs figurent comme pairs des plaideurs.

Tel me parait le cas d'un procès fort intéressant qui prit naissance entre le prieur de Fontcher (prieuré de l'abbaye de Marmoutier) et un simple pêcheur, propriétaire d'un *conbrum*, d'un barrage avec filet destiné à arrêter le poisson (une sorte de braie, sans doute, ou de *combrière*). Le moine avait fait pêcher d'autorité cette réserve. Le pêcheur porte plainte à son baron, Hardouin de Saint-Mars et le procès est jugé par une cour que je crois n'être autre qu'une cour des pairs du moine et du pêcheur. Voici, du reste, la charte même :

« ... Domnus Ringarius monachus Fonscari constitutus anno... (1084), jussit conbrum filiorum Heudonis piscari ante Nativitatem Domini, quatinus ad tantam solemnitatem monachi pisces haberent. Tunc unus eorum cujus erat conbrus proprius, Gregorius nomine, admonitus a Raimbaldo majore monachorum ut conbrum suum piscaretur, recusavit dicens : Ego conbrum meum non piscabor nisi quando mihi placuerit. Ad hæc major : Si tu, inquit, citius piscari conbrum tuum nolueris ego ipsum piscari faciam. Gregorio adhuc contradicente, major conbrum piscari fecit et tot pisces ibi capti sunt quod Gregorio tres solidi ad partem suam evenerint. Qui cum ei offe-

Le haut baron, en effet, réunissait presque toujours en sa personne la double qualité de suzerain féodal au regard des uns, de prince au regard des autres. La composition de sa cour pouvait alors ne pas varier. Dans l'assise de justice comme au conseil et à la guerre, c'étaient les vassaux qui, de préférence à tous les autres, l'entouraient[1]. Or n'étaient-ils pas les plus fidèles des fidèles, et, à ce point de vue, mieux que des pairs pour les simples sujets ? N'étaient-ils pas en outre les seigneurs les plus puissants et les plus haut titrés, les *proceres*, les *optimates* de la

rentur, dixit quod nisi cum lege non acciperet, injuriam enim sibi maximam esse factam conquerebat. Fecitque inde Gregorius clamorem ad Harduinum de Sancto Medardo, acceperuntque inde placitum, monachus scilicet et G. cum duobus fratribus suis. S. et J. Cumque statuto termino in domum Sancti Martini apud Fonscarum venissent, affuerunt antiqui piscatores... qui dicerent, presente Harduino de Sancto Medardo et Popardo seniscalco comitis de Columbariis quod monachus Scti Martini recta et antiqua consuetudine faceret piscari omnium hominum conbros qui in aqua Scti Martini essent quando sibi placeret, ita tamen si dominus cujus conbrus fuerit pro labore rame sue XII denarios salvos haberet. Hoc istis ita affirmantibus, nemine contradicente, judicatum est quod G. illos tres solidos qui sibi prius oblati fuerant forisfecisset eo quod accipere noluerit. Ad hoc audiendum fuerunt Harduinus de Sancto Medardo, Gaufredus homo ejus, Gaufredus homo Ratehildis, Popardus seniscalcus, Raimbaldus major » (*Titre de Marmoutier,* 1084, Housseau, III, n° 870).

[1] Dès le commencement du x⁰ siècle, il arrive que la cour d'un comte, qui rend la justice entre simples fidèles et qui s'appelle encore *mallus publicus,* est composée uniquement de vassaux :

« Notitia qualiter vel quibus præsentibus ubique veniens Hisarnus die veneris tertio Kalend. April. infra urbem Pictavam *ante domnum Ebolum* præveniente gratià Dei comitem, et ibidem *astantibus suis vassallis,* interpellabat quemdam diaconem nomine Launonem, quod suum alodem, quem suus consanguineus Guatfredus injuste tenebat, unde semper in querelam erat, ipsius Launus propter sororem suam quam hisdem G. habuerat ad conjugem, injuste et contra legis ordinem tenebat. Unde judicatum est *a domno comite, suis ab omnibus constantibus,* quo præd. L. eundem alodem secundum legem et judicium per guadium suum eidem Hirs. reddidisset quare eum inquietaverat una cum lege et fide facta. Sic taliter fecit L. sicut *judicatum*

région? A moins donc qu'il s'agît de seigneurs ecclésiastiques ou de barons pour lesquels les vassaux ordinaires ne pouvaient pas être considérés comme de véritables pairs en indépendance et en rang[1], les contestations nées entre simples fidèles étaient portées devant la cour de justice garnie de vassaux.

On voit sans peine les conséquences qui devaient en sortir par le progrès du temps. La cour féodale du suzerain, duc ou comte, l'aida un jour à étendre sa juridiction sur les habitants de la région, à reconstituer à son profit une justice territoriale, une *justice justicière*. Fait curieux, on trouve encore fort tard les traces de cette origine. Nos

fuit a domno comite videlicet et ab nobilissimis viris.... His præsentibus actum fuit.

Ebolus comes firmavit.

Sign. M. vicecomitis. + A. auditore. + ... vicecomitis.

Sign. A. vicarii, etc.

(Duobus annis Isarnus in *mallis publicis* fuit et nullus eum interpellavit de hoc allode unde hanc firmitatem a domino comite accepit).

(908, *Arch. de Noaillé*, Moreau, III, f° 228.)

Ailleurs nous trouvons, au x° siècle, une cour mixte de vassaux et d'hommes libres; c'est le passage du *mallum* à la cour seigneuriale : « Noticia guirpicionis vel diffinitionis, in Arelate civitate, publice, ante domno Willemmo, inlustrissimo comite, *et ante vassos dominicos, tam romanos quam salicos*, una cum plurimarum personarum diversis legibus viventibus. Sunt nomina earum, id est : Berengarius judices (judex), Poncius major, Archimbertus..... et aliis pluribus *bonis hominibus*, qui cum ipsis ibidem aderant, qui hanc noticiam subter firmaverunt » (*Cartul. de Saint-Victor de Marseille*, ch. 290 (967 ou 968), I, p. 307-308).

[1] Les juges doivent être d'un rang au moins égal à celui des plaideurs : « *Illius qualitatis, cujus sunt vasalli litigantes*, — dit un feudiste, — et ideo si vassallus litigans cum domino est comes vel baro, certe pares curiæ... debent esse comites vel barones » (Jacobinus de S. Georgio, cité par Ducange, v° *Par*). — Cette règle qui contribua à donner naissance au *parage* considéré comme noblesse se fait jour dès le ix° siècle dans la collection de Benoit le Lévite. *Capitul.* V, 397 : « *Major a minore non potest judicari* » (Walter, II, p. 581).

anciens jurisconsultes assimilent les *justiciables* aux fidèles, et les distinguent des hommes qui doivent l'hommage outre la fidélité[1]. Seulement, le nombre des premiers s'était accru au point que la justice du seigneur était devenue à ce moment une véritable justice territoriale, et la justice sur les vassaux, perdant de plus en plus son caractère personnel, s'était en partie fondue avec celle-ci.

Le même phénomène peut être observé dans la cour du roi, qui devint la cour suprême du royaume.

La cour du roi, *curia regis,* se composait en principe de tous les fidèles que le roi y appelait[2], exactement

[1] « Si (les habitants d'une terre) ne sont hommes du seigneur, ils ne doivent que le simple serment de lui être fidèles *ratione habitationis* sans aucune prestation d'hommage, suivant ce que dit Guy Pape en sa question 307. « Si aliquis qui non est homo meus moratur in territorio ac in jurisdictione, ipse non tenetur præstare mihi homagium vel fidelitatem ; attamen ratione habitationis ipse est mihi subditus et ideo ipse debet mihi præstare sacramentum, quod non erit mihi nocivus, sed fidelis. » Et encore l'un et l'autre ne sont plus guère en usage. J'ai dit s'ils ne sont hommes du seigneur, parce que nos ancêtres ont fait la différence entre la qualité d'*homme* et celle de *justiciable*... L'homme doit hommage au seigneur, le simple justiciable n'en doit point. Tous les habitants d'une terre sont justiciables du seigneur, mais tous ne sont pas ses hommes, s'il n'y a titre. Le seigneur succédait à son homme décédé sans hoirs de son corps, mais non au simple justiciable... » (Salvaing, *De l'usage des fiefs*, Grenoble, 1731, p. 178, 179).

[2] M. Luchaire le remarque très justement dans son livre récent (*Histoire des Instit. monarch.*, I, p. 252) : « Qu'il s'agisse d'affaires de justice ou de questions politiques intéressant l'universalité de la nation, la royauté avait le droit de semondre à sa cour les communautés de la classe populaire au même titre que les ecclésiastiques et les nobles. Les bourgeois ne faisaient point partie, à proprement parler, des vassaux du roi ; mais c'est en qualité de *fidèles* que les représentants des villes pouvaient être appelés à la cour, comme ils l'étaient à l'ost royale. » Et ailleurs, p. 302 : « Plusieurs actes judiciaires, surtout du xie siècle, mentionnent à côté des grands seigneurs, de simples chevaliers, des clercs de rang inférieur et même des gens du peuple. »

comme la cour d'un comte ou d'un duc. On y jugeait les litiges qui s'agitaient entre les particuliers ou les seigneurs liés par la fidélité sans être liés par l'hommage. Pour les contestations entre les vassaux proprement dits, elles étaient décidées par une cour féodale où eux seuls siégeaient. Mais il arriva ici comme dans les seigneuries que le roi fit juger les affaires de ses fidèles par la cour de ses vassaux (mode de procéder aussi légitime que rapide) et qu'il composa régulièrement cette cour des hommes qui vivaient dans son entourage immédiat et qui occupaient les grands offices de connétable ou de chambellan, de boutillier ou de sénéchal.

Toutefois, quand des seigneurs puissants eurent à comparaître devant cette cour, les uns à raison de la fidélité simple qui les rattachait au roi, d'autres à raison de la foi et de l'hommage, ils ne voulurent pas seulement être jugés par leurs co-fidèles ou leurs co-vassaux, mais par leurs pairs en dignité et en rang[1]. Et le rang ici s'élevait à proportion que la fidélité devenait moins étroite.

Or les hauts seigneurs que l'on appela plus tard les grands vassaux de la couronne, les ducs de Normandie, d'Aquitaine et de Bourgogne, les comtes de Flandre, de Toulouse et de Champagne, n'étaient-ils pas unis au roi par des liens singulièrement plus lâches que les vassaux proprement dits? Pour ma part, je considère comme très douteux qu'ils aient jamais, au XIe siècle, prêté d'autre serment que le serment de fidélité[2]. Au XIIe siècle même

---

[1] Encore au XIIIe siècle, les pairs essaient de contester aux grands officiers de la couronne le droit de siéger à côté d'eux pour juger un des leurs. Mais les grands officiers invoquent l'usage établi de temps immémorial, et un arrêt célèbre du Parlement (1224) leur donne raison.

[2] Je n'en ai pas rencontré un seul exemple probant. Le seul texte du XIe siècle que cite M. Luchaire (*Hist. des institut. monarchiques*, II, p. 36, note) se rapporte à un hommage *par parage* rendu à Robert II par le fils de Richard II, duc de Normandie. Or, la tenure par parage emportait simple foi et non point hommage féodal (Cf. par

ce n'est qu'exceptionnellement que nous les voyons faire au roi un acte d'hommage, fût-ce d'hommage simple[1]. De même les grands dignitaires ecclésiastiques, archevêques et évêques, abbés à la nomination du roi, n'étaient tenus qu'au seul serment de fidélité[2].

Ces fidèles que l'on pourrait dire *hors rang* devaient donc, par droit et par raison, être convoqués à la cour du roi s'il s'agissait de juger l'un d'entre eux, l'un de leurs pairs. De là naquit l'usage de réserver le titre de *pairs* aux plus puissants et aux plus grands parmi les vassaux ou les simples fidèles[3], à ceux dont la présence

exemple l'ancienne Coutume de Normandie, ch. 30, édition de Gruchy, Jersey, 1881, p. 95-96) : « Teneure par parage est, quant cil qui tient et cil de qui il tient doibvent par raison de lignage estre pers, ès parties de l'héritage qui descent de leurs ancesseurs. En ceste manière tient le puisné de l'ainsné jusques à ce qu'il vienne au sixte degré du lignage; » (ch. 35, p. 110-111) : « Les ainsnés font les hommages aux chiefs seigneurs; et les puisnés tiennent d'eulx *par parage* sans hommage.... Quant le lignage sera allé jusques au sixte degré, les hoirs aux puisnés seront tenus à faire *féaulté* aux hoirs de l'ainsné; et quant il sera allé jusques au septiesme degré, ils seront tenus à leur faire *hommage*. »

[1] Voyez, en ce qui concerne l'hommage lige, Brussel, *Nouvel examen de l'usage des fiefs*, Paris, 1739, I, p. 332, note *b*.

[2] C'est à tort que M. Luchaire parle de l'hommage que les évêques auraient fait au roi (*Hist. des institut. monarchiques*, II, p. 76) avant d'être investis par lui de leur évêché. L'évêché n'a jamais été assimilé à un fief. Quand les évêques ont fait *hommage* au roi, c'était non à raison de leur évêché, mais à raison des fiefs qui en dépendaient (Voyez Brussel, *Nouvel examen de l'usage des fiefs*, I, p. 20 et suiv.). Je dis quand ils ont fait hommage, car ils pouvaient au xie et au xiie siècle se retrancher derrière la défense faite aux ecclésiastiques de devenir les *hommes* des laïques, dans le sens féodal du mot : « Nullus presbyter efficiatur homo laici, quia indignum est ut manus Deo consecratæ, et per sacram unctionem sanctificatæ, mittantur inter manus non consecratas... Sed si feudum a laico sacerdos tenuerit, quod ad Ecclesiam non pertineat, talem faciat ei *fidelitatem* quod securus sit » (*Capitula* Synodi Rotomagensis, 1096, cap. 7. Orderic Vitalis, livre IX, t. III, p. 473, éd. Le Prevost).

[3] Que leur nombre fût fixé régulièrement à douze dès le xie siècle,

faisait de la cour ordinaire du roi une cour des pairs par excellence, une cour dont nul fidèle ne pouvait plus dé-

il est impossible, en l'état actuel des sources, de le prouver. Je serais pourtant porté à le croire. C'était déjà le sentiment de Brussel (*Examen de l'usage général des fiefs*, I, p. 655), et il me semble d'accord avec nos plus anciennes chansons de geste, que nous connaissons mieux aujourd'hui. Dans la *Chanson de Roland*, cette magnifique épopée du xi⁣ᵉ siècle où, pour la première fois, l'âme de la France prend pleine conscience d'elle-même, le poëte chante, à côté du Charlemagne des légendes, les douze plus vaillants d'entre les preux. L'archevêque de Reims, Turpin, est de leur nombre. Ils sont les douze pairs, les douze compagnons qui s'aiment et se soutiennent :

« Sire, dist Guenes, ço ad tut fait Rollanz;
« Ne l'amerai a trestut mun vivant,
« Ne Olivier *pur ço qu'est sis cumpainz*,
« *Les duze Pers, pur ço qu'ils l'aiment tant.*
(Vers 322-325.)
« Par ceste barbe que veez blancheier,
« *Li duze Per* mar i seront jugiet.
(Vers 261-262.)
De cels de France virent les gunfanuns,
La rere-guarde des *duze cumpaignuns.* »
(Vers 857-858.)

Leur loyale amitié ne prend fin qu'avec la vie. Au moment où ils vont mourir, Olivier dit à Roland :

« Hoi nus defalt la *leial cumpaignie* :
« Einz le vespre iert mult grief la departie. »
(Vers 1735-1736.)

Sans doute, une tradition mi-partie germanique, mi-partie gauloise, a pu faire surgir de l'imagination des poëtes populaires les grandes figures de Roland, de Turpin, d'Olivier et des autres, un double souvenir du compagnonage germain et de l'association celtique (*suprà*, p. 59) a pu les marquer de son empreinte. Mais le moyen âge, ne l'oublions pas, ne voyait le passé qu'à travers le présent : il faisait de Charlemagne un suzerain féodal et de ses soldats des chevaliers et des barons. Comment admettre que les douze pairs eussent tenu dans l'organisation féodale décrite par la *Chanson de Roland* la place qu'ils y occupent, si leur titre n'avait pas répondu à une institution contemporaine du poëte?

Il est fort possible, du reste, que les douze pairs n'ont été nullement au xi⁣ᵉ siècle les mêmes dignitaires que nous rencontrons deux

cliner la compétence[1], une cour mixte, enfin, qui devint le Parlement et qui servit au roi vis-à-vis de ses vassaux à transformer sa suzeraineté féodale en souveraineté, vis-à-vis de ses fidèles à rendre sa souveraineté effective sous les dehors d'une suzeraineté féodale.

Je n'ai pas voulu résoudre ici, dans ses détails, la question de l'origine des pairs, mais surtout établir que

---

siècles plus tard. Les comtes d'Anjou et de Vendôme, par exemple, pouvaient figurer parmi eux, au lieu des comtes de Champagne et de Toulouse.

Je remarque, pour finir, que le nombre douze se rencontre dans la loi Salique et dans les Capitulaires; non-seulement pour les *conjuratores* (*Lex Salica*, tit. 58), mais aussi pour les assesseurs des plaids (*Capitul. de justitiis faciendis*, circa a. 820, cap. 2, Boretius, p. 295) : « Vult domnus imperator, ut in tale placitum quale ille nunc jusserit, veniat unusquisque comes et adducat secum *duodecim scabinos*, si tanti fuerint : sin autem de *melioribus hominibus illius comitatus* suppleat numerum duodenarium; et advocati tam episcoporum, abbatum, et abbatissarum cum eis veniant. » — On peut voir aussi sur l'importance traditionnelle, trop souvent méconnue, que le nombre douze a eue chez les Germains l'Appendice II du premier volume de Waitz (*Deutsche Verfassungsgeschichte*, p. 497-500, 3ᵉ édition. Kiel, 1880).

[1] Il en fut de même dans les cours des seigneurs régionaux, ducs, comtes ou barons. Le terme de *pairs* ne s'appliqua plus à tous les vassaux des fidèles, mais aux principaux d'entre eux seulement, à ceux qui devaient garnir, en règle, la cour du seigneur. Le comte de Flandre eut ainsi ses douze pairs; de même le comte de Guines. Le comte de Hainaut en eut huit; le comte de Champagne, sept; le comte de Vermandois, six.

Il est intéressant de remarquer, à propos de ce dernier, que Philippe-Auguste, en confirmant aux bourgeois de Saint-Quentin leur charte de commune (1195), parle des pairs du Vermandois qui autrefois étaient considérés comme les plus grands : « Cum primum communia acquisita fuit, *omnes Viromandiæ Pares, qui tunc temporis majores habebantur,* et omnes clerici, salvo ordine suo, omnesque milites, salvâ fidelitate comitis, firmiter tenendam juraverunt » (*Ordonn. des rois de France*, XI, p. 270). — N'est-ce pas comme un trait de lumière sur l'origine de la pairie? Ce sont les *majores Pares* qui retinrent seuls le titre de pairs.

le jugement par les pairs, soit dans la juridiction féodale proprement dite, soit dans la juridiction qui **dérive** de la souveraineté, est essentiellement à ses débuts une *justice personnelle*.

CHAPITRE IX.

CONTINUATION. — LA JUSTICE DOMESTIQUE ET LA JUSTICE CENSUELLE.

Il ne faudrait pas croire que le pouvoir protecteur du chef de famille avec l'autorité qui s'y attachait, le *mundium* entendu dans son sens le plus large, ait disparu au moyen âge. Il s'était seulement transformé : il avait perdu son caractère patriarcal pour prendre couleur de seigneurie; il s'était mis en harmonie avec les institutions ambiantes. De même que les parents continuent à se soutenir mutuellement dans les contestations judiciaires (nous l'avons vu au précédent chapitre), de même le chef, le maître de la *familia,* de la *maisnée,* étend comme par le passé sa protection sur tous ses serviteurs, les couvre de sa personne et de son crédit.

A l'époque franque, le serf ou le lide ne pouvait être directement actionné en justice. C'était le maître qui répondait pour lui, en le conduisant au *mallus,* en prenant son fait et cause.

Aux xe et xie siècles, il n'en est guère autrement.

Quand un homme engagé dans les liens d'une dépendance personnelle — autre que la fidélité ou l'hommage dont nous avons parlé et que la *commande* dont nous parlerons — s'est rendu coupable d'un méfait ou s'est exposé à une demande civile, sa personnalité se confond avec la personnalité de son seigneur, ou plutôt elle s'efface derrière celle-ci. Toutes les variétés du serf et de l'affranchi que le moyen âge réunit sous la qualification d'*homme propre, homo proprius,* et dont, en fait, aussi la condition est si voisine, partagent avec les serfs domestiques cette espèce d'*immunité personnelle*. C'est à leur maître que la plainte s'adressera, à lui que la réclamation sera soumise. C'est lui qui *fera justice* (*rectum, justiciam facere*), qui, en d'autres termes, résistera à la demande ou y accédera en indemnisant la partie lésée, sauf à punir ensuite son homme comme il lui semblera bon. Sans cesse, nous voyons ainsi les maîtres traiter les affaires de leurs hommes, les terminer entre eux seuls.

Vers 1076, par exemple, Hardouin de Maillé était en contestation avec l'abbaye de Marmoutier à Tours. Il réclamait une pelisse de vair qu'on lui avait promise, quand il était enfant, comme prix de son consentement à la cession d'une terre, mais il se plaignait surtout aussi du meurtre d'un de ses serfs par les hommes de l'abbaye. Les moines composent avec lui. Moyennant cent *solidi* qu'ils lui versent, Hardouin de Maillé, en son nom et au nom de la famille du serf tué, tient les coupables quittes du méfait qu'ils ont commis [1].

Quand le droit du maître est mis en question, quand un tiers veut poursuivre d'action immédiate, *omisso medio*, un serf ou un affranchi, le maître proteste avec énergie, il revendique et interpose son autorité. Témoin le cas suivant.

Dans les premières années du xie siècle, l'abbesse de Notre-Dame de Saintes est victime d'une surprise. Elle

---

[1] « ...Harduinus (de Malliaco) calumniatus est ipsam terram (de Martiniaco) propter unum pellicium varium quod dicebat fuisse promissum sibi parvulo pro auctoramento illius terræ, nec postea redditum. Pro illo ergo pellicio et *pro quodam servo suo quem occiderant homines nostri* dedimus ei C solidos et sic venit in capitulum nostrum cum matre suâ et ibi auctorisavit prædictam terram..... Perdonavit etiam nobis ibidem totum forisfactum de morte servi sui, *quantum ad se pertinebat et ad homines suos*. Nam de parentibus ut cognatis mortui, sicut ipse et mater sua et homines sui dixerunt, nullus supererat præter unum infantem qui erat ætatis unius et dimidii anni... » (*Cartular. Turonense Maj. Mon.*, f. 15 v°. D. Housseau, III, n° 790, circa 1076).

venait d'être installée dans son siège abbatial, elle ne connaissait qu'imparfaitement encore les affaires de la communauté, quand un homme du nom de Josbert Gouin se présente à elle. Il se donne comme ayant été jusqu'alors l'intendant personnel de l'abbesse, le surveillant et l'administrateur des terres qui lui reviennent. Il demande, à ce titre, le renouvellement d'une concession de vignes dont il prétend avoir joui; bien plus — est-ce pour se faire mieux passer pour un employé authentique? — il réclame effrontément une augmentation de salaire. L'abbesse trompée lui donne un cheval et lui attribue deux setiers à prendre chaque année sur les contributions en grains. Mais le subterfuge est découvert; l'abbesse apprend qu'on la vole et elle appelle devant sa cour l'adroit fripon.

Qu'arrive-t-il alors? Le faux intendant était l'homme propre, *homo proprius,* d'un prévôt nommé Raoul. Sitôt que ce dernier a connaissance du fait, il conteste à l'abbesse le droit de citer directement son homme : il n'ira pas, dit-il, car il m'appartient : « *Contradixit abbatisse ipsum ante se venire; quia proprius erat suus homo ille.* » — L'abbesse est obligée de céder : c'est Raoul lui-même qu'elle doit mander en justice. Il se rend à Saintes à la cour de l'abbesse, il y conduit son homme, se porte son garant, et puis tous deux s'en retournent paisiblement, ayant terme ou répit (*in respectu*), dit la charte, comptant bien en être quittes tout de bon, comme la suite nous le montre.

Le prévôt Raoul est amené une seconde fois, avant l'expiration même du terme accordé, à soustraire l'un des siens aux réclamations de l'abbaye.

Un autre Gouin cultivait des champs sur le territoire du vicomte Savaric. Il enfreint l'édit qui, sous peine de soixante sols d'amende, oblige tous les habitants de ce territoire à servir dans l'armée du vicomte. Le vicomte fait saisir ses bœufs. L'autre appelle des hommes de l'abbaye à son secours pour les reprendre. On en vient aux mains, le sang coule; un chevalier du vicomte est tué; le vicomte se venge en ravageant les terres de Notre-Dame de Saintes. Le premier auteur de tout le mal, c'est Gouin. Son maître, le prévôt Raoul, prend tout sur lui; il s'accorde avec le vicomte aux dépens de l'abbaye, puis, par une manœuvre preste et vive, il se dégage de la double responsabilité qu'il a prise envers celle-ci. Il marie sa fille, donne ses biens à son gendre, et se fait moine[1].

La substitution du maître au lieu et place du serf ou du tenancier servile était évidemment à l'avantage de tous deux : à l'avantage du maître, car il empêchait qu'on lui fît perdre un de ses hommes, ou qu'on le ruinât par des amendes ou des compositions; à l'avantage de l'homme, parce que la répression exercée par son maître

---

[1] « Quidam homo ejusdem Radulfi, nomine Josbertus Goinus, post mortem abbatisse Lethburgis, venit ad successorem suam abbatissam, nomine Hersendem cognonento Brunam, fingens se suum proprium villicum, et petens fraudulenter habere ab ipsa, quod mentitus fuerit se habuisse a predecessore sua, scilicet quartum vinearum suarum; et dixit quod solummodo propter hoc nullum sibi faceret servitium, nisi daret additamentum. Ipsa vero sibi dedit ad presens unum caballum, et per singulos annos duo sextaria mestive constituit. Post hec audiens abbatissa, quod ipse sibi furabatur, mandavit eum, ut veniret ante se ad jus. Quod audiens Radulfus prepositus, quod ille homo suus, per abbatissam scilicet, proprie mandaretur in jus, contradixit abbatisse ipsum ante se venire; *quia proprius erat suus homo ille.* Videns autem illa, quoniam per se justiciam habere de eo non posset, mandavit Radulfo, quod ipse sibi faceret. Veniens itaque Radulphus Xanctonas ante abbatissam, secum ad judicium illum adduxit. Ad cujus judicium fuerunt judices Focaldus Airaldi et alii complures, secundum judicium quorum, pro forisfacto suo, dedit ipse magnitudinem vadimoniorum. Quorum omnium Radulfus pro magnitudine vix fidejussor fuit. His ita factis, ambo dicesserunt in respectu.

In quo respectu contigit, quod quidam homo alius ejusdem Radulfi, nomine Goinus, arans extra terram Sancte Marie, in terra

était moins redoutable : le bras levé par la colère retombait paralysé par l'intérêt personnel.

Pour les tiers, la face des choses se présentait inverse. Le maître pouvait résister avec plus de chances de succès que le serviteur n'eût pu le faire ; il devait, du reste, être cité devant ses pairs. On comprend donc que le droit des maîtres d'arrêter au passage toute action dirigée contre les hommes placés dans leur dépendance fût contestée souvent par ceux qui avaient à se plaindre de ces derniers.

Une autre opposition venait des seigneurs régionaux qui prétendaient au droit de justice. Du moment, en effet, que le maître répondait de ses hommes, il était seul ensuite à les juger, et il restreignait d'autant la compétence de la justice territoriale. Toutefois, l'intérêt des maîtres était trop grand et, si je puis dire, trop réciproque, de plus l'intervention des justiciers trop impraticable en fait, pour que la justice personnelle des pre-

vicecomitis Savarici, bannum despexit quod Savaricus edixerat omnibus hominibus terre sue; quoniam si quis horum esset qui non in suo quodam exercitu iret, sexaginta solidos persolveret. Qua causa fecit predari boves istius, quos in sua terra invenit. Hic autem volens defendere suos boves, venit ad homines illius terre Sancte Marie, ut se adjuvarent. Qui secum obviam procedentes armati, abstulerunt boves non sine multo sanguine ex utraque parte, ita quod multi homines Sancte Marie plagati essent, et unus miles occisus ex vicecomitis hominibus. Istud audiens vicecomes, predatus est terram Sancte Marie. Tunc Radulfus prepositus supradictus, senior Goini, volens paccare culpam ejus, satisfecit ex hac re vicecomiti, ita quod et sibi predam Sancte Marie, pro forisfacto banni sexaginta solidorum condonaret, et pro morte militis, de eadem terra centum solidos emendaret. Hujus rei cognitio postquam venit ad aures abbatisse, ilico transmisit illuc legatos monentes Radulfum, quod sibi faceret rectum de presenti forisfacto et de fidejussione Josberti Goini, et de aliis que ipse faciebat per se forisfactis. Qui dolis differens rectum, in hac dilatione se fecit monachum, ante tamen filiam suam cuidam Andree de Traenz tradens in conjugium, cum his omnibus possessionibus, quas possidebat sive juste sive injuste » (*Cartulaire de Notre-Dame de Saintes*, ch. 227 (1100-1107); *Cart. de la Saintonge*, II, p. 146-147).

miers ne prît pas le dessus. Elle fut établie ou consacrée par des accords qu'ils conclurent avec les justiciers et qui souvent même leur coûtèrent de grosses sommes. Nous allons en passer quelques-uns en revue.

Au centre de la *familia* se trouve un groupe, un noyau, qui porte, par excellence, ce titre. Il se compose de tous les serviteurs, libres ou serfs, qui vivent de la table du maître, qui sont nourris, vêtus, entretenus par lui. Ce sont les domestiques qui vaquent aux offices de la maison; ce sont les artisans de tout métier qui, habitant sous le même toit ou répartis aux alentours, pourvoient aux besoins quotidiens du maître, de sa famille et de ses hommes; ce sont les ouvriers attachés aux mille services de l'exploitation rurale, depuis le vigneron ou le valet de labour jusqu'au bouvier ou au pâtre. Sur tous ces serviteurs la justice domestique était à la fois plus facile et plus importante à conserver que sur tous autres. Aussi la rencontrons-nous réservée expressément, à côté de la justice plus générale sur les hommes *propres,* à défaut de celle-ci :

« Les bourgeois appartenant à l'abbaye et les serviteurs nourris par elle sont exempts de toute juridiction étrangère, » dit une charte du cartulaire de Saint-Vincent du Mans[1]. — « Les hommes qui vivent aux dépens du monastère, *de victu monasterii,* sont affranchis de ma juridiction et de celle de mes viguiers, » dit un seigneur justicier dans une charte de Notre-Dame de Saintes[2]. — Ailleurs,

---

[1] « Burgenses Sancti Vincentii et omnes *famuli de cibo monachorum,* ut nullo modo a vicariis distringantur » (Voyez *infrà*, p. 268, note).

[2] « Ego Willelmus de Passavant et uxor mea Lucia ...... volumus et concedimus, ut illi homines Sancte Marie qui assidue vivent de victu monasterii, per villas, et in ipso capite abbatie, scilicet Sanctonis, ... nulli vigerie subjaceant; ita videlicet ut neque nos, neque vigerius noster illos distringat de aliquo forfacto, nec etiam de quatuor forfactis, id est de furto, rapto, incendio, sanguine » (*Cartulaire de Notre-Dame de Saintes,* ch. 58 (1100-1107); *Cartul. de Saintonge*, II, p. 58). — Adde *Cartul. de l'Yonne,* ch. 247 (1145), I, p. 395. « Servien-

la même immunité personnelle est concédée aux ouvriers d'une ferme seigneuriale[1].

Dans un accord que passe l'abbaye de Montier-en-Der avec le sire de Joinville, Geoffroi, avoué de ses possessions dans le Blésois, elle stipule que tous ses serviteurs directs, *servientes indominicati,* ses bouviers, ses porchers, ses vachers, ses vignerons, ses fourniers, devront être jugés par l'abbé ou son représentant et que l'avoué ne pourra intervenir à leur égard qu'en cas de déni de justice[2].

Voici un document où est marquée avec une netteté plus grande encore cette subdivision de la justice domestique.

Un viguier du nom de Teudasius prétendait à la justice sur les hommes de l'abbaye de Marmoutier. Son père y avait renoncé autrefois, du temps du comte Eudes, mais il n'en avait cure et molestait cruellement les moines. Devant Eudes, comte de Touraine, et Hugues, archevêque de Tours, la question est tranchée.

---

tes episcopi et quotquot erunt de familia ejus, numquam justitiabunt se per comitem. » — *Cartul. de Saint-Trond,* p. 17, p. 20, etc.

[1] « Omnes etiam consuetudines proprii juris ecclesie remisit nec de *operariis conductis* aut *servientibus* sive *etiam messoribus* intra curtem vel foras tumultuantibus ullo modo se intromittet » (*Cartulaire de Foigny,* MS., f° 35 r° (1113-1151)). — *Adde* dans le même cartulaire : « Clarenbaldus de Monte Cavallonis in terra Eurecanie quicquid pertinet ad *vicecomitatum...* æcclesiæ concessit atque donavit, excepto quod si homo sæcularis *qui non sit de servientibus æcclesiæ* infra terminum illum aliquid forisfecerit inde sibimet justiciam retinuit » (*Cartulaire de Foigny,* MS., f° 19-v° (xii° siècle).

[2] « A clericis nostris et equitibus quos casatos vocant et *servientibus indominicatis* id est *bubulcis* et *porcariis, vacariis, vinitoribus, furnariis,* neque de prædictis consuetudinibus neque de aliis rebus quicquam omnino accipiet. Si quid ei ab *hominibus nostris in eadem advocatione degentibus forsfactum fuerit,* ipse vel prepositus suus proclamationem faciet ad villicum Scti Petri vel ad prepositum vel ad abbatem. Si ab eis justitiam non impetraverit tunc demum *sicut advocatus* justitiam sibi legalem accipiet..... » (*Cartul. de Montier-en-Der,* MS., f°s 92 v°, 93 r°, 1089).

S'agit-il d'hommes *propres*, de coliberts notamment, le viguier Teudasius ne pourra les juger que si un homme libre est intéressé dans l'affaire. Encore faut-il que le cas soit grave (un des quatre cas de haute justice) et que les moines n'aient pas prêté l'oreille à une plainte qui leur aurait été au préalable adressée.

S'agit-il de la *familia* proprement dite, de tous ceux qui, libres ou serfs, sont employés par les religieux, vêtus et nourris par eux, la justice du viguier Teudasius n'a aucune prise sur eux. Aux moines seuls appartient le droit de les juger[1].

Pour être moins directement subordonnés au maître, le surplus des hommes propres, les tenanciers serviles des

---

[1] « ... Diffinitio rationis quæ facta est Turonis ante comitem Odonem et archiepiscopum Hugonem, cæterisque nobilibus viris curiæ ejus inter abbatem Ebrardum monachosque Maj. Monast. et quemdam vicarium nomine Tedasium qui injuste possidere et tenere cupiebat consuetudines quæ olim tempore Odonis venerabilis comitis teste Walterio Turonicæ civitatis cive a Corbone diffinitæ fuerunt et prenominatæ et a patre ejusdem Tedasii dimissæ. De quâ diffinitionis ratione nos idem Tedasius graviter molestam in tantum excrevit furia ejus in hominibus nostræ possessionis ut hoc ipsum referretur, ut dictum est, ad aures comitis Odonis ex quâ re dijudicavit ut *omnes vicariæ* quas reclamabat in terrâ Scti Martini irritæ fierent *nisi ex IV causis*, id est, rapto, incendio, banno et furto, eâ siquidem ratione ut si colibertus in coliberto in terra Beati Mart. consistens aut ex aliis potestatibus Scti Martini pro aliqua causa adveniens neglexerit, aut qualemcunque forfacturam fecerit, jam dictus T. nec ullus vicarius vicariam habeat, sed omnia in potestate abbatis et monachorum dicti loci consistant. Si vero colibertus contra ingenuum aut ingenuus contra colibertum, ut etiam ingenuus contra ingenuum aliquam forfacturam fecerit, non habebit inde memoratus T. nec alius vicariam, excepto de IV jam dictis causis id est, rapto, incendio, banno et furto, et hæc non accipiet nisi prius clamorem fecerit si residens homo est ad ipsum abbatem aut ad ministrum ejus. *De familiâ autem S. Martini* si quis aliquid neglexerit quocunque ministerio utatur tam ingenuus quam colibertus sive hi qui in *monasterialibus servitiis seu forinsecus occupatis* quoscunque monachi alunt, vestiunt, nutriuntque ut *vicariam ullam non solvant;* sed totum quicquid neglexerint

campagnes, les habitants des bourgs placés dans une étroite sujétion, n'en bénéficiaient pas moins d'accords analogues. Renonciation à prix d'argent du justicier, concession gratuite, transaction après procès ou conflit violent, réciprocité stipulée[1], toutes les formes de conventions se rencontrent. Preuve indéniable des multiples et heureux efforts que font les maîtres pour asseoir sur des bases solides la justice domestique. Le moins qu'ils obtiennent, c'est d'être constitués juges en premier ressort, c'est d'être saisis au préalable de la plainte, c'est que le recours au justicier ne soit possible qu'après leur propre refus de faire droit[2].

Geofroi de Bonant et son fils s'étaient rendus coupables

ubi et ubi totum in potestate sit abbatis et monachorum ejus perpetualiter. Hæc vero diffinitio et terminatio vicariæ est a ripâ Ligeri usque ad terminum terræ Vindocinensi... » (*Cartul. de Marmoutier*, D. Housseau, II, nº 367, an 1015).

[1] « Ego Gaufridus filius Burchardi de castello Bruslonis..... has quatuor prebendas (canonicorum, in ecclesia Scti Petri)... cum burgo et terris pertinentibus ad ipsum locum Scti Petri, ita concedo et honorifice annuo B. Petri Culture cenobio sicut meus pater possedit et ego, scilicet cum omnibus consuetudinibus, id est vicario, theloneo, fornayo, banno, corvaria et moltura, si tamen in meo fevo molendinum habuerint. *Rixa* vero si facta fuerit inter meos et monachorum homines *in viâ publicâ* terre Scti Petri, quam obtinere videntur ipsi monachi, forsfactura mei hominis emendatur mihi, et forsfactura illorum emendetur suprad. monachis » (*Cartulaire de Saint-Pierre-de-la-Couture*, p. 22, an 1068). — Adde *Cartul. général de l'Yonne*, I, ch. 210, p. 349-350 (Circ. a. 1140-1145).

[2] « ... Ego Walterus comes Breonensis... omnes consuetudines et justicias quas in ejus terra accipiebam hac diffinitione donavi ut deinceps nec ego nec quisquam heredum..... ullam justiciam faciat aut consuetudinem accipiat; scilicet bannum, infracturam, corvadam, carroperam, opus ad castellum vel aliam quamlibet consuetudinem... sed sint quieti et ipsi et homines eorum et terra cum habitatoribus ejus et protecti *ab inquietudine mei comitatus*. Si vero homines eorum mihi vel alii cuipiam tortitudinem habuerint factam, primum fiat clamor ad ipsos, nemoque ex ministris meis de eis faciat justitiam *nisi ei monachi refugerint facere eam...* » (*Cartul. de Montier-en-Der*, MS., fº 48 vº, 1049).

d'exactions et de violences dans l'obédience de Williels, dépendant de l'abbaye de Cluny. Le fils, mieux inspiré que le père, reconnaît ses torts et se désiste de toute prétention à la justice sur les hommes de l'abbaye qui habitent cette obédience : « *commanentium qui ad Cluniacum pertinent.* » L'abandon est complet en ce qui les regarde. Geofroi de Bonant ne pourra pas même intervenir si un étranger est lésé par eux ou s'ils commettent quelque méfait durant la foire, *in mercato,* dont la police pourtant et la justice spéciale étaient d'ordinaire réservées par les seigneurs justiciers [1].

Humbert de Châtillon réclamait, du chef de sa femme, d'injustes coutumes dans une autre possession de l'ab-

[1] « ... Gaufredus filius Gaufredi de Bonant post multas torturas ac violentias quas ipse vel pater ejus vel avus ejus Gaufredus in illa obedientia de Williels contra Cluniacum perpetraverat ... recognovit se esse hominem Clun. abbatis... Hanc firmaverunt concordiam.
Justiciam vel districtionem hominum intra villam Willihels vel extra in pertinentiis ejus commanentium *qui ad Clun. pertinent* quomodocunque prædictus G. eatenus sibi vendicare contenderit de integro werpivit... ut de nullo forfacto illorum hominum se unquam intromittat ad justiciandum, nisi forte de illis hominibus tam superbus tamque rebellis contra obedientiarium monachum aliquis existat ut obedientiarius ille de illo tali cogatur clamorem facere ad G., et de tali justicia monachus duas partes habebit G. terciam. Si homo quilibet obedientiarii in villa W. vel extra villam cuilibet extraneo forfactum fecerit aut extraneus quilibet homini obed., non se intromittet G. de illo vel illo nisi obed. hoc ad eum clamaverit et tunc similiter G. terliam partem de justicia habebit. In mercato de W. qualecunque forfactum homines extranei alius contra alium inter se fecerint, de utraque parte justicia ad solum G. pertinebit. Si homo extraneus in mercato contra hominem obed. forfactum fecerit, cum per clamorem quem obed. vel homo ejus ad G. fecerit extraneus ille justiciatus fuerit, post emendam vel justiciam illius qui forfactum recepit de reliqua justicia obed. duas partes habebit G. terciam. Similiter si homo obed. in foro forfactum fecerit contra extraneum hominem, cum G. aut minister ejus de hac ve ad obedientiarium clamorem fecerit, post emendam vel justiciam illius qui forfactum recepit de reliqua justicia obed. duas partes habebit G. terciam » (*Cartul. de Cluny,* MS., cart. B, f⁰ˢ 273 v⁰-274 v⁰ (1099-1108)).

baye de Cluny. Les moines prouvent par témoins que son beau-père y a renoncé jadis. Il y renonce lui-même, ne retenant que la garde (*varda*) et la justice des malfaiteurs. Or cette justice est strictement bornée : en aucun cas et quel que soit le lieu où ils habitent, les hommes appartenant à l'abbaye ne doivent y être soumis ; ils ne relèvent que de leur maître, le couvent [1].

Hélias, comte du Mans, reconnaît à l'abbaye de Saint-Vincent le droit de justice dans ses églises, ses maisons, son bourg. Cela semble une justice territoriale, mais le comte, se fondant sur le principe que l'Église ne doit ni ne veut verser le sang, se réserve l'exécution des délinquants étrangers. Ce sont ses agents qui les feront pendre, après que les agents de l'abbaye les auront dépouillés de tout — même de leur chemise — et fustigés à fond. Au contraire, le comte ne portera jamais la main sur les hommes de l'abbaye. Elle-même leur infligera telle peine qu'elle voudra ou les laissera saufs, sans qu'il ait à s'en mêler, hormis le cas où ils auraient commis un méfait en plein marché [2].

---

[1] « ... Humbertus (de Castellione) accepit uxorem filiam videlicet Berardi de Luseiaco. Qua ex causa surrexit in Cavariacum, æstimans se posse quasdam ibi malas consuetudines exercere quas Berardus ille in vita sua finierat. » — Bérard avait abandonné : « Omnes malas consuetudines ac depredationes seu torturas... Nichil penitus ibidem vel sibi vel posteritati suæ juste seu injuste exigendum amplius retinuit nisi tantum *vardam* et *malefactorum justiciam* quam se ibi habere fatebatur... Justiciæ autem quam querebat tenor... hujusmodi erat, ut si monachus ejusdem obedientiæ procurator de aliquo adversario seu latrone vel malefactore justiciam sibi quereret, plenarie eam ipsi faceret; et tunc jam ejusdem justiciæ leges et placita inter obedientiarium et seniorem de Luseiaco per medium esse deberent. *Si quis etiam latro videlicet qui de hominibus Sancti Petri non esset in foro Cavariaci furtum faciens vel ab ipso domino de Lus. seu ab ipso preposito, scilicet de Luseiaco, deprehenderetur, eodem modo videlicet medio ab eo justiciaretur. De hominibus autem Sancti Petri tam interioribus quam exterioribus nulla unquam ad eum justicia pertinebit* » (*Cartul. de Cluny*, MS., cart. B, f° 262 v°-263 r° (1103)).

[2] « Ego Helias... in urbe Cenommanica comes constitutus... do Deo

En fondant l'abbaye de Talmond, Guillaume le Chauve, seigneur du château de ce nom, exempte de sa juridiction tous les hommes du nouveau monastère. Qu'ils aient à combattre en champ clos, qu'ils blessent, ou tuent, ou volent, en dedans ou au dehors du château, en un lieu quelconque de la seigneurie, l'abbé seul sera leur juge. Cette immunité personnelle fait partie de la *paix* que le fondateur de l'abbaye veut lui assurer à elle-même, et assurer à tous ceux qui dépendent d'elle[1].

et Sanctis Martino Vincentio et Laurentio... quicquid aut juste aut injuste in eorum ecclesiis domibus et in toto burgo eorum ad vicariam pertinens habebam. Ita ut ipsi vicarium suum habeant qui justicias et districtiones secundum preceptum abbatis et mon. faciat. Si quis vero extraneus, aut in latrocinio, aut in aliquo crimine ibi deprehensus fuerit, *ablatis rebus omnibus, bene flagellatus, corpus nudum ad justiciam corporalem faciendam quo monachi pro Deo et pro suo ordine facere nolint,* vicariis meis reddatur. De *suis vero hominibus,* omnino *liberam potestatem* habeant faciendi quod volunt. Si vero quis ex eorum hominibus alicui forisfecerit, aut is cui necesse fuerit apud abbatem querelam deponat, et ipse abbas aut sui justiciam faciant, ne sit necesse ut vicarii Comitis ibi manum mittant. Ita igitur sint *liberi* jamdicti *Burgenses S^{ti} Vincentii* et *omnes famuli de cibo monachorum,* ut nullo modo a vicarii distringantur, nec etiam in mercato, nisi prius clamor ad abbatem vel ad mon. vel ad vicarium eorum venerit et ipsi rectum facere noluerint, *nisi forte in ipso mercato forisfactum fuerit perpetratum* » (*C. Saint-Vincent du Mans,* MS., f°s 11-12 (1098-1100)).

Adde *Cartul. du Vendômois,* MS. (f° 32 r°, col. 1-2, xi^e s.) :

« ... Domnus Ingelbaldus de Vindocino in capitulum Scti Martini... venit ibique dimisit quod nullam consuetudinem amplius in ejusdem Scti requirat terris nec *capiat* neque capere faciat, exceptis quatuor causis de *terra Scti Gilderici* videlicet banno, incendio, rapto et furto et hec mensurate et cum moderantia ab in hujuscemodi culpis deprehensis accipiat. Cetera vero justitia in monachorum Scti Martini arbitrio pendeat. Hoc quoque similiter dimisit quod a *monachis vel ab hominibus Scti Martini in suâ curia placita per consuetudinem fieri amplius non requirat.* »

[1] « ... Ego Guillermus, Talemonti castri princeps et dominus..... Superest adhuc conventio, quam dominice cruci contuli, quod si *homo Scte Crucis* prelietur in campo, sive vincat, sive vincatur, ban-

En 1068, Goscelin, archevêque de Bordeaux, et Simon de Parthenay, son frère, donnent à l'abbé Raimond et aux moines de Bourgueil l'autorisation de fonder une église près du lieu appelé *Secundigniacum*, hors l'enceinte du château-fort qui s'y trouvait établi. Ils ajoutent la déclaration expresse que tous les hommes de l'abbaye n'auront à répondre de leurs actes, même à l'encontre des seigneurs du château ou de quelque étranger, qu'à la seule justice des moines [1].

num non reddat nisi Scte Cruci et ejus abbati. Si homo S. C., quod absit, eventu hominem occiderit aut vulneravit, in castello sive foris castellum, *in toto meo honore*, bannum non reddat, neque banlegum, neque aliquam aliam consuetudinem, nisi solummodo Scte Cruci et ejus abbati. Si furtum fecerit, tota justitia abbatis erit; similiter de falsa mensura..... Si dissipatio inter nos et nostros vicinos et turbatio crescat, quod absit, homines Sancte Crucis non commoneantur neque moveantur ut eant homines occidere, vel terras christianorum predare atque devastare, neque castellum, neque vallum facere, neque in quoquam sint angariati, sed ab omni perturbatione bellorum *laborent in pace quieti, neque perturbationem in ulla re prosequantur*; verbi gratia, amici pacis et auctores pacem cum omnibus habeant, etiam cum pacis inimicis. Si tamen inimici nostri in honorem nostrum supervenerint, tum omnes eant ut defendant sua ab inimicis propria » (*Cartul. de Talmond*, ch. 1, p. 67-68, circa, a. 1049).

[1] « *Homines eorum* (monachorum) ut diximus, tantum eorum dominationi mancipentur quod si aliquis eorum aliquid admiserit contra principem castri seu adversum quemquam suorum non dijudicabitur ab ullo nisi monachorum judicio » (*Cartul. de Bourgueil*, MS., f° 128; D. Houss., II, 2, n° 715, 1068).

Adde. Cartulaire de Notre-Dame de Longpont, ch. 41, p. 88-89 (circa, a. 1061) : « Guido de Monte Leterico (Montlhéry) ejusque uxor Hodierna, ecclesie sancte Marie de Longo Ponte hanc libertatem dederunt ut nullus ex hominibus supradicti Widonis, neque prepositus, aut aliquis serviens, *in hominibus sancte Marie de Longo Ponte, pro qualicumque re, in omni terra sua seu potestate, justiciam facere presumant*, quoadusque ad proclamationem prioris res ipsa de quo criminatur homo sancte Marie perveniat. Hanc libertatem, sicut supra scripta est, donaverunt *hominibus* sancte Marie de Longo Ponte Wido et Hodierna, uxor ejus, tempore Roberti, prioris. »

Cartul. de Redon, ch. 296 (1048), p. 243-244 : « Elevato Conano

Grâce aux accords qui renforçaient ainsi les traditions anciennes, il s'établit presque partout des règles coutumières favorables à la justice domestique. Sous la réserve de certains délits, sous la réserve aussi du déni de justice, le maître était investi, à l'exclusion de tous autres, du droit de juridiction sur ses hommes [1]. Les justiciers qui lui contestaient ce droit, dans un but d'exploitation trop facile à comprendre si l'on est familier avec le moyen âge, se rendaient coupables d'exactions ou de mauvaises coutumes (*malæ consuetudines*) [2].

principe super omne regnum Britannie, dum episcopus Mainus sermonem faceret ad populum, inter cetera dixit. Honoravimus hodie principem terrenum, honoremus et celestem, exorantes terrenum ut elemosinam quandam, quam quidam meus presbyter meo consilio et meo jussu nuperrime Salvatori nostro et ejus æcclesie Rothonensi fecit, cum obtimatibus suis presentibus, confirmare dignetur. Confirmavit igitur Conanus, novus consul elemosinam sicut presbyter Radulfus eam liberam dederat..... etiam monachorum homines ab omni servitute (servicio) liberi solis monachis servirent. *Si ergo eos contigerit aliquod forisfactum facere in parrochia sua aut in toto Vitrieiensi territorio, monachorum est eos justiciare.* »

[1] Il se manifesta même une tendance, contre laquelle les justiciers luttèrent tant qu'ils purent, à étendre le droit de justice au suzerain du maître, et à créer ainsi une hiérarchie personnelle de la justice correspondant à la hiérarchie personnelle du fief. Voyez à cet égard, *Cartul. d'Elne,* dans collect. Moreau, t. 56, f° 73, et *Hist. du Languedoc,* V, coll. 998-999 (8 février 1134) : « Arnaldus (de Turri) laudavit et recognovit domino suo episcopo predicto (Ulzalgario, Elenensi episcopo) omnes justicias et omnes batalas et omnes cogocias et omnia homicidia de collo de Bajas usque ad ripam maris in suo et in alieno et omnes latrones. Sed si aliquis homo vel femina *de familia hominum ipsius Arnalli* furatus fuerit aliquid domino suo cum quo manserit, *distringat ipsum furem dominus suus quocumque modo voluerit*, excepto esmanganar et si miserit illum ad judicium (épreuve par l'eau bouillante), et escaldatus latro fuerit, reddat ipsum latronem episcopo et episcopus trahat ei suum directum, *ut predictus dominus latronis non habeat licentiam latronem ducere ad Arnaldum seniorem suum* nec ad alium aliquid, si deliberare se voluerit, nisi ad dominum episcopum, qui extrahat inde suum directum. »

[2] « *Antiqua consuetudo* fuit, quod si aliquis se clamavit de homine

Du reste, ce n'était pas le maître seul qui résistait en pareil cas, c'étaient ses hommes eux-mêmes dont l'intérêt (nous l'avons dit dès le début[1]) était engagé au premier chef. Un exemple curieux nous en est fourni par le cartulaire de Saint-Vanne de Verdun.

Au temps de l'évêque Richer (1088-1107), Elbert, vicomte de la cour Marculfe, prétend soumettre à sa justice les hommes de l'abbaye qui habitent ce village. Ils savent ce qu'il leur en coûterait; ils se butent et prouvent victorieusement, par le serment de sept hommes,

Sancti Albini ad viarium de Mosteriolo, viarius non distrinxit eum donec aut monachus aut qui Maironum servabat rectum clamanti vetuisset.....

Nunc autem *nova consuetudine et torta,* pro qualicumque causa, vel etiam sine causa, mandet viarius de Mosterolo hominem Sancti Albini; nisi statim ad eum abierit, disgagiat latro miserum, opprimit, dampnat et tollit sua... Hanc novam, ut dictum est, consuetudinem et tortam calumpniatus est abbas Otbrannus Raginaldo thesaurario, et inde prendidit bellum adversus eum..... » *Cartul. de Saint-Aubin d'Angers,* chap. 19, ch. 1 (1068-1078), dans *Chroniques des Églises d'Anjou,* p. 65-66.

Voyez, dans la suite du même document, les criants abus que commettaient les viguiers du seigneur de Montreuil, après s'être ainsi emparé de la justice sur les hommes du prieuré de Méron :

« Audiendum est qualiter confundant et opprimant viarii de Mosterolo pauperes homines Sancti Albini de Mairono. Venit latro viarius ad aliquem de villanis et mittit ei supra quod olim vel sanguinem alicujus fudit, vel furtum fecit, vel canis ejus leporem cepit, et celavit Villanus audiens revera quod non fecit negat; vicarius contra quod mendaciter finxit affirmat. Villanus, impatiens mandatii supra se missi et fidens in recto suo, destinat se probare per sacramentum quia quod vicarius ei supramittit non fecit. Latro audiens sacramentum, quasi tandem invento quod querebat, calumpniatur ei illud per bellum, cum ille quod villano supramittit nec viderit, nec verum esse sciat, nec testem qui vel sciat vel viderit habeat. *Miser homo, audito bello, sicut nescius pugne, pavescit et quasi fecerit quod non fecit dat guagium latroni;* qui sumpto guagio exinde tanquam si teneat villanum in carcere vel in vinculis, ut revera facit ita, *dampnat eum de substantia sua, affligit et opprimit* » (*Ibid.,* p. 70-71).

[1] Voyez aussi la fin de la note précédente.

qu'ils sont exempts (*immunes*) de la justice vicomtale. Quelques années plus tard, Gozolon et Hugues, fils d'Albert, ont succédé à Elbert et rouvrent le débat. Mais les hommes de Saint-Vanne affirment de nouveau leur immunité par le serment de trois d'entre eux. Elle est reconnue par un édit (*bannum*) des vicomtes, qui défendent à leurs officiers, sous les peines qu'entraîne la violation du ban seigneurial, de mander désormais au plaid les hommes de Saint-Vanne[1].

Il devait arriver, et il arriva, en effet, que paysans ou bourgeois fussent les premières victimes des succès qu'ils obtenaient ainsi. Une fois que toute intervention d'une justice étrangère se trouva écartée, le maître, qui était jusque-là un protecteur vers le dehors, devint un despote au dedans. Seul juge dans les contestations qui naissaient entre ses hommes et lui, on ne pouvait guère espérer qu'il hésitât entre son intérêt et le leur. Sans doute, il subsistait quelque reste de la justice des pairs, même ici. Le maître, dans certaines régions au moins, faisait siéger des assesseurs sous le nom d'échevins (*scabini*), à côté de son maire, de son *villicus*, de son *judex*. Mais ces assesseurs sont eux-mêmes des *hommes propres* :

---

[1] « Tempore domni Richeri episcopi et abbatis Rodulfi, Elbertus vicecomes Marculfi curtis *homines nostros in eâdem villa manentes de injustitiis ad justitiam vicecomitatus pertinentibus placitare voluit*. Quod homines moleste ferentes hoc contra jus sibi inferri in pleno placito, dato sacramento VII hominum se de justitia *vicecomitatus immunes esse juraverunt*. Eos ergo, banno misso, idem vicecomes cum ministerialibus ab *omni suâ justicia absolverunt*. Postea tempore Laurentii abbatis Gozolo vicecomitatum cum Hugone filio Alberti agens, rursus homines nostros *sub justicia sua constringere voluit*, illi pari modo sacramento trium hominum se de justitia ejus immunes esse juraverunt. Tunc et ipse G. et H. de cætero ab omni justitia et placito vicecomitatus ministerialibus suis per bannum eos absolvit, ea ratione ut si quis eos de cætero inquietando ad placitum venire monuerint, justitiam pro banno fracto persolvet... » (*Cartul. de Saint-Vanne de Verdun*, MS. (Bouhier), f° 62 r°, 1117).

ils sont soumis personnellement au jugement de Dieu comme les serfs ont coutume de l'être dans l'intérêt de leur maître[1]. Égaux donc des justiciables, mais en même temps placés sous une domination qui paralyse leur volonté, ils concourent à opprimer leurs égaux, ils sont impuissants à les défendre.

L'absence de protection éclate de nouveau aux yeux. Aussi la *familia* cherche-t-elle à remonter le courant qu'elle avait descendu. Après avoir lutté avec le maître contre le justicier étranger, elle appelle le justicier étranger à son secours contre le maître. Ici le serf nie sa qualité pour échapper à la justice domestique, là tous les hommes propres d'un domaine font pacte avec un seigneur voisin, pour qu'il s'interpose, pour qu'il les protège, pour qu'il les défende devant le tribunal de leur maître ou sinon les attire devant sa propre juridiction.

Je donne un exemple de l'un et l'autre cas.

Un serf de l'abbaye de Marmoutier du nom de Troublé (*Turbatus*) avait de nombreuses contestations avec elle. Il veut plaider, mais il n'entend pas que l'abbé, son

---

[1] « Madelgerus et Officia et Hildebertus *ex familia Scti Petri et Scti Gorgonii commoti fuerunt in placito* ante Folcherum abbatem et Adelbertum patrem ejus de terrâ eorum quod plus debuisset esse indominicata quam ad suam hæreditatem esse. Illi vero necessitate compulsi venerunt ante domnum Folcherum et judicem nomine Scenulfum, et deprecati sunt, misericordia Dei omnipotentis, ut illis licuisset exinde examinare secundum legem, et permisit eis. Tunc venerunt in placitum coram Scenulfo judice et Folchero abbate et aliis bonis hominibus in loco qui dicitur in villa Vuasnou et interrogavit Scenulfus judex Aldebertum quæ inde esset lex, et judicaverunt scabinii quod *Tangelradus ad Dei judicium debuisset se examinare*; quod ita et fecit; et hoc judicaverunt scabinii quod super Sctas reliquias approbare debuissent; quod ita et fecerunt. Hæc sunt nomina scabiniorum; Teuddimus, *Tangelradus*, Ragnouuardus, Belloinus, Starcherus, Rudricus, Ansericus. Hæc sunt nomina eorum qui hæc juraverunt; Heldefridus, Modelgerus, Motgerus, Agriericus, Ragnouuardus, Annerus, Tangelradus..... » *Cartul. de Gorze*, Bibl. nat. lat., 5436, fᵒˢ 35 vᵒ-36 rᵒ, sans date).

maître, soit à la fois juge et partie, il prétend choisir des juges qui l'aident à faire triompher son bon droit : « *Ut posset habere quoscumque vellet adjutores contra nos ad placitandum.* » Que fait-il? Il nie d'être le serf de Marmoutier. L'abbé se trouve ainsi dessaisi, puisque sa compétence même est mise en cause. — La question préjudicielle est portée devant Thibaut I, seigneur des Roches. Mais Troublé n'ose pas affronter le combat judiciaire que lui offre, au nom du couvent, un de ses parents, Joscelin des Rochettes; il préfère s'avouer serf. En conséquence il est, par jugement, mis à l'entière merci de la justice abbatiale[1].

Notre second exemple se rapporte à la même abbaye.

Robert, seigneur des Roches, sollicité par les hommes et les serfs de Marmoutier, se pose en champion de leurs droits. Malgré les protestations de l'abbaye, malgré les plaintes qu'elle fait entendre au comte de Tours et au comte du Mans, il s'arroge cette fonction et s'y tient. « Si vous faites tort à l'un des vôtres, dit-il à l'abbé, je serai son patron et son avoué. Si vous refusez, moi

---

[1] « Notum sit fratribus nostris scilicet monachis Majoris Monasterii quod quidam servus noster, quem appellant Turbatum, habebat querelas adversum nos, et nos adversus eum. De quibus *cum vellet placitari nobiscum*, negavit se esse servum nostrum, *ut posset habere quoscunque vellet adjutores contra nos ad placitandum.* Et pro hac re ipsa venimus ad placitum apud Rupes, ante domnum Tetbaldum, et ibi habuimus unum ex parentibus ejus, Joscelinum de Rupeculis, qui eum affirmans esse servum nostrum, arramivit de hac re bellum contra eum. Sed ille, statim in eodem placito et in eodem loco, recognovit et confessus est quod prius negabat, hoc est servum se esse nostrum. Propter quod *judicatum est ibidem, quod si vellet placitari nobiscum, necesse erat ei illuc venire ubi nos vellemus...* Postea venit et habuimus simul placitum, in quo talem cum eo fecimus concordiam, ut, et nos dimiserimus ei omnes retro querelas, et ille similiter nobis omnes quas habebat contra nos et contra familiam nostram. De aliis autem hominibus si fecerit clamorem, faciet ei justitiam vel prior noster ad quem pertinebit... » (*Livre des serfs de Marmoutier*, ch. 11, 1053-108^3, pp. 12, 13).

présent, de lui rendre justice dans votre cour, je vous rançonnerai si bien que c'est dans ma propre cour que vous lui ferez raison. »

Qu'une occasion se présente, et le seigneur des Roches passera des paroles aux actes. Cette occasion, les hommes de l'abbaye s'empresseront de la faire naître.

Le ban du vin est proclamé; durant le temps qu'il dure, nul autre que les moines ne doit exposer son vin en vente. Monopole, monopole odieux; peut-être, malgré le dire des moines, monopole de récente création. Voici l'heure de résister. Quinze jours ne sont pas écoulés que chacun ose, au mépris du ban, mettre son vin à prix, ose l'afforer. L'indignation est vive au couvent. Les moines font couper les douzils des tonneaux, ils défendent de continuer la vente. Les rebelles répondent en enfonçant les portes des religieux, en remettant les douzils coupés, en reprenant la concurrence interrompue. Puis ils vont se placer, eux et leurs biens, sous la protection de Robert des Roches, leur patron, et l'amènent avec eux.

L'abbé lui refuse l'accès de sa cour. Il proclame résolûment le principe que nul étranger ne peut ni ne doit s'interposer entre ses hommes et lui : — « Quod non soleremus nec deberemus in curia Beati Martini contra nostros homines placitare, quandiu extraneæ personæ interessent quas ipsi contra nos sibi advocasse presumpsissent. » — Par deux fois, il cherche ainsi à l'évincer. Robert des Roches s'emporte : il menace de saisir par la gorge et d'emmener prisonnier le premier qui se permettra d'entrer au plaid.

Pour venir à bout de lui, les moines l'ajournent devant les comtes de Tours et du Mans, mais il refuse de comparaître. Ce que voyant, les hommes de l'abbaye finissent par se soumettre; ils font amende honorable; ils jurent *lige foi*, ils jurent de se livrer sans défense à la justice de l'abbé; bien plus, ils jurent, nous dit-on, qu'ils accepteront sans se plaindre les charges nouvelles qu'on voudra leur imposer. Ils donnent carte blanche à l'oppression[1].

Partout où de pareilles tentatives de résistance se produisirent, elles durent être comprimées de même. La partie était encore trop inégale, au xe et au xie siècle, entre le seigneur et ses serfs. Le dernier mot resta donc

---

[1] « Multa gravia et penè intolerabilia a domesticis nostris, gravissimè a Rotberto domino Rupium sepe pertulimus, quem quia tam vicinum tamque domesticum habebamus et jam nostrum esse amicissimum sperabamus qui... etiam contra nos quandam consuetudinem injustissimam tempore domini abbatis Willelmi reclamavit. Erat autem talis illa consuetudo quam dicebat; ut *si cuiquam hominum vel servorum nostrorum aliquid faceremus quod a recta ratione deviaret, ipse eum contra nos advocatione hujusmodi vel patricinio sustentaret, quod ei deberemus exequi justitiam in ipsius præsentia, in curia nostra, si vellemus; sin autem per predam nostram nos cogeret ut quod in nostrâ non vellemus, hoc, vel coacti, in ejus curiâ faceremus.*

Hanc consuetudinem esse injustissimam dicebamus, et si pater ejus eam tenuerat aliquando, ut dicebat, quam et ipse se tenere minabatur, tanto gravius de nostra injuria dolebamus. Igitur aliquando cum Fulco comes Turonensis et filius ejus..... et comes Cenomannorum Helias, sub cujus manu tunc temporis pagus Andegavensis habebatur, simul Turonus advenissent, tanquam ad patronos et defensores hujus loci, ad eos clamorem nostrum de præfato Rotberto pertulimus........ (Robert des Roches refuse de se justifier et de plaider). Hoc itaque comites audientes, et a parte illius injustitiam cognoscentes, interdixerunt ei ut nos nec de illâ consuetudine ulterius inquietare presumeret, nec de alio aliquo forisfacto, quod non prius ad eorum audientiam rettulisset. Hanc comitum interdictionem R. quanti faceret, satis in effectu demonstravit; quippe qui vel uno die postquam necessitas expetivit ab illâ advocatione non cessavit.

Contigit enim quod aliquando exposuimus vinum nostrum venale ad bannum juxta consuetudinarium jus quod ab antiquissimis antecessoribus hujus loci nobis traditum accepimus; quod bannum cum jam tenuissemus ferè per quindecim dies continuos, *homines nostri* quasi enarrare volentes quod ultra non deberet durare, nondum finito banno nostro, etiam infra ipsos xv dies vina sua exposuerunt ad vendendum, nobis nescientibus, nec ullam eis justiciam contradicentibus; quod nos nec voluimus consentire nec debuimus. Fecimus ergo duzilia truncari, mandantes et jubentes ut nos expectarent, et verissime affirmantes quod, durante banno nostro, vina sua, nisi per nos, venalia mittere non deberent. Ipsi autem parvipendentes nostram jus-

au maître, au regard de ses hommes, comme il lui était resté au regard des tiers plaideurs ou des justiciers rivaux. Sa justice triompha à titre de justice personnelle.

Les personnes sur qui s'exerçait la juridiction domes-

sionem, portas nostras, est quod sine gemitu non dicimus, effregerunt, sua duzilia refecerunt, et absque ullâ reverentiâ nostri supra vinum nostrum vina sua iterum vendiderunt; unde nos contra se juste et gravissime commoverunt.

Cum parte rerum suarum separati a nobis ad R. de Rupibus, *tanquam ad patronum suum* abierunt, et eum nobiscum de hac consuetudine loquturus in nostram curiam adduxerunt. Qui cum a nobis requisisset pro eo super hâc re faceremus, nos *eo præsente* nihil omnino facturos respondimus, eo *quod non soleremus nec deberemus in curiâ Beati Martini contra nostros homines placitare, quandiu extraneæ personæ interessent, quas ipsi contra nos sibi advocasse presumpsissent.*

Rotberto igitur recedente et aliis eorum advocatis, ipsi per Johannem pauperem hoc modo terminum placiti acceperunt, et ut ad illud placitum nec Rotbertum contra nos adducerent, nec alium, *nisi quem nobis esse amicum et familiarem cognoscerent.*

Porro condicto termino venientes ad placitum illud quod nobis jure exigente pepigerunt tam pro nichilo habuerunt, quod Rotbertum illum qui causam eorum contra nos tueretur, adduxerunt; quem cum interrogassemus cum quibus vellet illi placito interesse; respondit se *contra nos pro suis hominibus* advenisse. Sicut prius ita ei iterato respondimus quod, eo præsente, quippe qui contra nos advenerat, nichil cum *nostrishominibus* ageremus, presertim cum ipsi hoc modo placitum accepissent, ut nec ipsum nec alium contra nos adduxisse debuissent.

Ad hæc verba irâ exestuans, cepit hominibus cominari, quod si quis eorum intrare in placitum præsumeret, ipse eum per gulam acceptum, ut aiunt, in captionem violenter abduceret.

Audientibus ergo Johanne paupere, preposito Turonensi et Harduino de Malliaco qui pro nobis illic intererant, respondimus, quod eos ante comites propter hoc placitum duceremus; ubi et ipsum submonuimus quia vellemus contra eum in præsentia comitum enarrare ad eum de hac re nichil penitus pertinere; sed ipse venire non voluit....

Homines igitur nostri...... videntes quod ipse non auderet illud placitum acceptare, neque eis posse advocationem quam speraverant preportare, humiliter ad nos, a quibus superbe recesserant, redierunt,

tique pouvaient ne pas résider sur les terres de leur maître, et cela explique pourquoi la justice personnelle ne s'est pas confondue en ce qui les concerne avec la justice territoriale et ne l'a pas renforcée, pourquoi, au contraire, elle a refoulé la justice territoriale des seigneurs voisins.

Quand des hommes placés dans la dépendance d'un seigneur allaient mettre en culture des terres appartenant à un autre, ils restaient soumis dans leur résidence nouvelle à la juridiction de leur ancien maître. En même temps ils devenaient censitaires ou tenanciers du propriétaire dont ils exploitaient le sol et, du chef des redevances qu'ils payaient, — mais de ce chef seulement — ils devenaient ses justiciables[1].

La relation née de l'accensement de la terre ou l'im-

et se et sua omnia in nostra misericordia concesserunt. Nos igitur previdentes ne possent ulterius nos sic injuste tractare et tam inhonorabiliter fatigare, hoc modo eos per sacramentum astrinximus. Illi siquidem qui huic rei caput extiterant... primi juraverunt *legiam fidelitatem* domno abbati Willelmo et nobis... juraverunt etiam quod non essent contra nos aut contra successores nostros sed nobiscum, vel de illâ pro quâ hoc totum fuerat factum consuetudine, vel de aliâ *si quam eis vellemus immitere.* Praeterea juraverunt quod non facerent contra nos aut contra successores nostros dominum aliquem sive advocatum, nec etiam ipsum R. de R. ipsum, inquam, nominatim designatum » (Arch. de Marmoutier, vers 1100, D. Houss., IV, n° 1183).

[1] « Carolus comes Flandrie... Decretum est in presentia nostrâ, baronum etiam meorum astante frequentiâ, Rogerum (castellanum) et Lietaldum de omnibus terris Sctæ Rictrudis quas ipsi vel alii per eos prius injuste tenuerant terragium et decimam æcclesiæ Marcianensi in posterum dare, prata, saltus et nemora in illis terris consistentia ad culturam segetum redigere, et si quid de eisdem nemoribus venderetur, partem precii sicut de terragio et decima æcclesiam accipere, *rusticos quoque castellani qui terras Sctæ Rictrudis excolunt, pro retentis terragiis ceterisque institutis per ministros æcclesiæ Marcianensis ad justiciam Lorgias in atrium venire.* Lietaldum vero apud Hainas *de similibus causis in placito per scavinios similiter justificari debere*; unumquemque etiam eorum, id est Rogerum et Lietaldum, præter terragium et decimam pro censu terræ suæ centum gallinas

position de certaines charges ou prestations grevant la personne entraînaient, en effet, par les raisons que j'ai précédemment déduites, une juridiction correspondante au profit du seigneur censier[1], et cela sans égard à la

et v modios avenæ singulis annis persolvere » (*Cartul. de Marchiennes*, MS., f° 150, Comm. du XII° s.).

« Habitantibus in eadem salvetatem de Belad si placitum acciderit in presentia monachi, II^{os} solummodo dent pro justicia denarios, tantumdem videlicet quantum pro unoquoque casale dederint censum. Homines vero si qui de honore et de genere predictorum donatorum in eadem salvetate casalati fuerint, censu et justicia casalis sui et ea que ad jus ecclesie pertinent reddito, eorum erunt de quorum successione processerunt » (*Cartul. de Lézat*, MS., f° 47 v°, mars 1084; *Hist. génér. du Languedoc*, V, col. 684-685).

[1] Dans le *Cartulaire de Saint-Martin des Champs* de Paris, par exemple, on lit fréquemment à propos de biens tenus à cens : « *neque pro ea* (terra) *justiciabunt eum nisi de censu tantum* » (deux fois f° 21 *bis* v°, etc,), « pro illa terra nullam justiciam pro nobis faciat *nisi de censu tantum* » (f° 12 r°).

Cf. dans le même cartulaire un accord entre l'abbaye et le sire de Clacy (Drogo de Claciaco) :

« Minutam decimam si quis hominum plene non dedit, et ad rationem missus recognoverit, plane reddat. Si non recognoscens per videntes tandem cognoverit, decimam reddat et insuper XVIII denarios persolvat. Quod si ad placitum veniens convictus fuerit, per XV solidos reddat. Sic etiam fiat de decima vini. Si oblationem id est panem et candelam interrogatus persolvisse se dixerit, si testis ei fuerit sacerdos, quietus sit. Sin autem propriâ manu se reddidisse juret, si nec hoc nec illud putaverit per legem componat » (*C. de Saint-Martin-des-Champs*, MS., f° 21 *bis* v°).

Cartul. de Morigny, ch. 25, p. 161 (1178) : « Ansellum de Bussi.... monasterio Sancte Trinitatis de Maurigniaco in elemosinam dedisse quadraginta solidos de censu suo annuatim apud veteres Stampas percipiendos, *cum justicia ad predictum censum quadraginta solidorum pertinente.* »

Cartul. de Talmond, ch. 213, p. 234 (circa 1105) : « Temporibus domni Alexandri abbatis, accidit ut Petrus Girardus vellet coram se rectum facere de quodam forfacto de molendino quod est in maresio abbatis, unde reddit censum omni anno supradicto abbati; qui ab omni modo ei restitit atque ex hoc judicamentum fecit fieri coram baronibus Talemondi. Qui omnes judicaverunt ante abbatem debere

qualité des censitaires; qu'ils fussent hommes libres ou serfs d'autrui[1]. — C'était la justice censuelle.

Cette même justice restait à son tour indépendante du domicile. De sorte que, réciproquement, des censitaires ou des *hommes profitables* qui devenaient, par concession ou par le cours du temps, les hommes d'un autre seigneur, ou qui entraient par l'habitation dans le ressort d'une justice territoriale[2], n'en demeuraient pas moins soumis à la justice censuelle de leur seigneur primitif.

judicamentum esse quicquid in supradicto molendino forfactum eveniret, *pro eo quod census illius molendini ejus esset* » (Adde, même cartul., p. 200).

Archives de Saint-Éloi de Noyon (Dom Grenier, n° 233, f° 161 r°-v° (1046) :

« Homines Sancti Eligii neque sibi neque alii justificabit *nisi de eâ re quam sibi debent* (des redevances d'avouerie) et hoc infra villam. Famulos servientes in dominicâ curte abbatis nullo modo justificabit preter illos qui mansos tenent, et illos non justificabit *nisi de præfata consuetudine.* »

Le seigneur censier pouvait se dessaisir de son droit de justice au profit d'un tiers :

Cartul. de Vigeois (MS., f° 170 v°) : « Dedit Rotbertus de Vall *jutziam de ipso manso* ut judices habeant de abbate sicut de ipso consueverant » — (f° 175 r°) : « Geraldus Bernardus de Bre dedit Deo et B. Petro... mansum Mazoale de la Mazeira... In hoc manso stabat quedam mulier nomine Saturnina cum filiis suis, Bernardus quoque Malamanua qui *judex hujus mansi* erat dedit Sancto Petro Vosiensi in vitâ suâ quod ibi habebat. »

[1] A moins qu'il subsistât encore une justice publique pour les hommes libres. Dans la charte de Marchiennes reproduite plus haut (note 1, de la page 278), les hommes de Liétaud sont jugés à Lorges, dans l'aître, par les officiers du couvent; Liétaud lui-même l'est à Haines par les échevins.

[2] « Arnaudus de Mauritania, sicut in privilegiis nostris habetur, ita abbaciam in Vallibus liberam instituit, ut nec sibi ultra, nec alicui heredum suorum, ullo humano servicio subderetur, villam etiam et omnes homines in ea commorantes, liberos et quietos ab omni exactione, et consuetudine, et omni servicio, de jure proprio, in jus et possessionem ecclesie absque ullo retinaculo in perpetuum delegavit... Hujus itaque instituti immemor Arnaudus Gammo successor ejus,

Au commencement du XIIe siècle, le chapitre de Notre-Dame de Paris et Guillaume Marmarel étaient en procès. Par une coutume fort ancienne (*ex antiqua consuetudine*), Guillaume Marmarel avait le droit d'exiger certaines redevances et certains services des habitants du village de Sucy (Sucy-en-Brie), et il prétendait en conséquence avoir aussi le droit de les juger. Mais ces paysans étaient des hôtes et des hommes propres du chapitre, dont le pouvoir juridictionnel se trouvait ainsi mis en cause. Le chapitre résiste. Le procès est porté devant le sénéchal du roi, Ansel de Garlande; un combat judiciaire va s'engager; puis, tout s'arrange. Le droit de juridiction revendiqué par Guillaume Marmarel est ramené à ses justes limites. Il aura la justice *censuelle;* il jugera les contestations ou les manquements ayant trait au denier, au

ecclesiam inquietare presumpsit, et res ejus diripere, *homines ante se, relicto abbate, ad judicium cogere, et quantum vellet ab eis extorquere.* Qui tandem malefactis resipiscens, tempore P. abbatis, cognomento Sancti Salvatoris, promisit se ab his infestationibus velle desistere : veniens itaque in ecclesia, super altare S. Stephani, manu propria firmavit, concessit, ut numquam amplius aliquam violentiam hominibus inferret, vel aliqua occasione *ante se ad judicium cogeret, nisi tantum pro his que de agris vel vineis reddere debent, si forte in illis deliquerint* » (*Cartul. de Saint-Etienne de Vaux*, ch. 8 (1117-1130), *Cartul. de la Saintonge*, I, p. 9).

Cf. *Cartul. de Lézat* (MS., fo 218 ro, août 1115, *Hist. gén. du Languedoc*, V, col. 849) : « Ego Guillelmus comes et uxor mea..... monachis Lesati damus et firmamus jure perpetuo illam plateam et totum illum locum qui videtur esse ante portam castri Narbonensis..... tali convenientia, ut super ipsos qui ex alienis regionibus ad eundem locum causa manendi devenerint seu habitaverint ullus princeps vel ullus vicarius seu aliquis ex nostra familia principatum vel dominationem seu justicias non requirant..... Si quis vero ex civibus atque urbanis ad istum transvolaverint locum inibi ut habitent, volumus atque precipimus ut illud *fidele servicium atque illud censum,* quod illorum predecessores nostri curaverunt legaliter persolvere antecessoribus, fideliter nobis persolvendo impendant, hoc primitus remoto, quod nulli homini, *dum intra ipsum locum fuerit, aliquam vim non inferamus.....* »

tourteau[1], aux services qui lui sont dus, et ce plaid spécial, il le tiendra soit près de Sucy, soit près de Bonneuil en un lieu réservé sans doute depuis des âges à cette destination, car il est appelé les *Malls* par les paysans[2].

La justice domestique et la justice censuelle s'enlacent et s'entrecroisent en tout sens. Je ne les suivrai ni dans leurs ramifications ni dans leurs variétés. Si j'ai insisté sur leurs traits principaux, c'est pour montrer comment la justice *personnelle* s'est multipliée sous des formes diverses, au plus grand détriment de la justice *territoriale,* jusqu'au jour où ces tronçons détachés parviendront à se rejoindre pour son plus grand profit.

---

[1] Le tourteau est dû par chaque paysan à raison des droits d'usage dont il jouit dans la forêt de Guillaume Marmarel (droit au bois vif ou mort). Il doit être du meilleur pain que le paysan fait cuire pour son usage au jour de Noël (*de meliori pane quem sibi in natale Domini paraverit*).

[2] «...Ego Bernerus decanus et congregatio S. Mariæ Parisiensis... concordiam quæ inter nos et Guillelmum Marmarellum facta est, *de hominibus et hospitibus nostris apud Succeium villam commorantibus*, litteris... mandare curavimus... Cum modo dictus Guillelmus prædictos homines et hospites nostros injuste vexaret exactionibus, factumque suum quasi jure defensurus, statuta die, in aula domini Gualonis, Parisiensis episcopi, justitiam tenente Ansello dapifero regis, ad duellum contra unum de hominibus nostris convenisset, consilio eorumdem, Gualonis scilicet episcopi et A. dapiferi, concordia inter nos et ipsum Guillelmum facta est, non sine ipsius et nostra assensione; cujus tenor sic est.

Diffinitum est ne liceat ipsi Guillelmo, vel successoribus ejus, *jamdictos homines et hospites nostros, pro aliquo forisfacto, in jus per suam justitiam cogere, nisi adversus eos querelam habuerit de his quæ sibi ab illis rusticis ex antiqua consuetudine debentur, videlicet de denario et tortello et corvata.* Quod si de his adversus eos querelam habuerit, tunc illos per suam justitiam ad placitandum cogere poterit, vel apud Succeium tantum, vel apud Bonoilum, in eo scilicet loco quem rustici Mallos vocant » (*Cartul. de Notre-Dame de Paris*, I, p. 378, circa a. 1112).

CHAPITRE X.

CONTINUATION. — LA JUSTICE SUR LES RECOMMANDÉS.

La justice sur les recommandés occupait une place intermédiaire entre la justice féodale ou seigneuriale et la justice domestique. Le caractère commun aux recommandés, d'une part, aux fidèles ou aux serviteurs, de l'autre, c'est d'être des *protégés*. De là dérive aussi le droit de justice qui appartient sur eux à leur seigneur. Mais cette protection varie. Tantôt elle va jusqu'à les assimiler à des vassaux ou à des sujets; tantôt, au contraire, elle est purement nominale, tout au profit du seigneur, et elle aboutit à une assimilation avec les hommes propres ou les serfs.

Les recommandés dont je parle étaient des hommes qui, sans être engagés dans les liens d'un contrat défini, sans être ni vassaux, ni censitaires, ni hommes propres, se plaçaient, eux et leurs biens, sous la garde (*tutela, tuitio, salvamentum, commendatitia,* etc.)[1] de quelque seigneur puissant. Il les défendait contre les incursions et les pillages, prenait leurs intérêts en mains quand ils avaient des conflits, leur offraient un refuge dans son castel en cas de guerre ou d'invasion[2]. Quelquefois ce

[1] Le nombre est fort considérable des termes qui se rapportent à cette protection, et il en démontre la fréquence. On peut ajouter aux expressions citées les suivantes : *Garda, bailia* ou *bajulia, custodia, salvitas, mundeburdum, amparamentum, commenda, defensio, affidatio, affidamentum, tensamentum,* etc.

[2] « Ego Philippus heres terre Goeti (Perche-Goet) et dominus tam futuris quam presentibus notifico quatinus homines de Lavareio custodire et garentire habeo, et quasi meos proprios homines ubique

protecteur n'était autre que l'avoué ecclésiastique, lequel s'attribuait un droit personnel sur les hommes mêmes du corps religieux dont il avait mission de sauvegarder le patrimoine, et cherchait à en faire ses propres sujets.

La recommandation, la commande, se rencontrait avec ce caractère général dès l'époque franque. Dès alors, elle entraînait, comme conséquence de la protection, *tuitio*, accordée par le *senior*, une dépendance, un *obsequium*, de la part du protégé. Dès alors aussi, elle entraînait logiquement la représentation en justice du recommandé par son seigneur. C'est ainsi que, se référant à une vieille coutume ou à une vieille loi (*lex*) violée en pratique par les officiers royaux, un capitulaire de 855 reconnaît au seul *patron*, au seul protecteur, le droit de mener en justice les hommes libres habitant son territoire [1].

et ab omnibus pro posse meo eos habeo defendere, unde pro custodiâ meâ, singulis annis in festo B. Nicholai, xl solidos Andeg. mihi reddunt.... Et ne talis consuetudo eos ita custodiendi videatur a meo tempore primum principium habuisse, hujus pagine testimonio volo publice manifestari quod predecessores mei terre Aloie (Alluye) domini, a patre in filium ab herede in heredem eos garentire, custodire et defendere ante me consueverunt. Sed forte, fortuitu in tempore meo, apud Montemmiraulum (Montmirail) non minimum contigit infortunium, videlicet, ex guerra regum, Montemmiraulum fuisse combustum vi et violentia regis Anglie et suorum ; cui combustioni et castelli mei depredationi aliquot homines de L. apparuerunt. Super quâ re accusati omnes homines illi, cum non potuissent de accusatione illa se omnes defendere, de omnibus eis supramissis et omnibus in me et in meam terram malefactis mihi jus fecerunt. Et ut de omnibus rebus penitus a me quitarentur x libros Andegavenses mihi dederent. Ego autem, pro illis x libris mihi datis, eos de omnibus operibus et de omnibus mihi forfactis penitus quitavi, et *in custodiâ meâ recepi*, sicut eos in custodia habuerunt predecessores mei. Et insuper, si guerre coactione vel aliqua alia necessitate essent compulsi in castellis mei et in terrâ meâ, eis sicut et meis refugium habere concessi, et res suas sicut et meas per totam terram meam custodiri et garentiri » (*Cartul. de Saint-Pierre de la Couture*, p. 55-56, 1130).

[1] Conv. Ticin. (855), cap. 3 (Pertz, LL., I, p. 435) : « De *liberis*

A plus forte raison en fut-il ainsi plus tard. Le seigneur s'efforça, dans son intérêt personnel et dans un intérêt commun, d'écarter toute immixtion étrangère entre son protégé et lui, comme il le faisait pour les hommes composant sa *familia*. Suivant que ce résultat put être plus ou moins complètement atteint, la justice *personnelle* sur le recommandé fut plus ou moins absolue. Ici les hommes placés dans la *commandise* sont jugés par un tribunal de pairs, traités presque en hommes libres, et autorisés dans certaines circonstances à recourir à une juridiction du dehors, à un protecteur étranger. Ailleurs, ils sont hommes de *potestas* ou d'avouerie (*advocatia*), justiciables de leur seul seigneur, et peuvent être réclamés par sa justice en quelque lieu qu'ils se transportent, si un droit d'asile n'y met pas obstacle [1].

hominibus qui super alterius res resident, et usque nunc a ministris rei publicæ *contra legem* ad placita protrahebantur, et ideo pignerabantur, constituimus, ut secundum legem *patroni eorum* eos ad placitum adducant. »

[1] Après la mort de Geoffroi III, comte d'Anjou, un seigneur appelé Aimeri renonce à la justice qu'il avait revendiquée jusque-là sur l'*alleu* de Charzai, propriété de l'abbaye de Noyers. Il déclare cet alleu désormais « liberum atque solutum absque ulla consuetudine....., » mais en faisant cette réserve : « Si forte aliqui ex meis commendatis in alodo a monachis habitare permittantur, si commendationem ad terminum sibi positum reddere contemserint, prepositus meus non audeat eos sequi, nec destringere in alodo, sed ad monachum obedientiam tenentem clamationem faciat. Si ei rectum facere noluerit, ubicumque extra alodum invenerit, capiat, et ut rectum fuerit judicet » (1061, *Cartul. de Noyers*, Moreau, t. 27, f° 192 v°).

Accord entre l'abbé de Saint-Germain d'Auxerre et le vicomte de Saint-Florentin (1147) :

« In potestate de Villari-Vinoso habet vicecomes (Sancti Florentini) *salvamentum* in hominibus Sancti Germani; in eo qui de labore boum vivit, setarium avene; in aliis unam minam... Omnes homines Sancti Germani qui sunt de potestate de Villari, debent vicecomiti semel in anno per tres dies, bien (biennum); et illi qui boves habent, per duos dies carretum, et per tres dies corvadam..... Homines Sancti Germani ejusdem potestatis debent justiciam vicecomiti de forifacto vel de catallo suo proprio in eadem villa, vel in villa Sancti Florentini, vel in villa de Jauge. Aliter autem nullo modo eos justiciabit, quamdiu monachus vel major Sancti Germani eos justiciare voluerit. Quod si ab ipsis defecerit, deinceps per se vel per ministrum suum eos justiciabit » (*Cartul. gén. de l'Yonne*, I, ch. 281, p. 433-434).

CHAPITRE XI.

CONTINUATION. — LES CLERCS.

Le privilège du clerc de ne répondre, en matière civile comme défendeur, en matière pénale comme accusé, que devant un tribunal composé de clercs, constitue en réalité une justice *personnelle*. Or, une étude attentive et minutieuse des sources m'a démontré que ce privilège procède essentiellement de la même origine que les diverses immunités personnelles que nous venons de passer en revue.

Le clerc est justiciable de son évêque au même titre que le vassal est justiciable de son suzerain féodal, le fidèle de son seigneur, l'homme propre de son maître.

C'est à tort, suivant moi, qu'on a considéré ce privilège comme une sanction donnée par les rois de la première et de la seconde race aux décisions des conciles qui proclamaient l'incompétence des tribunaux séculiers pour connaître des causes des clercs. Ni à l'époque mérovingienne, ni sous Charlemagne et ses premiers successeurs, un for privilégié n'est encore acquis aux clercs. Tout se borne à un effort considérable de l'Église pour faire profiter le clerc, comme subordonné ecclésiastique, des mêmes avantages judiciaires dont jouissait, comme subordonné laïque, le vassal ou le recommandé.

Ce résultat une fois acquis, l'assimilation devait porter ses fruits. A mesure que s'étendait la justice personnelle du seigneur féodal, la justice personnelle du supérieur ecclésiastique gagnait d'autant. Les progrès de l'une servaient à l'autre.

Nous allons marquer par des traits précis cette marche graduelle.

Les constitutions des empereurs romains en vigueur dans les Gaules au moment de l'invasion germanique, celles qui, en d'autres termes, sont contenues au Code Théodosien, ne reconnaissent à l'évêque qu'un simple rôle d'arbitre pour tous les litiges qui ne sont pas du domaine exclusif de la religion, qui ne rentrent pas dans la catégorie des *causæ ecclesiasticæ*. Clercs ou laïques pouvaient soumettre à l'évêque leurs différends, mais ils n'y étaient point tenus.

Ce rôle d'arbitre, l'évêque n'en fut pas privé par les nouveaux conquérants, pas plus que les rois francs n'enlevèrent aux synodes et aux évêques le pouvoir disciplinaire dont ils étaient investis : pouvoir qui les rendait juges des conflits d'ordre religieux[1], qui leur permet-

---

[1] Par exemple, en matière de dime, de division de paroisses, d'administration de l'église, etc. On observait, du reste, les formes d'un véritable procès. Voici la notice d'une contestation de cette nature jugée au ixe siècle :

« Cum resideret venerabilis domnus Frotharius Pictave sedis episcopus die martis quod evenit tertio idus Maii Pictavis civitate, in ecclesia Sancti Petri Senioris canonica, una cum suis canonicis nec non et aliis seu et rurium presbyteris in suo synodali conventu ad multorum causas audiendas rectaque *negotia ecclesiastica* ibi difinienda; adfuit ibi quidam sacerdos Petrus nomine ex cella Pranziaco, interpellabat quendam sacerdotem Drœtramnum nomine ex vico Exulduno. Dicebat quod ipse suas decimas de terra Sancti Juniani in sua parrochia sistentes..... contra legis ordinem reddere contendebat. Interrogatum est prædicto Drotranno quid contra hæc respondere volebat. Ipse vero cupiebat eundem decimum ad suam ecclesiam injuste vindicare. Domnus vero episcopus et omnes qui ibidem adherant diligenter investigaverunt cum presbyteris vicinos circa manentes cui eundem decimum plus debitum esset. Inventum est ibi quod predicta decima plus debita esset ad Pranziacum quam ad Exuldunum vicum ubi prædictus D. injuste vindicare cupiebat. Judicatum est ibi ut prædictus D. ipsum decimum jam dicto P. sacerdoti una cum lege reddidisset quod ita et fecit sicut ei judicatum fuit..... » (*Archives de Noaillé*, MS. (842-866) latin, 12757, fos 281-282).

tait d'infliger aux clercs délinquants, outre la destitution ou la suspension de leurs offices, des peines corporelles rigoureuses, telles que la prison ou la fustigation[1].

Mais qu'advint-il de la juridiction ordinaire, civile ou pénale, sur les clercs?

S'il fallait accepter l'opinion commune, que Savigny surtout a mise en faveur et suivant laquelle la loi romaine était la loi personnelle des clercs, il y aurait eu là pour eux un acheminement assez facile vers une justice privilégiée. Tout procès, en effet, où deux clercs étaient seuls engagés, aurait dû être jugé par un *mallum* composé exclusivement de *Romains,* et si des deux plaideurs l'un était un clerc, l'autre un germain laïque, un tribunal mixte de Romains et de Germains eût été pour le moins nécessaire.

Toutefois, vue de près, cette opinion ne supporte pas l'examen. S'il est certain que l'Église comme collectivité, ou les corps religieux comme tels, étaient régis par la loi romaine, vivaient *lege romana,* les documents de l'époque franque nous montrent, au contraire, que les clercs pris isolément étaient soumis chacun à sa loi d'origine, que Romains, ils devaient sans doute être jugés par des Romains, mais que Francs, ils l'étaient par des Francs, Wisigoths ou Burgondes par des Burgondes ou des Wisigoths. Je n'ai pas à entrer ici dans une discussion approfondie de la question. Je ne relèverai qu'un seul argument qui me semble décisif.

D'après la rédaction la plus ancienne de la loi Ripuaire (VIᵉ siècle), le wergeld du clerc est fixé à 100 *solidi*[2] (taux du wergeld du Romain)[3]. D'après la rédaction la plus récente (IXᵉ siècle, 803-817), il se détermine d'après sa natio-

---

[1] Voyez 3ᵉ concile d'Orléans (538), can. 7; 2ᵉ concile de Tours (566), can. 19, etc. — Cf. Gregor. Turon., *Histor. Franc.*, V, cap. 49 (*Mon. germ. Script. rer. meroving.*, t. I, pars I, p. 242).

[2] *Lex Ribuaria*, tit. 36, cap. 5 (Codd. A, éd. Sohm, *Monum. germ.*, LL. V, 2, p. 230) : « Si quis clericum ingenuum interfecerit, bis quinquagenus solidus culpabilis judicetur. »

[3] *Lex Ribuaria*, tit. 36, cap. 3.

nalité¹. Qu'est-ce à dire? certainement ceci. A l'origine, l'immense majorité des clercs se recrutait parmi les Romains ou les Gallo-Romains, d'où le taux uniforme du wergeld. Plus tard, des Germains de toute race entrèrent dans les ordres, et le wergeld alors varia d'individu à individu². Or, cette diversité du wergeld fournit la preuve évidente que le clerc n'était pas *en tant que clerc* soumis à la loi romaine.

Le clerc restait donc dans la société civile. S'il commettait un méfait ou s'il était l'objet d'une réclamation pécuniaire, c'est devant le *mallum* composé des hommes de sa race et suivant les lois traditionnelles qu'il était jugé.

L'Église fit d'abord des tentatives réitérées pour modifier cette situation. Défense aux clercs de plaider devant les tribunaux séculiers³, défense aux laïques d'y citer les clercs⁴, défense aux juges de connaître des procès où un clerc était partie⁵. Mais ses prescriptions n'ayant

---

¹ *Lex Ribuaria*, tit. 36, cap. 5 (Codd. B, éd. Sohm, p. 230) : « Si quis clericum interfecerit, *juxta quod nativitas ejus fuerit*, ita componatur. Si servus, sicut servum. Si regius aut ecclesiasticus, sicut alius regius aut ecclesiasticus. Si litus, sicut litum. Si liber, sicut alium ingenuum cum 200 solidis componat. »

² La démonstration a été fort bien faite par M. Löning dans son ouvrage : *Geschichte des deutschen Kirchenrechts* (Strasbourg, 1878), II, p. 296 et suiv. Le nouvel éditeur de la loi Ripuaire s'y est pleinement rallié (*Monum. Germ.*, LL. V, 2, p. 188 et p. 230, note 74).

³ 1er concile de Mâcon (581), can. 8 (en tête du *Cartulaire de Saint-Vincent de Mâcon*, p. ccxxxv-ccxxxvi) : « Ut nullus clericus ad judicem secularem quemcumque alium fratrem de clericis accusare, aut ad causam dicendam trahere quocumque modo præsumat; sed omne negotium clericorum, aut in episcopi sui, aut in presbyterorum, vel archidiaconi præsentia finiatur. Quod si quicumque clericus hoc implere distulerit, si junior fuerit, uno minus de quadraginta ictus accipiat; sin certe honoratior, triginta dierum conclusione mulctetur. » — Concile d'Auxerre (586), can. 43, etc.

⁴ 3e concile d'Orléans (538), can. 32; 4e concile d'Orléans (541), can. 20.

⁵ 4e concile d'Orléans (541), can. 20; 1er concile de Mâcon (581), can. 7; 2e concile de Mâcon (585), can. 9 et 10, etc.

d'autre sanction que les peines disciplinaires, ne trouvant aucun appui dans la législation civile, elle ne tarda pas à s'apercevoir qu'elle frappait dans le vide. Non-seulement les laïques, juges ou plaideurs, ne lui obéissaient pas, mais les clercs eux-mêmes se dérobaient à la justice ecclésiastique en obtenant l'agrément de leur évêque ou, au besoin, en s'en passant.

Il semble qu'on la voie alors changer de tactique. Suivant une méthode qu'elle a maintes fois employée avec un égal succès, l'Église chercha à s'accommoder aux institutions régnantes, à en tirer pour son propre compte le parti le meilleur, à les faire converger vers le but qu'elle poursuivait.

Le supérieur ecclésiastique avait un pouvoir de discipline sur les clercs, de même que le maître en avait un sur ses esclaves (*disciplina*), le seigneur sur ses hommes (*districtio, correctio*). Il s'agissait de renforcer ce pouvoir, d'empêcher, d'une part, les clercs d'y échapper, d'amener ensuite l'autorité laïque à s'effacer devant lui, à ne poursuivre un clerc que par l'intermédiaire de son *senior*, chargé de le punir ou de le représenter en justice.

Sur le premier point, l'Église obtint de bonne heure satisfaction presque complète.

Les clercs, pour se soustraire à la discipline ecclésiastique, recouraient à la recommandation, à la mainbour. Ils se choisissaient un patron, un protecteur, parmi quelque laïque puissant, et ils jouissaient ainsi d'une égale immunité et au regard de la justice publique et au regard de l'autorité disciplinaire de l'évêque. Dès le vi[e] siècle, les conciles sévirent[1] : ce fut en vain. Il fallait le concours du bras séculier. L'Église l'obtint après le concile tenu à

---

[1] Concile d'Arles de l'an 526 (3e ou 4e, suivant que l'on compte ou non le concile de l'an 353), can. 4 (Mansi, VIII, p. 627, et aussi *Corpus juris canon.*, c. 4, Caus. XXI, quæst. 5) : « Si forte aliquis clericorum *regulam disciplinæ Ecclesiasticæ subterfugiens* fuerit evagatus; quicumque eum susceperit, et non solum Pontifici suo non

Paris en l'an 614. Chlotaire II, s'appropriant l'un des canons de ce concile, défendit aux clercs de se placer, au mépris de l'évêque, sous le patronage des laïques, aux laïques de les y recevoir[1]. Cinquante ou soixante ans plus tard, la même prohibition fut renouvelée par le concile de Bordeaux[2].

Le deuxième résultat fut plus difficile à atteindre. Il supposait, en somme, un empiètement partiel sur la justice publique, aussi incontestablement que le pouvoir judiciaire reconnu au seigneur sur ses hommes en constituait un.

Toutefois, un pas en avant s'accomplit en 614 par le même édit de Chlotaire II. Le concile de Paris avait voulu qu'un clerc ne pût être jugé par un tribunal laïque sans que l'évêque en fût prévenu, — *sine scientia pontificis*, — c'est-à-dire sans qu'il fût mis à même de s'interposer et de mettre fin au procès[3]. Le capitulaire sanc-

reconciliaverit, sed magis *defensare* præsumpserit; Ecclesiæ communione privetur. »

1ᵉʳ concile de Mâcon (581), can. 10 : « Ut presbyteri, diaconi, vel quolibet ordine clerici, episcopo suo obedienti devotione subjaceant, et non alibi dies feriatos, nisi in obsequio illius, liceat tenere aut celebrare. Quod si quis per quamcumque contumaciam, aut *per cujuscumque patrocinium*, hoc facere fortasse distulerit, ab officio retrogradetur. »

[1] *Chlotharii II Edictum* (18 octobre 614), cap. 3 (Boretius, I, p. 21) : « Si quis clerecus, quolibet honore monitus, in contimtu episcopo suo vel prætermisso, ad principem aut ad potentioris quasque personas ambulare vel *sibi patrocinia elegerit expetendum*, non recipiatur, præter si pro veniam vedetur expetere. »

[2] Les actes de ce concile (660-673) n'ont été publiés qu'en 1867, par M. Maassen, d'après un manuscrit du ıxᵉ siècle découvert à Albi (Fr. Maassen, *Zwei Synoden unter König Childerich II* (Graz 1867), can. 2 : « Similiter presbyteri, diaconi aut quicumque ex clero *secularem mundeburdum*, nisi cum convenientia episcopi... ausus fuerit ordine temerario habere. »

[3] 5ᵉ concile de Paris (614), can. 6 (jadis 4) : « Ut nullus judicum neque presbyterum neque diaconum vel clerecum aut junioris ecclesiæ sine *scientia ponteficis* per se distringat aut damnare præsumat.

tionna cette décision pour les matières civiles[1]. En même temps, il astreignit le juge qui avait reconnu le clerc coupable d'un crime capital à le renvoyer devant l'évêque, pour qu'il fût au préalable soumis à la discipline de l'Église, dégradé de son office, exclu de la communion des fidèles[2].

Quod si fecerit, ab ecclesia cui injuriam inrogare dignuscitur tam diu sit sequistratus quamdio reato suo corregat et emendit. »

[1] Le capitulaire excepte le cas où la demande, dirigée contre un clerc d'ordre inférieur (sous-diacre), repose sur un fait manifeste (avoué, par exemple). « Ut nullum judicum de qualebit ordine clerecus de *civilibus causis, præter criminale negucia,* per se distringere aut damnare præsumat, nisi convicitur manefestus, excepto presbytero aut diacono » (*Chlotharii II Edictum*, cap. 4, Boretius, p. 21).

La clause *sine scientia pontificis* a disparu. Est-ce par une inadvertance des rédacteurs ou par une omission du copiste auquel nous devons le seul manuscrit qui nous ait conservé cet édit important? Ce qui est certain, c'est qu'elle doit être suppléée. Elle se retrouve, en effet, dans le premier capitulaire de Charlemagne, et bien plus dans la collection de Benoît le Lévite, si hostile pourtant à la justice séculière. Karol. M. Capitul. primum (769), cap. 17 (Boretius, p. 46). « Ut nullus judex neque presbyterum neque diaconum aut clericum aut juniorem ecclesiæ *extra conscientiam pontificis* per se distringat aut condemnare præsumat. » — Capitul., lib. VI, cap. 156 (Walter, II, p. 617) : « Ut nullus judicum neque presbyteros, neque diaconos, neque reliquos clericos vel juniores Ecclesiæ *sine licentia proprii Episcopi* distringat aut condemnare præsumat. » — Lib. VII, cap. 139 (Walter, II, p. 707): « Ut nullus judex neque presbyterum..... *sine scientia Pontificis* per se distringat aut condemnare præsumat. »

[2] *Chlotharii II Edict.*, cap. 4 : « Qui convicti fuerint de crimine capitali, juxta canones distringantur et cum ponteficibus examinentur. »

C'est, en définitive, un système analogue à celui que Justinien avait établi dans les pays qui lui restaient soumis. Nov. 83, præf. § 2 : « Illud palam est, si reum esse putaverit eum, qui convenitur, provinciæ præses, et pœnæ judicaverit dignum : prius hunc spoliari a Deo amabili episcopo sacerdotali dignitate, et ita sub legum fieri manu. » — Nov. 123, cap. 21, § 1 : « Si vero prius civilem judicem adeat accusator et crimen per legitimam examinationem potuerit approbare, tunc episcopo locorum gesta monumentorum palam faciat : et si ex his agnoscatur proposita crimina commisisse eum, tunc ipse

Mais là se borna l'innovation. Il n'est pas exact, comme on l'a soutenu [1], qu'en matière pénale, le juge séculier n'avait qu'un droit d'information. — On a oublié le mot *damnare*. — Il n'est pas exact davantage qu'un tribunal mixte dût être constitué quand le procès s'agitait entre clercs et laïques. — On a confondu les clercs avec les hommes de l'Église, avec sa *familia,* ses hommes propres, ses serfs, dont seuls il est question dans l'édit de Chlotaire [2].

Les progrès dans la voie que s'était tracée l'Église furent lents encore à l'époque carlovingienne. Il est douteux que le capitulaire de 769 (cap. 17) [3] ait eu un autre but que de rajeunir l'édit de 614. Et quant aux autres textes dont on a voulu faire sortir pour l'Église un droit de juridiction en matière pénale, ils ne visent, dans leurs termes, que son pouvoir disciplinaire [4], et ils servirent uniquement à le consolider.

Néanmoins la législation carlovingienne ne fut pas stérile au point de vue qui nous occupe. Les clercs en

episcopus hunc secundum regulas ab honore sive gradu quem habet, separet : judex autem ultionem ei inferat legibus congruentem. »

[1] C'est l'opinion de M. Sohm (*Zeitschrift für Kirchenrecht*, IX, p. 255 et suiv.). Elle vient d'être reprise et développée par M. Beauchet (*Histoire de l'organisation judiciaire en France,* Paris, 1885, p. 376 et suiv.). Les arguments, en se multipliant, n'ont pas gagné en force. Ils continuent à torturer le texte. Je renvoie, du reste, au livre de Löning (*Geschichte des deutschen Kirchenrechts,* II, p. 527 et suiv.), dont je partage le sentiment.

[2] *Chlotharii Edict.,* cap. 5 : « Quod si causa inter personam publicam et *hominibus ecclesiæ* steterit, pariter ab utraque partem *præpositi ecclesiarum* et judex publicus in audientia publica positi eos debeant judicare. »

[3] Voyez la note 1, p. 293.

[4] *Admonitio generalis* (23 mars 789), cap. 38 (Boretius, p. 56). « Item in eodem (concilio Cartaginense) ut clerici et ecclesiastici ordines, si *culpam* incurrerint, ut apud ecclesiasticos judicentur, non apud sæculares. » — De même *Capitul. vel missorum vel synodalia* (813 ?), cap. 9, Boretius, p. 183.

procès les uns avec les autres furent tenus de faire vider leurs différends par l'évêque[1] ; — ce qui revenait à consacrer législativement (quoique sans sanction suffisante), le lien de dépendance qui les unissait à lui. Les clercs en procès avec des tiers furent assimilés aux hommes propres de l'Église. Un tribunal mixte dut, en ce cas, être formé[2].

On voit qu'il restait encore beaucoup à faire pour constituer le privilège du clergé, pour donner à l'Église juridiction exclusive sur les clercs. Mais le progrès va être d'autant plus rapide que la relation de dépendance personnelle deviendra plus étroite par l'affaiblissement des pouvoirs publics.

C'est par le droit de protection reconnu à l'évêque sur le clerc que s'établit et se développe la justice du premier sur le second ; exactement comme les corps religieux ou les évêques eux-mêmes se soustraient à la juridiction ordinaire en recherchant la protection du roi ou d'un laïque puissant.

Les abbayes, à cet égard, peuvent nous servir le mieux de point de comparaison. Les moines n'étaient pas nécessairement des clercs, — ils ne le furent tous qu'à partir du XIe siècle, — les abbés même pouvaient être des laïques ; mais le couvent, en tant que communauté religieuse, était régi par la loi romaine[3]. Cela n'empêchait pas que ses procès fussent de la compétence de la justice séculière, du *mallum* public[4]. Voulait-il échap-

---

[1] *Admonitio generalis* (789), cap. 28 (Boretius, p. 56). « Item in eodem concilio (conc. Chalcedon.), ut, si clerici inter se negotium aliquod habuerint, a suo episcopo dijudicentur, non a secularibus. »

[2] *Synod. Franconofurt.* (juin 794), cap. 30 (Boretius, p. 77) : « Si forte inter clericum et laicum fuerit orta altercatio, episcopus et comes simul conveniant et unanimiter inter eos causam diffiniant secundum rectitudinem. »

[3] Miracles de Saint Benoît, I, 25, p. 56.

[4] Le capitulaire rendu par Louis le Débonnaire (822-824) en faveur de l'abbaye de Sainte-Croix de Poitiers nous en fournit la preuve

per à cette règle, s'assurer un for privilégié, il devait se placer sous le *mundium* du roi, sous la *custodia* du seigneur[1], invoquer la protection de l'évêque ou du pape. Cette prorogation de juridiction était toute volontaire dans le principe, puisqu'elle était faite dans l'intérêt du corps religieux. Plus tard le protecteur s'efforça de la rendre obligatoire. Il y parvint souvent mais non toujours, car maintes fois, au XI° siècle, nous voyons les couvents porter leurs procès devant un juge, séculier ou ecclésiastique, de leur choix.

directe. Il place les biens de l'abbaye sous la protection du roi Pépin ; toutes les questions de propriété qui les concernent ne peuvent dès lors être jugées que par le roi lui-même ou par le comte du Palais. Mais, pour le surplus, les procès du couvent doivent être portés suivant l'usage, *secundum consuetudinem*, devant la juridiction ordinaire, devant le tribunal du comte ou de ses vicaires :

« Cap. 3. Ut res monasterii quas modo habent non prius ab ullo aufferantur quam aut ante domnum Pipinum aut ante comitem Palatii illius perfecta ratio.

« Cap. 4. De cæteris vero quæstionibus quas aut alii ab ipsis aut ipsi quærant ab aliis *secundum consuetudinem* ante comitem vel vicarios ejus justitias reddant et accipiant, tantum ut juste fiant. »

Le texte que je viens de reproduire diffère en quelques points de celui que Mabillon a publié pour la première fois d'après un manuscrit de Poitiers et qui a été suivi depuis par tous les éditeurs des capitulaires, y compris le dernier, M. Boretius (p. 302). J'ai trouvé en effet, à la Bibliothèque nationale (dans la collection dom Estiennot), la copie d'un manuscrit de Sainte-Croix, où les deux cap. 3 et 5 de l'édition commune se succèdent sans interruption, comme le veut l'ordre logique des idées (*Ex MS. volumine cœnobii Sancte Crucis cui titulus est testamentum S. Radegundis*. Bibl. nat., MS. latin 12755, f⁰ˢ 436-437).

[1] « Hugo vicecomes Dunensis calumniabatur nobis monachis Majoris Monasterii alodium nostrum de Castinniaco... Unde cum comitissa Adila, uxor Stephani comitis, tunc in exercitu Christianorum contra paganos in Jerusalem eunte demorantis, monuit et coegit ut in curia sua inde adversum nos placitaret, quod et ipse fecit. Ubi, id est in curia comitissæ tunc apud Castrum Dunum positæ, judicatum est quod ante placitum debebat nobis reddere, cum lege sua, quicquid inde ceperat : ideo quia non fecerat, inde clamorem *comitissæ*

Telle fut, à beaucoup d'égards, la situation faite aux clercs. Le supérieur ecclésiastique agit en seigneur féodal. Il lutte, d'accord avec ses clercs, pour écarter toute justice étrangère, pour les assimiler à sa *familia* ou à ses vassaux [1], pour leur assurer la justice par les pairs, ren-

in cujus custodia obedientia Sancti-Hilarii erat.... » (1097 ou 1098) (*Cart. de Marmoutier pour le Dunois*, ch. 156, p. 146-147).

Procès entre l'abbaye de Cluny et l'abbaye de Tournus : « Domnus Hugo... Cluniacensis cellararius adiens comitem Matisconensem *cui custodiæ possessio jam dicta noscitur delegata,* querelosam inde querimoniam ut par erat et clamorem ante illum fecit. Conventu itaque nobilium facto, presente eodem comite..., die certo et condicto cum monachis sibi faventibus in saltu sive foresta quæ adjacet villæ nostræ quæ dicitur Perrona convenit ad placitum... Affuit et comes Matisconensis cum plurimis militaribus viris ac rusticis... » (*Cartul. de Cluny*, MS., Cart. B, f° 259 r°-v°, 1097).

[1] Accord entre le comte Raynaud, l'évêque et les chanoines de Mâcon :

« Veniens ergo comes R. Matisconem laudavit et affirmavit cum fratre suo placitum Ladonii factum episcopo et canonicis, et sicut predictum est querelas et calumpnias omnes finivit de hominibus, de muris, de terris de clausuris, de bena;... Ad distinguendas vero et determinandas *consuetudines* inter comitem et episcopum et canonicos, electi sunt prior Sancti Petri, etc., qui decreverunt et determinaverunt ad episcopum pertinere justitias integre de christianitate et treva, et pace, et cimiteriis, et clericis, et *justitia clericorum plenarie de quibuscumque rebus accusentur,* et rebus ecclesiasticis. Ad comitem vero pertinere adulteros publicos, latrones publicos et clamores.... » (1096-1124, *Cartul. de Saint-Vincent de Mâcon*, ch. 589, p. 356).

Accord entre les vicomtes et l'évêque de Béziers :

« Impignoramus vobis (episcopo et successoribus) totas ipsas justicias et placita, hoc est de homicidiis, adulteriis et latrociniis et de omnibus aliis quærimoniis quæ nos juste sive injuste solemus quærere et visi sumus habere *in canonicis, monachis et clericis, et in eorum familiis, laicis sive clericis utriusque sexus* de toto Biterri et de toto Biterrensi episcopatu qui ibi et quæ modo sunt et in antea erunt. Et impignoramus vobis prædictis similiter omnes justicias et placita quæ exercere solemus... de homicidiis et adulteriis et latrociniis et omnibus aliis quærimoniis de *omnibus hominibus et fœminis qui et quæ modo manent vel habitant et in antea manebunt vel habi-*

due sous sa présidence. Ou bien aussi il lutte contre eux, quand ils veulent se dérober à sa sujétion, recourir à une justice du dehors, chercher protection contre leur protecteur attitré.

En résumé, Fleury avait raison de dire que, dans ses origines, la justice ecclésiastique ne constitue qu'une discipline et qu'un arbitrage[1]. Mais si elle s'est étendue plus tard, ce n'est pas aux capitulaires de Benoît le Lévite ni aux fausses décrétales qu'il convient d'en rapporter le mérite. L'Église a fait comme faisait tout le monde autour d'elle. Elle a voulu se protéger, elle et les siens, contre les abus de la justice privée, et, une fois en possession à son tour de la justice, elle en a tiré avec aussi peu de scrupule des profits également abusifs.

tabunt in castro et in villa Lignano et in villa de Aspirano et hoc propter VM Melgorienses bonos et percurribiles » (18 mai 1131, *Hist. gén. du Languedoc*, V, col. 977-978).

Accord entre l'évêque d'Auxerre et le comte de Nevers, Guillaume II :

« Statutum est *de clericis*, ut omnino a *potestate comitis liberi et immunes existant* : ita quod nec aliquid juris vel dominationis in eos, ex aliqua occasione, comes exercebit, nec rebus eorum, ubicumque sint, manum aliquo modo mittere sibi, vel alicui ministrorum suorum licebit. Quod si in aperto latrocinii forifacto clericus fuerit deprehensus, absque omni clericalis ordinis injuria, seu indignitate, peiscopo, vel ejus ministris reddetur : ac deinceps siquidem contra ipsum a comite vel ejus ministris aut hominibus expostulabitur ; *episcopus eis, quantum jus et ratio dictaverit, de eodem faciet satis*..... Servientes episcopi et quotquot erunt de *familia ejus,* numquam justitiabunt se per comitem » (*Cartul. de l'Yonne*, I, ch. 247 (1143), p. 393).

[1] « Ce qui doit consoler les évêques de voir leur juridiction réduite à des bornes si étroites, est que, dans son origine, et suivant l'esprit de l'Église, elle ne consistait pas à faire plaider devant eux, mais à empêcher de plaider. » — « Nous ne voyons rien dans les sept ou huit premiers siècles pour ôter aux juges séculiers la punition des clercs malfaiteurs. Enfin, la maxime s'établit en vertu des fausses décrétales, que les laïques ne devaient prendre aucune connaissance des affaires des clercs, ni de leurs mœurs » (Fleury, *Institution au droit ecclésiastique*, 3ᵉ partie, chap. 5 et 14, Paris, 1753, II, p. 52 et 140).

CHAPITRE XII.

CONTINUATION ET RÉSUMÉ. — LA JUSTICE SPÉCIALE.

Voulons-nous embrasser d'un coup d'œil, et comme en raccourci, les variétés principales de la justice personnelle et ses rapports avec la justice territoriale, je ne sais pas de document qui s'y prête mieux qu'une charte, plusieurs fois publiée, d'Agnès, comtesse d'Anjou, et de ses deux fils, Guillaume Aigret et Guidon [1].

Le monastère de Saint-Jean d'Angély avait eu fréquemment à se plaindre des violences et des coupables exactions de ces seigneurs. Ils l'avouent et, en compensation, ils lui reconnaissent ou lui confirment la possession du bourg de Saint-Jean avec ses dépendances. La seigneurie (*dominium*) appartiendra aux moines. Mais cette seigneurie que comprend-elle, au point de vue de la juridiction? On nous l'apprend en faisant défiler sous nos yeux la plupart des justiciables de la justice personnelle. Ce sont les chevaliers ou vassaux (*milites*), ce sont les fidèles ou les censitaires, peut-être les hommes de corps (*homines burgi qui juris eorum sunt*); ce sont les membres de la *familia*,

---

[1] Cette charte se trouve en tête du Cartulaire manuscrit de Saint-Jean d'Angély, accompagnée d'une ancienne traduction française. Elle reparaît aux f°s 96-98 du même Cartulaire. Besly l'a publiée dans son *Histoire des comtes de Poitou* (Preuves, p. 328), en lui assignant la date de l'an 1048. Les auteurs du *Gallia Christiana* l'ont insérée dans leur recueil (II. *Instrum.*, col. 467-468), en la plaçant aux environs de l'année 1050. Tout récemment M. Giry en a donné des extraits dans son livre *Les Établissements de Rouen* (Paris, 1883), I, p. 290 suiv.

les domestiques et serviteurs (*famuli proprii*), les artisans, cordonniers et peaussiers, meuniers et jardiniers ; ce sont les préposés ou officiers de tout rang (*præpositi eorum et vicarii et qui ballias eorum tenuerint et ministeria eorum habuerint*); ce sont les clercs; ce sont enfin des protégés spéciaux, veuves, pauvres et étrangers, justiciables précisément parce qu'ils sont protégés (*in custodia abbatis et de defensione ecclesiæ*).

Qu'on le remarque bien, il n'est question en tout cela que de justice *personnelle*. L'abbé n'a pas juridiction sur tous les hommes qui habitent le bourg, ou sur tous ceux qui y commettent quelque délit. Il n'a juridiction que sur des catégories déterminées de personnes (si aliquis hominum *de supradictis hominibus* querimoniam fecerit), et à raison des rapports de dépendance et de protection qui les unissent à lui. Dans deux rues seulement, la justice est complète et revêt le caractère de justice territoriale.

Ainsi se résoud, sans effort, la contradiction qu'un auteur récent a cru relever entre diverses dispositions de la charte[1]. Le bourg jouit de l'immunité, a-t-il dit, pourquoi alors tous les habitants n'en jouissent-ils pas? L'immunité est accordée en bloc, pourquoi l'accorde-t-on encore en détail à deux rues? La réponse est simple. Il y a ici deux espèces d'immunités; l'immunité personnelle qui s'applique aux diverses classes de personnes énumérées par la charte et qui garantit à leur regard la justice personnelle de l'abbaye ; — l'immunité territoriale qui s'applique à deux des rues du bourg et sert de fondement à la justice territoriale[2].

---

[1] Giry, *op. cit.*, I, p. 292.

[2] « Ego Agnes comitissa... cum duobus filiis meis... Burgum S. Joannis cum ecclesiis quæ in eo sunt et alaudium quod juxta est et omnia ad ipsum burgum pertinentia... quæ olim reges Francorum et duces Aquitanorum S. precursori Christi dederunt... concedimus et confirmamus; curtem S. Joannis et cuncta quæ in ea fuerint, et omnes qui ad eam confugerint, cujuscumque criminis rei sint, securos

Sur tous les points donc, — ce sera la conclusion de nos précédents chapitres, — la justice territoriale est entamée par la justice personnelle. Sans doute, elle subsiste encore[1], mais rarement elle est complète. Le principe que chaque seigneur doit juger ses hommes, en quelque lieu qu'ils habitent ou s'obligent, s'infiltre, ronge et s'étend. Il s'étend, toutefois, dans des proportions variables. La justice féodale comprend, en règle, la haute justice; la

ab omnibus et tutos esse præcipimus, et nullus his quicumque intra ambitum ejus fuerint, aliquam violentiam inferre præsumat.

Concedimus etiam ut omnes præpositi eorum et vicarii et sutores et pelletarii, et molendinarii, et hortulani et omnes famuli proprii, et qui ballias eorum tenuerint, et ministeria eorum habuerint, et propria eorum opera egerint; quos vel hereditario jure habuerint, vel ipsi de hominibus burgi, qui omnes fere juris eorum sunt, pro voluntate suâ de quolibet gradu elegerint quieti ac liberi sint ad servitium eorum. Nullus que ex his in expeditionem vel in exercitum ea, nisi comes bellum campestre facere voluerit. Clerici quoque et milites ac mulieres viduæ et pauperes omnes et peregrini qui orationis causa transeunt, in custodia abbatis et defensione ecclesiæ perpetuo maneant. Si comes et comitissa vel aliquis hominum de supradictis hominibus querimoniam fecerit, abbas de his omnibus in curia sua justitiam faciat et extra curiam suam nullus eum de *hominibus suis* facere justitiam compellat. In hâc immunitate et libertate sunt sunt etiam illi duo vici intra burgum S. Joannis, quorum unus vocatur Rua Alerici, alter Rua episcopalis : »

[1] Charte de Beaudoin V, comte de Flandre, fait les donations suivantes à l'abbaye de Bergues-Saint-Winoc (dépendance de Saint-Bertin) :

« Submanentibus autem super terram libertatis præd. monast. tantam libertatem concessi, ut solius abbatis justitiæ de omnibus forisfactis et emendis subjaceant, et neque in expeditionem, neque in exercitum vadant, nisi ab abbate commoniti, et a talliis ac exactionibus, et edicto et servitio comitis eos absolvo. Statui etiam, ut si quis *super terram* quam prædicta libertate donavi, pro aliquo forisfacto, *quod ibidem commiserit*, fuit comprehensus, solius abbatis justitiæ subjaceat. Quod si evaserit, comes vel ejus potestas eum comprehendet, et ad justitiam abbatis reducet. Si autem abbas rigorem justitiæ adimplere non potuerit et comitem vocaverit, majestas comitis eam adimplebit; emendam tamen abbas habebit » (1067, Miraeus, I, p. 512-513).

justice domestique se réduit souvent à la justice basse[1]. Ici, la juridiction sur les hommes propres est bornée à la justice civile[2], tandis qu'ailleurs la juridiction sur la *familia* et sur les clercs comporte un champ plus vaste que la justice territoriale dont le même seigneur est investi[3].

Nous n'avons parlé que de la justice personnelle. Son action dissolvante a été, en effet, la plus énergique; mais elle n'a pas été la seule.

---

[1] *Cartul. de Saint-Aubin d'Angers*, chap. 19, ch. 2 (*Chroniques des Églises d'Anjou*, p. 72-73) : « Ego Rainaldus, Sancti Martini Turonensis thesaurarius, et Berlaius nepos meus, pro animabus nostris ac parentum nostrorum, relaxamus Sancto Albino et ejus monachio omnes malarum immissiones consuetudinum ortarum per improbitatem vicariorum nostrorum in curte de Mairono, partim scientibus nobis, partim nescientibus; constringentes nos ad antiquam *sex forsfactorum consuetudinem* que sunt : raptum et incendium, sanguis ac furtum, lepus ac pedagium : ita ut de nullo alio, nisi de quo monachi justitiam facere noluerint, forsfacto, vicarius de Mosteriolo distringat hominem de Mairono... »

[2] « Ugo Escafredi et fratres ejus quærebantur de domino Raymundo Trencavello, quia aufferebat eis fidancias et justitias habitantium hominum in prædicta villa. Super hoc itaque capitulo talis processit decisio, ut si *homines qui sunt proprii juris eorum* eandem villam habitantes vel eorum militum qui in eadem habent homines, habuerint aliquas *lites vel causas de terris vel de vincis vel de debitis aut etiam de aliis rebus propter quas non desideratur corporalis vindicta*, tunc dominus Raymundus Trencavelius non exigat ab eis fidanciam neque justitiam. Si autem homines habuerint conflictum de aliis rebus veluti de furto vel de homicidio seu de sacrilegio vel de perjurio, vel de sanguinis effusione aut de fascinatione, seu de adulterio et de fractione viarum publicarum et omnino de qualibet re in qua est desideranda corporalis pœna, in his supradictis casibus et in aliis consimilibus accipiat dominus R. Trencavellus fidancias et justitiam tam ab *hominibus eorum* quam ab aliis omnibus hominibus qui habitant in eadem villa cujuscumque sint » (1153, *Hist. génér. du Languedoc*, V, col. 1134-1135).

[3] Voyez par exemple l'accord entre Richard, archevêque, et Aymeric, vicomte de Narbonne (26 novembre 1112, *Hist. génér. du Languedoc*, V, col. 832).

Dès l'époque franque, l'Église avait fait de grands efforts pour réserver à sa juridiction (quels qu'en fussent les auteurs, clercs ou laïques), un certain nombre de délits qui violaient plus ouvertement la loi religieuse que la loi civile : tels l'inceste et l'adultère. Elle persévéra dans ses prétentions, les élargit encore, et, durant le x° et le xi° siècle, réussit à les faire triompher en tout ou en partie à l'encontre de nombre de justiciers[1]. — C'était là une justice spéciale, ni personnelle, ni territoriale.

Justice spéciale aussi, mais se rattachant par certains points à la justice censuelle, que la justice des foires et marchés. Le seigneur qui tient d'une concession ancienne ou d'une usurpation récente la propriété d'une foire ou d'un marché y joint, en règle, la juridiction sur les trafiquants. Il connaît des délits qu'ils commettent, des contestations qui prennent naissance entre eux, le tout à l'exclusion de la justice territoriale et de la justice personnelle[2].

Autre justice concurrente. De même que la protection accordée à la personne emportait juridiction sur elle (jus-

---

[1] « Facta est compositio inter Fulconem comitem juniorem et Gosfridum episcopum super querelam quam diu contra comites habuerant episcopi, videlicet de adulteris et usurariis quos antiquitus ad solius episcopi justitiam pertinuisse constabat; sed postea ministrorum ecclesiæ negligentiâ et incuriâ sæculares judices usurpaverant, non absque episcoporum contradictione et justâ quærimoniâ..... talis concordia facta est..... ut præpositus comitis et archidiaconi episcopi communiter adulteras et usurarios laicos distringant et totam multam emendationis inter comitem et episcopum per medium partiantur. De quâ justâ divisione facienda archidiaconus et præpositus mutuo sibi fiducias faciant. Quod si quid de summâ mulctæ remittere voluerint reo, archidiaconus vel præpositus communi assensu hoc facient, salvo comiti et episcopo privilegio suo, quibus licebit si præsentes fuerint, vel uterque vel alter secundum suum libitum vel remittere vel non..... » (Cart. noir de Saint-Maur. d'Angers, fol. 37, 1082; Dom Housseau, III, n° 844).

[2] Cf. charte de l'an 1065 sur la justice de la foire de la Chapelle-Aude (Cartul. de la Chapelle-Aude, ch. 16, p. 32 suiv.).

tice personnelle), de même aussi la sauvegarde, la défense, sous laquelle un bien était placé attribuait compétence spéciale au protecteur [1].

Enfin, nous pouvons placer ici le droit qui appartient au suzerain de juger les procès nés au sujet des terres qui relèvent de lui, qui sont comprises dans sa mouvance[2], juridiction qu'il ne faut pas confondre avec la justice personnelle sur les vassaux. Celle-ci n'est qu'un

---

[1] « Dominus Breis Radulfus nomine adepto paterne hereditatis regimine cepit nobis calumpniari in foresta de Chedonio hoc quod parentes sui in ea habuerant. Quod solum fuit ferarum venatio. Hoc autem jus sive consuetudinem pater ejus Herchenbaudus Urgerii omni remota *consuetudine et violentia* nobis jam pridem concesserat a semita Luchuensi usque ad domum monachorum qui ibi consistunt, concedens ipsum nemus extirpandum sive excolendum. Verum tamen prefatus miles ignorans seu dissimulans hoc patris sui donum graviter nos inquietabat. Nos vero justiciam eidem exibere parati, *curiam comitis Andegavensis appellavimus, ex cujus dono jamdictam consuetudinem in predicta nemoris parte tenebamus et tenemus.* Statuta igitur die placiti in curiam convenimus precipiente autem Gosleno tunc Andegavis senescaldo litteras nostras in curiam protulimus quas venerandi comitis Gaufredi sigillo de perdonatione predicte consuetudinis sigillatas habebamus. Quibus expositis facta igitur concordia..... » (*Cart. de Saint-Julien de Tours*, MS. latin n° 5443, Moreau, XVI, f° 101 (997).

— « In tempore Willelmi abbatis, Giraudus Ademari de Casa res quas cum ecclesia de Insula S. Cruci contulerat invadere tentavit; in terra namque in exitu burgerie fabas seminavit et de vineis vinum collegit. Unde Willelmus abbas adiit Germundum de Casa, cujus pater et ipse res illas S. Cruci concesserant, et *defensiones earum contra omnes susceperant,* eique clamorem de Giraudo Ademari fecit. Qui collecta multorum ante se procerum curia, presentibus tam abbate quam Giraudo Ademari, judicio eorum fabas et vinum restitui fecit, et se defensurum res illas in eternum, sicut pater suus fecerat recognovit » (*Cartul. de Talmond* (1092-1128), p. 112).

[2] « ... Rainaldus maritus cujusdam filiæ Gaulterii Hildemari cepit prædam nostram..... propter terram de Martiniaco... quod cum audissent fratres nostri, acceperunt ab eo terminum placitandi apud Malliacum in curiâ Harduini domini illius castri, *de cujus beneficio illa terra erat* » (Archives de Marmoutier, 1092. D. Housseau, III, n° 929).

des éléments simples qui composent la première; l'autre élément est la justice inhérente au droit de propriété.

On voit donc qu'à côté de la justice personnelle il faut distinguer une justice que nous pouvons appeler *spéciale*, une justice *ratione materiæ*. Si la justice personnelle s'est formée aux dépens de la justice territoriale, la justice spéciale les a, quoique dans une plus faible proportion, amoindries toutes deux.

Tant il est vrai que les institutions humaines obéissent à des lois analogues aux grandes lois du monde physique. A la cohésion rompue la répulsion succède. L'assise que des siècles ont posée et solidifiée craque, se disloque, s'émiette, et cet émiettement va se multipliant jusqu'aux extrémités de l'ordre social. Plus d'harmonie, l'antagonisme des forces.

CHAPITRE XIII.

LE FRACTIONNEMENT INFINI DE LA JUSTICE. SA RECONSTITUTION COMME JUSTICE SEIGNEURIALE.

La justice une fois démembrée, comme nous venons de voir qu'elle l'a été, le rôle principal du justicier consiste à protéger ses hommes contre les poursuites dont ils sont menacés : ce qui ne l'empêche pas de les frapper d'amendes lucratives à son profit, s'il le juge opportun.

Du chef de la protection qu'il exerce sous forme de justice, le seigneur se fait payer par l'ensemble des justiciables des droits de toute nature dont le nom même trahit l'origine : *justitia, placitum generale, placita*[1], etc.

Quand ces droits ont passé dans l'usage, sont devenus des redevances coutumières, des *consuetudines*, peu importe au seigneur leur raison d'être première. Il les considère comme une valeur quelconque de son patrimoine, comme de purs et simples revenus. Il ne se fait aucun scrupule de les aliéner, de les inféoder, de les distribuer autour de lui. De sorte que les malheureux justiciables

---

[1] Les trois plaids où tous les hommes libres devaient dans le principe comparaître pour juger furent dès l'époque carlovingienne, semble-t-il, et par suite de l'institution du scabinat (Voyez Capitul. *Hlotharii apud Olon.*, cap. 3. Walter, III, p. 254), transformés en obligations purement extérieures. Celles-ci, à leur tour, devinrent de simples impôts indirects, car chacun préférait s'en racheter ou se vit contraint de le faire pour échapper aux vexations et aux amendes qui frappaient le non-comparant et le retardataire. Ce caractère est presque le seul que présente le *placitum generale* au moyen-âge. C'est une redevance seigneuriale, un des éléments qui font de la justice une *consuetudo*.

supportent le poids de charges onéreuses en échange d'une protection qui s'en va en fumée. Sans doute, ils échappent à la justice territoriale qu'ils ont voulu fuir, mais pour retomber sous une justice plus vexatoire encore, puisque, passant de main en main, elle finit par n'avoir plus rien de commun avec la justice des pairs ou la justice domestique.

Devenue simple droit lucratif, la justice se divise, se fractionne sans fin[1]. Mille causes y contribuent : la transmission héréditaire, les concessions accordées, l'inféodation, la vente, l'usurpation partielle ou la transaction qui la suit et qui laisse presque toujours un lambeau de justice aux mains de l'usurpateur[2]. Loin donc de pacifier les querelles, la justice en est la source la plus intarissable. Elle est une proie que se dispute une infinité de prétentions rivales. Quant à vider un différend, quant à

---

[1] La transformation que je signale, avec le fractionnement qui en fut la conséquence, varia d'intensité suivant les régions. Elle fut moins générale au midi et à l'est qu'à l'ouest et au centre.

[2] « Ego Rogerius Fuxi comes filius Rogerii et Stephaniæ recognoscimus invasionem et violationem quam feci de usagiis quos debeo observare in castro Appamiarum et in villa Fredelaci. Ad honorem Dei et sancti Antonini reddo me culpabilem, et quia ad præsens rapui *quamdam justitiam de feda (fedaamende,* cf. ch. de l'an 1111, *Hist. du Languedoc,* V, col. 819), de qua nec parti meo nec mihi aliquid concessum est habere, quod injuste feci juste emendari volo... » (1129, *Hist. gén. du Languedoc,* V, col. 956).

Sur la manière dont les usurpations de la justice se pratiquaient on peut voir notamment une charte du Cartul. de Saint-Père de Chartres (ch. antér. à 1070, p. 126). Les moines avaient acheté d'un chevalier le village d'Armentières, inhabité et libre de toute coutume (omni consuetudine libera), sauf le passage et un droit de garde (*custodia*) de deux sous. Mais Roscelin, fils du vendeur, ne rougit pas d'usurper la justice de ce village « *vicariam ejusdem villæ usurpare non erubuit.* » A son lit de mort seulement il y renonce, et son fils ne tarde pas à s'en emparer de nouveau au son des cloches : « *Pravo consilio suorum, eandem vicariam per sonum campanæ æcclesiæ rursum invasit.* »

venger une injure ou un crime, c'est là son moindre rôle. Il faut recourir à l'arbitrage ou à la guerre privée[1].

En ce fâcheux état des choses, la justice territoriale devait reprendre le dessus. Le besoin d'ordre et de sécurité le voulait; par une pente insensible, la société tout entière s'achemina vers ce but. Pour les seigneurs eux-mêmes il devint désirable. Chacun, en effet, poursuivait la consolidation, à son profit, des droits qui s'étaient détachés de la souveraineté et dont une part seulement lui était échue[2].

Le seigneur territorial cherche à racheter ou à extirper les justices qui limitent la sienne, à faire tomber les immunités personnelles qui se dressent comme autant de barrières devant sa juridiction. Il obtient, de gré ou de force, à prix d'argent ou par concession bénévole, la renonciation aux justices personnelles qui le gênent[3], et

---

[1] L'arbitrage est d'une fréquence extrême. Il est parfois le prélude, souvent la conclusion de la guerre privée.

[2] « Surrexit nobilis comes Vuillelmus sponsus comitissæ Agnetis qui eundem locum valde dilexit et diversis ornamentis adornavit. Cujus temporibus quædam nobilis et illustris fœmina Arteldis nomine in sua quadam villa quæ vocatur Charantiniaco construxit ecclesiam in honore Bᵉ Mariæ et eandem villam simul cum ecclesia... Sº Joanni dedit. Ab illo ergo tempore in potestate et jus Scti Jⁱˢ..... eadem villa permansit et permanet, sed hoc tantum contrarii erat quod *comiti esset vicaria* et consuetudo ei reddebatur a rusticis de ipsa villa. Ego itaque Vuillelmus filius supradicti comitis..., interpellatus ab abbate Arnaldo, acceptis ab eo CC solidis, ipsam vicariam et omnia quæ accipiebam juste aut injuste dedi Scto et Bᵉ Mariæ..... sub tali lege ut nullus comes nec vicecomes nec præpositus nec vicarius audeat nullum judicium in aliquem hominem qui in ipsa villa stet exercere aut suis legibus constringere nisi abbas Sᵗ Jⁱˢ et cui jusserit ipse. » (*Cartul. de Saint-Jean d'Angély*, MS., fᵒˢ 80 vº-81 rº. Charte du comte de Poitou, Guillaume Aigret (1039-1058). — Adde, *Cart. de Saint-Cyprien de Poitiers*, p. 200-201, 1088-1091. — *Collect. dom Housseau*, t. II, nº 533 (1056). — *Hist. gén. du Languedoc*, V, col. 1048 (1142), etc.

[3] Voici d'abord une renonciation incomplète, mais curieuse. « Ego Fedacus vicecomes castri Corneliani... dedi potestatem priori decano

il ressaisit ainsi la pleine juridiction sur le territoire et sur les habitants.

et cæteris fratribus si aliquem ex meis servientibus aliquid injuste auferentem in totam terram sancti Joannis amplius invenerint *cum magno pale tantum vapulent ut totum lividum reddant et ex suis vestimentis totum exspolient* » (*Cartul. de Saint-Jean du Mont*, MS. f° 28 v°, xie siècle).

Dans les chartes suivantes, il n'est pas difficile de voir comment la justice territoriale reconquiert les positions que la justice personnelle lui avait fait perdre.

Cartul. de Notre-Dame de Saintes, ch. 214 (1083-1085) (*Cart. de la Saintonge*, II, p. 137) : « Ego Acardus de Borno, et Helias de Richomonte frater meus, dedimus, et dando, omni dolo remoto, concessimus ecclesie Sancte Marie Sanctonensis cenobii... patrocinium capitenium nostrum in omnibus, et precipue in ecclesia, terris, aqua, bosco et pratis Sancti Juliani. Est autem in hac concessione, quod si *homines nostri* aliquas possessiones, aut aliqua hedificia in terra Sancti Juliani habentes, si *forte aliquod forisfactum parvum vel magnum fecerint, non justificabimus eos*, sed abbatissa seu obdientiaria placitabit, et justificabit eos in curia sua. Quod si de placito cum injuria sua recesserint, vel ad curiam supradictam ire recusaverint, nolentes quod multi faciunt injuriam suam recognoscere, sed minabuntur malum facere, *non tuebimur eos*, sed pocius constringemus in tantum, donec abbatisse vel obedientiarie ad voluntatem earum satisfaciant. »

Cartul. de l'Yonne, ch. 132 (1121) (1, p. 247-248). Traité entre Guillaume II, comte de Nevers, et Gervais, abbé de Saint-Germain d'Auxerre :

« Si forte homo meus, liber vel servus, in latrocinio in burgis castelli Sancti Germani captus fuerit, si de eo clamor ad prepositum Sancti Germani venerit, prepositus S. Germani, et qui clamorem fecerit, capitale suum cum rectitudine habere fecerit, et justitiam suam ad prepositum pertinentem inde ceperit. Quod si ego, vel homines mei, latronem illum, hominem videlicet meum, et res suas habere voluerimus, et a preposito Sancti Germani petierimus : si prepositus nobis reddiderit, suscipiemus ; sin autem, quomodo non perdamus quæremus. De latrone quoque qui mihi vel hominibus meis redditus fuerit, sic pro posse nostro fideliter providebimus, ne malum inde ecclesie S. Germani contingat. »

Cartul. de Saint-Jean d'Angély, MS. f° 123 r° (1074). Convention entre l'abbaye et le châtelain Guiber de Talamon (Viutbertus de Talamone, castellanus) :

En sens inverse, le seigneur personnel s'érige en seigneur territorial. Il étend ses droits par convention, par

« Definitum fuit ut si in eadem villa (villa quæ dicitur Aurea Vallis) Scti Joannis, aliqui homines voluerint habitare qui ipsi Vuitberto consuetudinem debeant de terrâ vel vinea sua debitum suum persolventes ei ab ejus potestate ibidem erunt liberi. Si autem contradixerint ipsam consuetudinem idem Vuitbertus vel filii ejus ad monachum qui hanc obedientiam tenebit de eis facient reclamationem, quod si per monachum non potuerint habere justitiam *intra* terram tamen Scti Joannis nullam præsumerat (*sic*) eisdem consuetudinariis inferre violentiam. Extra villam autem ubi eos invenerint exigent rectitudinem suam quomodocunque voluerint. Quod si ipsas terras aut vineas dimiserunt ab illorum violentia et potestate deinceps erunt liberti. Monachi vero potestas erit ne de eisdem consuetudinariis ullam amplius patiatur molestiam extra ipsam villam eos expellere cum voluerit... »
Cart. de Foigny, MS. fº 8 rº (1030).

« Ego Bartholomeus Sanctæ Laudunensis æcclesiæ Dei gratia minister indignus..... cum Clarenbaldus de Roseto villam cui Sparsiacus nomen est de casamento Laudunensis æcclesiæ ex beneficio nostro teneret eamque Scto Martino de Tornaco in elemosinam dare proposuisset, ipsam villam in manu nostrâ de quorum beneficio descendebat reddidit, quatinus nos predicti loci monachos de illa investiremus, annuens ut ipsi monachi totam terram quæ ad villæ illius mansum dominicum pertinet, tam in agris quam in pratis, pascuis, silvis et piscariis, ita libere teneant sicut ipse tenuerat, et *si qui hominum Scti Martini illuc ad mansionem faciendam convenerint ab omni seculari potestate immunes erunt neque forisfacturam, neque exactionem, neque advocariam,* vel aliquid aliud juris Clarenbaldus vel heredes ejus in eis habebunt, et tam ipsi monachi quam et homines eorum omnibus villæ oportunitatibus libere fruentur, silvam quoque et ad exsartationes et ad porcorum *pastiones* et ad urendum et ad ædificandum et ad quoslibet alios usus habebunt, excepto quod aliis eam vendere non poterunt. Si quis vero vel hominum *Clarenbaldi vel aliorum in ipsa villa manserint, in justicia quidem* et *districto monachorum* erunt, sed et silvagium et pasnagium et alias consuetudines quas dominis suis debent persolvent » (*Cartul. de Foigny,* MS. fᵒˢ 8 rº-9 rº (1130).

Cartul. de Saint-Pierre de la Couture, p. 14-15 (vers 1050).

« Wido de Danazeio..... Burgum quoque inibi situm annuo *cum vicaria* omnium *hominum in meo dominio*, sive in burgo illo, sive extra burgum manentium, ut prefati monachi ita libere et quiete bur-

lente progression ou par usurpation violente, jusqu'à embrasser un territoire tout entier[1]. Que, par exemple, des hommes placés durant plusieurs générations, dans un certain état de dépendance personnelle forment la majeure partie de la population d'un lieu[2], la transformation de la justice personnelle en justice territoriale s'opérera par le seul cours du temps. Et, pour le dire en passant, je ne serais pas étonné que la justice privée sur des îlots de maisons ou sur des rues déterminées d'une ville, d'où est sorti un si grand enchevêtrement des juridictions, n'ait eu souvent d'autre cause[3].

gum illum cum hominibus et vicariâ possideant sicuti ego et antecessores mei possedimus. Concedo etiam monachis illis omnes consuetudines in meo dominio undecunque exeuntes sive ab *hominibus meis* sive ab *extraneis*, sive in burgo sive extra burgum sive in publicâ viâ sive extra publicam viam..... medietatem etiam unius molendini eis concedo et molturam omnium meorum hominum. »

[1] Nous avons montré plus haut comment la justice féodale et la justice de seigneurie se prêtèrent la main pour aboutir à la formation d'une justice territoriale. Le propriétaire ecclésiastique s'aida de même de la *justitia christianitatis* (justice sur les clercs et justice spéciale) pour étendre et affermir la juridiction sur ses domaines. Voyez la charte du *Cartul. de Mâcon* citée p. 297, note 1 et la charte suivante du *Cartul. de Saint-Sauveur-le-Vicomte* (p. 67) : « Jordanus Taisson dedit abbatie de Sancto Salvatore omnes episcopales consuetudines totius terre ejusdem abbatie, ita ut monachi habeant suam curiam et omnem emendacionem de hominibus suis et clericis, videlicet de trevia et de adulteriis et de omnibus aliis rebus, ut habeant in sua terra *sicut dominus ville habet in sua,* de his omnibus que pertinent ad christianam legem » (vers 1155).

[2] Régnier de Guise en concédant une *forêt* à l'abbaye de Foigny, pour la défricher et la posséder ensuite à perpétuité moyennant la 13ᵉ gerbe, lui concède en même temps la terre nécessaire pour construire une ferme seigneuriale (*curtis*). Il déclare que cette terre est *omnino liberam* et ajoute : « Præterea quoque omnem familiam curtis et operarios omnes *intra territorium ejusdem curtis* ab omni justicia sua liberos esse concessit » (*Cartul. de Foigny,* 1161, f°ˢ 57 v°-58 v°).

[3] Cf. les deux parties de la charte suivante : « Petrus de Bullio... concessit tres domos in burgo absque ulla consuetudine, ita ut homines qui in illis domibus habitaverint non faciant rectum pro qua-

Il me semble inutile d'insister davantage, en cet endroit, sur la reconstitution de la justice territoriale. Je remarquerai seulement que quand plus tard la royauté s'attaqua à cette justice, en tant que justice privée, c'est à l'aide d'une justice personnelle de nouvelle espèce (née de la bourgeoisie du roi) qu'elle la battit d'abord en brèche.

C'est qu'en effet le nombre des éléments simples qui entrent dans la formation des institutions est très limité : leur diversité naît de leur emploi. La science de l'histoire consiste à dégager ces éléments, à les isoler, et puis à les suivre dans leurs combinaisons infinies. Leur essence reste indestructible, leurs propriétés changent et se renouvellent au gré des événements.

licumque injustitia nisi pro monacho..... » — « Homines vero quos ib (sur des biens concédés) habitare fecerit monachus non faciant rectum nisi pro monacho, et omnis consuetudo illorum erit monachorum » (*Cartul. de Talmond*, ch. 20 (1074-1127), p. 106-107).

CHAPITRE XIV.

COMMENT LES AUTRES FONCTIONS DE L'ÉTAT ENTRENT DANS LE DOMAINE PRIVÉ. — DE LA NAISSANCE DES DROITS SEIGNEURIAUX PAR LA CONVENTION, L'USAGE ET L'ABUS.

Nous venons de suivre, à travers ses différentes phases, le sort qu'éprouva la justice quand la société française fut livrée à elle-même par la chute de l'empire carlovingien. A l'uniformité que produit la concentration des attributs judiciaires aux mains de l'État, avait succédé la diversité infinie née de leur partage, de leur dissémination entre les mains des particuliers. L'unité territoriale avait été rompue. C'était d'homme à homme, d'individu à individu, que la justice s'exerçait.

Un sort analogue était, pour des raisons semblables, réservé aux autres fonctions essentielles de l'État, à la défense vers le dehors, au dedans à la police, à la gestion des intérêts communs. Lourd héritage, qu'à défaut de successeurs directs une foule de prétendants se disputent et dont chacun d'eux, une fois en possession d'une parcelle quelconque, s'évertuera d'augmenter les revenus, de diminuer les charges.

Ainsi arriva-t-il que la masse du peuple, qui avait un besoin quotidien d'une force modératrice, dut la chercher dans sa soumission aveugle à des principicules, aussi nombreux qu'ils étaient sans scrupule. Ils lui firent payer à un taux exorbitant les services illusoires qu'ils lui rendaient, et ils détournèrent de leur destination, au mieux de leurs intérêts personnels, les ressources mises à leur disposition dans un intérêt commun. On peut dire, comme pour la justice, que l'imposition publique est portée à sa plus haute puissance et que le service rendu tombe à son minimum le plus bas.

Un coup d'œil d'ensemble pourra dès à présent donner une claire conscience de cet état social[1]. Ce sera l'objet de chapitres qui vont suivre.

---

[1] Nous ferons connaître avec précision dans les livres suivants, et notamment dans le sixième, le détail des droits seigneuriaux qui dans chaque partie de la France pesaient sur les habitants.

CHAPITRE XV.

CONTINUATION. — DU SERVICE DE GUERRE ET DE CHATEAU-FORT.

La protection du royaume contre les guerres étrangères aurait été l'office du roi. Nous avons vu précédemment qu'il était hors d'état de le remplir. Force fut donc aux populations de se grouper derrière les chefs locaux pour résister aux invasions des hommes du Nord ou des barbares de l'Est. Un danger commun menaçait toutes les classes du peuple depuis les plus élevées jusqu'aux plus infimes. C'étaient des fléaux exceptionnels qui se déchaînaient sur le pays. Aussi la levée en masse, la *landwer*, obligatoire pour tous en pareil cas[1], et qui le resta plus tard pour défendre une province ou une région contre une invasion ennemie[2], ne constitua-t-elle jamais un droit

---

[1] Capitul. missor. italicum (781-810), cap. 4 (Boretius, p. 206) : « De placito condicto ad marcam necesse est, ut omnimodis ex omni parte, sicut ordinatum fuerit, unusquisque conveniat » — Conv. Marsn. (847), cap. 5 (Pertz, LL. I, p. 395) : « Nisi talis regni invasio quam *lantweri* dicunt, quod absit, acciderit, ut omnis populus illius regni ad eam repellendam communiter pergat. » — Edict. Pist. (864), cap. 27 (Pertz, LL. I, p. 495) : « Ad defensionem patriæ omnes sine ulla excusatione veniant. »

[2] Cartul. de Talmond, ch. 1 (*circà* an. 1049), p. 68 : « Si tamen inimici nostri in honorem nostrum supervenerint, tunc omnes eant ut defendant sua ab inimicis propria. » — *Ibidem*, ch. 159 (*circà* an. 1093), p. 199 : « Ut nullus hominum S. Crucis extra honoris istius limites usquam certaturus erit, nisi forte intra honorem istum inimici domini istius castri intrassent. » — Cartul. de Saint-Jean d'Angély (MS. f°s 184 v°-185 r°) (xi° siècle) : « Ego Wuillelmus dux Aqui-

seigneurial, j'entends un droit où les avantages directs assurés au seigneur étaient hors de proportion avec l'utilité qu'il procurait aux sujets.

Il est vrai seulement que les invasions des ix⁰ et x⁰ siècles, en même temps qu'elles provoquaient des levées en masse, fournissaient aux chefs que le peuple se donnait le moyen d'établir leur domination et de la convertir en oppression sans frein. Ce furent elles, en effet, qui firent surgir du sol ces *castella,* ces châteaux-forts [1], dont le commandant militaire, maître souvent du domaine où ils étaient construits, garda ensuite la pleine propriété, et du haut desquels il put braver impunément la colère et la haine des paysans qu'il rançonnait [2].

tanorum cum adhuc junior essem, abstuli quemdam burgum qui vocatur Alaudium... postmodum... reddidi Deo et Sancto Joanni..... Volo neminem ignorare prædictum alaudium ab omni consuetudine mea liberum et absolutum esse nisi forte quando populus undecumque vocatus etiam de alaudiis militum ad nominatum bellum pro *patria pugnaturus* processerit. » — Cart. de Saint-Serge (D. Houss., II, n° 446), 1040 : « Totas consuetudines, excepto fodrio et prælio generale pro defensione regni ac principis. » — Cart. de Saint-Vincent du Mans, MS. f° 134 (xi⁰ siècle) : « Hoc bene diffinierunt quod ultra non facerent quicquam homines Sancti Vincentii per monitionem vicarii. Sed si forte evenerit seniori castelli Lid ut pergat ab bellum publicum contra hostes ad terram defendendam tunc mittet legatum vel mancipium suum ad monachum qui preerit obedientie ut monet suos ire in expeditionem. »

[1] « Nortmanni sævire cœperunt, incendiis, occisionibus sitientes, populumque christianum necant, captivant, ecclesias subruunt, nullo sibi resistente. Iterum Franci parant se ad resistendum non in bello, sed *munitiones construunt,* quo illis navale iter interdicant. Castrum quoque statuunt super fluvium Hisam, in loco qui dicitur ad pontem Hiseræ (Pontoise) quod Aletramno committunt ad custodiendum » (*Annales de Saint-Vaast,* ad an. 885, éd. Dehaisnes, p. 322).

[2] Voyez *infrà,* le chapitre XXVI. — Il en était déjà ainsi sous Charles le-Chauve. Edict. Pistense (864), cap. add. 1 (Pertz, LL. I, p. 499) : « Et volumus et expresse mandamus, ut quicumque istis temporibus castella et firmitates et haias sine nostro verbo fecerunt, Kalendis Augusti omnes tales firmitates disfactas habeant, *quia vicini et cir-*

Mais les guerres étrangères, si terribles qu'elles fussent, n'étaient rien encore au regard des luttes qui déchiraient l'intérieur du pays. La fonction principale du chef que bourgeois ou paysans invoquaient comme protecteur eût dû être de les préserver de ces luttes, de se servir de leur concours pour y mettre fin. Loin de là, ce concours lui servit à faire naître le désordre, à l'activer et à l'entretenir. Tout homme dominé par un plus puissant que lui, le sujet enfin, dut s'armer pour dévaster et piller au profit du seigneur[1], et s'il se battait pour défendre sa maison et son bien, c'était le plus souvent à la suite de représailles.

S'agissait-il de guerres privées proprement dites, les intérêts personnels du seigneur en étaient l'unique source: ambition d'étendre son domaine, impatience de s'affranchir d'obligations onéreuses ou gênantes, soif d'accroître ses droits lucratifs. Là encore, le sujet devait payer de sa personne et de sa bourse, construire des défenses (*munitio castri*)[2], garder le château-fort (*wacta, excu-*

cummanentes exinde multas deprædationes et impedimenta sustinent. Et qui eas disfacere non voluerint, comites in quorum comitatibus factæ sunt eas disfaciant..... Qui si hoc... adimplere neglexerint... tales comites quæremus et in illorum comitatibus constituemus, qui nostrum mandatum facere velint et possint. »

[1] « *Homines Sancte Crucis non commoneantur neque moveantur ut eant homines occidere, vel terras christianorum predare atque devastare* » (*Cartul. de Talmond*, ch. I (vers 1049), p. 68). — « *Si exercitus meus ierit in terra inimicorum meorum causa vastandi aut castrum faciendi, non eat homo ecclesiæ illius nisi bellum insurrexerit. Plaustra, nec boves, nec asini illorum a meis ministris non capientur* » (Donation de Foulques, comte d'Anjou, à l'abbaye de Saint-Nicolas d'Angers, 1033. D. Housseau, II, n° 417). — C'étaient là des faveurs spéciales.

[2] « *Sit ipse locus (Plancarum) liberrimus ab omni exaccione et consuetudine, preter unam rem, id est munitionem prefati castri (de Molinis); atque cum tempus exegerit, incolæ memorati loci muniant ostensum sibi locum in predicto castro* » (*Cartul. de Saint-Père de Chartres*, p. 230) (ante an. 1102). — « *Si Gervasius (de Castro Novo)*

biæ)¹, fournir des charrois, des bêtes de trait, des provisions, etc., toutes charges qui, de la guerre défensive ou de la garde des frontières incombant à tous² et du service militaire (*hostis*) reposant sur la propriété foncière — où elles avaient leur raison d'être et leur légitimité — avaient

aliquod de castris suis, timens impetum insurgentis guerre, cujuslibet fortitudinis munitione roborare voluerit, quot diebus Otrannus et Raimbertus... suos homines Gervasio prestabunt, totidem monachus suos accomodabit » (*Ibidem*, p. 566-567, circa an. 1105). — Je crois que l'obligation de travailler aux défenses du château-fort a eu une double origine. La participation, sous le coup d'un danger imminent, des habitants circonvoisins à la construction primitive du château a servir de précédent à la *consuetudo* destinée à l'entretenir. L'obligation de garder le château, l'obligation du guet, a entraîné par voie de conséquence l'obligation de le mettre en état de défense (Voy. *infrà*, page 322, note 1, *in fine* : « *castello faciendo in marchia* »). L'abus de la force vint ensuite. La corvée de fortification fut imposée par violence, comme les autres droits seigneuriaux. *Cartul. de Ronceray*, MS., fol. 9 v° (D. Housseau, II bis, n° 711) : « Inter alia mala quæ fecit Fulchardus et sui ominibus Sancte Mariæ in curte Petræ, apprehendit boves de mediatoriis nonnarum, quando erat comes Gaufridus junior in prissione apud Sablolium, et *fecit inde corvodiam suam per forciam*, hoc est minavit palicium ad claudendum castellum Rupis fortis. » — Voyez du reste, *infrà*, le chapitre XXIII.

¹ « Si dominus Monsterioli perrexerit in exercitum comitis Andecavensis et duxerit secum milites suos et gildiam, ibunt homines Maironi in excubiam castelli..... ibunt que ad excubandum dimidii una nocte et dimidii alia; et cum ierint, dormient et jacebunt apud amicos et domesticos suos per castellum. Quod si assaltus aut hujusmodi aliqua necessitas castello insurrexerit, parati erunt ad defensionem castelli » (*Cartul. de Saint-Aubin d'Angers*, 19, ch. 13 (vers 1090); *Chroniques des Églises d'Anjou*, p. 80-81).

² Il en était de la garde des frontières comme de la levée en masse : chacun y était astreint. — Capitula cum primis constituta (808), cap. 1 (Boretius, p. 139) : « De marcha ad prævidendum : unusquisque paratus sit illuc festinanter venire, quandocumque necessitas fuerit. » — Constitutio de Hispanis prima (815), cap. 1 (Boretius, p. 261) : « Ut sicut cæteri liberi homines cum comite suo in exercitum pergant, et in marcha nostra juxta rationabilem ejusdem comitis ordinationem atque admonitionem explorationes et excubias, quod usitato vocabulo wactas dicunt, facere non negligant. »

passé à la guerre privée toute personnelle au seigneur[1] et s'étaient aggravées et multipliées en même temps que ces guerres elles-mêmes.

Et remarquez que je parle en tout ceci non des vassaux qui s'étaient engagés à des services militaires par un accord spécial, en échange de concessions avantageuses, mais du peuple des campagnes et des villes soumis à ces charges sans compensation aucune.

Souvent, il est vrai, les obligations militaires des non-vassaux étaient converties en argent. Dès l'époque carlovingienne, l'amende due par les réfractaires, l'*heribannum*, tenait lieu du service actif[2], et une partie en revenait aux comtes[3]. Plus tard, comtes ou autres seigneurs régionaux s'en emparèrent en entier, et la perçurent à titre d'impôt régulier (*hairbannum*)[4]. De même ils transformèrent en prestations ou même en sommes

---

[1] De bonne heure, l'ost seigneuriale eut le pas sur l'ost royale : Convent. Marsn. (847), cap. 5 (Pertz, p. 395) : « Volumus, ut cujuscumque nostrum homo, in cujuscumque regno sit, cum seniore suo in hostem vel aliis suis necessitatibus pergat ; nisi talis regni invasio quam lantweri dicunt, quod absit, acciderit, etc. »

[2] Elle paraît sous cette forme avoir été étendue à tous les Francs : « Heribanni de omnibus Francis accipiuntur » disent les Annales de Saint-Bertin sous l'an 866 (éd. Dehaisnes, p. 152). — Voir *ibidem* ad an. 860 (p. 102), ad an. 864 (p. 128), ad an. 877 (p. 255). — Capitul. 861 (Pertz, LL. I, p. 476), 877 (p. 536).

[3] Capitulare Bonon. (811), cap. 2 (Boretius, p. 166) : « Ut non per aliquam occasionem, nec de wacta nec de scara nec de warda nec pro heribergare neque pro alio banno, heribannum comis exactare præsumat, nisi missus noster prius heribannum ad partem nostram recipiat et ei *suam tertiam partem* exinde per jussionem nostram donet. Ipse vero heribannus non exactetur neque in terris neque in mancipiis, sed in auro et argento, palleis adque armis et animalibus, atque pecoribus sive talibus speciebus quæ ad utilitatem pertinent. »

[4] Polyptyque d'Irminon XXV, 20, p. 274 : « Solvunt de airbanno sol. II. » — Polyptyque de Saint-Maur des Fossés, c. 6 (Guérard, Polypt. d'Irminon, II, p. 284). « Solvunt vestiti mansi hairbannum... pro homine redimendo de hoste sol. 3. » De même Pérard, p. 161.

d'argent dues à époques fixes les fournitures qui n'étaient exigibles jadis qu'en temps de guerre (*hostilitium*, *carnaticum*, et aussi *hairbannum*)[1]. Mais cela ne les empêcha pas de faire marcher les hommes eux-mêmes et de se faire livrer provisions, voitures et bêtes de somme, quand ils en avaient besoin. En d'autres termes, l'*heribannum* et l'*hostilitium* devinrent une obligation du tenancier et du sujet, le service de guerre, de fournitures, en devinrent une autre, sans qu'on s'inquiétât de l'origine commune ni du double emploi manifeste.

---

[1] Polyptyque d'Irminon, I, 42, p. 5 : « Solvunt *omni anno* ad hostem aut carra IV aut boves XX aut de argento libras VIII. — *Ibidem*, III, 62, p. 32 : « Solvunt omni anno ad hostem aut carrum I aut boves VI aut de argento solidos LXXVIII, etc. — *Ibidem*, XVII, 49, p. 196 : « Solvunt, ad *tertium annum*, ad hostem geniculas IX et quartem partem, multones XIIII, » etc. — De même Polyptyque de Saint-Maur des Fossés et de Saint-Remi de Reims, etc. — Cartul. de Vendôme (1040-1055). D. Housseau, II, n° 478 : « Totum karragium boum et asinorum et bidannum villanorum ad quindecim dies in anno exceptâ submonitione pro prælio in adversarios vel castello faciendo in marchiâ... vaccagium totum et frumentagium et multonagium, fricingagium et bidannum ad XV dies in anno..... exceptâ submonitione pro prælio publico vel castello in marchiâ sui honoris faciendo. »

CHAPITRE XVI.

CONTINUATION. — LA POLICE ET LES BANALITÉS.

Dans un pays aussi profondément bouleversé par les guerres privées, pouvait-il bien être question de police? La lutte incessante troublait l'ordre public et les perturbateurs cherchaient leur salut dans la lutte. Néanmoins le *bannum*, la *districtio*, le droit de commander et de saisir, était un attribut trop précieux au grand, trop nécessaire à tous, pour qu'on le laissât perdre. En haut et en bas on était également intéressé à ce qu'il ne disparût pas.

De tout temps le *bannum* du roi et de ses officiers avait eu pour objet essentiel de maintenir ou de rétablir la paix[1]. C'était à l'aide du *bannum* — du pouvoir de prendre des mesures préventives de sûreté, d'arrêter les contrevenants et de sévir même contre eux sans l'intervention du juge — que le roi Franc exerçait efficacement sa mainbour sur les églises et les veuves, les fai-

---

[1] Capitulare Saxonic. (797), cap. 9 (Boretius, p. 72) : « Quandoquidem voluit dominus rex *propter pacem (et propter faidam)* et propter majores causas *bannum* fortiorem *statuere* una cum consensu Francorum et fidelium Saxonum, secundum quod ei placuerit, juxta quod causa exigit et oportunitas fuerit, solidos LX multiplicare in duplum, et solidos centum sive usque ad mille componere faciat *qui* EJUS *mandatum* transgressus fuerit. » — Admonitio ad omnes regni ordines (823-825), cap. 8 (Boretius, p. 304) : « Illos quoque qui temeritate et violentia in furtis et latrociniis sive rapinis communem pacem populi pertubare moliuntur vestro studio et *correctione*, sicut decet, compescite. »

bles et les étrangers, sur tous ceux qui n'avaient pas d'autre protecteur. C'était à l'aide du ban que les comtes et leurs subalternes s'acquittaient du même office, comme représentants du roi, qu'ils bannissaient un voleur ou frappaient un rebelle[1]. C'était à l'aide du ban aussi que le grand propriétaire ou l'immuniste assuraient l'ordre sur leurs domaines et y protégeaient leurs hommes.

Or, comtes, vicomtes et centeniers, propriétaires et immunistes, seigneurs tenant leurs droits de la force ou de l'usurpation, étaient maintenant les protecteurs attitrés et directs, réels ou apparents, de la grande masse du peuple. A qui donc, si ce n'est à eux, aurait appartenu le moyen matériel de réaliser cette protection, l'autorité qu'elle suppose, le *bannum?* La transition était d'autant plus facile que, dès l'époque carlovingienne, les comtes et leurs subordonnés avaient vu leur pouvoir coërcitif s'étendre. Les cas s'étaient multipliés où la violation du ban du comte entraînait la même amende que la violation du ban du roi[2]. Et c'était une amende dix fois plus forte qui était due[3] quand l'immunité avait été enfreinte, quand une atteinte avait été portée à l'autorité de l'immuniste, autorité qu'il ne revendiquait plus seulement sur ses hommes, mais sur tous les habitants de son domaine.

Toutefois, la protection ayant changé de caractère et

---

[1] Capitul. Aquisgran. (809), cap. 4 (Boretius, p. 148) : « Ut comes qui latronem in forbanno miserit vicinis suis comitibus notum faciat, eundem latronem a se esse forbannitum, ut illi eum non recipiant. »

[2] Voyez à ce sujet Sohm : *Die Fränkische Reichs-und-Gerichtsverfassung*, p. 175 et suiv.

[3] Une amende de 600 solidi, dont les deux tiers étaient attribués à l'immuniste, un tiers au fisc. Par exemple, *Diplôme de Charlemagne* (D. Bouquet, V, p. 766) : « Si quis fuerit Comes vel Domesticus, seu grafio... qui... nostram præceptionem irrumpere aut violare præsumserit, sexcentorum solidorum... se cognoscat mulctandum... ita ut ipse Abba vel monachi duas partes recipiant... et alia tertia pars in fisci nostri sacellum veniat. » — *Cartul. de Saint-Sauveur d'Aniane*, MS., f° 16 v° : « Sexcentorum solidorum compositione. »

n'étant plus inspirée par l'intérêt public, il dut en être de même de l'usage auquel le *bannum* fut employé. Il servit, sans doute, encore à arrêter et à punir des malfaiteurs, mais il servit surtout à extorquer des amendes abusives ou à emprisonner des innocents pour leur faire racheter leur liberté. Il aida puissamment, en un mot, à transformer la justice publique en une exploitation privée.

Si cela est vrai de la police proprement dite, cela est plus vrai encore de la police administrative. Celle-ci touchait directement aux intérêts pécuniaires. Elle avait prise immédiate sur la richesse de tous et de chacun. Elle se prêtait donc d'autant mieux à la rapacité des seigneurs. Elle pouvait être plus aisément détournée de son objet pour devenir entre leurs mains une source de profits personnels.

Tel me paraît avoir été le point de départ des droits seigneuriaux connus plus tard sous le nom de banalités.

Considérez d'abord ce droit si anormal que s'attribue le seigneur de défendre toute vente de vin durant un laps de temps, jusqu'à ce qu'il ait écoulé lui-même sa récolte : le droit de banvin, *bannum vini*. Sa filiation, je crois, peut être facilement retrouvée et établie.

Charlemagne, préoccupé de l'intérêt du consommateur, avait défendu, en l'an 794, de vendre les denrées au-dessous d'un certain prix, qu'il y eut abondance ou pénurie de récolte. Il avait fixé des maxima, et, donnant l'exemple, décidé que les produits de ses domaines se vendraient même au-dessous du cours légal[1].

---

[1] Synod. Franconof. (794), cap. 4 (Boretius, p. 74) : « Statuit piissimus domnus noster rex, consentienti sancta synodo, ut nullus homo, sive ecclesiasticus sive laicus sit, ut nunquam carius vendat annonam, sive tempore abundantiæ sive tempore caritatis, quam modium publicum et noviter statutum, de modio de avena denario uno, modio ordii denarius duo, modio sigalo denarii tres, modio frumenti denarii iv... De vero anona publica domni regis, si venundata fuerit,

Quelques années plus tard, ce fut l'intérêt du producteur qui appela sa sollicitude. Il voulut le préserver des spéculateurs, lui éviter des déceptions, empêcher qu'il arrivât, en vendant son blé sur pied, son vin sur le cep, à le vendre un prix bien inférieur à sa valeur. C'était ici un minimum qu'il s'agissait de lui garantir [1].

Les officiers publics ne tardèrent pas à tirer parti de cette sollicitude impériale, à l'exploiter pour leur compte. Sous prétexte de mettre les consommateurs à l'abri de renchérissements arbitraires des denrées, ils forcèrent les producteurs, par édit ou par ban, à les vendre à vil prix [2].

Voyez maintenant ces officiers devenant producteurs à leur tour, voyez de leur côté les grands producteurs s'arrogeant la même autorité, ils n'auront tous qu'à suivre la voie tracée par la législation carlovingienne; ils aboutiront au monopole du banvin. Pour empêcher en appa-

de avena modius II pro denario, ordeo den. I, sigalo den. II, frumento modius denar. III. »

[1] Capitulare Aquisgran. (809), cap. 12 (Boretius, p. 149) : « Ut nemo propter cupiditatem pecuniæ et propter avaritiam suam prius detur pretio (det pretium) et futura questione sibi præparet, ut duplum vel triplum tunc recipiat, sed tunc tantum quando fructum præsens est illos conparet. » — Capit. missorum Aquisgr. (809), cap. 12 (Boretius, p. 152) : « De illis qui vinum et annonam vendunt antequam colligantur et per hanc occasionem pauperes efficiantur.

[2] Actes du concile tenu à Paris en l'an 829, can. 52 (Mansi, XIV, p. 570) : « Comperimus, quod in quibusdam occidentalibus provinciis, suadente avaritia, episcopi et comites, et ceteri prælati pauperibus sibi subjectis soleant *edictum imponere*, ut nullus illorum tempore messis modium frumenti nec tempore vindemiæ modium vini majori pretio, nisi quod ab eis constituitur, vendere præsumat. Quod si quispiam illorum facere præsumpserit, et paupertati suæ magnam jacturam patitur, insuper etiam acribus verberibus flagellatur. Unde fit ut cum aliis modius frumenti 12 denariis et modius vini 20 denariis venumdari possit, hujuscemodi seniores modium frumenti ad 4, et modium vini ad 6 sibi extorqueant denarios. Quæ res quia impietatis injustitiæque plena est, necesse est ut piissimi principis auctoritate inhibeatur. »

rence que les prix ne s'élèvent trop, — en réalité pour être sûrs de placer leur récolte, — ils se réserveront, par voie de contrainte, le droit d'offrir avant tous autres le produit de leurs vignes, comme l'empereur Charles offrait le blé de ses domaines. Pour que la concurrence ne fasse fléchir les prix outre mesure, ils se serviront de même du *bannum*. Ils défendront de vendre le vin avant une certaine époque, comme le capitulaire d'Aix-la-Chapelle le défendait. Par là ils resteront maîtres du marché et pourront fixer le prix à leur convenance.

On peut donc dire que le droit de banvin est sorti, par un abus insensible et sous les dehors d'un intérêt public à sauvegarder, de la police administrative des Carlovingiens.

La formation des autres banalités, des monopoles qui portent sur moulins et fours, pressoirs et brasseries (*cambæ*), etc., cette formation est plus complexe. Elle peut néanmoins être suivie à la trace.

Dans les usages originaires des Germains, les industries les plus nécessaires à la vie paraissent avoir constitué des services publics, avoir été exercées pour le compte et dans l'intérêt de tous [1]. Plus tard les grands propriétaires — roi et particuliers — firent construire sur leurs domaines les moulins, pressoirs ou brasseries indispensables et les exploitèrent à l'aide d'artisans préposés par eux, d'ordinaire à l'aide de serfs [2]. Ce n'était que là évi-

---

[1] Lex Baiuwarior., tit. 8, cap. 2 (Pertz, LL. III, p. 410) : « Et si in ecclesia, vel infra curtem ducis, vel in *fabrica*, vel in *molino* aliquid furaverit, thrimniungeldo conponat, hoc est ter novem reddat : quia istae quattuor domus *casæ publicæ* sunt, et semper patentes. » — Cf. Lex Salica, tit. 22, *De furtis in molino commissis*, tit. 31 (Hessels, codd. 6 et 5), cap. 3 : « Si via quod ad farinario vadit cluserit. »

[2] Capitul. de villis (800), cap. 18 (Boretius, p. 84) : « Ut ad farinarias nostras pullos et aucas habeant juxta qualitatem farinarii vel quantum melius potuerint. » Cap. 45 (p. 87) : « Ut unusquisque judex in suo ministerio bonos habeat artifices... siceratores, id est qui cervisam vel pomatium sive piratium vel aliud quodcumque liquamen

demment que les habitants du domaine pouvaient faire moudre, pressurer ou brasser. Leur intérêt, autant que leur état de dépendance, leur en faisait une loi.

Mais quand les diverses parties constitutives du domaine cessèrent d'être soumises à une administration commune, quand les domaines eux-mêmes se morcellèrent de mille façons par inféodation et par concession de tenures, quand les éléments du droit de propriété des terres aussi bien que la suprématie sur les hommes qui les habitaient furent répartis entre de nombreuses mains, l'obligation pour ces hommes de se servir du moulin ou du four établis de longue date, ne put être retenue qu'à l'aide du *bannum*, de l'ordre donné, de la contrainte exercée par le seigneur qui en était armé.

Nous sommes en mesure d'observer de près dans les chartes la transformation qui s'est ainsi opérée et qui a conduit souvent à ce résultat inattendu : la banalité devenue un droit seigneurial distinct à la fois de la propriété foncière et du *bannum*, n'appartenant ni au propriétaire du domaine où moulin, pressoir et four sont établis ni au seigneur justicier des hommes qui doivent s'y rendre.

Voici d'abord le seigneur armé du *bannum* qui aliène l'établissement banal. Il délègue en même temps une partie de la puissance publique, celle qui est nécessaire pour assurer la continuation du monopole [1].

---

ad bibendum aptum fuerit facere sciant, pistores... » Cap. 48 (p. 87) : « Ut torcularia in villis nostris bene sint præparata. » Adde cap. 62 (p. 88-89), etc. — Polyptyque d'Irminon, 24, 1, p. 245 : « Habet ibi farinarios VI, qui solvunt inter totos de moltura modios CCLXXXV; et unus ex illis solvit pastas II ad nativitatem Domini » etc. — Voyez en général le Polyptyque d'Irminon et celui de Saint-Remi de Reims.

[1] « ... Medietatem quoque molendini de eodem stagno molentis, quam a quodam Abrano qui alteram possidet comparavi juri eorum concedo... Bannum quoque de omnibus in toto Curtirast commanentibus tam de amicis quam et de universis hominibus meis, ut si forte amicus ad molendinum alterum moluerit quem inde non possim jus-

Un changement plus net encore s'opère quand le droit de banalité est transféré d'un établissement à un autre, quand le propriétaire d'un moulin, par exemple, détache tout ou partie de son droit coërcitif pour en faire profiter, concurremment avec lui ou exclusivement, le propriétaire d'un autre moulin. Il y a là une véritable création de banalité, soit par transposition, pourrait-on dire, soit par dédoublement [1].

Comment se serait-on arrêté sur cette pente? Aussi bien que le propriétaire pouvait rendre un tiers participant de son monopole ancien, un suzerain pouvait en faire naître un nouveau au profit de son vassal [2], un seigneur en im-

---

ticiare remaneat inimicus. Homo vero meus multuram monachis restituat, mihi vero, forisfacto emendato, legem et destrictum persolvat. » (Charte d'Archembaud, prévôt de Vendôme, *Cartul. du Vendômois*, Ms., f° 4 r°, col. 2, xi° s.).

[1] ... Est consuetudo quod homines monachorum ad eorum molendinos qui sunt apud Tufiacum pergentes diem integram et noctem horam molendi expectent. In quo spatio si molere suam annonam non poterunt ad predictum molendinum Raginaldi pergent. Quod si ad alium perrexerint cognitâ a priore de Tufiaco transgressione ista infrà octo dies molturam sine lege Gaufrido et heredibus suis reddi precipiet. Abbas vero et monachi de suis hominibus totam justiciam in suis retinuerunt manibus. » (*Cartul. de Saint-Vincent du Mans*, MS., f° 87, xi° s.).

[2] Les deux moitiés d'un moulin sont cédées successivement à l'abbé de Vauclair par Herbert Bordeau et Herbert fils de Philippe de la Tour (de Turro). Raoul de la Tour, dont le moulin relevait (*de cujus feodo fuerat*), ratifie l'acte et en outre fait la concession suivante :

« ... in potestate abbatis esse molendinum facere in antiqua sede ad instar prioris molendini et removere illud inferius prout ei placuerit, ita tamen ne superiori noceat molendino, terramque de qua calciata fiet ex utraque parte predictus assignavit Radulfus pepigit que quod non patietur quempiam facere molendinum ab isto molendino usque ad molendina Scti Martini quod huic noceat. Piscationem quoque concessit, etc... Ecclesia autem Vallisclare non ingrata dedit predictis duobus Herbertis de paupertate sua xxx et v libras, Radulfo de Turro pro concessione sua libras vii et fratri ejus Odoni palefridum unum » *Cartul. de Vauclair*, MS. (1155), f°s 31 v°-32 r°).

poser un à ses hommes chaque fois qu'il y avait intérêt [1].

Le *bannum* entrait ainsi dans la catégorie des droits lucratifs, des droits enviables, qu'à défaut d'accord avec les détenteurs légitimes on s'efforça d'acquérir par usurpation [2].

Par cela même il fut soumis à l'action dissolvante que nous avons vu désagréger le droit de justice. Il revêtit le même caractère de *personnalité*.

L'interdiction du ban de moulin ou de four fut levée par tel seigneur au regard de telle catégorie de ses hommes ou des hommes d'autrui, et au profit de tel établissement voisin qui ne tardait pas à devenir banal

---

[1] « ... Hildiardis uxor Fulcherii de Vindocino emit unum molendinum in Ledo fluvio in loco qui dicitur ad cappam situm ad opus Scti Martini Majoris Monasterii... Persuasit deinde Hildiardis monachis Maj. Mon. ut facerent homines de terrâ suâ, videlicet Buziaco, portare annonas suas ad ipsum molendinum. Illa vero mortua, remansit consuetudo ista, et cœpit Guismandus, Guismandi filius, habere partem emolumenti de molendino predicto, et monachi similiter partem habebant in alio quodam illius molendino. Si quis ergo de hominibus Scti Martini iret ad aliud aliquid molendinum nisi ad unum istorum, diripiebat bona ejus et sub hâc occasione multa mala faciebat hominibus S[i] Martini. Quapropter dederunt illi monachi Maj. Mon. sex libras denariorum ut nec acciperet partem de molendino eorum nec homines illorum cogeret ire nisi ad quod vellent molendinum. Quod ille se facturum promisit, et insuper hujus rei fidejussores dedit... » (*Cartul. du Vendômois*, MS., f° 6 r°-v°).

« ... Monachi Scti Vincentii habebant quendam furnum apud Curcismunt cujus medietatem dederunt Matheo de Sordone, Theschardo, Guarino, Lamberti, Herberto Morini, tali scilicet pacto ut omnes homines eorum qui sunt inter duo torrentes in eo mitterent » (*Cartul. de Saint-Vincent du Mans*, MS., f° 274).

[2] « ... Hamelinus... cogebat violenter ire ad molendinos suos homines b. Martini M. Monaster... et auferebat nobis molturam nostram..... saniori usus consilio, reddidit et concessit nobis eam... tali pacto ut in arbitrio et potestate eorumdem nostrorum rusticorum sit, ire sive ad molendinum nostrum, sive ad suum, sine ulla vel nostra vel ipsius calumnia aut contradictione » (1096-1101. *Cartul. de Marmoutier pour le Dunois*, ch. 61, p. 53). — Adde *Cartul. de Saint-Amand*, MS., t. I, f°[s] 179-180, *infrà*, chapitre XXV.

à son tour. Les banalités s'enchevêtrent comme les justices s'étaient enchevêtrées[1].

En résumé, le droit de banalité se sépare presque entièrement du *bannum*, considéré comme un attribut de la puissance régulatrice; il devient un droit seigneurial dont l'intérêt public est d'ordinaire absent. Je n'irai pas jusqu'à dire que cet intérêt manque totalement et toujours. Il pouvait arriver, en effet, qu'une brasserie ou qu'un moulin fussent établis dans l'intérêt des habitants

---

[1] « Ego Rogerus de Chimai dominus de Turro notum facio presentibus et futuris quod pro remedio, etc... concessi domui et fratribus V. C. ut ad molendinum suum de Castellione omnes quoscumque voluerint admittant, recepta ab eis molitura, sicut inter eos certa convenerit pactione. Excipiuntur tamen homines in villa de Turro et in villa de Hanonia manentes qui ad jam dictum molendinum nunquam nisi pro aquæ penuria sive ex permissione mea vel successorum meorum admittentur. Admisi autem aliquando fratribus Vallis Claræ competentem sicut et ceteri solvent molituram. Quod si quis ex predictis hominibus meis ad sepedictum molendinum nisi pro aquæ penuria et absque permissione mea aliquociens moluerit ipse nobis satisfaciet, fratres vero liberi et indemnes remanebunt » (*Cartul. de Vauclair*, MS., 1199, f° 78 r°).

« ... Hugo filius Ebrardi de Puteolo dedit ecclesie Sancti Martini de Campis... unum torcular concedens ut quicumque voluerit venire ad illud torcular ad exprimendas uvas liberam habeat potestatem » (*Cartul. de Saint-Martin des Champs*, MS., f° 2 r°, xi° siècle).

« Drogo... concessit monachis S. M. de C. qui apud Gornaium (Gournay) conversantur partem suam viarie de terra in qua ipsi morantur et eorum hospites ibidem commanentes et hospitum ipsorum furnachium et monachorum proprium... Est et conventio inter Drogonem et monachos de Gorn. ut nullum prorsualium hominem præter suos hospites ad coquendum in suo furno recipiant. Quod si evenerit per legem reddatur furnachium » (*Cartul. de Saint-Martin des Champs*, f°s 21 *bis* v° et 22 r°).

« Quod canonici (de N.-Dame) tali conventione monachis Sancti Martini concesserunt ut hospites eorum de Solo Villari et ipsi idem monachi insuper et omnes hospites quos tunc habebant vel deinceps habituri erant infra duo miliaria circa molendinum commorantescum ipsis monachis eamdem villam habitantibus et custodientibus ibi annonas molerent » (*Ibidem*, f°s 35 r°, 1097).

d'une région, soit aux frais seuls du seigneur, soit à frais communs[1]. Mais le monopole, dans la plupart des cas, dépassait de beaucoup les services rendus, et il allait directement à l'encontre d'une saine police administrative[2].

[1] Voyez le curieux accord entre les moines de Saint-Père de Chartres et les paroissiens de Champhol pour la construction et l'exploitation à frais et profits communs d'un four banal. — *Cartul. de Saint-Père de Chartres*, ch. 54 (1101-1129), II, p. 307-308 : « Monachi Sancti Petri et parrochiani sancti Dionisii de Campo Fauni in eadem villa constituunt unum furnum in elemosina ad opus utriusque ecclesie. Cujus consuetudines utrorumque assensu ibi sunt descripte; scilicet ut quecunque furneia, sive unus sive plures eam faciant, unum panem, altera vice de albo, altera de biso, reddat; quod si quis alibi coctum ierit, quod abstulit reddat dupplum, unum pro solagio, alterum pro furni refrigeratione, et nichil amplius ab eo exigatur. Ista et omnes alie forisfactiones, preter sanguinem, tam de furnerio quam de aliis, in curia sancti Dionisii, coram presbitero et parrochianis, sine alia justicia, emendentur; quod tamen ibi non poterit, coram preposito; si amplius coram abbate... Furnerium, vero, utpote sibi serviturum, ipsi homines eligant; electumque ad prepositum ducant ubi juret fidelitatem utrique ecclesie et parrochianis... Redditionem vero furni presbiter sancti Dionisii recipiat et custodiat, cum duobus vel pluribus parrochianis, aliorum consensu ad hoc electis, qui utrique ecclesie fidelitatem jurent, et dimidiam partem monachis reddant, dimidiamque ad necessaria ecclesie Sancti Dionisii fideliter custodiant. Et, quotiens opus fuerit, de communi emendetur ac reficiatur et furnus et domus. » — Nous aurons à revenir sur ce texte au point de vue du *self government* des paysans.

[2] « Stephanus Dei gratia Mettensis episcopus... Cum de jure vestro et de injuriis vobis factis nostra investigaret sedulitas, tandem ab hominibus curie illius (de Gorze) sub debite fidelitatis obtestatione summonitis hoc inter cetera ad jus vestrum pertinentia relatum est quod bannus totius ville et taberne et forum et furni specialiter et indominicate ad ecclesiam vestram pertinerent. Et quoniam plerique de hominibus beati Gorgonii in predicta villa furnos proprios injuste construxisse confessi sunt, ipsi edificatores in presentia nostra dictante juditio, eos destruxerunt... » (1152-60, *Cartul. de Gorze*, MS., f⁰ 240).

CHAPITRE XVII.

CONTINUATION. — L'ADMINISTRATION ET LES IMPÔTS.

Je suppose une administration modèle. Elle pourvoiera aux besoins communs du corps social tout entier et des diverses parties qui le composent. Des charges communes, les impôts, lui fourniront les ressources nécessaires. Ces charges resteront bien au-dessous des avantages qu'ils assureront en retour; elles seront réparties à proportion des services rendus, et la contribution fournie par chaque membre du corps social arrivera aussi directe et aussi nette que possible à sa destination, sans être ni détournée en route de son véritable objet ni arrêtée ou diminuée au passage par des fonctionnaires parasites.

Prenez le contre-pied d'une administration ainsi comprise, et vous aurez les droits seigneuriaux. L'intérêt public n'est plus qu'apparent. Il est absorbé par l'intérêt du seigneur. Les impôts deviennent sa propriété, son bien, et la propriété, le bien des agents ou des serviteurs qu'il emploie.

Déjà sous la monarchie de Charlemagne, il faut le reconnaître, des traits semblables se dessinent. L'État se confond en son chef. C'est le roi qui, personnellement, est le protecteur. C'est lui qui touche les impôts comme des revenus dont il peut disposer à son gré, pendant que le fonctionnement des grands services publics ne cesse de reposer sur les prestations en nature de ses sujets.

Mais, du moins, le souci de l'intérêt général est indéniable. L'ordre et une paix relative sont maintenus, la sécurité garantie, la justice respectée, la production, la circulation des produits, les échanges, facilités, les fonctionnaires contenus dans leurs empiétements et leurs abus de pouvoir. Si le roi dispose librement des revenus de l'État et des immenses domaines qui lui sont attribués, il les donne précisément, à titre de salaire (impôts délégués, terres données en bénéfice), aux comtes, vicaires et centeniers, qui l'aident à remplir cette mission sociale.

Il ne s'en tient pas là. Il emploie directement une partie de ses ressources à doter et à alimenter les services publics et il oblige souvent les grands du royaume, les bénéficiers surtout, à imiter son exemple.

Il assure le culte en assurant la subsistance du clergé. Les libéralités qu'il lui fait ressemblent en beaucoup de points aux concessions qu'il accorde à ses officiers. Ce sont des terres qu'il alloue aux corps religieux, des impôts dont il les dispense ou qu'il leur délègue, se réservant le droit de reprendre ces avantages, ces bénéfices, au cas où ils ne s'acquitteraient pas des devoirs qui leur incombent, que ce soit de simples prières, condition ordinaire de l'immunité[1], ou des services à la fois spirituels et temporels.

Le roi fait face à l'assistance publique. Des pauvres sont nourris et entretenus autour des palais où il réside[2],

---

[1] Voyez *suprà*, p. 109, note 3 de la page 108. — Cf. aussi la notice de Louis le Débonnaire sur le service dû par les monastères. Les uns doivent des *dons* et le service militaire, les autres des dons seulement, un grand nombre de simples prières. « Notitia de servitio monasteriorum, 817 (Boretius, p. 349-351) : « Hæc sunt quæ dona et militiam facere debent, numero XIV... Hæc sunt quæ tantum dona dare debent sine militia, numero XVI... Hæc sunt quæ nec dona nec militiam dare debent, sed *solus orationes pro salute imperatoris vel filiorum ejus et stabilitate imperii,* numero XVIII... »

[2] Capitul. de disciplina palatii Aquisgran. (circa 820?), cap. 7 (Boretius, p. 298) : « Ut super mendicos et pauperes magistri constituantur qui de eis magnam curam et providentiam habeant, ut (lacune) ... ores et simulatores inter eos se celare non possint. »

l'entretien des autres est une charge des bénéfices qu'il octroie, des fonctions lucratives qu'il confère[1].

Le palais du roi devient un foyer d'instruction[2] et le roi entreprend aux frais de son trésor de grands travaux d'utilité publique[3].

Quant aux impôts et aux prestations de toute nature que le peuple devait fournir en vue de services déterminés, qu'il s'agît de la garde des frontières ou du droit de gîte des fonctionnaires, des corvées pour travaux publics ou de l'entretien des foires et marchés, ils recevaient dans la plupart des cas, comme nous le montrerons plus loin en détail, leur destination légitime. De même, les dîmes dont la perception était sanctionnée désormais par l'autorité séculière[4] et souvent faite par ses agents pour le

---

[1] Capitul. missor. Niumagæ datum (mars 806), cap. 9 (Boretius, p. 132) : « De mendicis qui per patrias discurrunt volumus, ut unusquisque fidelium nostrorum suum pauperem de beneficio aut de propria familia nutriat, et non permittat aliubi ire mendicando; et ubi tales inventi fuerint, nisi manibus laborent, nullus eis quicquam tribuere præsumat. » — Capitul. episcopor. (780?) (Boretius, p. 52) : « Episcopi et abbates atque abbatissæ pauperes famelicos quatuor pro isto inter se instituto nutrire debent usque tempore messium; et, qui tantum non possunt, juxta quod possibilitas est, aut tres aut duos aut unum. Comites vero fortiores libram unam de argento aut valentem, mediocres mediam libram; vassus dominicus de casatis ducentis mediam libram, de casatis centum solidos quinque, de casatis quinquaginta aut triginta unciam unam. »

[2] Voyez la lettre souvent citée d'Alcuin à Charlemagne (Epistola LXXXV. *Alcuini opera*, I, p. 125-126, ed. Foppens) : « Idem Petrus fuit qui in palatio vestro grammaticam docens claruit... Vestra vero auctoritas palatinos erudiat pueros, ut elegantissime proferant..... »

[3] Telle, par exemple, la tentative faite par Charlemagne de relier par un canal le Danube au Rhin (Cf. J. Oberlin, *Medii ævi jungendorum marium fluviorum que molimina* (Strasbourg, 1773), p. 59 et suiv.). — Des ponts paraissent avoir été fréquemment construits aux frais du roi. Voyez, par exemple, charte de Charles le Chauve relative à un pont construit à Paris « pro totius utilitate regni... *de ærarii nostri scato* » (861) (D. Bouquet, VIII, p. 568).

[4] Pippini ad Lullum (Moguntinensensem archiepiscopum) Epistola

compte de l'église[1], n'étaient ni retenues ni accaparées par elle[2].

Combien il en ira autrement de l'administration seigneuriale! Toute préoccupation du bien public a-t-elle donc disparu? Non, mais elle est reléguée à l'arrière plan. C'est l'avantage du seigneur qui prime tout. Dans l'impôt en argent, en nature, en travail, il ne voit que le produit, et s'il emploie quelque partie au profit de ses sujets, il fait, à ses propres yeux et aux leurs, acte de charité pure.

Nous avons vu déjà la guerre de conquête ou la guerre de défense nationale devenir guerre privée, la justice et la police simples sources de profits, la police administrative devenir monopole. Le culte subit le même destin. Les seigneurs font élever chapelle ou église comme aujourd'hui on construit maison de rapport ou établissement industriel. Au lieu d'un fermier ou d'un locataire, ils y placent un desservant, agent comme un autre, qui touche des émoluments nets et qui doit leur remettre le surplus des produits de l'exploitation : dîmes, droits de sépulture, offrandes volontaires, droits sur les mariages ou les

---

(755-768) (Boretius, p. 42) : « Et sic previdere faciatis et ordinare de *verbo nostro*, ut unusquisque homo, aut vellet aut nollet, suam decimam donet. » — Capitul. Haristallense (mars, 779), cap. 7 (forma communis) (Boretius, p. 48) : « De decimis ut unusquisque suam decimam donet, atque per jussionem pontificis dispensentur. » — Capitula de rebus ecclesiasticis (787-813?), cap. 3 (Boretius, p. 186) : « Ut decime pleniter dentur : et a quibus retente sunt, de prima contentu sit culpavilis qui eas retenuit solidos vi, ipsa decima sub juramento. »

[1] Capitul. Mantuanum secund. generale, cap. 8 (Boretius, p. 197) : « De decimis ut dentur, et dare nolentes secundum quod anno preterito denuntiatum est a ministris rei publicæ exigantur... A ministris reipublice districti singuli per caput sex solidos ecclesie conponant, et insuper decima dare cogantur..., » etc.

[2] Cf. Waitz, *Deutsche Verfassungsgeschichte*, IV, I (2e édition, 1884), p. 123.

relevailles, deviennent des droits fiscaux que les seigneurs achètent, usurpent, vendent, cèdent, inféodent, qu'ils grossissent sans souci du service religieux et à son plus grand détriment. C'est ainsi que les dîmes sont, par l'arbitraire violent des seigneurs, distraites de l'église baptismale, de l'église de la paroisse où le fidèle trouve les secours de la religion, pour être attribuées à l'église seigneuriale, exploitée plutôt que desservie[1].

Et maintenant quelle sollicitude pouvait-on espérer à l'égard des grands intérêts de l'agriculture, de l'industrie, du commerce, des travaux publics, de l'assistance et de l'instruction? Le seigneur n'intervient, de ses deniers ou de ses autres ressources, que s'il est menacé dans ses revenus, s'il craint pour ses cens ou ses péages, s'il craint de voir abandonner ses terres ou délaisser ses marchés. Ce n'est qu'indirectement, — inconsciemment, pourrait-on dire, — que la chose publique reçoit quelque satisfaction.

La générosité même est rarement spontanée, en quelque pompeuses formules que l'exaltent les rédacteurs des chartes. La résistance tenace des habitants n'est pas moins étrangère aux remises d'impôts et d'exactions qui leur sont consenties que n'est étrangère aux fondations charitables, aux dotations pieuses, l'influence infatigable de l'Église. Les premiers opposent une digue à l'envahissement démesuré des droits seigneuriaux. L'Église, en provoquant les libéralités des seigneurs, assume du moins une partie du rôle qu'ils négligent de remplir : elle pro-

---

[1] Convent. Ticin. II (855), cap. 11 (Pertz, LL. I, p. 432) : « In sacris canonibus præfixum est, ut decimæ juxta episcopi dispositionem distribuantur. Quidam autem laici, qui vel in propriis vel in beneficiis suas habent basilicas, contempta episcopi dispositione, non ad ecclesias ubi baptismum et prædicationem et manus impositionem et alia Christi sacramenta percipiunt, decimas suas dant, set vel propriis basilicis, vel suis clericis pro suo libitu tribuunt. Quod omnimodis divinæ legi et sacris canonibus constat esse contrarium. Unde vestram potestatem, ut eos corrigatis, expetimus. »

tège les faibles, assiste les pauvres, moralise et instruit, en même temps qu'elle défriche les terres, les soumet à une culture rationnelle, fait progresser les arts manuels et les arts libéraux[1].

Voyons de plus près comment les divers impôts ont été détournés de leur destination, sont devenus par là des droits seigneuriaux et ont pesé d'un poids d'autant plus lourd sur la condition sociale du contribuable. Nous ne marquons que les traits généraux, le détail viendra plus tard.

Autant il est incontestable que sous la première race de nos rois l'impôt foncier et la capitation continuèrent à être perçus selon les bases établies par l'administration romaine, (sauf les immunités qu'accordait le souverain ou dont se prévalaient avec succès les plus puissants d'entre les Francs[2]), autant il est douteux que le même système se soit conservé sous la dynastie carlovingienne. Si l'impôt avait été régulièrement établi, comment Charlemagne, si prévoyant et si avisé, ne se serait-il pas mis en souci de sa juste et rigoureuse répartition, de la confection de cadastres, du renouvellement des *libri censuales?* Au lieu de cela, les capitulaires se réfèrent simplement à un vague et traditionnel usage. L'impôt foncier et l'impôt personnel doivent être levés au même taux qu'ils l'avaient été de temps immémorial[3]. L'impôt personnel est dû par ceux qui le devaient de père en fils[4], l'impôt

---

[1] Cette action de l'Église sur la civilisation du xie siècle est exposée en détail dans le livre suivant.

[2] Voyez les chapitres viii et ix du livre Ier.

[3] Pippini Capitul. Aquitan. (768), cap. 4 (Boretius, p. 43) : « Ut ad illos pauperes homines magis non tollant nisi quantum legitime reddere debent. » Cbn. Breviar. Missor. Aquitan. (789), cap. 5 (Boretius, p. 65) : « Ut ad illos pauperes nova aliqua consuetudo inposita fuit postea. » — Relatio ad imp. (828), cap. 7 (Pertz, LL. I, p. 327) : « Census tamen singularum provinciarum *antiquitus constitutus* hujus rei occasione pauperibus non augeatur. »

[4] Capitul. de justit. faciendis (811-813), cap. 10 (Boretius, p. 177):

foncier repose sur les terres qui l'ont toujours supporté[1]. Qu'est-ce à dire, sinon que le cens foncier et la capitation ne se conservent qu'à l'état de droits coutumiers, dus au roi par des catégories déterminées de personnes et de terres.

Il fut donc plus facile aux seigneurs du IX° et du X° siècle de faire entrer ces droits dans leur domaine privé qu'ils ne l'auraient pu faire d'impôts véritables, également répartis, levés suivant des cadastres officiels.

Il leur fut plus facile aussi, en cet état des choses, de convertir leur droit au cens foncier en un droit de propriété sur les terres imposées, leur droit au cens personnel, à la capitation, en un droit de propriété sur les personnes tributaires, en un servage.

Nette en théorie, la distinction entre les impôts nés d'une sujétion politique et les services personnels dus à

« Ut missi nostri census nostros perquirant diligenter, *undecumque antiquitus ad partem regis exire solebant,* similiter et freda.... » Cap. 11 : « Ut de rebus unde census ad partem regis exire solebat, si ad aliquam ecclesiam traditæ sunt, aut reddantur propriis heredibus, aut qui eas retinuerit illum censum persolvat. » — Capitul. de justit. faciend. (Circa a. 820), cap. 3 (Boretius, p. 295) : « Statuendum est, ut unusquisque qui censum regium solvere debet in eodem loco illum persolvat *ubi pater et avus ejus* solvere consueverunt. » — Capitul. missor. in Theodon. villa dat. (805), II, cap. 20 (Boretius, p. 125) : « Census regalis, undecumque legittime exiebat, volumus ut inde solvatur, sive de propria persona hominis sive de rebus. » — Edict. Pistense (864), cap. 28 (Pertz, LL. I, p. 495) : « Ut illi Franci qui censum de suo capite vel de suis rebus ad partem regiam debent, sine nostra licentia ad casam Dei vel ad alterius cujuscumque servitium se non tradant, ut respublica quod de illis habere debet, non perdat. »

[1] Voyez la note précédente et ajoutez : Capitul. per se scrib. (818, 819), cap. 2 (Boretius, p. 287) : « Quicumque terram tributariam unde tributum ad partem nostram exire solebat, vel ad ecclesiam vel cuilibet alteri tradiderit, is qui eam susciperit tributum quod inde solvebatur omni modo ad partem nostram persolvat, nisi forte talem firmitatem de parte dominica habeat, per quam ipsum tributum sibi perdonatum possit ostendere. »

raison de l'occupation de la terre ou de l'asservissement de l'individu se brouilla en fait[1]. Cens et chevage s'accumulèrent et puis furent déchiquetés, dédoublés, distribués entre une foule d'ayants-droit, par inféodation, succession ou vente.

A côté des cens fonciers ou personnels, les rois francs recevaient des oblations, des contributions volontaires ou désignées comme telles. A époques fixes, surtout aux grands plaids annuels[2], puis à l'occasion de fêtes, de voyages, à l'occasion du mariage du souverain ou de ses enfants[3], des présents considérables en chevaux et en habits, en argent et en objets précieux[4], étaient offerts par les fidèles. Ces dons correspondaient, en partie au moins, à des dépenses d'intérêt public. Si les églises les offraient c'était en échange de la protection qui leur était assurée[5] et pour contribuer à la défense générale du royaume. Si les laïques se présentaient chargés de présents au champ de Mai ou aux fêtes du couron-

---

[1] Il est possible pourtant de la rétablir dans chaque cas précis, comme je le dis plus loin (chap. XXII, p. 389 suiv.).

[2] Voyez les textes dans Waitz, *Deutsche Verfassungsgeschichte*, III, 2 (2ᵉ édition), p. 591, note 3.

[3] Lors du mariage, par exemple, de la fille de Chilpéric, les Francs offrent de nombreux présents : « Franci multa munera obtulerunt, alii aurum, alii argentum, nonnulli equites, plerique vestimenta, et unusquisque ut potuit donativum dedit » (Gregor. Turon., *Hist. Franc.*, VI, cap. 45, *Mon. Germ. hist. Script. rer. merov.*, I, p. 285).

[4] Voyez la note précédente et Dungal (*Hibernici exulis carmina*, II, *Monum. Germ. Poetæ Latini ævi Carolini*, I (Berlin, 1881), p. 396):

> « Dum proceres mundi regem venerare videntur
> Ponderibus vastis ingentia dona ferentes
> Immensum argenti pondus, fulgentis et auri,
> Gemmarum cumulos sacro stipante metallo,
> Purpura splendentes aurato tegmine vestes,
> Spumantes et equos flavo stringente capistro,
> Ardua barbarico gestantes colla sub auro :
> *Annua sublimi hæc debentur munera regi.* »

[5] Voyez le passage d'Hincmar cité dans la note suivante.

nement, c'était leur manière de payer un impôt, c'était peut-être aussi leur manière de prendre part aux frais que ces vastes rassemblements de peuple ou ces cérémonies publiques entraînaient. Il n'est donc pas étonnant que, dès le IXe siècle, beaucoup de ces dons n'aient plus eu de bénévole que le nom[1].

Les grands seuls les devaient, ou du moins ceux-là seuls d'entre les grands qui étaient en rapports directs avec la royauté, qui assistaient notamment aux malls annuels. Mais ils ne tardèrent pas à se décharger du fardeau sur les hommes placés sous leurs ordres et dans leur dépendance. Qu'une solennité comme l'élévation au trône, ou les noces du roi, ou son entrée dans l'âge de majorité, se célébrât, qu'il fallût seulement se rendre à la cour pour demander une faveur, les grands offraient des présents, des *dona,* le peuple les payait[2].

---

[1] Hincmar (ed. Sirmond, Paris 1645), *Oper.*, II, p. 325 : « Causa suæ defensionis regi ac reipublicæ *vectigalia, quæ nobiscum annua dona vocantur,* præstat ecclesia. » — Lupi Ferrariensis Epist. 43, Migne Patrologie, t. 119, col. 511 : « *Debita dona* quæ per vos rex jussit direxi. » — Dipl. de Charles le Chauve (842), (D. Bouquet VIII, 433): « Dona etiam a parvitate earum rerum nulla exigantur. » — Frothar., Epist. 21 (D. Bouquet, VI, p. 394) : « Ad dona regalia, quæ ad Palatium dirigimus, penè quidquid ex optimis equis habuimus distribuere *compulsi sumus.* » — C'est par dérision, s'écriait longtemps auparavant Salvien, que l'on appelle dons les impôts dont nos vainqueurs nous chargent : « Vectigalia illis (Romanis) solvebant populi barbarorum, nos vectigales barbaris sumus... Insuper etiam ridiculos ipsi esse nos facimus : aurum quod pendimus, *munera* vocamus. Dicimus *donum* esse, quod pretium est, et quidem pretium condicionis durissimæ ac miserrimæ » (Salviani, *De gubernatione Dei,* VI, 18, § 98-99, Monum. Germ. Auct. Antiquissim., t. I, p. 83).

[2] Rien n'est expressif comme la plainte des habitants de l'Istrie contre leur duc Jean, en l'an 804. Elle porte témoignage de ce qui se passait certainement en beaucoup d'autres régions. « Dicit (dux Johannes) in populo : « Colligamus exenia ad d. imperatorem, sicut tempore Græcorum faciebamus, et veniat missus de populo una mecum, et offerat ipsos xenio ad d. imperatorem. » Nos vero cum magno gaudio collegimus. Quandoque venit ad ambulare, dicit : « Non vobis

L'exemple en outre était contagieux. Officiers ou agents acceptèrent des dons pour eux-mêmes[1]; officiers ou grands vassaux en exigèrent, à l'aide de *prières* qui ne souffraient pas de refus : « collectiones *quasi deprecando*[2]. »

Une pratique prit naissance qui ne put plus être extirpée[3]. Le chef eut droit à des contributions chaque fois qu'une dépense exceptionnelle s'imposait à lui. Or, qui donc allait être juge de l'utilité ou de la nécessité de la dépense, — on pourrait ajouter — de sa réalité? L'obligation du sujet eut pour mesure l'intérêt du maître et sa puissance.

Au regard d'hommes sans défense et qui ne pouvaient lui échapper par la fuite ou l'émigration, le seigneur leva des contributions à volonté, sous prétexte de quelque

oportet venire; ego ero pro vobis intercessor ad d. imperatorem. » Ille autem cum nostris vadit donis ad d. imperatorem, placitat sibi vel filiis suis honorem, et nos sumus in grandi oppressione et dolore » (Procès-verbaux des *missi* envoyés en Istrie (804), publiés par Ughelli puis par Carli, et reproduits presque *in extenso* par Waitz dans *Deutsche Verfassungsgeschichte*, III, 2 (2ᵉ édition), p. 488 suiv.). Voyez aussi *Lex Romana Curiensis* (vers 850), Epist. S. Gal., tit. IV (Hænel, *Lex rom. Visigoth.*, p. 157, col. 4) : « Quando aliqua puplica gaudia nunciantur, hoc est aut elevacio regis aut nuptias aut barbatoria, aut aliqua alia gaudia, quod ad judices pertinet, nihil invidum ad populum nec dona nec nulla expendia exsequantur. »

[1] Capitul. de villis (800), cap. 3 (Boretius, p. 83) : « Ut non præsumant judices nostram familiam in eorum servitium ponere, non corvadas, non materia cedere nec aliud opus sibi facere cogant, et *neque ulla dona ab ipsis accipiant*, non caballum non bovem non vaccam non porcum non berbicem non porcellum non agnellum, nec aliam causam, nisi buticulas et ortum, poma, pullos et ova. »

[2] Capitulare Mantuan. II. Generale, cap. 6 (Boretius, p. 197) : « Audivimus etiam, quod juniores comitum vel aliqui ministri reipublice sive etiam nonnulli fortiores vassi comitum aliquas redibutiones vel collectiones..., quasi deprecando exigere solent... que omnia nobis et ab omni populo juste amovenda videntur... A potentioribus autem vel ditioribus, *expontanea tantum voluntate vel mutua dilectione*, volentibus solacia prestare invicem minime proibemus. »

[3] Voyez pour son développement ultérieur, *infrà*, chap. XXIII.

bâtiment à élever, de quelque voyage à entreprendre, de quelque guerre à soutenir, ou bien sans prétexte aucun, sa volonté en tenant lieu.

Si le sujet était en état d'opposer quelque résistance de fait ou de droit, la contribution ne put être levée qu'à époques périodiques et fixes, ou bien elle fut restreinte à certains cas d'une nécessité évidente, strictement spécifiés : la rançon du chef, le mariage de sa fille, l'équipement de son fils, plus tard le voyage en Terre-Sainte. Le sujet était alors traité comme le vassal dont les contributions, les *aides*[1], avaient gardé, grâce au contrat de fief, le caractère des *dona* que les grands faisaient au roi carlovingien, c'est-à-dire ne pouvaient être exigées que dans des cas exceptionnels et précis. Sa contribution pouvait donc, comme celle du vassal, s'appeler *auxilium*, *subsidium*, etc.[2] ; elle pouvait garder aussi l'ancien nom de *donum, munus, oblatio*, etc.

Mais un nom plus caractéristique finit par s'y attacher. On appela *tailles* les contributions dues par les sujets au seigneur, taille à volonté, taille aux quatre cas, etc., et l'on accentua par là dans les mots la différence qui existait dans les faits entre deux ordres d'obligations dérivées en somme de la même source, — les tailles et les aides.

Le sujet était livré à la merci totale ou partielle du seigneur. Le vassal était garanti par son contrat et par le droit féodal tout entier. L'un devait une assistance pécuniaire en retour des avantages qu'il retirait du fief ;

---

[1] Nous n'avons pas à nous occuper autrement ici. Les aides du vassal sont, en effet, des droits *féodaux* et non point des droits *seigneuriaux*, des droits attachés à la suzeraineté féodale et non point à la seigneurie. Leur étude trouvera sa place dans le livre suivant où nous traitons de l'organisation féodale.

[2] « Paganus de Monte Dubletto dimisit penitus monachis Sancti Vincentii quasdam consuetudines, bannum scilicet et *adjumenta* que injuste apud Tufiacum requirebat » (*Cartul. de Saint-Vincent du Mans*, MS. f° 88, xi° s.).

l'autre était soumis à un droit seigneurial, à un impôt tout dans l'intérêt du seigneur et souvent arbitraire.

L'expression fut brutale comme le droit l'était.

Le mot *taille* me semble être sorti, en effet, du mélange de deux idées exprimées l'une au propre et l'autre au figuré. Au sens propre, c'est l'entaille, la coche, l'*incisio* faite sur deux bâtons pour marquer la perception de l'impôt[1]. Au sens figuré, c'est l'opération de tailler l'homme comme on taille l'arbre ou la vigne. N'est-ce pas la même métaphore qui se retrouve dans notre locution moderne « mettre en coupe réglée[2]? »

---

[1] Cf. Cartul. de Redon (ch. 370 (1112), p. 323 : « Quandam consuetudinem quam super homines Sancti Salvatoris qui morantur in plebe quæ vocatur Penkerac et in Guerran habebat, *quam vulgo tallia nuncupatur nos incisionem nominamus.* » — *Cartul. de Quimperlé*, MS. f⁰ 36 r⁰ : « De terris Glemeren V sextoria frumenti et pastum unum et quecunque jura ad comitem pertinent et bannnm et *inciscuram* atque illud quod gualoer appellant. »

[2] Le verbe *talare*, avec le sens intermédiaire de dépouiller quelqu'un violemment de ses biens, d'en enlever, d'en couper une partie, se trouve déjà dans les lois franque, salique et ripuaire, et dans la loi des Alamans. — Lex Salica CIII, 2 (Hessels, 413, col. 1) : « Si antruscione vel feminam talem ordine interfecit, aut *talare* voluerit vel igne concremaverit, et ei [fuerit adprobatum, DCCC sol. culp. (*talare* peut toutefois avoir ici le sens de *celare* ou *cooperire de ramis* (*taliis*). » Cf. Lex Salica, tit. 41 (Hessels, col. 253 suiv.) — Lex Ribuaria, tit. 64 (Ed. Sohm. Mon. Germ., LL. V, p. 254) : « Et quanti ei sanguinem funderent, unus quisque weregildum eum componant. Et quanticumque post auctorem et sanguinem effusuris vel post tres prioris fuerint, unusquisque ter quinos solidos multetur, et *quicquid ibidem talaverent restituant.* » — Lex Alaman., tit. 34 (Pertz, LL. III, p. 55) : « Si quis præsumpserit infra provincia hostiliter res duci invadere et ipsas tollere (deux manuscrits de familles différentes portent : *talare*), et post hoc probatus fuerit, quidquid ibi toltum (remarquez que la *tolta*, *toulte*, est devenue plus tard un droit seigneurial comme la taille) fuerit, mancipia pecunia omnia tripliciter restituat, et insuper widrigildum suum duci conponat, quare contra legem fecit. »

CHAPITRE XVIII.

CONTINUATION. — L'HOSPITALITÉ FORCÉE, LES RÉQUISITIONS ET LES CORVÉES.

Quand les impôts directs ne reçoivent pas leur destination légitime, quand ils ne sont pas employés dans l'intérêt public mais ressemblent à des tributs levés par un vainqueur, le peuple souffre. Il souffre davantage quand les prestations qu'il acquitte, les réquisitions qu'il endure, en vue d'une utilité commune, se perdent dans le vide, quand elles profitent à quelques-uns au lieu de profiter à tous. Non-seulement les services publics auxquels il importe de pourvoir restent interrompus, mais la nature concrète des contributions dont ils sont le prétexte en fait un mode insupportable d'extorsion, un élément d'assujétissement personnel, d'oppression directe.

Ces abus étaient loin d'être inconnus à l'administration romaine, et s'il serait injuste d'en reporter la responsabilité si haut, il est exact pourtant que des traditions lointaines n'ont pas été étrangères à leur croissance et à leur extension.

Que l'on considère le *cursus publicus*, la poste romaine, telle qu'Auguste et ses successeurs l'avaient organisée[1], on ne trouvera rien qui ressemble au service de corres-

---

[1] Cf. Hirschfeld, *Untersuchungen auf dem Gebiete der Roemischen Verwaltungsgeschichte* (Berlin, 1876), p. 98 suiv. — Madwig, *Die Verfassung und Verwaltung des Römischen Staates*, t. II (Leipzig, 1882, p. 740 suiv., etc.).

pondance établi par notre ancien régime et moins encore à celui qui fonctionne aujourd'hui.

Les particuliers ne peuvent se servir de la poste pour transporter leurs lettres, ni davantage pour voyager à l'aide de relais publics. Et pourtant ce sont eux qui, par des corvées et des réquisitions, assurent le fonctionnement de l'institution tout entière.

Les stations (*stationes, mansiones*) où relayaient les courriers et où ils trouvaient le vivre et le couvert étaient entretenues et approvisionnées par les habitants de la région. Ceux-ci devaient fournir en outre les chevaux de rechange et de renfort qu'on désignait sous le nom de *veredi* ou *paraveredi*[1], suivant qu'ils étaient employés sur les grandes routes militaires ou dans les chemins de traverse. Enfin ils étaient astreints à des corvées de charroi plus ou moins pénibles (*angariæ*[2], *parangariæ*) pour transporter, par exemple, les bagages ou les provisions.

Au moins pouvait-on dire que ce service était après tout un service public. Des courriers (*tabellarii*) ne transmettaient-ils pas rapidement les ordres de l'empereur jusqu'aux extrémités des provinces, les gouverneurs de province ou les légats, les envoyés extraordinaires ou les agents (*agentes in rebus*) n'étaient-ils pas mis en mesure, avec toute la célérité voulue, de prendre possession de leurs fonctions ou de s'acquitter de leur mission?

Mais les abus s'introduisirent. Il fallait un ordre émané du souverain ou du gouverneur de province, plus tard du préfet du prétoire ou du maître des offices, pour pouvoir user du *cursus publicus*. C'était un permis, une feuille de route avec droit de réquisition (*diploma, evectio, trac-*

---

[1] Voyez notamment les titres du Code Théodosien et du Code de Justinien, *De cursu publico, angariis et parangariis* (Code Théod., 8, 5, Code Just., 12, 51). — L'étymologie du mot *veredus* (cheval de poste) est incertaine. On l'a cherchée dans *vehere rhedam*.

[2] Le mot vient du grec ἀγγαρεία qui avait déjà la signification de corvée de poste.

toria[1]). Des particuliers obtinrent, par faveur, la délivrance de ces diplômes; d'autres furent assez puissants et assez redoutés pour s'en passer. Tous, fonctionnaires et courtisans, abusèrent odieusement du droit de réquisition, allant jusqu'à maltraiter les hommes et vendre les bêtes. La poste devint ainsi le pire fléau des régions qu'elle traversait[2].

Sous l'administration franque, le service de la poste continue. Des *tractoriæ*, générales ou spéciales, sont délivrées aux fonctionnaires en voyage, aux *missi* en tournée, aux ambassadeurs que le souverain envoie à l'étranger, aux ambassadeurs étrangers qu'il reçoit, etc.[3]. Elles donnent droit à l'hospitalité, droit à être logé (*mansio, mansiones*), droit à être nourri suivant son rang et l'importance de sa suite (*paratæ*)[4] : elles permettent de re-

---

[1] Code Théodos., 8, 6, *De tractoriis et stativis*. — Code Just., *eod. tit.*, 12, 52, etc.

[2] Code Théodos., *De cursu publico* (8, 5), c. 7 : « Paraveredorum exactio patrimonia multorum evertit et pavit avaritiam nonnullorum. » Adde, *ibid.*, c. 8. — *De curiosis* (6, 29), c. 2, 5, etc. — Aur. Victor Cæsares, 13, 6 : « Quod equidem munus satis utile *in pestem orbis Romani vertit* posteriorum avaritia insolentiaque. »

[3] Diplôme de Chilpéric II en faveur de l'abbaye de Corbie (29 avril 716, *Monum. Germ. Diplom.*, p. 76-77) : « Immoque et evectione ad ipsus missus, qui hoc (teloneum) exigeri ambularent, perpetualiter *absque renovata tracturia* annis singulis dare præcipemus; hoc est viredus sive paraveridus decem, panis nitedus decem, sequentes vegente, vino mod. I, etc. » — Voyez surtout la célèbre formule de Marculfe : *Tracturia ligatariorum vel minima facienda istius instar* (Marculfe, I, 11, Zeumer, p. 49, de Rozière, 703).

[4] Ansegisi Capitular. IV, cap. 70 (Boretius, p. 445) : « De dispensa missorum nostrorum, qualiter unicuique juxta suam qualitatem dandum vel accipiendum sit, videlicet episcopo panes XL, friskingæ III, de potu modii III, porcellus unus, pulli III, ova XV, annona ad caballos modii IV. Abbati, comiti atque ministeriali nostro unicuique dentur cotidie panes XXX, friskingæ II, de potu modii II, porcellus unus, pulli III, ova XV, annona ad caballos modii III. Vassallo nostro panes XVII, friskinga una, porcellus unus, de potu modius unus, pulli II, ova X, annona ad caballos modii II. »

quérir les chevaux de relais (*veredi, paraveredi*) et d'exiger des services avec charriots et bêtes de somme ou de trait (*angariæ, parangariæ*)[1]. Il semble que ces charges reposent souvent sur les mêmes personnes qui, de père en fils, les supportaient de toute antiquité[2]; mais les porteurs de *tractoriæ* ne s'en prirent pas toujours à celles-là seules, pas plus qu'ils ne se renfermèrent dans les bornes mises à leur droit de réquisition. Comme leurs prédécesseurs romains, ils usèrent de violence et d'extorsion[3], et l'Église n'eut garde d'omettre dans les char-

---

[1] Voyez la formule de Marculfe *De magnâ rem, qui vult exsinodocio aut monasterio construere* (II, 1) : « Remota pontificum simulque ecclesiasticorum omnium officialium seu publicorum omnium potestate, nullas functiones vel exactionis, neque exquesita et lauda convivia, neque gratiosa vel insidiosa munuscola, neque etiam caballorum pastus aut paraverida vel carrarum angaria, aut quodcumque fonctiones titulum dici potest, de ipsa facultate pænitus non requiratur » (Zeumer, p. 72, de Rozière, 571).

[2] Capitul. de villis, cap. 27 (Boretius, p. 85) : « Quando missi vel legatio ad palatium veniunt vel redeunt, nullo modo in curtes dominicas mansionaticas prendant, nisi specialiter jussio nostra aut reginæ fuerit. Et comes de suo ministerio vel *homines illi qui antiquitus consueti fuerunt missos aut legationes soniare*, ita et modo inantea et de parveridis et omnia eis necessaria solito more soniare faciant, qualiter bene et honorifice ad palatium venire vel redire possint. » — Capit. Tusiac. (865), cap. 16 (Pertz, *Leges*, I, p. 503) : « Ut ministri comitum in unoquoque comitatu dispensam missorum nostrorum *a quibuscumque dari debet*, recipiant, sicut in tractoria nostra continetur. »

[3] Pippini Capitul. Papiense (787), cap. 4 (Boretius, p. 198-199) : « De episcopis, abbatibus, comitibus seu vassis dominicis vel reliquis hominibus qui ad palatium veniunt aut inde vadunt vel ubicumque per regnum nostrum pergunt, ut non præsumant ipsi nec homines eorum alicui homini suam causam tollere, nec suum laboratum, in tantum si non comparaverint aut ipse homo eis per suam spontaneam voluntatem non dederit. » — Convent. Ticin. (850), cap. 4 (Pertz, *Leges*, I, p. 406) : « Sed et hoc pervenit ad notitiam nostram, quod quando potentes, et honorati, sive ecclesiastici ordinis, sive secularis, ad nos veniunt, a populo in quorum domibus mansiones accipiunt, suis usibus, suorumque equorum necessaria per

tes d'immunité qu'elle se faisait délivrer la dispense des *mansiones*, de *paratæ* et de tout le cortège d'abus qui les accompagnait[1]. Le peuple résista à sa manière : il opposa excès contre excès[2].

Malgré tout, on peut encore reconnaître derrière les abus un intérêt d'ordre public auquel il est fait face. — Il en sera tout différemment de l'hospitalité et des corvées que s'attribueront les comtes, les évêques, les seigneurs, et qui deviendront des droits seigneuriaux entre leurs mains.

Je remarque, d'abord, que ces droits ne sont pas sortis directement du *cursus publicus* ou de ce qu'il en subsistait sous les deux premières races de nos rois. Ils tirent, à mon sens, leur origine plus immédiate des mœurs germaines.

Le roi franc était, au début, le chef d'une famille agrandie. Il jouissait, à ce titre, de l'hospitalité la plus large partout où il lui plaisait aller ou résider[3]. Sous la deuxième race, cette hospitalité fut supportée surtout

---

vim tollant, et hac occasione populus noster affligatur. » — C. Ticin. II, (855), cap. 5 (Pertz, *Leges*, I, p. 433) : « Episcopus et comes per quorum transeunt terminum, diligenter provideant, ne molestentur incolæ, aut eorum domos per vim paciantur invadere, vel propria diripere absque conlato præcio. »

[1] Voyez la note 1 de la page précédente.

[2] Admon. ad omnes regni ordines (823-825), cap. 18 (Boretius, p. 305-306) : « De inhonoratione quoque regis et regni et mala fama in exteras nationes dispersa, propter neglegentiam eorum qui legationes ad nos directas in suis mansionibus aut male recipiant aut constitutam a nobis expensam non tribuunt aut *parvareda dare nolunt* aut furto aliquid eis subripiunt aut, quod perpessimum est, *apertas violenteas, eos cædendo et res eorum diripiendo, in ipsis exercere non pertimescunt*... »

[3] Cf. Gregorii Turon., *Hist. Franc.*, VIII, 1 (*Mon. Germ.*, I, p. 326) : « Degressus (Guntchramnus rex) a Neverno ad Aurilianensem urbem venit, magnum se tunc civibus suis præbens. Nam per domibus eorum invitatus abibat et prandia data libabat; multum ab his muneratus muneraque ipsis proflua benignitate largitus est. »

par les comtes, les évêques, les grands vassaux[1], par les couvents sur lesquels il étendait une protection, une mainbour plus spéciale, par tous ceux, en un mot, qui lui étaient attachés par des liens étroits.

Elle devint de la sorte une charge du bénéfice ou de la fonction (*honor*) et elle pénétra dans le droit féodal comme *droit de gîte* dû à raison du fief. Les *vassi dominici* l'imposèrent à leurs propres vassaux comme ils la devaient eux-mêmes à leur suzerain[2].

Les grands suivirent, en outre, l'exemple du roi au regard de leurs simples subordonnés. Ceux-ci subissaient déjà les conséquences directes ou indirectes de l'hospitalité offerte au roi et à sa suite[3]. Les seigneurs leur imposèrent l'obligation de les héberger eux aussi, soit en voyage, soit à certaines époques, soit quand il leur plairait. Ils y réussirent d'autant plus aisément qu'ils avaient en leur faveur, avec les traditions de l'ancienne hospitalité germanique[4], les prescriptions plus récentes

---

[1] Lamberti Capit. (898), cap. 8 (Pertz, *Leges*, I, p. 564) : « Ut pastus imperatoris ab episcopis et comitibus, secundum antiquam consuetudinem solvatur. »

[2] En tant que *droit féodal*, le droit de gîte trouvera sa place au livre suivant. Le *droit seigneurial* seul nous intéresse ici.

[3] Epistola episcoporum (provinc. Remensis et Rotomagensis) ad Ludovicum, regem Germaniæ (858), cap. 14 (*Actes de la Province ecclésiastique de Reims*, I, p. 259) : « Quatinus non sit vobis necesse per quascunque occasiones quorumcunque hortatibus circuire loca episcoporum, abbatum, abbatissarum vel comitum, et majores quam ratio postulat paratas exquirere, et *pauperes ecclesiasticos* et *fidelium vestrorum mansuarios* in carricaturis et paraveredis contra debitum exigendis gravare, et peccatum de facultatibus indebite consumptis in animam vestram congerere. Neque a comitibus vel fidelibus vestris plus studeatis quam lex et consuetudo fuit tempore patris vestri, *de hoc quod de francis accipiunt*, exquirere. »

[4] Cæsar *De bello Gallico*, VI, 23 : « Hospitem violare, fas non putant; qui quaque de causa ad eos venerint, ab injuria prohibent, sanctos habent, iisque omnium domus patent, victusque communicatur. » — Lex Burgund., tit. 38, 1 (Walter, I, p. 321) : « Quicunque

des capitulaires impériaux. Dans la mauvaise saison, l'hospitalité ne devait être refusée à personne[1] : elle ne devait surtout pas être refusée aux évêques, abbés, comtes et vassaux du roi[2], et ce devoir fut à maintes reprises rappelé et sanctionné par les Carlovingiens[3].

A cela vint s'ajouter, pour faciliter et donner une forme précise à l'usurpation, l'organisation ancienne du *cursus publicus*. Les obligations des hommes qui devaient fournir les relais, faire des services de charroi, procurer les *mansiones* et les *paratæ*, furent détournées de leur objet. Les seigneurs s'en attribuèrent le bénéfice[4]. Toute corrélation était en même temps rompue entre ces

hospiti venienti tectum aut focum negaverit, trium solidorum inlatione mulctetur. »

[1] Pippini Capitul. Aquitan. (768), cap. 6 (Boretius, p. 43) : « Quicumque in itinere pergit aut hostiliter vel ad placitum, nulla super suum pare prændat, nisi emere aut præcare potuerit, excepto herba, aqua et ligna; si vero talis tempus fuerit, mansionem nullus vetet. » — Capitul. omnibus cognita facienda (801-814), cap. 1 (Boretius, p. 144) : « Ut infra regna Christo propitio nostra omnibus iterantibus nullus hospitium deneget, mansionem et focum tantum; similiter pastum nullus contendere faciat, excepto pratum et messem. »

[2] Pippini Capitul. Papiense (787), cap. 4 (Boretius, p. 198-199).

[3] Voyez *suprà*, p. 143-144.

[4] Capitul. de villis, cap. 11 (Boretius, p. 84) : « Ut nullus judex mansionaticos ad suum opus nec ad suos canes super homines nostros atque in forestes (forenses) nullatenus prendant. » — Karoli ad Pippinum filium epistola (806-810) (Boretius, p. 211) : « Pervenit ad aures clementiæ nostræ, quod aliqui duces et eorum juniores, gastaldii, vicarii, centenarii seu reliqui ministeriales, falconarii, venatores et cæteri per singula territoria habitantes ac discurrentes mansionaticos et parvaredos accipiant, non solum super liberos homines sed etiam in ecclesias Dei... » — Constitutio de Hispanis prima (815), cap. 1 (Boretius, p. 261-262) : « Ut sicut cæteri liberi homines... missis nostis aut filii nostri quos pro rerum opportunitate illas in partes miserimus aut legatis qui de partibus Hispaniæ ad nos transmissi fuerint paratas faciant et ad subvectionem eorum veredos donent... » Cap. 5 :... « Comes ille vel successores ejus... neque eos sibi vel hominibus suis aut mansionaticos parare aut veredos

obligations et le service des courriers ou de la poste, si bien qu'il ne resta, en dernière analyse, que de purs droits seigneuriaux, qu'évêques, abbés et barons, ne se firent faute d'étendre et de multiplier à plaisir [1]. Le souvenir confus du passé servit de prétexte au contrat léonin, à l'acte d'autorité ou de violence [2]. Les noms anciens servirent à recouvrir ou à justifier des usurpations récentes. Le *mansionaticum*, les *paratæ*, ce furent désormais les droits de gîte et de procuration [3] du seigneur avec leurs accessoires obligés, tels que l'entretien (*pastus*) de ses animaux, chevaux et chiens, faucons et ours même [4] :

dare... cogant. » — Responsa missis data (826), cap. 10 (Boretius, p. 315) : « De querela Hildebrandi comitis, quod pagenses ejus paravereda dare recusant, etc... »

[1] Déjà au ixe siècle. Conv. Ticin. (850), cap. 5 (Pertz, *Leges*, I, p. 406-407) : « Hoc etiam multorum querellis ad nos delatum est quod potentes, et honorati viri, in locis quibus conversantur, minorem populum depopulentur, et opprimant, et eorum prata depascant; mansiones etiam contra voluntatem privatorum hominum, sive pauperum, in eorum domibus suis hominibus disperciant, eisque per vim quælibet tollant. »

[2] Voyez les chapitres xxii et xxiii du présent livre.

[3] Le *mansionaticum* et les *paratæ* furent réunis sous les noms de *consuetudo manendi* ou *jacendi*, *manere*, *jacere*, d'où *gistum*, *gista*, dans le centre et le Nord, *alberga* (= *herbergarium*, *hospitium*) dans le midi. Les *paratæ* se conservèrent distinctes sous les noms d'*apparatus*, *cœnaticum* ou *pastio* (voyez déjà charte de Charles le Chauve de l'an 846, Bouillart, *Hist. de Saint-Germain-des-Prés*, Pièces justif., p. XVII, col. 2), *convivium*, *prandium*, *receptum*, *comestio* (*mangerie*) et surtout *procuratio*. Il faut remarquer seulement que cette terminologie, comme toute celle du moyen âge, n'est pas rigoureuse. L'*alberga* désigne parfois le droit à un simple repas, la *procuratio* le droit à l'hospitalité complète. Toute distinction s'effaça quand les deux droits furent convertis en argent.

[4] Cartul. de Montier-en-Der (MS., fo 39 vo, 40 ro) : « Neque... quisquam vel ministerialium vel officialium aliquam vim vel malam consuetudinem... inferre audeat... neque carropera extorquere neque pastum equorum vel canum aut usorum requirere. » — *Cartul. de Saint-Vaast d'Arras*, « I panem ad canes et I galmam ad aves comitis. »

les *paraveredi* devinrent les palefrois; le mot *angariæ* fut le terme générique pour désigner les corvées les plus diverses que les maîtres imposèrent à leurs sujets.

Certaines de ces corvées n'avaient rien de commun avec le *cursus publicus* : elles remontaient à un temps où une administration régulière prenait souci des travaux d'utilité publique. Nous allons les étudier à part.

CHAPITRE XIX.

CONTINUATION. — LES CORVÉES DE TRAVAUX PUBLICS.

Les travaux d'utilité publique qui s'imposaient aux rois francs comme à l'administration romaine étaient en première ligne la construction et l'entretien des routes et des ponts, des digues, des écluses et des ports. Du temps des Romains[1], les cités et les provinces devaient, sous forme d'impôts et de corvées, en supporter le principal fardeau; du temps des Francs, ils furent mis de même à la charge des régions que traversaient routes et rivières ou qui confinaient à la mer. Toutefois, le roi et les grands du royaume y contribuaient pour une large part : c'était sur eux que retombaient les frais des entreprises les plus longues et les plus coûteuses[2]; c'était à eux que la direction et la surveillance incombaient. Il n'en fallait pas davantage pour légitimer la perception à leur profit de taxes correspondantes.

Les péages pour l'usage des routes et des ponts n'é-

---

[1] Code Théodosien, XV, 1, *De operibus publicis* et les titres suivants.

[2] Voyez *suprà*, p. 148, note 5, et Monach. Sang., *Gesta Karoli*, I, 30 (Pertz, *Scriptores*, II, p. 745) : « Fuit consuetudo in illis temporibus, ut ubicumque aliquod opus ex imperiali præcepto faciendum esset, siquidem pontes vel naves, aut trajecti, sive purgatio seu stramentum, vel impletio cœnosorum itinerum, ea comites per vicarios et officiales suos exequerentur in minoribus dumtaxat laboribus; a majoribus autem, et maxime noviter exstruendis, nullus ducum vel comitum, nullus episcoporum vel abbatum excusaretur aliquo modo. Cujus rei testes adhuc sunt arcæ pontis Magontiacensis, quem tota Europa communi quidem set ordinatissimæ participationis opere perfecit. »

taient pas inconnus aux Romains[1] : ils se multiplièrent sous l'administration franque. Droits de circulation sur les routes (*strataticum, pulveraticum, pedaticum, rotaticum*[2], etc.), droits de passage sur les ponts (*pontaticum*), droits de navigation et de quai (*portaticum, ripaticum, exclusaticum, barganaticum*, etc.), tous ces droits étaient dus par les voyageurs et passants, quels qu'ils fussent, s'ils ne jouissaient pas d'une dispense ou d'une immunité exceptionnelle. Parfois on les comprenait sous le nom général de *teloneum*[3], quoique ce terme, dans son acception rigoureuse, désignât surtout les impôts de circulation et de vente perçus sur les seuls commerçants. Ils profitaient avant tout au fisc royal, mais les comtes et leurs vicaires

---

[1] Sénèque, *De constantia sapientis*, cap. 14 : « Nec indignabitur aliquid impendere, ut limen transeat, cogitans et in pontibus quibusdam pro transitu dari. » — L. 21 pr., *De donat. inter virum et uxorem* (24, 1) : « Si quis pro uxore sua vectigal, quod in itinere praestari solet, solvisset. » — L. 60, § 8, *Locati conducti* (19, 2) : « Vehiculum conduxisti, ut onus tuum portaret, et secum iter faceret : id cum pontem transiret, redemptor ejus pontis portorium ab eo exigebat. » — Voyez, du reste, Madwig, *Die Verfassung und Verwaltung des Römischen Staates* (Berlin, 1882), II, p. 395; Cagnat, *Étude historique sur les impôts indirects chez les Romains* (Paris, 1882), p. 140 suiv.

[2] Cette terminologie se maintint à travers le moyen âge, mais elle perdit toute rigueur. C'est ainsi qu'on trouve au XIIe siècle : « rotagium sive per terram, *sive per aquam* » (*Cart. de Notre-Dame de Paris*, I, 381, circa 1120), et au XIIIe siècle « *pedagium aquæ* » (Ducange, v° *Pedagium*).

[3] Dipl. de Charlemagne (27 mars 779), (Tardif, **Monum. histor.**, p. 63) : « Ut per ullos portos neque per civitates, tam in Rodomo quam in Vuicus, neque in Ambianis, neque in Trejecto, neque in Dorstade neque per omnes portos ad S. Mascentia, neque aliubi, neque in Parisiago, neque in Ambianis, neque in Burgundia, in pago Trigasino neque in Senonico, per omnes civitates similiter ubicumque in regna, Christo proptio, nostra, aut pagos vel territuriis, *teloneus* exigetur, nec de navale, nec de carrale, neque de saumas, neque de trava evectione, nec rotatico, nec pontatico, nec pulveratico, nec salutatico, nec cispitatico, nec nulla redebutione. »

en eurent leur part et nous les voyons revendiqués par eux comme un droit propre[1]. Entrons dans quelques détails.

L'obligation de construire les ponts et de les entretenir était une des plus anciennes et des plus strictes. Elle répondait à des préoccupations guerrières : elle n'était pas moins essentielle dans l'intérêt de la défense générale du royaume ou de l'extension de ses frontières que le service militaire (*hostis*) ou que le guet (*wacta*) avec sa conséquence immédiate, la fortification. Chez les différents peuples germaniques, chez les Francs comme chez les Anglo-Saxons, ce sont là les devoirs fondamentaux des hommes libres; les *tres causæ*, disent les textes carlovingiens[2], la *trinoda necessitas*, avaient dit bien avant les sources saxonnes[3].

Les corvées pour la construction ou la réfection des ponts pesaient donc en règle sur tous les habitants[4] : l'É-

---

[1] Dipl. de Charles le Chauve (842) (D. Bouquet, VIII, p. 433) : « Munda ab qualicunque omni exactione, quæ de ponte ipsius loci partibus fisci, seu partibus comitatus exigitur. » — Dipl. de Pépin (759) (D. Bouquet, V, p. 703) : « Gerardus comes dedit in responsis, quod ipsum teloneum aliter non contendebat, nisi quomodo antecessores illius, qui comites fuerant ante illum, id ipsum ad suam partem retinebant. »

[2] Diplôme de Charlemagne (775) (D. Bouquet, V, p. 728) : « Ut de tribus causis, de hoste publico, hoc est de banno nostro, quando publicitus promovetur, et wacta vel pontes componendum, illi homines bene ingenui..... si in aliquo exinde de istis tribus causis negligentes apparuerint, exinde cum judicibus nostris deducant rationes. »

[3] Dipl. du roi de Wessex, Cynewalc, au profit de l'église de Winchester (avant 672) (*Cartularium Saxonicum*, publié par Walter de Gray Birch, Londres, 1883, I, p. 47) : « Sit hoc prædictum rus omni terrenæ servitutis jugo liberum tribus exceptis rata videlicet expeditione pontes arcisve constructione. » — Dipl. du roi de Wessex, Cædvealla en faveur de l'évêque Wilfrid (680) (*Cartul. Saxonicum*, I, p. 83) : « Ego Cædualla rex a prefato rogatus æpiscopo hanc donationis meæ cartulam scribere jussi, et absque *triinoda necessitate totius christiani populi* id est arcis munitione, pontis emendatione, exercitu congestione liberam perstrinxi. »

[4] Lex Franc. Chamavorum, tit. 39 (ed. Sohm., *Mon. Germ.*, LL. V,

glise elle-même y était astreinte[1], à moins d'une immunité rarement accordée[2].

A ces corvées venaient se joindre, par tradition ancienne[3] et par nécessité journalière, l'obligation d'entretenir et de réparer les routes. Celle-là aussi apparaît comme une charge publique sous les Carlovingiens[4].

Toutefois l'une et l'autre, la première surtout, tendent

---

p. 275) : « Si quis ad pontem publicum bannitus fuerit et ibi non venerit, solidos IV in fredo componat. » — Capitul. missorum (819) cap. 17 (Boretius, p. 290) : « Ut pontes publici qui per bannum fieri solebant, anno præsente in omni loco restaurentur. » — Conv. Ticin. (850), cap. 8 (Pertz, LL. I, p. 407) : « Per singulas quoque provincias super quælibet flumina ubi antiqua consuetudine pontes fieri soliti sunt, instanter volumus ut restaurentur, si alicubi aliquis casus exigit, ut pons noviter fiat, volumus ut *communi opera totius populi circum habitantis* ibi pons construatur. »

[1] Capitul. Mantuan. sec. gener. (787), cap. 7 (Boretius, p. 197) : « De pontibus vero vel reliquis similibus operibus que ecclesiastici per justitiam et antiquam consuetudinem cum reliquo populo facere debent hoc præcipimus, ut rector ecclesiæ interpelletur, et ei secundum quod possibilitas fuerit sua portio deputetur..... Si vero opus suum constituto die conpletum non habuerit, liceat comiti pro pena prepositum operis pignerare juxta æstimationem vel quantitatem inperfecti operis, quousque perficiatur. » — Voyez déjà Code Théodosien, *De itinere muniendo* (15, 3), const. 6 : « Ad instructiones reparationes que itinerum pontiumque nullum genus hominum nulliusque dignitatis ac venerationis meritis cessare oportet. Domos etiam divinas ac venerandas ecclesias tam laudabili titulo libenter adscribimus. »

[2] Dipl. de Charles le Chauve (842) (D. Bouquet, VIII, p. 433) : « Non plancas ad pontes emendandos... pariter que hostes... ad civitates sive ad castella custodienda, seu quæcumque publica obsequia, eis concedimus. »

[3] Voyez par exemple le titre du Code Théodosien, *De itinere muniendo* (15, 3).

[4] Pippini Ital. reg. capitul. (782-786) (Boretius, p. 192), cap. 4 : « Ut de restauratione ecclesiarum vel pontes faciendum aut stratas restaurandum omnino generaliter faciant, sicut antiqua fuit consuetudo, et non anteponatur emunitas nec pro hac re ulla occasio proveniat. »

a se spécialiser, à s'incorporer à la terre. Ce sont des catégories déterminées de personnes, les détenteurs de certaines terres, qui en sont tenus par excellence [1].

Cette tendance, nous l'avons signalée déjà et nous la retrouverons encore. Elle était un legs partiel de l'administration romaine : les successeurs des anciens *possessores* héritèrent d'une partie de leurs lourdes obligations (ici des corvées pour travaux publics). Elle a été provoquée en outre et développée par le besoin, d'autant plus vif que le gouvernement était plus instable ou moins obéi, de donner une base plus solide à l'impôt et aux prestations, de prendre des garanties pour qu'ils fussent acquittés. En dernière analyse, elle a abouti à ce résultat immense qui a survécu longtemps à la féodalité : la multiplication à l'infini des charges pesant sur l'homme et sur la terre.

En même temps que la corvée de travaux publics devenait pour le paysan ou le bourgeois une charge de la possession du sol, la perception des péages devenait pour le seigneur ecclésiastique ou laïque un avantage de cette même possession.

Les rois francs concédèrent, en effet, des terres, — à titre de bénéfice ou de pleine propriété, — en y attachant comme accessoire lucratif le droit de toucher la redevance

---

[1] Capitul. missorum (821), cap. 11-12 (Boretius, p. 301), cap. 11 : « De duodecim pontibus super Sequanam volumus, ut hi *pagenses qui eos facere debent* a missis nostris admoneantur, ut eos celeriter restaurent... » Cap. 12 : « De omnibus pontibus per regnum nostrum faciendis in commune missi nostri admoneant, ut ab ipsis restaurentur *qui eos facere solebant.* » — Admonitio ad omnes regni ordines (823-825), cap. 22 (Boretius, p. 306-307) : « Ut ubi pontes antiquitus fuerunt et in his locis ubi tempore genitoris nostri ipso jubente diversarum necessitatum causa facti sunt..... *ab his qui eos tunc fecerunt, restituantur et renoventur.* » — Conv. Attiniac. (854), cap. 4 (Pertz, *Leges*, I, p. 429) : « De pontibus restaurandis, videlicet ut secundum capitularia avi et patris sui, ubi antiquitus fuerunt, reficiantur ab his *qui honores illos tenent de quibus ante pontes facti vel restaurati fuerunt.* »

d'une chaussée ou d'un pont[1]. Si l'on se rappelle que les comtes ou vicaires percevaient, à leur profit, certains droits de péage, que les rois en cédèrent d'autres à des corps religieux[2] ou autorisèrent à en établir tel seigneur qui avait fait construire, à ses frais, un pont ou une écluse[3], l'on comprendra sans peine que ces divers droits aient passé dans le domaine privé avec un caractère très variable. Tantôt ils apparaîtront plus tard comme une dépendance de l'alleu ou du fief[4], tantôt, au contraire, comme un droit de seigneurie, ce qu'on appela un droit de justice.

L'administration carlovingienne se préoccupa fort de prévenir et d'arrêter les abus dont officiers publics, particuliers ou couvents pouvaient se rendre coupables dans la levée de ces impôts devenus de simples revenus. Elle voulut notamment que le peuple ne portât pas une double charge; celle des corvées pour l'entretien

---

[1] Par exemple, donation par Lothaire II d'un *mansus* avec son tonlieu et son *ripaticum* : « *Theloneum insuper ex jam dicto manso cum rivatico suo concedimus* » (860) (D. Bouquet, VIII, p. 408), donation par Pépin d'un domaine : « *Villa cum omnibus theloneis publicis* » (766) (D. Bouquet, V, p. 706).

[2] Marca Hispanica, col. 772 : « Cum tertia parte de pascuaria et teloneo de ipso pago » (834). — D. Bouquet, VI, p. 607 : « Mediam partem pulveratici ex rafica... » (836). — D. Bouquet, VIII, p. 672 : « Portum ex utraque parte » (877).

[3] Diplôme de Charles le Chauve (855) (D. Bouquet, VIII, p. 538) : « Quoniam (abbas)... pontes fecerit in aquis quæ dicuntur Eura et Orrionis, in quibus antea magna difficultas erat transeundi, quare oravit..... ut eamdem exactionem telonei ab eisdem pontibus et similiter telonium ab omnibus portis civitatis... concederemus. »

[4] Voyez par exemple, *Cartul. de Saint-Vincent du Mans*, MS., f° 97 : « Gaufridus Leonius et uxor sua I. vendiderunt domno Raginaldo abbati Sancti Vincentii et monachis suis quandam mansuram terre prope cymiterium ecclesie de Trecione que quondam fuit Lamberti Arrivati, ita honorifice ut eam tenebant, scilicet vicariam et bannum et forium et theoloneum et pasnagium et si quid est aliud quod ad ipsam mansuram pertineat » (xie siècle).

des ponts, la redevance pour leur usage. Elle voulut aussi que le taux des péages ne pût être élevé à discrétion[1].

Toutes ces garanties protectrices tombèrent avec le gouvernement carlovingien. Les corvées furent détournées de leur destination, les péages furent arbitrairement établis et arbitrairement perçus. Seigneurs qui englobent dans leurs domaines les possessions jadis sujettes à corvées, chefs régionaux et leurs vassaux, chefs militaires qui usurpent la souveraineté, tous s'approprient les attributs de la puissance publique, sans nul souci d'en remplir les devoirs. Les routes s'effondrent, les ponts s'écroulent ou n'en valent guère mieux, les quais sont ravagés par les eaux, les ports ensablés; rien ne fait. La direction serait laborieuse, le seigneur devrait y mettre du sien, fournir les matériaux ou l'argent que les paysans n'ont pas. Il préfère employer les corvées qui lui sont dues à des travaux d'un intérêt plus direct pour lui, à l'exploitation de ses terres, à la construction de ses digues ou de ses moulins, de même que, faussant la tradition antique[2], il fera élever aux frais des habitants des églises qui seront sa propriété privée.

---

[1] Capitula de functionibus publicis (820), cap. 3 (Boretius, p. 294-295) : « Nemo ex his qui pontes faciunt, aut de inmunitatibus aut de fiscis aut de liberis hominibus, cogantur pontaticum de eodem quem fecerunt ponte persolvere. Et si forte quilibet voluerit ex propriis facultatibus eundem pontem emendare vel reficere, quamvis de suis propriis rebus eundem pontem emendet vel reficiat, non tamen de eodem ponte majorem censum exigere præsumat, nisi sicut consuetudo fuit et justum esse dinoscitur. »

[2] Sous les Carlovingiens les fidèles n'étaient tenus qu'à la réparation de l'église *paroissiale*. Constit. Olon. (825), cap. 8 (Pertz, LL. I, p. 249) : « Præcepimus ut singulæ plebes secundum antiquam consuetudinem fiant restauratæ. Quod si filii ejusdem ecclesiæ eas restaurare noluerint, a ministris rei publicæ distringantur... » — Capitul. missis data (856), cap. 9 (Pertz, LL. I, p. 438) : « Ut baptismales ecclesiæ, quæ per neglegentiam eorum qui eas restaurare debuerunt,

Si les routes, les ponts, sont mal entretenus, si les voyageurs se perdent dans les fondrières et ne peuvent traverser un pont qu'en plaçant, comme l'ingénieux compagnon de Richer, un bouclier sous les pieds des chevaux[1], les péages n'en continuent pas moins à être perçus et ils augmentent même en nombre et en lourdeur.

Corvées et péages deviennent donc bien des droits seigneuriaux purs et simples, des charges sans compensation pour le contribuable, sans satisfaction d'un intérêt public.

Arrivait-il qu'une route fût mise en état, un pont réparé, la perception du péage donnait naissance à de telles exactions que le service rendu se payait par la ruine. Il en est un exemple frappant dans l'épisode de Wirembaud, ce philanthrope du XIIe siècle, dont les *Gestes* de Cambrai retracent les bienfaits. Nous y voyons un seigneur tenir en fief de l'évêque le péage d'un pont, à charge de l'entretenir[2],

---

paulatim a suo statu defecerunt, diligentia missorum nostrorum ab his qui ibi baptizantur vel sacra misteria percipiunt restaurari præcipiantur, et ministris rei publice comittantur, ut filii ecclesiæ, etc. »

[1] Dans le curieux récit où Richer nous décrit les embarras d'un voyage de Reims à Chartres, nous apprenons qu'il fallait des prodiges d'adresse pour franchir le pont qui conduisait à Meaux, tant il était percé de trous : « Tantis enim et tot hiatibus patebat, ut vix civium necessarii die eadem per eum transierint. Carnoticus inpiger et in peragendo itinere satis providus, naviculam circumquoque inquirens et nullam inveniens, ad pontis pericula rediit, et ut equi incolumes transmitterentur e cœlo emeruit. Nam in locis hiantibusequorum pedibus aliquando clipeum subdens, aliquando tabulas abjectas adjungens, modo incurvatus, modo erectus, modo accedens, modo recurrens, efficaciter cum equis me comitante pertransiit » (Richeri, *Histor.*, VI, 30; éd. Waitz, p. 152).

[2] *Gesta Burchardi* I, chap. 10, quatrains 61-62 (*Gestes des évêques de Cambrai* (éd. de Smedt), p. 131) :

« Ad portæ salis transitum
Statutum erat feodum
Accipere pedagium
De rebus transeuntium,

et s'en faire un moyen d'extorsion odieuse contre les paysans d'alentour[1].

> Et in illo itinere
> Debebat pontem facere
> Quidam Fulchardus nomine
> Quem tenebat de presule. »

[1] *Gesta Burchardi*, I, quatr. 65-72, p. 131-132 :

> « Crudeles enim famuli
> Receptores pedagii
> Cum deerant denarii
> Tollebant capam rustici
>
> Aut tunicam aut pallium
> Aut bestiam aut æterum
> Quodcumque vadimonium
>
> Flet rusticus et clamitat,
> Sive calorem habeat
> Sive frigus sustineat,
> Nudus ad forum properat.
>
> Quod vendere debet homo
> Quo potest vendit precio,
> Sollicitus ex debito
> Quod debet pro pedagio
>
> Sed hoc frequenter accidit
> Quod pignus vir cum rediit
> Rehabere non potuit
> Pro moneta quam attulit.
>
> Nam famuli nequitiæ,
> Seva pleni cupidine,
> Cum nolunt pignus reddere,
> Mentiuntur perdidisse.
>
> Si de tali injuria
> Auditur querimonia
> Ab homine vel femina,
> Hinc nulla fit justicia.
>
> Sic pauper per dominium
> Nullum habens auxilium
> *Perdit cappam vel pallium*
> *Propter unum denarium.* »

(Ne serait-ce pas de faits analogues que viendrait notre vieux proverbe : Pour un point Martin perdit son âne?)

C'était assurément œuvre pie pour un particulier de racheter un pareil péage et de rendre la circulation libre[1], mais c'était œuvre pie aussi pour un prince de faire construire un pont dans l'intérêt de ses sujets, fût-ce avec leur concours, et d'y ajouter la franchise du péage[2].

[1] Quand Wirembaud, simple particulier, dont le chroniqueur célèbre les louanges, a racheté le péage, les actions de grâces éclatent :

« Ecce porta est omnibus
Aperta gradientibus,
Liber atque letissimus
Intrat et exit rusticus.

Exultant ergo rustici
De ruina pedagii
Qui ante tributarii
Modo fiunt liberrimi. »

Wirembaud ne borne pas là ses largesses. Il fait refaire pont et route, et en assure l'entretien futur par une fondation dont il remet la garde aux mains de l'abbé de Saint-Aubert.

« Qui ut homo vel bestia
Per callem equum transeat
Ad terram iter relevat,
Ad aquam pontes renovat.

Equantur per vestigia
Et lapides et rudera
Ne offendatur bestia
Quæ fert aut trahit onera

Statuitque quamtotius
De suis facultatibus
Sufficientes redditus
In detinendis pontibus... »

(*Gestes des évêques de Cambrai*, p. 133-134.)
La charité privée corrigeait ici les excès de la fiscalité seigneuriale.

[2] *Construction du pont de Tours par le comte Eudes* (vers 1015) : « Ea quæ nobis ad temporalem usum clementia divina largitur, non abutenda esse, quasi proprietarii juris usurpato dominio, a quibus multis ex occasionibus possumus expoliari brevissimi temporis intervallo, sed conditionis humanæ nostræque fragilitatis memores et usufructuario ac dispensatorio potius jure nos curam suscepisse recognoscentes..... Hæc ego Odo comes considerans..... memorabile

Le cas était rare, et il fallait d'ordinaire une association nombreuse de seigneurs ecclésiastiques et laïques, mûs par leur avantage commun, pour entreprendre et mener à bonne fin une œuvre qui fût vraiment d'utilité publique [1].

aliquid atque ad profectum posteritatis accomodum, ac per hoc Deo placitum..... operari disposui..... supra flumen Ligeris juxta civitatem Turonicam Pontem ædificare decrevi, ubi inundantis aquæ tempore multos noveram rapidi amnis impetu periisse. Et ne post tanti operis consummationem ab æterna mercede quæ sola causa fuit incœpti, lucri temporalis appetitu privarer..... cyrographum hoc ex auctoritate Domini mei regis Hainrici placuit facere. Quo nostris posteris innotescat quarumlibet provinciarum homines omnium ordinum atque officium sive extranei sint, sive indigenæ, sive peregrini, sive mercatores, sive pedites, sive equites, sive pauperes, sive divites, sive cum plaustris, sive cum onustis vacuisve jumentis, vel quibuslibet animalibus, sive quocumque modo iter agant, absque ullius penitus telonei exactione liberam per ipsum Pontem transeundi, nobis concedentibus, habere facultatem » (Martène, *Thesaurus Anecdot.*, I, col. 175-176).

[1] *Construction d'un pont de pierre à Dinant* (vers 1080) : « A tempore Eilberti comitis, qui primus in Walciodoro monasticam vitam instituit, usque ad tempus istud, quo pons lapideus in Deonant cœpit construi, navem unam magnam, quam Bargam vocant ad opus transeuntium habebat Ecclesia Walciodorensis. Hæc dabat fratribus nonaginta quatuor denarios singulis annis, et abbati qui præerat, quatuor sextarios optimi vini.

Cum que placuisset Dominis, qui præerant loco, scilicet Henrico Episcopo, comiti Alberto, Namucensi, Cononi comiti, Frunuardo Præposito, et opidaneis, Isaac Villico et Gozuino de Rupe et ceteris, ut pons fieret lapideus, unde villa melioraretur (nam antea quidem fuit, sed nulli erat aptus usui, convenerunt in unum in eadem villa, III Kalendas septembris.

Ita me accersiens Episcopus... tale quid a me expetivit, ut concederem ei, caussa gratiæ et fraternitatis, in auxilium et ad sustentationem pontis hos reditus...

Et nos pro hac vicissitudine istud privilegium inibi ad pontem, cum nostris omnibus hominibus, et cum omnibus diversæ ætatis et sexus, ex omnibus locis ad locum nostrum attinentibus, et partem haberemus; ut nihil omnino ab ipsis eundo, redeundo ducendo vel aliquid portanto intus vel foris daretur vel acciperetur.

... Ut nullus ex omnibus nobis subjectis, teloneum vel munus aliquod dedisset, causâ alicujus mercati, sed securi ipsi et filii eorum permansissent ab hoc tributo et liberi » (Charte de Godescalc, abbé de Waulsort, 1080, Miraeus, I, p. 267).

Construction d'un pont sur l'Hérault (vers 1029) : « Hic est brevis et testamentum de convenientia, quæ facta est inter abbatem Pontium Sancti Salvatoris Anianensis monasterii... et abbatem Gaufredum monasterii Sancti Salvatoris... de ponte quem fecerunt super fluvium Eraur..., ut abba Pontius et monachi illius pertractum facient ad pontem, id est de ligna, et de petris, et de calce, et de arena, et de ferro et de plumbo et de cordas; et quando pertractum P. et monachi illius habuerint factum, debet facere abbas et monachi illius medietatem de ponto et redemptionem facere ad magistrum.... In ponto autem non habeat ecclesiam neque castellum, neque ulla fortezia, excepto ponto, et nullum usum nec ullum censum Pontius abbas, nec Gausfredus abbas, nec monachi illorum, in ponto non mittant, nec illi, nec ullus homo, nec ulla fœmina » (Cartul. de Saint-Guillem du Désert, *Hist. du Languedoc*, V, col. 393-394).

Construction du pont d'Albi (vers 1035) : « Anselmus, ecclesiæ S. Salvii abbas, et Adalbertus præpositus... et cæteri ejusdem ecclesiæ canonici, ammonitione et ordinatione multiplicique precatu domini A., sanctæ memoriæ Albiensis episcopi, et F. Neumacensis episcopi, et fratris ejus B. Atoni proconsulis Neumacensis, etc., et communi petitione supplicique rogatu omnium tam civium quam burgensium Albiensium, multorumque aliorum, quos supradicti episcopi ad postulandum secum quod ipsi postulare decreverant, ex vicinis castellis et vicis advocaverant... supradicti seniores ecclesiæ S. S. dimiserunt, concesserunt et voluerunt pontem fieri super Tarnum, in alodio beati Salvii ad communem villæ meliorationem et totius Albegeis utilitatem. Et ut tam grande opus faciliorem sortiretur effectum... dimiserunt et donaverunt supradicti operi pontis portum, qui in alodio S. S. erat, et omnes redditus quæ sibi inde veniebant; ita tamen quod, facto ponte, si quispiam a transeuntibus aliquid exigere vel capere voluerit, illud ad canonicos S. S. sicut ad dominos... redeat » (Cart. de Saint-Salvi d'Albi, *Hist. gén. du Languedoc*, V, col. 414-415).

CHAPITRE XX.

CONTINUATION. — LES DROITS SUR LE COMMERCE ET L'INDUSTRIE.

Il n'entre pas dans mon plan de rappeler les vicissitudes que le commerce de la Gaule devenue franque a subies sous les deux premières races de nos rois. Tour à tour florissant et inerte, il a participé aux fluctuations de l'ordre politique, souffert des déchirements intérieurs, profité des conquêtes lointaines. Je ne veux pas m'arrêter davantage à l'organisation du travail industriel. J'ai parlé déjà de ses rapports avec la grande propriété foncière et de son absorption par les banalités. Nous la retrouverons sous les formes les plus changeantes dans les diverses provinces de la France du xie siècle.

Mon but en ce moment est de mettre un seul point en lumière, et ce point le voici. La proportion entre les avantages que le commerce et l'industrie devaient à la protection ou à la sollicitude du pouvoir et les charges qui les grevaient est allée s'affaiblissant sans cesse de l'époque franque à l'époque féodale. Quand elle a été définitivement renversée, les droits seigneuriaux étaient nés.

Le gouvernement de Charlemagne, en même temps qu'il créait des ateliers modèles d'orfévrerie, de tissage, de filature, de teinture en diverses couleurs, dans les grandes fermes royales, protégeait la vente et l'échange des produits.

Des précautions furent prises pour que le commerce

fût loyal[1]. Des efforts furent tentés pour unifier les poids et mesures[2] et pour régulariser la frappe et la circulation des monnaies[3].

L'établissement et la tenue des marchés étaient réglementés[4]. Hebdomadaires ou annuels[5], marchés propre-

---

[1] Voyez, par exemple, Capitul. per missos cognita facienda (803-813), cap. 3 (Boretius, p. 157) : « Ut nullus conparet caballum, bovem aut jumentum vel vel alia, nisi illum hominem cognoscat qui ei vendidit, aut de quo pago est vel ubi manet aut quis est ejus senior. » — Capit. post an. 803 addita (806-813), cap. 2 (Boretius, p. 142) : « De negotio super omnia præcipiendum est, ut nullus audeat in nocte negotiare in vasa aurea et argentea, mancipia, gemmas, caballos, animalia, excepto vivanda et fodro quod iter agentibus necessaria sunt, sed in die coram omnibus et coram testibus unusquisque suum negotium exerceat. » — Il est à croire pourtant que c'est surtout le recel que Charlemagne voulait empêcher par ces dispositions.

[2] Admonitio gener. (23 mars 789), cap. 74 (Boretius, p. 60) : « Ut æquales mensuras et rectas et pondera justa et æqualia omnes habeant, sive in civitatibus, sive in monasteriis. » — Capitul. missor. Niumagæ datum (mars 806), cap. 18, *in fine* (Boretius, p. 132) : « Et ipsum modium sit quod omnibus habere constitutum est, ut unusquisque habeat æquam mensuram et æqualia modia. » etc.

[3] Admonitio ad omnes regni ordines (823-825), cap. 20 (Boretius, p. 306) : « De moneta vero, unde jam per tres annos et ammonitionem fecimus et tempus quando una teneretur et aliæ omnes cessarent constituimus, hoc et omnibus notum esse volumus, quoniam, ut absque ulla excusatione cito possit emendari, spatium usque ad missam Sancti Martini dare decrevimus, ut unusquisque comitum in suis ministeriis de hoc jussionem nostram tunc possit habere adinpletam; quatenus *ab illa die non alia, sed illa sola per totum regnum nostrum ib omnibus habeatur*, juxta illam constitutionem. » — Adde Edict. Pistense, 864, cap. 10 (Pertz, LL. I, p. 490).

[4] Voyez Inama-Sternegg, *Deutsche Wirthschaftsgeschichte* (Leipzig, 1879, p. 430 et suiv.).

[5] « Forum venalium rerum... tam anniversarium quam hebdomadarium » (circa 841) (Dom Bouquet, VIII, p. 377). — « Convenientia mercata, hebdomadale, atque annuale » (870) (*ibid.*, p. 631). — « Feras annuales mercati cum integritate et districtu, ex mercato quoque septimanali illam redibitionem » (821) (*ibid.*, VI, p. 526).

ment dits ou foires, il semble que les uns et les autres dussent être autorisés par le pouvoir central[1].

Et puis, les commerçants, sans parler de la sécurité générale qui leur était assurée, jouissaient de la protection spéciale du roi, fussent-ils étrangers[2] ou juifs[3].

En échange des services qu'il rendait ainsi, et auxquels se joignaient la construction et l'entretien des ports, des ponts et des routes, dans l'intérêt commercial de la circulation des denrées indigènes et des marchandises importées, le gouvernement carlovingien percevait des impôts.

Il en percevait pour prix de sa protection. Tous les ans ou tous les deux ans, les commerçants que le roi a pris sous sa sauvegarde doivent verser à son trésor une part des bénéfices qu'ils ont réalisés[4].

[1] « Ut melius et commodius hæc providentia de bonis denariis non reiciendis et de monetæ falsæ denariis custodiri possit, volumus, ut unusquisque comes de comitatu suo omnia mercata inbreviari faciat, et sciat nobis dicere, quæ mercata tempore avi nostri fuerunt, et quæ tempore domni et genitoris nostri esse cœperunt, vel quæ illius auctoritate constituta fuerunt, vel quæ sine auctoritate illius facta fuerunt, vel quæ tempore nostro convenire cœperunt, vel quæ in antiquis locis permanent, et si mutata suit, cujus auctoritate mutata fuerunt..., ut decernere possimus, quatenus necessaria et utilia et *quæ per auctoritatem sunt maneant,* quæ vero superflua, interdicantur, vel locis suis restituantur » (Edict. Pist. 864, cap. 19, Pertz, LL. I, p. 492).

[2] Karoli Epist. ad Offam regem Merciorum (Walter, *Corp. juris germ.*, II, p. 124-125) : « Negotiatores quoque volumus ut ex mandato nostro patrocinium habeant in regno nostro legitime. »

[3] Voyez, par exemple, Præceptum Judeorum (ante a. 825, *Formul. imper.* Zeumer, p. 309).

[4] Præceptum negotiatorum (828) (Formul. imp. 37, Zeumer, p. 314-315, de Rozière, 30) : « ... quos nos sub sermone tuitionis nostre libentissime suscepimus et inantea, Domino volente, retinere optamus ; ita ut deinceps annis singulis aut post duorum annorum curricula peracta dimidiante mense Maio ad nostrum veniant palatium, atque ad camaram nostram fideliter unusquisque ex suo negotio ac nostro deservire studeat basque litteras auctoritatis nostre ostendat. »

F.

Marchands de profession, artisans et laboureurs qui portaient à la foire ou au marché leurs articles d'échange ou les fruits divers de leur travail et de leur industrie devaient des péages dans des cas où le reste des hommes libres en était dispensé[1], et ils les devaient, semble-t-il, suivant des tarifs plus élevés[2]. Ces tarifs, au surplus, n'étaient pas arbitraires : à défaut de l'autorité, l'usage les fixait.

Enfin, l'impôt le plus considérable était perçu à l'endroit même où venaient converger toutes les activités de la production et de l'échange, dans les foires et marchés. C'était le droit prélevé sur la vente des marchandises, le *teloneum*, le tonlieu proprement dit[3].

Mais la royauté carlovingienne ne sut retenir ni ses attributions en matière de commerce ni les impôts qui y correspondaient.

Comme nous l'avons vu pour les péages en général,

---

[1] Pippini Capitul. (754-755), cap. 4 (Boretius, p. 32) : « De theloneis vero sic ordinamus ut nullus de victualia et carralia, *quod absque negotio est*, theloneum præhendat; de saumis similiter, ubicumque vadunt. » — Capitul. missorum in Theodon. villa datum, II generale (805), cap. 13 (Boretius, p. 124-125) : « Non exigantur... de his qui sine negotiandi causa substantiam suam de una domo sua ad aliam ducunt aut ad palatium aut in exercitum. » — Adde Capit. de function. publicis (820), cap. 2 (Boretius, p. 294).

[2] Cf. Waitz, *Deutsche Verfassungsgeschichte*, IV (2ᵉ édition), p. 70 et suiv.

[3] Capitul. de funct. publ. (820), cap. 1 (Boretius, p. 294) : « Volumus firmiter... ut nullus teloneum exigat nisi in mercantibus ubi communia commertia emuntur ac venundantur, neque in pontibus nisi ubi antiquitus telonea exigebantur, neque in ripis aquarum, ubi tantum naves solent aliquibus noctibus manere, neque in silvis, neque in stratis, neque in campis, neque subter pontem transeuntibus nec alicubi, nisi tantum ubi aliquid emitur aut venditur qualibet causa ad communem usum pertinens... Quod si aliquis constituta mercata fugiens, ne teloneum solvere cogatur, et extra prædicta loca aliquid emere voluerit et hujusmodi inventus fuerit, constringatur et debitum teloneum persolvere cogatur. »

elle concède à ses officiers, à ses vassaux, à des seigneurs ecclésiastiques ou laïques, tout ou partie des droits de circulation à acquitter par les marchands [1]. La porte est ouverte aux abus, et les capitulaires essaieront en vain de la refermer. Des barrières artificielles se dressent, des cordes sont tendues sur les routes. En attendant qu'il soit détroussé, le marchand est obligé de passer où il plaît au péager, sur le pont au lieu de passer dessous ou à côté, par une écluse au lieu de passer au milieu de la rivière [2]. L'impôt régulier fait place à l'exaction seigneuriale.

Les carlovingiens laissèrent, en outre, — l'édit de Pistes le montre [3], — s'établir des foires et marchés sans au-

---

[1] Diplôme de Charles le Chauve en faveur de l'Église d'Urgel (19 novembre 860) (*Hist. gén. du Languedoc*, II, col. 318) : « Concedimus eidem sanctæ sedi, ut sicut aliæ ecclesiæ Septimaniæ ita quoque eadem et rectores ejus semper habeant tertiam partem telonei de omnibus illius parrochiæ mercatis. Similiter etiam concedimus eidem ecclesiæ ob remedium animæ nostræ *tertiam partem telonei omnium negotiatorum per eandem parrochiam transeuntium atque mercantium.* »

[2] Capitul. missorum in Theodon. villa dat. II gener. (805), cap. 13 (Boretius, p. 124) : « De teloneis placet nobis, ut antiqua et justa telonea a negotiatoribus exigantur, tam de pontibus quam et de navigiis seu mercatis; nova vero seu injusta, ubi vel funes tenduntur, vel cum navibus sub pontibus transitur seu et his similia, in quibus nullum adjutorium iterantibus præstatur, ut non exigantur. » — Capitul. Aquisgran. (809), cap. 9 (Boretius, p. 149) : « Ut nullus cogatur ad pontem ire ad flumen transeundum propter telonei causam, quando ille in alio loco conpendiosius illud flumen transire potest. Similiter et in plano campo, ubi pons nec trejectus est, ibi omnimodis præcipimus ut teloneum non exigatur. » — Capitul. legibus addenda (818-819), cap. 17 (Boretius, p. 284) : « *De injustis teloneis et consuetudinibus*..... Ubi necesse non est fluvium aliquem ponte transmeare, vel ubi navis per mediam aquam aut sub pontem ierit et ad ipsam non adpropinquaverit neque ibidem aliquid emptum vel venundatum fuerit, ulterius teloneum non detur ; et nemo cogat alium ad pontem ire, ubi juxta pontem aquam transmeare potest. »

[3] Voyez *suprà*, p. 369, note 1.

torisation. Sans nul doute le propriétaire du domaine où ils se tenaient y percevait le tonlieu. Dans ceux qu'autorisaient les rois, ils abandonnaient souvent au concessionnaire[1], d'autres fois à des tiers[2], la totalité ou une quote-part des impôts afférents. La royauté, enfin, était impuissante à contenir ses officiers et à les empêcher de lever par usurpation le droit de tonlieu[3].

[1] Charte de Pépin II en faveur de l'abbaye de Saint-Chaffre (845) (*Hist. gén. du Languedoc*, II, col. 271) : « Et sicut in aliis locis ejusdem regionis aggregantur, aguntur que mercata, sic et in jamdicto loco juxta ecclesiam Sancti Joannis præsentibus ac futuris temporibus quinta feria mercatum agatur, nec ab ullo comite vel misso comitis ab ipso aliquid exigatur, nec quislibet homo in eodem mercato ab illis distringatur, sed quicquid fiscus noster vel comes habere poterat, pro æterna remuneratione totum eidem ecclesiæ concedimus. » — Diplôme de Charles le Chauve en faveur de l'abbaye de Saint-Bertin (876) (*Cartul. de Saint-Bertin*, p. 120) : « Mercatum quoque omni tempore, in die Veneris, prænominato sancto loco concessimus, ut quicquid ex ipso mercato sive districto atque banno adquiri potest, ad luminaria ipsorum sanctorum... perveniat. »
Le concessionnaire du marché en tirait encore d'autres avantages sur lesquels je n'ai pas à insister en ce moment : droit de location des échoppes, police, etc. Le droit de battre monnaie lui était souvent accordé comme un droit corrélatif ou accessoire (Voyez **Waitz**, *Deutsche Verfassungsgeschichte*, IV, p. 96).

[2] C'est ainsi que les Églises de la Septimanie percevaient le tiers-produit de tous les marchés (Voyez *suprà*, p. 371, note 1).

[3] L'abbaye de Saint-Denis se plaignait déjà à Pépin d'une usurpation semblable commise à son détriment par le comte de Paris : « Ut ille telloneus de illo marcado... ad casa Sancti Dionisii adesse debebat, et hoc dicebant quod ante hos annos... Gairefredo Parisius comite insidiante... ad illos necuantes vel marcadantes *per deprecacionem* unumquemque hominem ingenuum dinarius quattuor dare fecissent, et hoc eis malo ordine tulerunt; et postea Gairehardus comis Parisii, vel agentes sui, ipsam deprecacionem, quomodo ibidem invenerunt, per consuetudinem ad ipsos homines hoc exactabant, et ad unoquemque homine ingenuo de quacumque nacione, qui ad illo marcado adveniebant, dinarius quattuor de eorum capite exactabant... » (Doublet, *Hist. de l'abbaye de Saint-Denis*, p. 692; Tardif, *Mon. hist.*, p. 46, col. 2, n° 55, 8 juillet 753).

Ce droit ne supposait donc plus l'existence d'un intérêt public, la sollicitude pour le commerce et l'industrie. Marché et tonlieu ont leurs propriétaires. Ils se séparent ou se réunissent, passent de main en main. Les prérogatives qu'ils impliquent se divisent, et elles s'aggravent en se divisant.

Ainsi, dès le IX⁰ siècle, le droit seigneurial commence à poindre. A mesure alors que la royauté s'affaiblit, l'équilibre se rompt de plus en plus. Aucun avantage ne fait plus contrepoids aux impôts. Le marchand paie sans plus rien espérer, le seigneur touche sans plus rien devoir. Les charges augmentent, l'utilité disparaît.

Plus de saine réglementation du commerce. Les défenses d'exporter ou d'importer sont inspirées par les visées personnelles du seigneur, par le désir d'acheter meilleur marché à certaines époques, de vendre plus cher à d'autres. Les douanes à l'entrée de la seigneurie, les péages multipliés, l'insécurité des routes, le défaut d'entretien des chaussées, des rives et des ponts, paralysent l'échange, énervent la production. La diversité des poids et des mesures est extrême, extrême la diversité des monnaies et leur mauvais aloi. Modifier arbitrairement poids, mesures et monnaies, est pour le seigneur ou ses agents une source toujours renouvelée d'exaction en matière d'impôts, de fraude en matière de commerce.

Qu'est-ce donc qui pouvait légitimer les droits seigneuriaux levés sur les marchands ou les producteurs? Des services négatifs, tout au plus. Les péages devenaient une sorte de rançon. Le seigneur dont les marchands traversaient les terres les frappaient de péages en compensation du mal qu'il aurait pu leur faire ou comme rachat de leurs personnes et de leurs biens[1]. Parfois, il ne se contentait pas pour cela du péage ordinaire, il

---

[1] Voyez la charte citée, *infrà*, chap. XXIII, p. 424, note 1.

exigeait une taxe supplémentaire, comme prix de la sauvegarde : tels les droits de guidage et de surguidage[1].

Les autres droits seigneuriaux qui atteignaient l'industrie et le commerce ne se justifiaient guère mieux. Le nombre en était considérable et la terminologie fort riche : tonlieu, droit de vente (*foragium, vendae, venditiones, ledda, leudæ*[2], etc.), droits de circulation et

---

[1] « Cupiens transeuntium gravamina removere, pedagium supradictum vel guidagium et quiquid a mercatoribus vel viatoribus..... exigi consuevit remitto » (Marca, *Hist. de Béarn*, VI, cap. 28). — « Dono vobis, quod aliquis homo vel femina hujus ville non donet guidage nec superguidage » (Charte du vicomte Roger en faveur des habitants de Carcassonne, 1184, *Hist. gén. du Languedoc*, VIII, col. 373).

[2] Je crois qu'il revient à ces droits une part dans l'origine des *lods et ventes*. On a tort de n'attribuer d'ordinaire aux lods et ventes qu'un caractère foncier, de n'y voir qu'un droit féodal ou censier dû au seigneur, en cas de cession du fief ou de la tenure. Ducange a cité des textes nombreux (v° *Venda*) et il serait facile d'en ajouter beaucoup d'autres desquels il apparaît que les *vendae* étaient souvent un droit seigneurial perçu, comme le tonlieu, sur la vente ou la circulation des marchandises. Voici d'autre part un document où les *laudimia* sont manifestement un droit de souveraineté, un accessoire du droit de justice. « Ego Petrus abbas Anianiensis... dono tibi Stephano de Pabirano *ministraliam* in toto honore quem modo habemus in villa de P. et in ejus termino et in villa de L. et de M. et de S. P. et in eorum terminis pro tali usatico ut dones nobis per unumquemque annum unum modium mercatalem et IV sextarios de annona... *retineo in isto honore albergos quos ibi debeo habere et quistam et placita vel laudimia*, alia vero omnia que debent nobis exire dimitto tibi supradicto usatico. » (*Cartul. de Saint-Sauveur d'Aniane*, MS. f° 72, v° 1131). Remarquez aussi que la similitude extérieure entre *ledda, leudæ* qui se présentent également sous la forme *lauda*, et les mots *laudes, laudimia*, a pu prêter à confusion facile et servir les prétentions des justiciers.

On comprend, du reste, que les seigneurs aient cherché plus tard à légitimer les *lods et ventes* en les faisant passer pour un dérivé de la propriété foncière, ou en faisant soutenir par leurs avocats, tels que fut Galland, qu'ils n'avaient « d'autre source que l'honneur, la courtoisie, non la servitude ou dureté » (Galland, *Du Franc-Alleu*, Paris, 1637, p. 54). Mais la vérité est que les *vendae* et les *laudes*

de passage (*pedagium, rotagium, conductus, transitus,* etc.), droits de mesurage (*eminagium*) ou de pesage, droits sur l'exercice des métiers[1], etc. Qu'il pût se prévaloir d'une concession ancienne[2] ou qu'il arguât du seul droit de la force ou de l'autorité[3], le seigneur ecclésiastique ou laïque levait ces droits comme son dû et s'en servait comme d'un instrument de spoliation.

furent souvent un pur impôt, établi, comme beaucoup d'autres, par l'arbitraire seigneurial. J'aurai à revenir sur ce sujet.

[1] Voyez les obligations dont les divers corps de métiers sont tenus envers l'évêque de Strasbourg, d'après la plus ancienne constitution de cette ville (xie-xiie siècle), cap. 102 suiv. (*Urkundenbuch der Stadt Strasburg*, I, p. 474, suiv.). — Dans le midi, voyez plaid tenu à Toulouse, par le comte Raimond V (avril 1158) (*Hist. gén. du Languedoc*, V, col. 1218-1219).

[2] Les concessions ne furent pas moins nombreuses aux xe et xie siècles qu'elles l'avaient été au ixe.

[3] L'arbitraire portait sur l'augmentation du droit comme sur son établissement :

Établissement arbitraire d'un péage : « Guicherius de Castello quod dicitur Rainaldi dimisit et quietam perpetualiter clamavit domino Deo et monasterio Vendocini consuetudinem quandam quam vulgo rotagium appellatur quam exigebat ab hominibus Sanctæ Trinitatis non quidem recte sed sicut mos est secularibus facere ubi non est persona potentior qui possit vel velit ab injustis eos invasionibus prohibere. Accipiebat autem hoc ab omnibus predicti loci hominibus quaque versum in terram suam exirent pro aliquo conductu fœni aut alterius rei caris sive quadrigis cum bubus faciendo. Capiebat vero de carro IV denarios de quadriga duos denarios. Is itaque Dei tandem timore compunctus non vi alicujus personæ coactus guirpivit predictam domino Deo sicut dictum est consuetudinem die quadam cum esset in calciata stagni quod est dejuxta castrum suum et vocatur de prato dominico. Fecit autem hoc aliquantum submonitione et precario Adelelmi monachi qui tum obedientiam Pruneti procurabat audiente ipso et famulo ejus Fulcherio Guarino quoque filio Tedelini et Otgerio procuratore suo propter hoc ipsum ad se ibidem vocato ut audiret et sciret quod nunquam amplius rotagium ab hominibus Sanctæ Trinitatis exigeret neque reciperet etiam si ei ab aliquo offerretur » (juin, 1080, *C. Trinité de Vendôme*, f° 83 r°, D. Houss., III, n° 802).

« Dalmacius abbas et omnis congregatio hujus cœnobii proposuerunt edictum *ut lucra thelonariorum augerentur* sive in pecoribus

Je ne veux pas dire que le marchand fût tout à fait sacrifié, que, par exemple, il ne retirât pas quelque avantage de l'organisation des marchés seigneuriaux. Il le fallait bien, sans cela il se serait abstenu de paraître à marchés et à foires. Mais les droits qu'il payait (et c'est là le point important) avaient perdu leur caractère natif; d'impôt *général* perçu sur le commerce, en échange de la protection dont celui-ci jouissait dans l'ensemble du pays, ils étaient devenus une source toute *locale* de revenus. En faut-il une preuve? regardez aux conséquences dernières. Pour que le commerçant pût trafiquer, pour qu'il ne succombât pas sous le faix des droits seigneuriaux, une entente entre les détenteurs de ces droits, une diminution de leurs prétentions respectives, s'imposa. Propriétaires de marchés et propriétaires de péages durent se concerter, renoncer à l'arbitraire, accorder une sauvegarde spéciale, mettre parfois leurs bénéfices en commun[1]; toucher moins sous peine de ne toucher rien.

in mercato Sambeelli, quæ nunquam in præterito tempore ibi apprehensæ fuerant. Quod tali ratione stabilierunt, *ut omni die Jovis præparetur refectio piscium fratribus...* Adversator sive destructor hujus edicti sive convenientiæ subjaceat perpetuo anathemati, sintque omnes deputati pœnis perpetuis infernorum cum Juda traditore, et cum cæteris damnatis, qui huic sententiæ aliter contraire voluerint » (1066, *Cartul. de Savigny*, ch. 805, p. 421-422). — Le compilateur du xii⁰ siècle résume ainsi cette charte : « Ipse (Dalmacius abbas) primitus in mercato de Sainbeel *instituit venditiones pecorum,* quas fratribus in refectorio lagitus est » (*ibid.,* p. 388).

Augmentation arbitraire des droits. Voyez, par exemple, *Cartul. de Notre-Dame de Paris*, I, ch. 12 (vers 1120), p. 381 : « Et rotagium sive per terram sive per aquam non reddebat prius nisi XII solidos, quia navis non reddebat nisi IV denarios tantum ; ipse vero *ad hoc levavit*, ut de unoquoque modio vini unum denarium redderet. »

[1] Acte d'association entre le sire d'Huriel, propriétaire d'un péage et le prieur de la Chapelle-Aude, propriétaire de trois foires annuelles, pour l'exploitation en commun de leurs droits respectifs : « Perpendens archiepiscopus Hunbaldum Uriacensem dominum terre

Le droit seigneurial ne reprenait ainsi quelque légitimité que quand il était réduit et simplifié. L'Eglise semble l'avoir compris la première. Elle ne s'efforça pas seulement d'obtenir des dispenses ou des immunités qui lui profitassent directement, elle voulut diminuer ou abolir dans un intérêt public les impôts abusifs qui étouffaient la production et l'échange. N'est-ce pas un fait notable qu'après la guerre des Albigeois une des conditions mises par les légats du pape à la réconciliation des seigneurs du Midi fut précisément une réduction générale des péages[1]?

accipere pedagium de publica via que transit per Capellam, et custodiam et defensionem ipsius Hunbaldi esse utilem et necessariam venientibus ad feriam et redeuntibus, placitavit cum H. ut H. mitteret in commune cum monachis Capelle pedagium de tribus nundinis... et monachi mitterent in commune cum H. reditus de tribus nundinis... scilicet pedagium, leidas, falsas monetas, latrocinia et omnia forisfacta que fierent in feria » (Suit un règlement sur la tenue des foires) (mai 1065, *Cartul. de la Chapelle-Aude*, p. 32, suiv.).

[1] A. Molinier, *Etude sur l'administration féodale dans le Languedoc*. Toulouse, 1879 p. 207.

CHAPITRE XXI.

CONTINUATION. — LA FILIATION HISTORIQUE DES DROITS SEIGNEURIAUX.

« Chaque petit chef a planté solidement ses pieds dans le domaine qu'il occupe ou qu'il détient... Le bienfaiteur, le sauveur, est l'homme qui sait se battre et défendre les autres... C'est un comte carlovingien, un bénéficier du roi, le hardi propriétaire d'une des dernières terres franches. Ici c'est un évêque guerrier, un vaillant abbé, ailleurs un païen converti, un bandit devenu sédentaire, un aventurier qui a prospéré, un rude chasseur qui s'est nourri longtemps de sa chasse et de fruits sauvages. Les ancêtres de Robert le Fort sont inconnus, et l'on contera plus tard que les Capétiens descendent d'un boucher de Paris. En tout cas, le noble alors c'est le brave, l'homme fort et expert aux armes, qui, à la tête d'une troupe, au lieu de s'enfuir et de payer rançon, présente sa poitrine, tient ferme et protège par l'épée un coin du sol. Pour faire cet office, il n'a pas besoin d'ancêtres, il ne lui faut que du cœur, il est lui-même un ancêtre; on est trop heureux du salut présent qu'il apporte pour le chicaner sur son titre. » — Ainsi s'exprime M. Taine, sur l'origine de la noblesse[1]. J'appliquerais volontiers ses paroles à l'origine des droits seigneuriaux.

Si nous réunissons, en effet, les traits épars sous lesquels ces droits viennent de nous apparaître dans leur

---

[1] Taine, *Les origines de la France contemporaine. L'ancien régime* (Paris, 1876, p. 9-10).

variété individuelle, quelle base commune y pourrons-nous découvrir? Je n'hésite pas à répondre : la force, — la force protectrice qui provoque un accord entre le seigneur et le contribuable, la force oppressive qui conduit à l'exaction seigneuriale.

Mais cette force elle-même, d'où procède-t-elle? De la propriété domaniale ou des concessions souveraines, d'empiètements graduels ou de l'énergie guerrière d'un chef qui s'impose. Voici donc, de nouveau, les diverses classes de personnes qui se sont présentées à nous comme détenteurs de la justice : — les alleutiers et les immunistes, les ducs, comtes ou vicaires, institués par le souverain et dont le pouvoir est devenu héréditaire, les hommes de guerre qui se sont élevés au rang de *principes*.

Les grands propriétaires laïques jouissaient dès l'époque gallo-romaine d'une véritable souveraineté, les immunistes s'en constituèrent une grâce à la protection du roi et à l'élasticité des chartes de concession. Mais ni les uns ni les autres ne purent, à partir du IXe siècle, préserver leur puissance. Ils virent leurs propres agents, *judices, majores, villici, præpositi*[1], ou leurs défenseurs

---

[1] « Apud Diacum quidam ejusdem loci habebatur villicus, nomine Joscelinus, qui dum in multis aliter quam oportebat ageret, extricando suorum censum dominorum, usurpando per fraudem reditus agrorum, subripiendo bona rusticorum sibi commissorum... » (*Miracles de Saint-Benoît*, VIII, 22, p. 311). — « Ne deinceps ab usque hac hora sit aliquis prepositus Sancti Hylarii sive quilibet ejusdem æcclesiæ rerum administrator qui æcclesias, villas, predia, prata, vineas et quicquid ad usum communitatis pertinet audeat... in suam proprietatem redigere » (1016, *Cartul. de Saint-Hilaire de Poitiers*, p. 79). — *Cartul. de Baigne*, p. 173 (1075-1080), etc.

De minutieuses précautions sont prises en vain contre les agents et préposés : « Per omnes curtes sive villas imponimus judices servos, in tali convenientia, *ut nullus ex illis neque de posteris eorum efficiatur miles, neque ullus portet scutum, neque spadam, neque ulla arma, nis tantum lanceam et unum speronum; non habeant vestem scissam de antea et de retro, sed tantum clausæ fiant.* Vectigalia non exigant quandiu fideles permanserint. Si infideles reperti

attitrés, *advocati,* s'agrandir à leurs dépens. Ils durent souvent, pour acheter le repos, détacher bien des fleurons de leur couronne, céder, inféoder impôts, corvées ou prestations, aux seigneurs rivaux qui les entouraient, qui les pressaient de toute part.

Les chefs traditionnels et les chefs improvisés, s'ils gagnent autour d'eux, s'ils prennent pied sur le grand domaine et asservissent le petit, subissent par contrecoup la loi qu'ils font aux autres. Il leur est impossible de composer une unité territoriale complète, une seigneurie territoriale dont ils seraient les maîtres absolus. Ils n'échappent pas au morcellement de leurs droits par la guerre privée et l'inféodation, et, au lieu d'une domination sur les hommes et sur les biens, ils doivent se contenter souvent d'une sujétion toute *personnelle,* qui ne porte que sur des impôts ou des services déterminés.

Les historiens ont donc tort d'affirmer si délibérément que le régime seigneurial est sorti d'une *fusion de la propriété et de la souveraineté.* La formule est commode; elle n'a qu'un défaut : elle est inexacte. Ah! si l'on voulait dire que les divers droits de souveraineté sont entrés dans le commerce, sont devenus des valeurs de patrimoine, ont fait l'objet d'une appropriation privée, j'y contredirais moins que personne, faisant observer seulement qu'il serait plus juste alors de parler d'une absorption de la souveraineté par la propriété. Mais ce n'est pas de cela qu'il s'agit. On donne à entendre que le propriétaire du sol est devenu souverain, le souverain propriétaire du sol. Ici l'erreur est flagrante.

Sans doute, les alleutiers et les immunistes réunissent

fuerant, perdant totum, et ad servitutem revertant..... jurent fidelitatem super altare B. Petri..... si filios legitimos habuerint, major honorem totum teneat; post suum decessum secundus honorem teneat; et sic usque ad ultimum. Et si ullus ex illis obierit, centum solidos successor... ad monachos det et fidelitatem faciat » (vers 971, *Cartul. de Beaulieu,* ch. 50, p. 92-93).

en leurs mains le droit de propriété et tout ou partie du droit de souveraineté. Mais il en était ainsi bien avant le IX⁰ et le X⁰ siècle. Dira-t-on que dès alors le régime seigneurial était né? A mesure, au contraire, que ce régime s'établit, les droits de l'alleutier et de l'immuniste présentent un faisceau moins compact. La propriété se divise, la souveraineté est déchiquetée.

Loin que les ducs, comtes ou barons, pussent étendre leur droit de propriété sur toutes les terres où leur domination s'exerçait, il se produisit une scission de plus en plus marquée entre la dignité elle-même et les domaines ou les droits utiles qui en étaient la dépendance, soit qu'ils eussent été donnés autrefois comme émoluments de la fonction[1], soit qu'ils eussent été acquis par conquête, usurpation, concession ou partage. — L'une peut être retenue, les autres peuvent être cédés sans qu'il soit besoin d'en effacer la marque d'origine (*ducatus, comitatus, vicecomitatus,* etc.[2]). Et quant aux terres mêmes dont le comte ou le haut baron conserve la propriété, s'il réunit, il est vrai, à leur égard la double qualité de propriétaire et de souverain, aucune de ces qualités ne lui demeure entière. Le droit de disposer et de jouir, de concéder à charge de redevances ou de services, qui constitue la propriété, les droits seigneuriaux qui sont des éléments de la souveraineté, se séparent et se fractionnent, comme nous avons vu se fractionner le droit de justice. Leurs attaches sont rompues, ils circu-

---

[1] Voyez les textes cités par Waitz, *Deutsche Verfassungsgeschichte*, IV, p. 165-168.

[2] « Ego Odo dux Burgundiæ... dedi... canonicis jus in omnibus silvis meis quæ *ad ducatum pertinent* vel ex paterno sive ex materno jure mihi remanserunt, ad ædificandas domos et omnias ecclesiatica necessaria » (1078-1103, *Cartul. de Saint-Etienne de Dijon*, MS., f⁰ 43). — « Obtuli... quicquid habebam in terra quæ subjacet muro Divionensi exterius *quantum ad vicecomitatum pertinebat* » (1145, *ibidem*, f⁰ 84).

lent, chacun pour soi, à l'instar d'une monnaie ou d'un article d'échange[1].

La grande propriété a donc été un moyen d'établir ou d'acquérir des droits seigneuriaux : la souveraineté du comte ou du haut baron lui a servi à augmenter ses domaines. Mais aucune confusion de la propriété et de la souveraineté n'a été nécessaire pour que les droits seigneuriaux prissent naissance.

S'il en est ainsi, ne faut-il pas, en sens contraire, tracer une ligne de démarcation rigoureuse entre les droits qui sont dérivés de la propriété et ceux qui procèdent de la souveraineté? ne faut-il pas aller plus loin encore, et assigner aux uns comme cause originaire l'établissement du régime féodal, aux autres la survivance du système administratif romain, aux uns le contrat de fief, aux autres la fonction, l'*honor?* — C'est le système imaginé, en effet, il y a quarante ans dans un livre de circonstance par un auteur d'une érudition plus ingénieuse que solide[2]. Il a, par une apparence séduisante de clarté et de logique et en mêlant le faux et le vrai dans une intimité peu commune, obtenu quelque faveur[3]. Je ne débrouillerai pas l'écheveau : la tâche serait fastidieuse et sans profit. Je m'en tiens à deux points essentiels.

Championnière a confondu trop souvent, — sous prétexte de les distinguer, — les droits féodaux avec les droits seigneuriaux. Il a assimilé à tort les premiers aux

---

[1] Cela présentait pour les contribuables les mêmes inconvénients que pour les justiciables la décomposition du droit de justice. Aussi s'efforcèrent-ils d'y mettre obstacle. Dans les contrats où l'on établit des droits seigneuriaux, il est stipulé que l'ayant-droit ne pourra pas s'en dessaisir au profit de tiers (Voyez *infrà*, p. 399-400, note 2).

[2] Championnière, *De la propriété des eaux courantes, du droit des riverains..., ouvrage contenant l'exposé complet des institutions seigneuriales* (Paris, 1846).

[3] Le livre de Secretan, *Essai sur la féodalité* (Lausanne, 1858), procède en grande partie du livre de Championnière.

seconds, et par contre il a fait remonter à un prétendu contrat de fief des droits qui avaient une tout autre origine, des droits seigneuriaux purs et simples, que le suzerain s'était arrogés sur son vassal ou sur les tenanciers de celui-ci, le vassal sur les hommes habitant son fief.

Quant aux droits seigneuriaux pris dans leur ensemble, qu'ils appartinssent à des alleutiers, à des feudataires, à des hauts ou bas justiciers, il n'a pas vu que la plupart d'entre eux n'avaient rien de commun avec la fonction, qu'ils étaient nés spontanément, par contrat ou par un acte d'autorité arbitraire, et que si l'organisation administrative des provinces romaines a été pour quelque chose dans leur naissance, bien rarement la filiation a été directe.

C'est une singulière erreur de croire que le système financier des Romains et en général leur système administratif a persisté avec la simplicité qu'imagine Championnière. Les formes, la terminologie ont survécu; la substance a été transmuée de fond en comble sous les deux premières races par les mœurs nouvelles des conquérants, par les concessions royales, les chartes de *mundium* et d'immunité, par les innovations des lois et des capitulaires, par les excès des officiers et des grands. Il y a quelque naïveté, dans de pareilles conditions, à se figurer l'établissement du régime seigneurial comme le simple résultat de l'appropriation par les fonctionnaires carlovingiens des impôts directs et indirects qui existaient à l'époque gallo-romaine!

Sans doute, il est arrivé que le fonctionnaire, en se rendant indépendant, a continué à percevoir pour son seul profit les impôts dont jusqu'alors une part lui était abandonnée à titre de salaire. Mais telle ne fut certainement pas la règle. C'est d'une manière toute indirecte que les impôts romains ou francs se sont conservés comme droits seigneuriaux.

Sous la monarchie carlovingienne, le grand alleutier imposa déjà ses hommes, tenanciers ou simples habitants de ses terres, par voie d'analogie avec les procédés en usage en dehors de son domaine. Il exigea d'eux des redevances ou des corvées, comme le fisc ou les fonctionnaires en exigeaient ailleurs[1]. — L'immuniste fit de même, sans attendre pour cela la concession expresse du *jus fisci;* et, sur les domaines de tous deux, du grand propriétaire et de l'immuniste, les agents suivirent pour leur propre compte l'exemple donné par les maîtres[2].

---

[1] Dans le texte cité plus bas, il n'est pas question seulement d'officiers publics, mais de vassaux puissants (*fortiores vassi*), de seigneurs et de protecteurs (*domini vel patroni*).

[2] « Judices denique villarum regiarum constituite, qui non sint cupidi... Et servos regios judices non opprimant, nec ultra quod solit fuerunt reddere tempore patris vestri ab eis exigant; neque per angarias in tempore incongruo illos affligant; neque per dolos, aut per mala ingenia, sive inconvenientes *precationes,* colonos condemnent » (858) Epistola Episcop. ad Ludovicum regem, cap. 14 (*Actes de la province ecclés. de Reims,* I, p. 259).

« ... Venientes quidam homines servientes et fideles Ecclesiæ Sⁱ Stephani Divionensis de Aquæducto villa in ipsum Divionem castrum ante præsentiam Domni Garnerii Lingonensis Ecclesiæ reverendi, antistitis, ante cætera honorabilem virum archidiaconum et præpos. ipsius Eccl. Sⁱ Sⁱ Ratherium canonicos que ejusdem loci, Hedierus videlicet maior præd. villæ Aquæducti et conservientes ex eadem villa conquesti sunt et reclamaverunt humiliter dicentes quod *quidam eorum præpositi* Hergardus videlicet et Helias novello tempore post Nortmannicam emersionem, *quoddam genus servitii ex XIII eorum colonicis per occasionem et potestatem ultra censum solitum quod legitime debebant illis imposuerunt,* modium videlicet musti ad opus præpositorum ex una quaque colonica vinum reddente, quod numquam antea fecerant nec ipsi, nec patres aut avi eorum, et per quosdam annos III et potestate hoc ab illis extorserint eosque in hoc facto afflixerint affirmantes se habere plurimos et veraces atque visores testes, qui hoc ita verum esse scirent et super sanctorum reliquias et altaria sacramento comprobare possent quod tales eulogias nullo modo deberent. Per commendationem ergo prædicti Præsulis, hac causa diligenter a præfato archidiacono veritatem satis bene amante inquisita et investigata coram plurimis qui in causis aderant repertum est ipsos servientes veritatem habere et quod occasionem eulogiarum ipsum modium musti per vindemias nullo modo deberent.

De leur côté, les officiers royaux, ducs, comtes, vicaires, *missi*, péagers, ne se firent nul scrupule de modifier la nature et l'assiette de l'impôt, d'ajouter par abus et dans leur propre intérêt des exactions nouvelles aux impositions régulières [1].

Ces taxes une fois consacrées par l'usage, alleutiers, *judices* ou avoués, immunistes, officiers ou grands vassaux, durent les défendre contre les nouveaux venus, contre les chefs militaires, contre les barons ; rivaux qui réussirent souvent à en prendre leur part ou qui, recourant à des procédés analogues, en levèrent à leur tour sur les hommes et sur les terres qu'ils soumettaient la lance au poing et l'épée au côté.

Les droits seigneuriaux ne sont donc pas un héritage direct du système romain. La tradition a fourni le moule, c'est la force qui y a été coulée.

Audito ergo sacramento quod super altare S¹ S¹ cum quinque testibus perfecerunt... et bene illo credito concesserunt et perdonaverunt eis predicti seniores causa pietatis et æquitatis intuitu et amore Dei ut lege quâ temporibus Domni Isaac bonæ memoriæ Episcopi et antecessorum suorum vixerant, et de hac re nullo modo amplius molestarentur, atque in futuris temporibus sine aliquâ repetitione manerent » (vers 912, *Cartul de Saint-Étienne de Dijon*, MS., f° 17).

[1] Capitul. Mantuan. sec. gener. cap. 6 (Boretius, p. 197) : « Audivimus etiam quod juniores comitum vel aliqui ministri rei publice sive etiam nonnulli fortiores vassi comitum aliquas redibutiones vel collectiones, quidam per pastum quidam etiam sine pastum, quasi deprecando exigere solent, similiter quoque operas, collectiones frugum, arare, sementare, runcare, caricare, secare vel cetera his similia, a populo per easdem vel alias machinationes exigere consueverunt, non tantum ab æcclesiasticis sed etiam a reliquo populo : que omnia nobis et ab omni populo juste amovenda videntur, quia in quibusdam locis in tantum inde populus oppressus est, ut multi ferre non valentes per fuga a dominis vel patronibus suis lapsi sunt, et terre ipse in solitudinem redacte. A potentioribus autem vel ditioribus expontanea tantum voluntate vel mutua dilectione, volentibus solacia prestare invicem minime prohibemus. »

Nous sommes ramené ainsi à notre point de départ, et nous allons montrer dans les chapitres suivants les deux manifestations principales de la force : l'accord, provoqué par le besoin de protection, et le simple abus.

CHAPITRE XXII.

CONTINUATION. — LA CONVENTION ET L'USAGE, SOURCE DES DROITS SEIGNEURIAUX.

Les droits seigneuriaux ne doivent pas être distingués seulement des droits féodaux, des droits nés du contrat de fief, mais aussi des droits fonciers, des droits nés de l'amodiation de la terre, sous ses formes les plus diverses. Au premier abord, cette distinction semble presque impossible à suivre, tant les droits fonciers et les droits seigneuriaux sont entremêlés, emboîtés les uns dans les autres, étroitement soudés. Dus par les mêmes personnes, aux mêmes seigneurs, à raison de l'occupation de la même terre, comment les séparer? — Pourtant, en y regardant de plus près et en s'en tenant strictement aux textes, on finit par apercevoir que la confusion n'est qu'apparente.

Les droits fonciers procèdent de contrats individuels ou collectifs d'une forme nettement définie, très nombreux, du reste, et parfois conservés avec soin : contrat de précaire, complant, mainferme, colonage partiaire, etc. Quand même le bail est héréditaire et l'acte primitif perdu, quand même aussi on s'est référé par une simple convention tacite à l'usage du lieu, aux conditions traditionnelles auxquelles les mêmes tenures sont soumises dans la même région[1], ces droits n'en gardent pas moins

---

[1] Telle était, par exemple, la tenure en villenage dont parle une pièce du Cartulaire de Saint-Père de Chartres : « Quicunque eam (terram) antea habuerant (coloni) non nisi sub ruricolatus, quod vulgo

leur marque d'origine, ils n'en restent pas moins un loyer du sol et de ses dépendances. Ils sont calculés sur le rendement de la terre ou de l'exploitation rurale, prélevés en fruits de l'une (blé, méteil, vin, etc.) ou en produits de l'autre (œufs, poules, agneaux, porcs, tourteaux, etc.), ou bien ils consistent en des services rendus (corvées de labour, moisson, fenaison) sur la partie du domaine réservée au maître (*dominicatura, indominicàtum*) et dont les diverses tenures dépendent.

Au lieu de cela les droits seigneuriaux ont retenu, sauf le jeu de la fantaisie et de l'arbitraire, sauf aussi la déviation et la dégénérescence du langage, les formes et les noms que nous leur avons vu prendre à l'époque franque. S'agit-il de redevances nouvelles, de contributions en nature ou en services analogues à celles que doivent les tenanciers, elles prennent des noms génériques : impôt en argent par tête ou par feu (*capitagium*, chevage, *focagium*, fouage); impôt en blé (*frumentagium*), en avoine (*avenagium*), en vin (*vinagium*), impôt en animaux et sur les animaux : moutons (*multonagium*), chèvres (*birbiagium, caprinum*, berbiage, chevrotage), porcs (*friscingagium*, fretenage), bœufs (*bovagium*), vaches (*vaccagium*), services de charroi (*karragium*), corvées d'hommes ou de bêtes (*bidanna, biennia*, etc.)[1]. Ces

---

villanagium dicitur, lege habuisse » (II, p. 303). — Du reste, l'uniformité n'est jamais complète ou ne demeure pas constante. A côté d'obligations foncières communes, il en est de distinctes. Parcourez les états descriptifs de revenus qui accompagnent certains cartulaires ou que nous avons pu reconstituer à l'aide des chartes, vous verrez dans un même village le manse ou le courtil soumis à des prestations variables (Voyez le livre VI, *infrà*).

[1] Voyez par exemple les deux chartes suivantes, où sont visés un grand nombre des droits seigneuriaux indiqués au texte : « Ego Gaufredus (Geoffroy Martel, comte d'Anjou), dono Deo et Sanctis Martiribus ejus Sergio et Baccho... vinagium ex XIV arpennis vinearum dominicarum, de toto territorio ad sanctum Melanium pertinente, vicariam totam et bidampnum et totas consuetudines excepto fodrio

redevances et services sont répartis assez uniformément sur tous les contribuables ou corvéables d'un même lieu pour ne ressembler qu'en bloc aux prestations de même nature qui varient de tenure à tenure et sont strictement spécifiées pour chacune d'elles.

Les droits seigneuriaux pèsent, du reste, de préférence sur l'individu que sur la terre[1], et ils sont dus au seigneur non en sa qualité de propriétaire foncier, mais en sa qualité de puissant (*potestas*), ou de protecteur (*advocatus, tutor*), en sa qualité de maître supérieur (*superior dominus*), comme le disent les textes bretons du xi° siè-

et prælio generali..... de tota terra Tborinniaci vicariam totam et bidampnum et universas consuetudines, excepto fodrio et prælio generali. In terra quoque Ulliaci totum bidampnum excepto avenagio et fodrio, birbiagium etiam de toto attractu in omnia ovilia illorum dominica per universas terras suas, excepto attractu extraneorum hominum de quibus ipsam consuetudinem habere dinoscor » (*Cartul. de S.-Serge*, MS. D. Houss., II, n° 446, vers 1040).

« Has consuetudines perdonat G. comes (Geoffroy, comte d'Anjou,) in perpetuum Deo et Sancto Mauricio et canonicis ipsius de terris illorum apud Doadum in curte Spinacii totum vinagium et totum karragium boum et asinarum et bidannum villanorum ad XV dies in anno exceptâ submonitione pro prælio in adversarios vel castello faciendo in marchiâ... similiter perdonat commendasiam villanorum Montis Fortis. In curte Sancti Dionisii per totam terram canonicorum, perdonat comes vaccagium totum et frumentagium et multonagium friscingagium et bidannum ad XV dies in anno » (1044-1055, *Cartul. de Vendôme*, MS. D. Housseau, II, n° 478).

[1] Thierri, comte de Bar, donne à l'abbaye de Saint-Mihiel : « ... Quemdam sui juris hominem vocabulo Tietzelinum quem et Alfridum, cum uxore suâ nomine D. et prolibus quinque... cum omnibus quæ in Warbordi curte, in comitatu Staniense, et in villa Covedonia pred. T... possidere videbatur... » La femme du donateur confirme la donation dans les termes suivants : «... eâ ratione pred. dedit T. et filios ejus... ut annis singulis festo Sancti Michaelis, ipsi et successores eorum, si masculus fuerit, denarios X persolvat, si femina, et infrà potestatem manserit, nihil debeat, si extra potestatem manserit, denarium unum, pro commemoratione, tribuat; *terra vero ipsius T. ingenua et omni servitio libera maneat...* » (Archives de l'abbaye de Saint-Mihiel, 1006, Moreau, xviii, f° 9).

cle[1]. Les hommes qui les doivent portent en conséquence le

[1] « Ego Tanguidus... dedi abbati et monachis... tres solidos quos annuatim *utpote dominus superior* in villa Albi, sita in parochia de Lebin, accipere solebam, quæ villa ipsius monasterii erat, scilicet XII denarios pro pastu hiemali et alios XII pro estivali, et reliquo pro tercio jure quod vulgo dicitur tallia Sancti Egidii, ut in dicta villa dicti abbas et monachi *tam inferioris quam superioris domini jura percipiat* absque calunpnia in futurum » (C. Quimperlé, f⁰ˢ 34 v⁰-35 r⁰). — « Alanus comes (comte de Cornouaille) filius Hoeli comitis...... terre Numenoë de Cluthgual *dominium quod suum tunc erat, illud quidem quod ad consulatus principatum attinebat* abbatie donavit. Ut autem posterorum noticie manifestum sit quos census ipsa terra Scte Cruci debeat *quod quidem consuli prius debebat*, illud huic carte commendavimus. Id unoquoque anno hec debet Sancte ⳨ vaccam unam et II multones, IV gallinas et VIII annone sextarios, IV quidem frumenti atque totidem avene, pastum quoque tot hominibus quot ejusdem monasterii abbas voluerit, et fures et quoslibet alios scelestos in suis forisfactis in eâ deprehensos » (C. Quimperlé, f⁰ 40 v⁰). — « Addidit ... comes Hoel (filius Alani Cornubiensis comitis) et uxor ipsius et omnes terre optimates censum, teloneum, bannum et *omnia que ad terrenum dominium pertinent* et concessit Scto Catuodo ut sit quietus et solidus ejusdem Scti locus » (f⁰ 79 v⁰, xɪᵉ s.).

« Rivallon ..... dedit unam villam... de terra suâ..... *auferens inde illam consuetudinem quam in eâdem villâ habebat comitissa, imponensque eam in suam aliam terram...* » (C. Quimperlé, f⁰ 42 v⁰, xɪᵉ s.).

« Ego Cunmelen filius Gurgar... unam villarum mearum... concessi... et quum de eadem villâ quoddam juris comiti debebatur ne quid calunpnie super hoc donum ulterius inferatur, illud jus consulare de aliâ meâ terrâ exigendum statui » (*ibid.*, f⁰ 49 v⁰).

La distinction entre les droits du propriétaire et ceux du seigneur se révèle clairement aussi dans les chartes suivantes :

« Ego Hugo Castriduani vicecomes, anime mee salutem considerans hanc libertatem ecclesie S. Marie De Monte Dublelli, ejusdem que loci monachis concessi, et hoc munus ejus altari devote obtuli, quatinus omnes homines qui eam terram quam in castellaria Montis Dublelli nunc habent excolerent, ac in eadem manerent, ab biennio, equitatu, charreio et omni corveia liberi et absoluti essent » (*Cart. de Saint-Vincent du Mans*, MS., f⁰ 5). — « .... Suggerius abbas Sⁱ Dⁱ et Hugo Castellanus homo noster de castro quod dicitur Meravilla presentiam nostram adierunt, referentes quod idem Hugo cum uxore sua ad ecclesiam Bⁱ Dⁱ perrexissent et exactiones sive consuetudines illas quas habebant in quâdam villa Sancti Dio-

CONTINUATION. — LA CONVENTION ET L'USAGE. 393

nom d'hommes de poeste (*homo de potestate*[1]), hommes d'avouerie (*advocatitii, homines de advocatia*[2]), hommes

nysii que dicitur Monarvilla, videlicet talliam de annona que dicitur mestiva, annonam quam accipiebat ab unoquoque hospite, porcos sive frescengias, anseres, gallinas, pullos, arietes, ibidem jacere et procurari, sive ipse, sive sui, corveies, omne carretum, palagicum, expeditionem, latronis redditionem, fossatorum castelli sui relevationem, insuper omnimodas omnes omnino consuetudines quas ibidem habebant Deo et Sanctis Martyribus pro salute animarum suarum et patrum et matrum suarum imperpetuum dimiserunt... suppliciter etiam observantes quatinus nos hoc ipsum, quia idem Hugo homo noster est... concederemus... Retulerunt etiam nobis quod idem abbas, ut villa *a jugo et potestate Hugonis* et successorum ejus omnino libera et quieta permaneat, dedit eidem H. in propria granchia sua ejusdem ville unum modium frumenti et unum avene in feo-do ut et abbas servicium suum ab eo tanquam ab homine suo habeat, et idem Hugo feodum istud sine exactione obtineat » (Ch. de Louis le Jeune, 1144; C. de Saint-Denis, Copie, xiv[e] s., f[os] 123-124) (C. origin., f[o] 20).

«... Injustas etiam et pessimas consuetudines quas (Matheus comes de Bello Monte), in villa Morenciaco habebat omnino ecclesie B[i] D[i] dimisit, videlicet talliam, moltunagium, largagium, herbagium, messionem preposii sui de Bello monte et quasdam alias pernitiosas exactiones, nullam omnino consuetudinem in predicta villa retinens preter viaturam et tensamentum et molturam hominum ejusdem ville rationabilem et justam, pro foragio autem, unde vini sextarium habebat, obolum unum de cetero secundum antiquam consuetudinem habebit corveias et singulis annis predicte ville homines VI diebus ei facient, duas ad seminandum, unam ad gascherias, alias tres homines soli ad munitiones Belli Montis et Chambiaci » (C. de Saint-Denis, Copie xiv[e] s., f[o] 300, 1170) (C. orig. I, p. 385).

[1] « *Homo de potestate* (debet) duos dies in prato qui in banno I (diem) domini gravatur et aliud servitium de die in diem... Duos dies ad corvadam homo de potestate cum bestiis suis, quibus si caret, con fossorio totidem dies per sex millaria faciet vecturam de annona cum collo » (*Cartul. de Saint-Vanne de Verdun*, MS. Bouhier, f° 71 v°).

[2] Statuts de la ville d'Aloste (1174), § 3-4 (Warnkönig, *Flandrische Staats u. Rechtsgeschichte*, II, n° 211).

«... Ego Rogerus, comes Porcensis territorii, villam mei juris dictam Rumoldicurtem, et curetum cum omnibus appenditiis, cum culturis et ceteris adjacentibus terris, cum sylvis, pratis, aquis, aquarumque decursibus, cum molendino, cum banno, et omni justiciâ, cum om-

de capitation (*de capite*[1]), hommes exploitables (*expletabiles*[2]), ou coutumiers (*custumarii*[3]), etc. Les tenanciers, au contraire, sont désignés plutôt du nom de la tenure qui leur est échue en partage, à eux ou à leurs

nibus incolis in eâdem villâ manentibus et michi subjectis, cum totâ familiâ, tradidi habendam et possidendam communiter per omnia ecclesiæ Sancti Confessoris Theobaldi et ecclesiæ Sancti Bertholdi de Calvomonte,... Nomina autem virorum ac mulierum quorum capitacia ad me solum respectabant hæc sunt... Hec autem sunt nomina eorum quorum servicia et advocationem sive in villa, sive extra villam michi vindicabam... R. miles cumfamilia... Aclinius cum familiâ tunc temporis villicus... si quâ deinceps in eâdem villâ et *allodio* acquiri poterunt, ab utraque ecclesiâ pariter acquirentur » (Moreau, XXXV, f⁰ˢ 22-23, 1087).

[1] « Quamdam vineam quam S. Mart. Vincentio et Laurentio pro monachatu suo dederat Gausbertus Pirarius quamque Herbertus comes annuerat, quia isdem Gausb. *suus homo de suo capite erat...* » (*Cart. de Saint-Vincent du Mans*, f⁰ 40, xi⁰ siècle).

« ... *Homo de capite suo* si terram teneat debet denarios V, si foris potestate manet denarios XII, homo si uxorem suam de potestate ipsa tenet et ex illa genuerit filios aut filias II redimet .... » *Saint-Vanne de Verdun*, Bouhier, f⁰ 71-r⁰, xi⁰-xii⁰ s.).

[2] « ... Radulfus, dominus Fagiæ, quærebat homines Sanctæ Radegundis *sibi expletabiles*, qui stabant in alodio Gatnaici. Quapropter abbas Bernerius volens aquitare homines de hac consuetudine dedit Radulfo quadringentos solidos in caritate. Et ipse Radulfus dimisit eos liberos omni tempore, *quamdiu starent in terra Sanctæ Mariæ*; si vero de ea exirent, ad priorem consuetudinem reverterentur, et ei sicut prius expletabiles essent » (*Cartul. de Noyers*, 525, p. 556 1140). — « Goffredus dominus Milmandiæ, Giraldum Loricum esse suum servitorem et *expletabilem hominem* dicebat (la rubrique dit : concedit monachis quemdam servum), dicebat causa matris suæ Elisabeth Loricam, quam esse filiam cujusdem hominis David de Do, quia de quadam meretrice nata fuit. Et quia Girardus Loricum dominicus homo est Sanctæ Mariæ, etc... » (An. 1147, *Cartul. de Noyers*, ch. 557, p. 585).

[3] « Hugo Noviomensis... dedit... omnes consuetudines quas habebat in burgo Sancti Germani videlicet vicariam, bannum, theloneum, et omnino omnes querelas ita tamen ut monachi nullum de suis *custumariis*, nisi per ipsum in suo Burgo retineant » (*Cartul. de Saint-Vincent du Mans*, MS., f⁰ 159).

ancêtres, et qui détermine leur condition. Ils s'appellent métayers (*medietarii*), bordiers, cotiers, vavasseurs, mansioniers (*mansionarii*), précaristes (*deprecarii*), quarteriers (*quarterii*), etc., suivant qu'ils rentrent dans l'une ou l'autre des nombreuses catégories de tenanciers dont la France du moyen-âge nous offre le tableau bigarré[1]. On pourrait même pousser plus loin la distinction et dire que quand les charges s'aggravent au point d'entraîner un asservissement de l'individu, les droits fonciers aboutissent à la main-morte réelle, les droits seigneuriaux à la main-morte personnelle.

Je ne veux pas prétendre que plus tard, au XIII°, au XIV° siècle, la ligne de démarcation puisse encore être tracée; mais à l'époque qui nous occupe, du X° au XII° siècle, on est toujours en mesure de reconnaître si le droit dont parle un document est un droit seigneurial ou un droit foncier. Je conviens encore qu'une même personne peut être à la fois tenancier et homme de poeste, une même propriétaire foncier et seigneur, mais qu'on veuille aussi faire état des réflexions suivantes.

Voici un propriétaire qui jouit d'une certaine souveraineté; il afferme ses terres à charge de droits fonciers et il stipule des droits seigneuriaux lors de l'établissement de colons nouveaux. Se produit-il une confusion de ces droits divers? Nullement, les uns sont des fermages, les autres des impôts. Ceux-ci doivent entrer en ligne de compte au moment de la location de la terre, comme l'impôt aujourd'hui élève le coût du fermage. Leur importance respective varie en proportion de la valeur de la terre concédée et des avantages extrinsèques (protection, foires et marchés, etc.) assurés au colon. Tantôt c'est le droit foncier qui sera le principal, tantôt, au contraire, — s'agit-il, par exemple, de terres à défricher, — il s'effacera presque entièrement devant le droit seigneurial.

---

[1] Voyez le livre VI, *infrà*.

Quant à la distinction entre ces deux ordres de droits, elle apparaîtra dans tout son jour chaque fois que le propriétaire cédera ses terres en se réservant tout ou partie de son droit de souveraineté.

Une seconde remarque est celle-ci. Le propriétaire foncier, même quand il n'a pas de droit de souveraineté, peut au moment de l'amodiation de sa terre stipuler, comme accessoire, des droits analogues aux droits seigneuriaux[1]. Ces droits, fonciers par leur origine, n'en deviennent pas moins alors des droits seigneuriaux proprement dits. Ils sont bientôt transmis à des tiers et circulent de main en main.

J'ai tenu à dissiper par avance toute ambiguïté sur le caractère et le sens des conventions dont je vais m'occuper. — Cela dit, voyons comment les droits seigneuriaux sont sortis de ces conventions.

Si nous voulons retrouver un contrat originaire, il faut évidemment que nous considérions l'instant où une terre est encore vierge d'habitants, soit qu'elle n'ait pas été défrichée ou que, cultivée d'abord, elle ait été abandonnée pendant un long espace de temps. Plus tard, en effet, quand des générations s'y seront succédé, les rapports des sujets avec le seigneur seront déterminés par la tradition, par la loi de la *potestas* ou de la seigneurie, bien plus que par un contrat formel. En eût-il existé un à l'origine, son souvenir est effacé, sa lettre transformée.

Or le cas n'était pas rare, au moyen âge, de domaines entièrement déserts et puis repeuplés par de nouveaux colons. Le Midi ne nous en offre-t-il pas un exemple célèbre dès la fin du VIIIe siècle? Ne vit-on pas alors les terres de la Septimanie, que les guerres des Arabes avaient réduites en solitude, colonisées par des réfugiés Espa-

---

[1] Les droits de procuration et de gîte furent fréquemment stipulés ainsi.

gnols? Dans les deux siècles suivants, les invasions des Normands au Nord et au Centre, des Sarrazins dans le Midi, des Hongrois dans l'Est, ravageaient des contrées entières, mettaient leurs habitants en fuite. Après les invasions, ce furent les guerres privées et aussi les extorsions seigneuriales qui amenèrent le même résultat[1]. Que de fois les chartes du xe et du xie siècle nous parlent de *terra desolata, terra colonis vacuata*, etc.[2].

Pour repeupler les terres, pour les défricher à nouveau quand les forêts finissaient par les envahir, il fallait appeler du dehors des pionniers, des hôtes. Ceux-là aussi se présentaient d'eux-mêmes, cherchant des conditions meilleures, des terres plus fertiles, un maître plus doux. Un accord réglait les droits respectifs du maître et des colons.

Je n'ai pas à m'occuper ici de l'accensement de la terre, qui, du reste, pouvait être abandonnée en pleine propriété à l'occupant. Quant aux droits seigneuriaux, qu'ils dussent revenir au propriétaire du domaine ou à des tiers, il était essentiel de les fixer.

Charlemagne, en 812, Louis le Débonnaire, en 815 et 816, Charles le Chauve, en 844, ne firent guère autre chose à l'égard des Espagnols réfugiés en Septimanie. Ils leur permirent d'acquérir la propriété par le défrichement et une possession trentenaire (*aprisio*)[3], et ils déter-

---

[1] « Interea bellis sæpius in hisce regionibus frequentatis in inviam suprascripta terra redacta solitudinem annis nullo minus VII et cultor omni caruit et incola, uno tantum, nec ubi veritas offendatur, inhabitante excepto, non tamen aliquo terræ cultu, sed mellis quæstu silvestris, volucrumque atque ferrarum vivente venatu » (1048-1061, *Cart. de Marmoutier pour le Dunois*, ch. 111, p. 103). — « Quibus (exactionibus) fundi vastati erant ac deserti » (*Cartul. noir de Saint-Florent de Saumur*, MS., f° 97 r°. D. Housseau, II², n° 651) (1062), etc.

[2] Voyez le livre V, *infrà*.

[3] Præceptum pro Hispanis (2 avril 812, Boretius, p. 169) : « Ut neque vos neque juniores vestri memoratos Ispanos nostros, qui ad

minèrent les obligations qui leur incomberaient : service militaire, guet, droit de gîte, *cursus publicus*[1], etc. C'étaient, à ce moment, des impôts que les rois réservaient : plus tard on stipula des droits seigneuriaux.

En veut-on un exemple. Un évêque du XI⁰ siècle, saint Hugues, évêque de Grenoble, nous raconte que du temps de son prédécesseur Isarn (950 — vers 976), après l'expulsion des Sarrazins, le diocèse était presque entièrement dépeuplé. Isarn attira de régions lointaines des hommes de tout rang, des nobles, des hommes de moyenne condition, des pauvres. Il donna aux uns des châteaux, des terres aux autres, mais il se réserva la seigneurie et l'on fixa d'un commun accord les services que devaient en conséquence les nouveaux habitants : « *Retinuit dominationem et servitia sicut utriusque partibus placuit*[2]. »

nostram fiduciam de Ispania venientes, per nostram datam licentiam erema loca sibi ad laboricandum propriserant et laboratas habere videntur, nullum censum superponere præsumatis neque ad proprium facere permittatis; quoad usque illi fideles nobis aut filiis nostris fuerunt, quod per triginta annos abuerint per aprisionem, quieti possideant et illi et posteritas eorum, et vos conservare debeatis. »

[1] Constitutio de Hispanis (janvier 815, proœm. et cap. 1, Boretius, p. 261-262) : « In Septimania atque in ea portione Hispaniæ quæ a nostris marchionibus in solitudinem redacta fuit sese ad habitandum contulerunt, et... nostro dominio libera et prompta voluntate se subdiderunt... » — cap. 1 : « Eo videlicet modo, ut sicut cæteri liberi homines cum comite suo in exercitum pergant, et in marcha nostra juxta rationabilem ejusdem comitis ordinationem atque admonitionem explorationes et excubias, quod usitato vocabulo wactas dicunt, facere non negligant, et missis nostris aut filii nostri (filiis nostris) quos pro rerum opportunitate illas in partes miserimus aut legatis qui de partibus Hispaniæ ad nos transmissi fuerint paratas faciant et ad subvectionem eorum veredos donent. Alius vero census ab eis neque a comite neque a junioribus et ministerialibus ejus exigatur. »

[2] « Post destructionem paganorum, Isarnus, episcopus, edificavit æcclesiam Gratianopolitanam. Et ideo, quia paucos invenit habitatores in predicto episcopatu, collegit nobiles, mediocres et pauperes, ex longinquis terris, de quibus hominibus consolata esset Gratianopolitana terra; dedit que predictus episcopus illis hominibus castra ad

Je pourrais citer des chartes nombreuses où, lors de la fondation de villes ou bourgs, les droits seigneuriaux que devraient les immigrants sont spécifiés par avance, où c'est par une adhésion à l'acte d'abord unilatéral du seigneur que la convention se trouve formée [1].

Dans les campagnes la pratique est analogue. Un chevalier abandonne à un couvent des terres désertes ou des bois pour les faire mettre en culture ou les faire défricher. Il stipule au préalable les droits seigneuriaux que lui devront les hôtes attirés par le couvent : impôt fixe en nature ou en argent, service militaire, taille pour le mariage de sa fille ou la construction d'un château-fort. Ces droits, les colons, par le seul fait de leur établissement, s'engagent à les acquitter à tout jamais [2].

---

habitandum et terras ad laborandum, in quorum castra sive in terras episcopus jamdictus retinuit dominationem et servitia, sicut utriusque partibus placuit » (1080-1132, circa 1100, *Cartul. de Saint-Hugues de Grenoble*, ch. 16, p. 93). — L'éditeur du cartulaire, M. Jules Marion, a fait justice des doutes émis sur l'authenticité de cette charte (Introduction, p. XXII, suiv.).

[1] Je réserve ces documents pour le livre suivant, où je m'occupe des villes neuves et des sauvetés.

[2] « Willelmus Goetus boscum Rufini, qui de feodo ejus erat, nobis monachis S^i P^i Carnoti concessit ad possidendum, ad excolendum, ad hospitandum. Nos vero monachi, pro defensione et protectione hospitum ipsius terre, concessimus ei ut, quicunque hospitum terram illam inhabitaverit, et terram illam cum carruca et bobus excoluerit, solvet ei, per singulos annos, tercia die natalis Domini, apud Braiocum, sextarium avene et caponem et nummum; alii, tantum minam avene et caponem et nummum... Concessimus et domno W°, quod, si ipse filiam suam, quam tamen de uxore sua habuerit, maritare voluerit, vel si castrum emerit, talliam in hospitibus terre illius facere ei licebit, per manum tamen prioris St Romani; simili modo et pro redemptione sua, si ipse captus fuerit, facere ei licebit. Item, si ipse in expeditione regis vel comitis, cum omni gente sua, ire voluerit, homines terre illius, pro custodia corporis sui, ducere poterit, si ei placuerit : ... A ceteris autem consuetudinibus, quas in terra sua vel hominum suorum ipse capere solet, omnino liberos et absolutos, sicut et ceteros homines S^i Petri, eos esse concessit.

Souvent le contrat, au lieu d'être exprès, est simplement tacite. Les nouveaux arrivants se soumettent sans plus aux coutumes en vigueur dans le reste de la seigneurie ou dans la région circonvoisine; ou bien ils jouissent de la même franchise dont d'autres ont joui avant eux dans des conditions semblables. En ce dernier cas, le seigneur s'efforce au bout d'un certain temps de faire passer sous le niveau commun les habitants privilégiés. De là des contrats subséquents qui, à chaque occasion favorable, introduisent, un à un ou par groupe, des droits seigneuriaux. J'en emprunte un exemple au cartulaire de Bèze.

Des hommes originaires de Bourberain, village voisin [1], étaient allés demeurer à Bèze. Ils y avaient construit des maisons qu'un incendie vint à détruire. L'autorisation de l'abbé leur était nécessaire pour les relever, et quand ils la lui demandèrent, il y mit la condition expresse qu'ils fussent soumis à l'avenir aux mêmes services coutumiers que devaient les autres sujets de l'abbaye : « Dieu me garde, leur dit-il, de consentir à ce
« que vous ayez comme jadis des maisons sur notre fonds,
« si vous n'acquittez pas les obligations coutumières de
« nos hommes, et de tous ceux qui habitent notre dis-
« trict. »

La situation privilégiée dont ils avaient joui jusqu'alors va être perdue, ils vont devenir *consuetudinarii*, comme le reste des habitants de la *potestas*. La convention qui intervient entre l'abbé Étienne [2] et les hommes de Bourberain se réfère, sans autre détail, aux coutumes établies de longtemps dans les possessions de l'abbaye.

Concessit etiam domnus W., quod hunc censum, *quem in hominibus istis retinuit*, nunquam ei liceret vel dare vel vendere vel aliquo modo de manu sua emittere; quod si faceret, ad nos reverteretur » (*Cartul. de Saint-Père de Chartres*, II, p. 483-484).

[1] Bourberain, canton de Fontaine-Française, arrond. de Dijon.
[2] Étienne, abbé de Bèze, de 1088 à 1119 environ.

CONTINUATION. — LA CONVENTION ET L'USAGE. 401

Toutefois, il fallait ménager la transition et ne pas éloigner par trop d'exigences ces nouveaux coutumiers. L'abbé leur concède donc quelques exemptions partielles : la redevance annuelle que doivent les autres ménages sous le titre de *placitum generale* est fixée pour eux à douze deniers, on les assure contre toute levée de taille, et enfin ils sont dispensés d'un charroi de vin, à moins qu'ils consentent à le faire par bonté d'âme, *per suam bonitatem*[1]. Je ne doute pas que ces différences

---

[1] Je transcris la charte d'après le manuscrit original (xiie siècle) du *Cartulaire de Bèze* (Bibl. nat., MS. lat. 4997).

CARTA DE BURBURENO.

« Notum sit omnibus hominibus qualiter homines nativi de villa quæ dicitur Burburena, commanentes in Besua, post combustionem domorum quas in nostra terra primitus habuerant alias reedificare cupientes, ad abbatem loci istius, nomine Stephanum, convenerunt, reædificandi licentiam quærentes. Quibus ipse ait : « Absit ut unquam deinceps in nostro fundo ita mansiones habeatis, sicuti actenus habuistis, *nisi consuetudinaria servitia reddideritis, sicut nostri et alii faciunt qui in nostra potestate consistunt*. Si autem nolueritis, construendi ulterius licentiam a me non consequemini. » — Hæc autem verba, abbatis videlicet, illi audientes, inter se consilium inierunt et cum eo *pactum* firmiter statuerunt, ut deinceps unusquisque de generali placito tantummodo XII nummos persolveret, alias vero consuetudines facerent, excepto carritum vini de Gibriaco, *nisi per suam bonitatem* aliquis ex eis vellet facere. Constituit etiam ipsis idem abbas Stephanus, ut nec ipse, nec aliquis in posterum super eos talliam faceret, alias vero consuetudines ab eis exigeret. Et hoc etiam statuerunt ut si quis illorum injuriam a monachis, vel a servis Sancti Petri pateretur, nullam proclamationem neque alienam justiciam quæreret, donecjusticia abbatis et prepositi monasterii ei deficeret. Signum Stephani abbatis, Landrici prepositi. Ex familia vero Sancti Petri fuerunt illic tunc multi. Sign. Aydulfi, Gyraldi, Albrici, villici de Burburena villa, et aliorum multorum » (fos 118 vo-119 ro).

Le *Cartulaire de Bèze* a été publié par d'Achery, dans le t. II du *Spicilegium*, et récemment par M. J. Garnier dans les *Analecta Divionensia. Documents inédits pour servir à l'histoire de France et spécialement à l'histoire de Bourgogne* (Dijon, 1875). — Voyez pour

ne tardèrent pas à s'effacer à leur tour, la dernière surtout[1].

En dehors du cas où des colons nouveaux règlent d'un commun accord avec le seigneur auquel ils se subordonnent les charges seigneuriales qui pèseront sur eux, une pareille convention se rencontre surtout quand des territoires entiers ou des domaines se placent sous la protection, sous la *commandise*[2], d'un homme d'armes puissant et fort, *vir armis strenuus*. Les habitants gardent leur propriété ou continuent à payer leurs redevances foncières à leurs propriétaires, mais ils se déclarent en même temps les protégés, les sujets, du châtelain qui leur offrira un refuge dans son donjon en cas de trouble ou d'invasion, les défendra contre les ravages des bandes de pillards et les extorsions des seigneurs voisins. Cette commandise produit un double effet. Elle donne, comme nous l'avons vu et en vertu des anciens principes de la recommandation, droit de juridiction au patron sur les hommes placés en commande; elle astreint ceux-ci, en reconnaissance de la protection, à des droits seigneuriaux : garde et guet, gîte et procuration, corvées de fortification et de charroi, cens et tailles, etc. Tous ces droits sont établis souvent par un traité que concluent

---

la charte ci-dessus, p. 438, col. 1 du *Spicilegium*, et p. 396-397 des *Analecta*.

[1] Une charte postérieure du *Cartulaire de Bèze* contient une mise en demeure adressée aux mêmes hommes, dans le but évident de leur enlever leurs derniers privilèges. Leurs fils devaient, sous peine de perdre leurs tenures, épouser des femmes de l'abbaye et servir comme tous autres : « ... Si quis ex filiis eorum acceperit ancillam Sancti Petri in uxorem et in servitio ecclesiæ remanere voluerit, ipse habeat edificium et terram supra nominatam. Et qui hoc non fecerit, post mortem ejus recipiet ecclesia et edificium et terram in suo proprio jure » (MS. orig., f°s 136 v°-137 r°. — *Spicilegium*, t. II, p. 446-447, *Analecta*, p. 434).

[2] *Commanditia, garda, custodia, tutamen, tensamentum, libertas*, etc.

avec le protecteur soit les habitants eux-mêmes [1] soit le propriétaire des terres qu'ils occupent [2].

[1] « Ego Tetbaldus comes hominibus de villâ que ad Quartas dicitur qui loco scte Trinitati se et sua tradiderunt, eidem loci suggerentibus monachis, talem convenientiam facio, ut unicuique anno, unusquisque de villâ supradictâ detur (det) michi unum sextarium de tremesium et nullam amplius ab eis requirem consuetudinem, *habebit tam ex me quam ex meis hominibus omnem quietem* » (Cartul. de la Trinité de Vendôme, f° 58, xie s.).

[2] « Me matrem G. de Prulliaco Amelinam dudum habuisse terram apud Balneolos, ac illam tenuisse quasi patrimonium liberum. Sed quia contigua cetero meo non erat casamento, et ab illâ longe manebam, ideo ad Odonem comitem accessi, qui me valentior erat eam tueri : deprecans ut ipsam a suis omnibus receptis ob amorem meum ac si propriam suo tutamine defensaret, dans illi loco mercedis LX arietes. Qui gratanter meæ petitioni annuens, arietes LX suscepit et Rotberto vicecomiti de Lavarzino præcepit, eam ac si propriam diligenter *custodire* ac *defendere*. » — Ce n'était que le préliminaire, voici la suite : « Notum sit... terram quæ vocatur Balneolos, antequam nostra fieret, misit Amelina... in *commendasiam* Odoni comiti talem videlicet, ut unusquisque, qui in eâ terrâ bordam vel domum haberet, mensurâ blesensi minam avenæ redderet illi *ob tutamentum*, et quicumque uno bove vel plurimis terram illam ruricolarent, sextarium ejusdem annonæ persolverent. Post mortem Amelinæ consuetudini contrà jus et contrà fas impresserunt augmentationem gravem, qui commendasiam illam loco fevi a comite tenebant... Tetbaldus Odonis filius, suggerente uxore suâ Adeleide nobilissimâ, precepit eis in plenâ curiâ ne ultrà statutam consuetudinem requirere presumerent » (*Cartul. de Vendôme*, 1083, D. Housseau, III, n°s 856 et 857).

« Ego Theobaldus Blesensis comes... notum facio... quod canonici Scti Aviti Aurelianensis coram me venientes conquesti sunt quod quedam eorum villa que Cerisum appellatur, quam ipsi ex antecessorum meorum elemosina possidebant maleficorum vexationibus gravaretur. Quas vexationes ut Dei et meo possent auxilio declinare, super hospites ejusdem ville ad ipsorum petitionem tensamentum michi assignaverunt, tale scilicet : ad festum Scti Remigii de unaquaque hospitisia duos sextarios avene ad minam Bles. qua publice venditur et emitur singulis annis. Quod si homines tarditate aut negligentia usque ad octabas Scti Remigii illud reddere distulerint in crastino octabarum illud michi reddent, cum emendatione quinque solidorum de singulis qui a reddendo defecerint... Ego autem pro amore Dei... et

Parfois, la convention n'intervient qu'après coup. La commandise a pu être usurpée : un seigneur s'est imposé comme protecteur en vue des avantages que cette fonction lui donne[1]; ou bien il n'y a eu au début qu'un accord muet : les habitants d'un village, ayant besoin d'une sauvegarde immédiate, s'en sont remis à la générosité de quelque voisin puissant, se sont référés aux usages du pays ; ou bien enfin, la protection était tra-

pro tensamento michi concesso et prestito villam et hospites ejus in custodia et protectione mea suscepi, ita quod eos contrà omnes homines ad rectum in bona fide manutenebo, et custodiam atque deffendam... » (*C. Saint-Avit d'Orléans*, 1173, MS., f°⁸ 52-53).

« ..... Abbas communicato consilio cum monachis suis..... investivit prædictum Fulconem (F. de Caseolo, lequel avait commencé par renoncer à toutes ses prétentions injustes sur les villages d'Andelli et de Poisnes), *de custodiâ prædictarum villarum*..... Hanc etiam *custodiam* concessit abbas heredi Fulconis qui ei jure hereditario in Causeolo succedet et non alteri.

Pro custodiâ habebit F. et heres ejus de unoquoque animali trahente ad carrucam, sive bos, sive vacca, sive asinus, sive jumentum fuerit, XII denarios illius monete que curret Lingonis, singulis annis, et si animal quod trahit hertiam associatum fuerit, pro bove reputabitur.

Et sciendum quod dicta sunt de illis animalibus que in dictis villis morantur et trahunt totum tempus, tempus de la saison, et de illis que infrà finagium pred. villarum laborant.

Rusticus colens terram fossorio suo dabit X denarios, si animal trahens non habuerit.

Homo qui non colit terram suam, sed vivit de denariis et amasatus est in villâ, reddet XII denarios, si animal trahens non habuerit.....

Et sciendum quod ille qui hanc custodiam habebit nihil amplius exiget a predictis villis, *rogando vel vim inferrendo*, quam hec carta testatur.....

... Fulco vero promisit quod predictas villas et cetera omnia que ad ecclesiam Faverniaci pertinent fideliter servabit et pro posse suo adjuvabit. Insuper juravit quod hec omnia fideliter observabit..... » (*Cart. de Faverney*, Moreau, 871, f°⁸ 618 r°-619 v°, 1185).

[1] Les exemples sont loin d'être rares. On en trouve un *infrà*, p. 417, note 2.

ditionnelle, comme celle qu'exerçaient notamment les avoués des Églises. Dans tous ces cas, les abus étaient inévitables, nous le montrerons aux chapitres suivants : la violence était aussi certaine qu'était douteuse la générosité[1]. Il fallait donc essayer au moins d'enrayer l'oppression par des conventions formelles, au risque d'établir des droits seigneuriaux nouveaux ; c'est ce que firent paysans et moines[2]. Mieux valait encore une règle onéreuse que l'arbitraire illimité.

[1] Voyez *infrà*, chap. xxviii.
[2] « P. de Cervissas, cum Camalariis preesset (en qualité de prieur) taliter deffinivit cum dominis de Munrevel, videlicet Dalmatio, et Eustachio et Pontio, *de custodia quam vulgo vocamus guardam* quam ipsi habebant in villa Scti Flori (Saint-Flour, com. de Sauvessanges, canton de Viverols), pro qua ipsa villa erat dessolata et ad nichilum pene redacta. Quicquid itaque in ea juris habebant Deo et scto Egidio tradiderunt, hoc tantum sibi retinentes quod si pred. villa usque ad XIV focos chabals succreverit, in unoquoque tantum illorum I eminatam civate et XII denarios et I gallinam poterunt, si voluerint, habere. Quod si ultra prefatum numerum villa excreverit, nichil in ea habebunt, neque boairadas, neque aliquas exactiones, et ut brevius dicamus, nullam penitus rem super ipsos habebunt, neque in ipsis XIV hoc habebunt nisi quod superius dicimus... » (Cette commande était engagée moyennant 700 solidi que le prieur dut payer à l'engagiste ; il reçut en outre gratuitement au nombre des moines le frère des concédants.) (*Cartul. de Chamaillières*, p. 52.)
« ... Qualiter Dudo vicecomes qui hominibus nostræ ecclesiæ constitutis in loco qui Velcenia nuncupatur plurimas et graves tortitudines intulerat, tortitudinem suam recognoverit et correxerit. Cujus satisfactionem suscipientes ut eum ad *custodiendam et tuendam Scti Petri familiam benivolum redderemus* tercium placitum de hominibus Scti Petri ad eandem potestatem Velceniæ pertinentibus ei pro augmento donavimus ut, quum de septem mansis quos ibi a domno Herberto quondam comite nostra suscepit ecclesia nichil accipiebat eo quod ipsa terra libera et immunis antiquitus ab omni servitio usque nunc perseveret, ut ipsam quoque sicut et aliam terram pro hoc augmento *tueretur* atque *defenderet*. Concessimus etiam ei ut si a nobis aut a prepositis vel ministralibus nostris ad aliquam justitiam faciendam invitatus in placito sederit terciam partem justiciarum accipiat. Ea tantum interposita ratione ut si terra mansionariis vel cul-

Le même motif conduisit des propriétaires ou des tenanciers à grever leurs personnes ou leurs terres de droits seigneuriaux qui n'avaient pas même la protection pour raison d'être ou pour prétexte, mais qui devaient remplacer les droits anciens dont comtes ou barons s'étaient emparés ou les droits récents qu'ils avaient créés à l'image des anciens. C'était une mesure de sage administration. Il s'agissait de mettre des bornes conventionnelles au vaste champ de l'extorsion, de remplacer des charges d'une élasticité dangereuse par d'autres qui fussent fixes. J'en relève un exemple notable dans le cartulaire de Saint-Vaast d'Arras.

Les comtes de Flandre s'étaient attribué dans l'abbaye de Saint-Vaast le droit de gîte qui jadis appartenait au roi de France. Ce droit était devenu infiniment plus onéreux entre leurs mains. Le roi était loin, les comtes étaient proches. Le roi venait tous les cinq ou dix ans à Arras, les comtes y venaient à tout propos, et chaque fois ils faisaient de l'abbaye leur hôtellerie, pendant que les cinquante ou cent chevaliers de leur suite allaient se répandre dans les villages des moines et en user librement, non-seulement avec les paysans, mais avec leurs femmes et leurs filles. Les paysans jetèrent les hauts cris; — en vérité, il y avait de quoi, — et l'abbé pour arrêter ces abus, d'accord avec eux et avec le comte de Flandre, substitua à l'ancien droit de gîte un droit seigneurial de gabelle[1]. Le comte de Flandre dut se contenter désormais d'un maigre repas (*caritas*) : deux pains, un demi-setier

toribus vacuata in nostra dominica manu redierit nichil se illic accepturum noverit quandiu in nostre proprietatis dominio permanserit..... » (*C. Montier-en-Der*, xie s. Ch. de Dudo, abbé, MS. f° 43 r°-v°).

[1] Le terme de *gabelle*, qui s'attacha plus tard à l'impôt sur le sel, désignait à l'origine tout impôt quelconque. Il correspondait exactement au mot latin *donum*, et celui-ci, nous l'avons vu, était synonyme d'impôt (Anglo-Saxon : *gafol*, allemand moderne : *gabe*).

de vin, un plat de poissons ou de friture[1]. Mais par contre, tous les tenanciers de l'abbaye autres que ses feudataires furent frappés d'un impôt à son profit : impôt en nature et en argent, en nourriture (past) pour les chiens et les oiseaux du comte. « Ce sont de vrais droits seigneuriaux (*consuetudines*), nous dit dès le XIIe siècle le moine Guiman, établis par nos ancêtres dans l'intérêt de la paix et de la tranquillité « *gratia pacis et quietis a majoribus institute,* » mais qui ont dégénéré depuis lors en abus journaliers, « *in pravos usus quotidie pervertuntur*[2]. »

---

[1] QUOD PRO CONRODIIS REGIS VEL COMITIS INSTITUTUM SIT GAVULUM, SIVE JUS GABELLI ET DE CARITATE COMITIS.

« Postquam B. defunctus est, successores ejus comites, quanto nobis viciniores tanto onerosiores esse ceperunt. Quod enim regi in quinque vel etiam decem annis semel impendi solebat, comiti quotiens eum in Atrebatum venire contingeret impendi oportebat. Non solum autem, sed ipse comes Atrebatum veniens ipse quidem in ecclesia hospitabatur, milites vero suos ad villas Sancti Vedasti quinquagenos seu centenos hospitationis gratia dirigebat. Qui cum violento tumultu et militari lascivia quasi libere hospitiis abutentes, rusticis importuni essent, idem rustici ad abbatem recurrebant, rerum suarum direptionem, uxorem adulteria, filiarum deflorationem, et alia multa intolerabilia cum querela deplorantes. Unde abbas communicato consilio, poscentibus rusticis, annuente comite, capitulo et baronibus, *hujusmodi conrodia pro gavuli commutatione redemit,* et, hujusmodi extinctis conviciis, comes sibi eam, quam usque hodie in ecclesia habet caritatem, quasi in monumentum retinuit, scilicet : quando est Atrebati, II panes, dimidium sextarium vini, ferculum piscium vel frixurarum semel in die. Et sciendum est quod, si regem Francie in Atrebato esse contingat, regi et non comiti caritas ipsa defertur » (*Cartul. de Saint-Vaast d'Arras,* p. 45-46).

[2] DE CONSUETUDINIBUS GAVULI ET DE CORVEIS COMITIS.

« In villis igitur St Vedasti, que gavelum solvere debent, singula curtilia debent II mancaldia avene, unum et dimidium denarium ad deductionem, I panem ad canes et I galmam (?) ad aves comitis... Feodi liberi sunt. Terre dominicate S. V. libere sunt a gavelo... Porro quia he consuetudines, cum gratia pacis et quietis a majoribus institute sunt, in pravos usus quotidie pervertuntur, cetera super cedemus » (*Cartul. de Saint-Vaast d'Arras,* p. 46).

Voyez aussi Cartul. de Baigne, ch. CCCCXCIX, p. 204.

Dans les diverses conventions que nous venons de parcourir, on peut discerner du moins un intérêt réciproque. Si le seigneur a l'avantage de voir reconnaître ses droits, le sujet a l'avantage de les voir fixer. Mais il arrive aussi que le contrat soit entièrement léonin. Des exactions ont été durant nombre d'années pratiquées par quelque châtelain et ses gens, malgré les protestations impuissantes des malheureux qu'elles dépouillent ou des propriétaires qui en subissent le contre-coup, et puis, continuant à abuser de sa force, le seigneur les érige en droits réguliers au moyen d'une convention qu'il impose. Il faudra des circonstances bien propices pour déraciner plus tard le droit seigneurial ainsi implanté.

Je ne connais pas de meilleure illustration de ce qui précède qu'un épisode de l'histoire d'Anjou au XI° siècle. Nous en avons deux récits; l'un dans une chronique de Saint-Aubin d'Angers, l'autre, plus pittoresque et plus vivant, dans les chroniques des comtes d'Anjou. Je les compléterai l'un par l'autre.

Giraud, seigneur de Montreuil-Bellay, molestait de façon cruelle les moines et les tenanciers du prieuré de Méron, dépendance de Saint-Aubin d'Angers. Il enlevait les troupeaux, capturait les hommes et les rançonnait sans merci[1]. En même temps, il levait de force des droits seigneuriaux sur les terres du prieuré quoique ces terres fussent entièrement franches et libres[2]. Retranché dans son donjon, il bravait le comte d'Anjou et sa colère, l'évêque et son excommunication.

---

[1] « Victus proprios monachorum rapiebat, abducebat prædas, homines captivabat, trudens eos in carcerem donec redderent ei substantiam suam usque ad novissimum quadrantem » (*Chronique d'Anjou*, p. 288).

[2] « In supradictam curtem tot et tantas et tam malas consuetudines et inauditas immiserat ut unaquaque ebdomada VIII solidos denariorum in hominibus ibidem commorantibus violenter extorqueret... quod videlicet G. et antecessores ejus nihil unquam penitus jure he-

Les moines, pour n'être pas dépouillés de tout leur bien, durent par un acte formel revêtu du sceau de l'abbé, du seigneur et du comte, se reconnaître *tributaires*, eux et leurs hommes, accepter les charges qu'il avait plu au sire de Montreuil leur imposer[1], en un mot et suivant l'expression même du chroniqueur, transformer la violence en droit : « *Tyranni violentia veluti in jus vertitur*[2]. »

Par bonheur le sort tourna. Giraud Bellay se jeta follement dans une lutte inégale contre le comte d'Anjou, Geoffroi le Bel. Il fut vaincu, son château assiégé et pris, lui-même emmené captif avec sa femme, ses enfants et ses serviteurs.

Ici l'histoire devient miraculeuse.

Le comte vainqueur est à Saumur. Il dort entouré de ses chevaliers, quand saint Aubin en personne lui apparaît. — « Je suis Aubin, lui dit-il, l'évêque des Angevins. Si tu as vaincu c'est grâce à moi. Je voulais que tu fasses restituer aux moines la charte qu'on les a obligés à souscrire. Tâche de la reprendre adroitement, car elle n'a pas été faite de mon gré, mais pour la ruine de mon Église[3]. »

— Le comte doute : l'apparition se renouvelle trois fois. Le comte doute encore : il réveille ses compagnons, leur

---

reditario in tota supradicta terra possederant; cum igitur verum sit quod monachi totam terram illam in jus proprium haberent, etiam antequam castrum Mosterioli a comite Andecavorum fuisset constructum... » (*Chroniques des Églises d'Anjou*, p. 85).

[1] « Monachi.... profligati damnis et affecti taedio, tandem *cum tyranno composuerunt, annuatim et se et suos homines constituentes tributarios :* ex duobus scilicet levius judicantes dare partem quam amittere totum; cujus etiam compositionis, *sub chirographi testimonio, scriptum* ipsius comitis, abbatis St Albini sed et tyranni ipsius sigillis munitum et roboratum est » (*Chroniques d'Anjou*, p. 288).

[2] « Pactionem per quam libertas ecclesiæ deprimitur; tyranni violentia velut in jus vertitur » (*Ibid.*, p. 292).

[3] « Non enim consilio meo facta est compositio illa, quippe in ecclesiæ meæ destructionem » (*Ibid.*, p. 290).

raconte sa vision et leur demande conseil. Ils lui répondent prudemment, en paroles d'oracle : « qu'il sait mieux que personne ce qu'il doit faire. »

Cela lui suffit et dès le matin il fait appeler devant lui Giraud de Montreuil : « Eh bien, lui dit-il, vous voici donc mon captif, voici les revenus de vos terres entre mes mains. Indiquez-moi, je le veux et l'ordonne, quels sont ces revenus, pour que je n'en sois frustré en rien pendant que je les posséderai, ni vous quand, la paix faite, vous les aurez repris. Commençons par les moines de Saint-Aubin fixés à Méron. » — Et comme Giraud détaille les droits qui lui sont dus : « N'y a-t-il pas un écrit qui les constate, demande le comte? — Certes, seigneur, et signé même de votre sceau, un chirographe dont je conserve une moitié et les moines l'autre[1]. » — « Montrez-moi donc votre exemplaire. » Giraud tente une échappatoire, mais le comte furieux : « Par saint Aubin que vous avez persécuté, vous ne mangerez ni ne boirez que je ne tienne l'acte entre mes mains » et s'adressant aux siens : « Liez-lui pieds et mains, poussez-le dans le cachot le plus bas. » — « Que mon seigneur ne se courrouce pas contre son captif, reprend Giraud, je lui livrerai l'acte. » — « Allons le chercher, dit le comte, » et ils montent à cheval. Arrivés, Giraud tire une petite clef de sa ceinture, ouvre le coffre où il serre ses chartes, en tire l'écrit et le tend à son seigneur[2].

Sur ces entrefaites, se présente le prieur de Saint-

---

[1] — « Estne, ait, hujus compositionis aliquid scriptum ? » — Et ille : « Est, inquit, domine, quod etiam, vestræ auctoritatis sigillo roboratum, chirographi etiam attestatione, tam a me quam a monachis pariter conservatur. » — Tunc comes : « Vestram, ait, partem ostendite mihi, ut per me ipse probem qualiter inter vos composuistis » (*Ibid.*, p. 290-291).

[2] « Quo cum pervenissent, extracta Giraudus de lumbari suo clave parvula, scrinium in quo ejus scripta servabantur reserat et scriptum quod comes postularat inde extractum ipsi tradit » (*Ibid.*, p. 291).

Aubin. Il vient intercéder auprès du comte, demander que la convention souscrite soit réduite à néant. Le comte lui promet qu'il aura satisfaction. Dès le lendemain, il accourt à Angers, il se rend à l'abbaye, et là, en présence des moines, il lacère la charte en mille morceaux, puis la jette dans le feu. — Et ainsi furent abolis les droits seigneuriaux que Giraud de Montreuil s'était fait consentir, ainsi la cour de Méron fut rendue à sa primitive franchise[1].

On voit quelle importance le seigneur attachait à faire consacrer par un acte les droits usurpés, et quel ardent désir animait les contribuables de se faire relever de leur engagement. Heureux ces derniers s'ils parvenaient, comme l'abbaye de Saint-Aubin y parvint, à anéantir le contrat qu'ils avaient souscrit et qui aurait été sans cela le titre d'origine de droits seigneuriaux désormais indiscutables.

[1] « Deinde scriptum illud ostendens omnibus, coram eis minutatim desecat, jus suum ecclesiæ reddens et *restituens libertatem*, et scripti illius minutias manu propria in ignem projiciens » (*ibid.*, p. 292). — Voici l'autre version : « Ille vero cartas de manu monachi qui eas legerat arripuit et propriis manibus in puteum projecit, postea autem inde abstrahi et igne jussit comburi... omnes malas consuetudines et exactiones quas G. et antecessores ejus in terra Maironii immiserant penitus conquassari et adnullari stabilivit et *antiquæ libertati restituit* » (*Chroniques des comtes d'Anjou*, p. 89).

CHAPITRE XXIII.

CONTINUATION. — LA SURPRISE ET LA VIOLENCE.

Je viens de montrer comment l'établissement arbitraire de droits seigneuriaux a été régularisé par une convention postérieure. Souvent le seigneur se dispensait de recourir à cette garantie. Il lui suffisait de la puissance de la coutume. Il cherchait par surprise ou par force à percevoir certains droits, à obtenir certains services, à intervalles consécutifs, et il se sentait armé ainsi d'un titre aussi enviable qu'une bonne charte sur parchemin, scellée et signée. Bientôt, en effet, il pouvait s'abriter derrière la tradition, il était protégé par la vénération qui s'attache au passé, bon ou mauvais [1].

Qu'il soit difficile de remonter à l'origine volontairement cachée de pareils droits, cela s'explique. Leur légitimité supposait le mystère; il fallait qu'un voile recouvrît leur berceau. Du moins pouvons-nous saisir les procédés employés. Grâce aux efforts faits par les églises pour tenir registre des empiétements successifs et y faire renoncer à la première occasion propice, nous voyons des droits seigneuriaux naître et mourir. Leur mort nous livre le secret de leur naissance. En même

---

[1] Tant était grande la puissance de la coutume que le pape Urbain écrivant à Robert le Frison pour réclamer l'abolition du *jus spolii* (1091) est obligé de dire : « Quod si pretendis, hoc ex antiquo usu in terra tua processisse, scire debes, creatorem tuum dixisse : *Ego sum veritas, non autem usus vel consuetudo* » (Warnkönig, *Flandriche Staats-und-Rechtsgeschichte*, I, Preuves, p. 17).

temps, par ceux de ces droits qui ont été éteints nous jugeons de ceux qui, nés d'une source également impure, se sont conservés à travers les siècles.

Voici d'abord des droits seigneuriaux établis par surprise.

Qu'une guerre ou une famine éclate, qu'un incendie ravage un village ou un bourg, qu'il faille reconstruire un château-fort ou accomplir un vœu, payer des dettes ou simplement se loger ou se nourrir hors de chez soi, un seigneur en tire occasion pour réclamer aux hommes qui lui sont soumis ou aux voisins qui le redoutent une assistance en argent, en nature, en travail. A défaut d'occasion ou de prétexte, il se contente de faire appel à leur bon vouloir; cela suffit. Ses prières sont des ordres. Et puis, quand à plusieurs reprises moines ou paysans se sont exécutés de bonne grâce, de par la puissance de la coutume l'exception s'érige en règle, les redevances ou services de temporaires deviennent définitifs, d'accidentels périodiques, de facultatifs obligatoires.

Le procédé est simple et il n'était pas nouveau. J'en ai montré les origines premières[1]. Il porta des fruits amers mais abondants, il devint de pratique courante, et l'on peut affirmer, sans chance d'erreur, qu'une foule de redevances et de corvées seigneuriales lui durent l'existence.

Foulque Nerra, comte d'Anjou, demanda un jour à l'abbé de Saint-Aubin d'Angers, par grâce et par prière *amore et prece,* de faire faucher par les hommes du couvent les prés qu'il possédait, lui le comte, près de Montreuil. Ces prés, son successeur Foulque IV Rechin les donna au trésorier Rainaud, et ce que Foulque Nerra avait obtenu de bonne grâce des moines, Rainaud l'exigea d'autorité. D'un acte de pure faculté il fit un droit seigneurial obligatoire : « *Quod Antiquus Fulco amore vel prece a*

---

[1] Voyez, *suprà,* ch. XVII et ch. XXI.

monachis habuit Raginaldus in coactitiam consuetudinem vertit[1]. »

Vers la fin du xiᵉ siècle Aldigerius, seigneur puissant, faisait construire un château-fort près des terres de l'abbaye de Saint-Chaffre-du-Monestier en Velay. Il s'adresse au moine préposé à l'obédience de Bruc, et lui demande cinq muids de vin à titre de subside. Le moine les donne à contre cœur, mais il les donne. L'année suivante, même demande. Cette fois c'est son dû qu'Aldigerius réclame, et comme le moine résiste, il lève sa réquisition de force. Voici un droit seigneurial créé, une *coutume*. Il est perçu durant deux générations consécutives. L'abbaye de Saint-Chaffre ne parvient à le racheter que grâce aux pieuses dispositions d'Itier de Bruc, petit-fils d'Aldigerius. Et malgré ce rachat, cinquante ans plus tard le fils d'Itier, Pierre, revendiquait encore le même droit [2] !

Les récits de tentatives manquées ne sont pas moins instructifs.

---

[1] *Chroniques des églises d'Anjou*, p. 66-67.

[2] « Notum esse debet fratribus in cenobio B. Theofredi degentibus qualiter mala consuetudo quam pravi homines in illa possessione usurpaverant postmodum ab aliis eorum successoribus abolita. Quidam enim præpotens vir nomine Aldigerius ædificans castrum quod dicitur Capdenaco (Chadenac, dans le Vivarais) juxta hæreditatem S. Theofredi quæsivit a monacho qui tenebat obedientiam de Bruco ut sibi adjutorium præberet ad illud ædificium V modios vini ; quod cum monachus difficile dedisset alio anno similiter quæsivit et cum noluisset dare, abstulit violenter, *sicque mala consuetudo in terra S. Theofredi (inolevit)*, nec voluit pravum usum relinquere, nec filius ejus post ipsum. Post ipsos vero successit tertius nomine Icterius, qui melior existens quam sui parentes, cum interpellatus fuisset de hac re, timens judicium Dei et vindictam malorum dereliquit ipsam pravam consuetudinem quam solebant parentes in supradicta villa exigere et quidquid ex ea male præsumptum accipiebat pro timore Dei et sanctorum ejus amore totum dimisit coram altari et sepulchro B. martyris Theofredi, nullumque de suis heredibus post se præsumere talia decrevit et quia necessitas exigebat accepit a monachis equum valentem solidos centum et confirmavit

Voici, par exemple, ce que Raoul Tortaire (1063-1117), nous raconte dans le huitième livre des miracles de saint Benoît.

L'abbaye bénédictine de Pressy possédait un domaine dont les paysans, comme ceux des terres environnantes, étaient sujets d'un haut et puissant seigneur, Archembaud, surnommé le Blanc, qui tenait cette souveraineté de ses ancêtres [1]. Un jour d'automne la femme d'Archembaud, accompagnée d'une brillante suite, selon l'usage des dames de son rang, chevauche à travers la campagne. Le chroniqueur lui suppose de bien vilains desseins, car il affirme qu'elle s'est mise en route pour chercher quelque occasion d'illicite profit, pour marauder [2]. Elle arrive sur les terres de l'abbaye. Elle ordonne au moine préposé à l'exploitation de lui faire servir un repas. Le moine s'indigne et, vif de sa nature, répond qu'il n'a pas charge de gaspiller les produits du domaine en festins offerts à

hoc cum charta testimoniali in præsentia Guilhelmi abbatis, qui erat frater ejus et aliorum fratrum. Anno ab Incarnatione Domini MXXIII mense Julio feria VI regnante Roberto rege. »

« Post multum tempus cum Petrus Icterii filius antiquam suorum parentum consuetudinem sequens, ipsam ecclesiam et res alias quæ juris erant sancti Theofredi exigendo servitia injusta satis opprimeret, tandem resipiscens decrevit dimittere omnia quæ contra fas ex eadem ecclesia vel villa Brucensi solebat accipere. Dedit ergo monasterio nostro et abbati Vuilhelmo ceterisque fratribus jure possidendum quod ille et herus injuste possederat et confirmavit cum charta cessionis, uxore sua et filiis hoc ipsum laudantibus et [in perpetuum tenendum fore decernentibus, anno ab Incarnatione Domini M.LXXX.VIII, regnante Philippo rege » (*Cartulaire de Saint-Chaffre-du-Monestier, en Velay*. Bibl. nat., MS. lat. 5456 A, f°s 77-78. — La première charte se trouve en copie dans la *collection Moreau*, XX, f°s 52 r°-53-v°).

[1] « Quidam Archembaldus, cognomine Albus, vir potens, non solum in ruricolas prædii illius, verum etiam in contiguo, avitæ dominationis exercebat jus » (*Miracles de Saint Benoît*, p. 355).

[2] « Cujus uxor, dum occasione turpis quæstus vicina peragraret rura » (*Ibid.*, p. 355).

[3] *Ibidem*, p. 356.

des dames, et qu'il ne veut pas davantage grever d'un droit seigneurial nouveau, la terre confiée à ses soins : « *nec consuetudinem imponere loco quam non invenis-* « *set.* » En d'autres termes, il craint qu'accéder à une prière ne soit créer un droit. La noble dame se retire furibonde (*furibunda*) et si saint Benoît n'était intervenu à propos par un miracle, l'abbaye aurait payé de la perte de sa vendange la prudence discourtoise de son agent[1].

Les droits seigneuriaux introduits comme nous venons de le voir manquaient de toute base juridique. Ils étaient entachés d'un vice originel. Un jurisconsulte romain aurait dit qu'ils étaient nés *vi et precario*. Et les moines mêmes du XIe siècle l'ont dit[2], prouvant ainsi qu'ils étaient plus nourris de droit romain qu'on ne le pense volontiers.

J'arrive à des cas où la prière était absente, où la violence à elle seule engendrait le droit seigneurial. Des

---

[1] « Mandat ergo eadem matrona monacho ut sibi et suis acceleratum exhibeat prandium. Qui audiens quæ jubebantur, nimia animi indignatione commotus, ut erat animosus, respondit nequaquam se directum quatenus substantiam ruris ipsius in conviviis mulierum expenderet, sed ut fideliter collectam eis qui se miserant dirigeret, nec consuetudinem imponere loco velle quam non invenisset. Qua responsione contemni sese mulier autumans, furibunda recessit. Imperat ergo Ansegiso Brutnio, qui eorum locorum ab ipsa dominationem acceperat, quatenus quidquid vini sub jure monachorum reperisset, plaustris imponens deveheret, et suo cellario reconderet » (*Ibidem*, p. 355-356).

[2] « Ego R. de M. (Raoul de Montrevel) gratia Dei vicecomes appellatus monachis Scti Flor. quibus tot tantaque intuli mala, hanc præstiti humanitatem, ut commendisiam sive toltam quam actenus in terrâ ipsorum licet injuste habueram... remitterem, guerpirem... ita videlicet ut eam non requiram ulterius, nec per me, nec per meorum aliquem, *neque vi neque precario*. Quod si contigerit ut quisquam meorum ab aliquo illorum hominum aliquid *benignè* petiverit, et ille pro alio aliquo commodo suo, possum enim eis in multis prodesse, illud michi gratis dare voluerit, concessum est non renui. Si autem

redevances ou des services exigés de force un certain nombre de fois devenaient coutumes, ou bien ils étaient *de plano* imposés comme tels.

Avoir des hommes d'armes à son service, un lieu fortifié comme refuge et comme base d'opérations, il n'en fallait pas plus pour soumettre à l'impôt toute la zône sur laquelle chaque seigneur parvenait à étendre sa main de fer. Taille, cens, droit de gîte et de procuration, droit de prise (*prisia*) ou de crédit (*credentia*), service d'armes ou de ravitaillement, corvées de fortification, corvées des champs, corvées de charroi, péage, tonlieu, banalités et cent autres droits seigneuriaux qui ne différaient de ceux-là que de nom ou de poids, étaient exigés, implantés, sous le prétexte d'une souveraineté hypothétique ou par l'argument d'une force trop réelle.

Se trouvait-il par hasard un baron désintéressé et généreux, ses agents ou ses vassaux n'en étaient, semble-t-il, que plus acharnés à l'oppression : « *effrenata familia*, dit l'un en parlant de ses gens, *nocere solet seniore nesciente.* » Et il oblige quatre de ses officiers à garantir par serment une franchise qu'il octroie[1].

Cela dit, je laisse suivre une série d'exemples :

Taille. — Hugues, seigneur du château de Saint-Maur, assujettit à la taille, par un acte d'arbitraire et de violence, — *per violentiam* — les hommes de Saint-Martin de Tours demeurant à Saint-Espain. Il ne renonce à cet impôt qu'excommunié par l'archevêque Raoul. Tant est forte

---

per violentiam, aut etiam *quasi minando*, statim ut clamorem super hac re audiero, *justiciam magnam* clamanti faciam... Convenit etiam nobis ut si aliquis suorum hominum, michi vel meis fecerit injuriam non confestim me vindicem, sed monacho qui injurioso praeerit ostendam, et sic per manus illius quod justum erit recipiam.. » (*Cartul. blanc de Saint-Florent de Saumur*, f⁰ˢ 1-2, 1086, Dom Housseau, III, n° 887).

[1] *Cartul. de Saint-André-le-Bas de Vienne*, ch. 182, p. 131-132 (1000).

la crainte de voir ce droit renaître que l'un des trois deniers — faible amende — payés par Hugues à titre de réparation est inséré dans le parchemin de la charte et y demeure à jamais attaché [1].

Cens. — Le chevalier Guicher, seigneur de Château-Renault, introduit de force un droit seigneurial dans le domaine de Pruneto, propriété de l'abbaye de la Trinité de Vendôme : « misit in terram Sanctæ Trinitatis de Pruneto *per vim et injuste* talem consuetudinem. » Chaque année les paysans de ce domaine devront lui livrer un muid d'avoine [2]. Les moines ont beau se récrier ; s'ils ne veulent pas que leur terre reste grevée à toujours de cet impôt ils doivent le racheter. Il ne leur en coûta que vingt sols grâce au besoin d'argent qui pressait le sire de Château-Renault au moment d'entreprendre un pèlerinage à Rome [3].

---

[1] « Hugo castelli Sctæ Mauræ dominus..... avariciæ faucibus instinctus per violentiam suam homines Scti Martini de Sancto Hyspano talliavit et talliam reddere coegit; quod canonici Beati Martini egrè sustinentes per clamorem cotidianum ante corpus et sanguinem Domini nostri J. C. et ante corpus Sancti Martini et per interdictum Radulphi archiepiscopi predictum H. ad justiciam venire compulerunt in capitulum, in præsentia canonicorum..... ubi ipse injuste egisse se recognoscens talliam in manu G. decani cum lege suâ guagiavit, et de lege III denarios decanus cepit quorum unus huic cartæ inseri *jussit...* » (*Pancarte blanche de Saint-Martin de Tours*, fol. 130, vers 1080, Dom Housseau, III, n° 804). — Le copiste de la charte observe que le denier s'y trouve toujours.

[2] C'est un droit d'*avenagium*.

[3] « Noverint posteri nostri habitatores hujus loci quod Guicherius miles quo tempore honorem de castello Rainaldi tenebat, misit in terram Sanctæ Trinitatis de Pruneto *per vim et injuste* talem consuetudinem ut unoquoque anno redderent ei villani ejusdem terræ vellent nollent unum modium avenæ. Quam cum aliquanto tempore tali rapinâ tenuisset contigit ut Romam causâ orationis ire disposuisset. Cumque monachos Vindocini postularet ut sibi ad viatici sui adjutorium aliquid darent; illi injuriam quam eis de mala consuetudine faciebat protinus objecerunt. Ille vero injustitiam quidem suam planè recognovit sed emendare ut debuisset ex toto noluit; dixit enim se

Dans une enquête sur les droits du comte de Provence, antérieure à 1180, il est dit par un témoin que le comte s'est emparé du château de Montfort et a contraint les habitants à jurer qu'ils lui paieraient tous les ans soixante sols à titre d'albergue[1].

Gîte et procuration. — Vers la fin du xi° siècle ou au commencement du xii°, le sire d'Huriel, Humbaud, fils de Humbaud le vieux, traverse le bourg de la Chapelle-Aude au retour d'une expédition guerrière. Il est accompagné de quarante chevaliers. Il pénètre de force dans les maisons des bourgeois, y prend gîte, et se nourrit à leurs dépens. Et quand le prieur proteste, le sire d'Humbaud de répondre : « C'est mon droit. » Moines et bourgeois opposent alors la force à la force. Ils expulsent les intrus par le fer et le feu. Humbaud est furieux : il revient avec une troupe plus nombreuse, il envahit le cloître, il fait cette fois une razzia complète, blé, vin, habits, bœufs, vaches, tout ce qu'il trouve. Heureusement que la Chapelle-Aude est un prieuré de la puissante abbaye de Saint-Denis, heureusement qu'elle jouit d'immunités et de franchises, garanties par les rois et les princes de la région, contre lesquelles vient achopper le droit seigneurial auquel prétend le sire d'Huriel. Une cour de justice est convoquée. L'archevêque de Bourges, Léger, la préside,

non aliter consuetudinem illam pessimam dimissurum nisi sibi darent XX solidos denariorum; quod monachi quamvis injuste quia defecerat qui justitiam eis adquireret facere maluerunt quam terra eorum toto tempore male consuetudinata fuisset. Dederunt igitur illi quod postulaverat reclamantes tamen semper sibi injustitiam fieri et ille injuriam quam terræ monachorum intulerat tam a se quam a successoribus suis perpetualiter quietam clamavit » (1075, *Cart. de Vendôme*, D. Housseau, t. III, n° 802 *bis*).

[1] « ... Comes cepit castrum Montis Fortis per vim et cogit homines jurare *nomine albergi* dare sibi singulis annis LX solidos. » Déposition d'un témoin dans une enquête sur les droits du comte Guillaume (Arch. des B.-du-Rhône, fonds de la C. des comptes, original, antér. à 1180).

les principaux seigneurs du pays y siègent : elle étouffe dans l'œuf la *consuetudo* près d'éclore[1]. Humbaud, pourtant, renouvelle sa tentative quelques années plus tard, en se faisant héberger de force avec sa suite : « In burgo de Capella cum armata manu violenter hospitatus est. » L'archevêque de Bourges dut intervenir une seconde fois et lui faire promettre « que désormais, qu'il parte en course pour mal faire ou qu'il en revienne, il s'abstiendra de tout gîte dans le bourg de la Chapelle-Aude[2]. »

Service d'armes. — Dans l'une des chartes que je viens d'analyser, le sire d'Huriel, outre l'hospitalité forcée, impose aux hommes du prieuré l'obligation de le suivre dans ses expéditions : « *Homines burgi in expeditionem suam vi coegerat.* »

En 1062, Geoffroy le Jeune, comte d'Anjou, reconnaît que son oncle Geoffroy Martel avait établi abusivement des droits seigneuriaux nombreux sur les biens de l'abbaye de Saint-Florent de Saumur. « *Malas exactiones quæ vulgo dicuntur consuetudines.* » Ils étaient si accablants que les habitants avaient fui, que les terres étaient désertes. En faisant abandon de ces droits, il en retient néanmoins deux, le service d'armes dû par les paysans et le péage dû par les marchands[3].

---

[1] « Legens itaque prior privilegia Sancti Dionysii que fecerant reges Francie et principes istius terre... presentavit prior, in presentia omnium, legitimos testes testificantes et vero testimonio probantes libertatem et immunitatem Capelle *ab invasione omnium hominum...* Hunbaldus... firmavit propria manu, super textum evangeliorum, se nunquam amplius in villa de Capella *per vim* aliquid rapere, nec consuetudines supranominatas, ulterius quere per se vel per alium quemlibet de suo genere » (*Cartul. de la Chapelle-Aude,* ch. XVII, p. 37-38, 1098-1108).

[2] « Hunbaldus... michi (episcopo) misit in manum quod deinceps ab hujusmodi injuriis abstineret, et quotiens ad male faciendum pergeret, vel a malefacto rediret, in burgo illo nullo modo hospitaretur » (*Ibidem,* ch. XVIII, p. 39-40, 1120-1135).

[3] « Avunculus noster Gausfridus..... remisit omnes *malas* exactiones

Corvées. — *Corvées de fortification*. — Voici, nous dit une pièce du cartulaire de Saint-Florent de Saumur, l'impôt qui a été mis injustement et par violence, *vi injustâ*, sur les tenanciers du domaine de Saint-Georges. Chaque année, ils sont tenus de se rendre avec leurs pelles au château de Vihiers et d'y travailler, huit jours durant, à relever les terres des remparts. — L'abbaye racheta cette corvée au prix de deux cents sols[1].

Corvées de somme, de charroi, de labour. — Trois chevaliers du château de Mezenc se livraient à d'intolérables exactions dans les villages de l'abbaye du Monestier-en-Velay. Les habitants se voyaient arracher jusqu'au pain de la bouche. Ils devaient fournir, à titre de corvées imposées de force, des bêtes de somme pour le labour. Les auteurs de ces mauvaises coutumes « *malæ*

quæ vulgo dicuntur consuetudines quas imposuerat colonis ecclesiarum sive quibuslibet dominationis suæ diversi officii hominibus (la veuve de Geoffroy n'exécute pas ses volontés. Les exactions continuent....) quibus fundi ejus gloriosi Scti vastati erant ac deserti. (Quand le neveu de Geoffroy Martel lui succède, il fait remise solennelle de ces mauvaises coutumes...) Super altare... cultello incurvato dimisimus. Remissa sunt omnia bidamna, omne genus bannitionis, nisi cum omnes rustici satellitum meorum, causâ belli, contra inimicos ierint; et de expeditione illâ vel horâ abbas seu monachi, si forte ipse monasterio abierit, per nos aut per legatum nostrum admoniti fuerint, tunc autem ducant burgenses et ruricolas prepositi eorum et nullum, causâ mercedis, domi manere patiantur, præter eos quorum pecunia in exercitu victum habere poterunt, quod si quis eorum aliter fecerit... accusabitur apud abbatem et multabitur juxta forisfactum pecuniâ seu verberibus : *homines potestatis* eorum non dabunt pedaticum aut venditionem seu aliquam hujusmodi consuetudinem nisi tantum *illi qui vivunt mercatione* » (1062. *Cartul. noir de Saint-Florent de Saumur*, fol. 97 r°. D. Housseau, II[2], n° 651).

[1] ... « Ad hoc castrum pertinebat *quondam vi injustâ impositum* hominibus de terrâ S. Georgii... Hoc bidamnum tale erat ut omnes qui in hâc possessione terram tenebant, aut ipsi aut legati eorum, ad prædicti castri aggeres relevandos in uno quoque anno cum palis pergerent, ibique per octo dies morarentur... » (*Cartul. noir de Saint-Florent de Saumur*, fol. 29-30, vers 1061. D. Housseau, II[2], n° 631).

consuetudines » en tirèrent si grand profit que le rachat coûta douze cents sols à l'abbaye. Les circonstances pourtant étaient favorables, car, les chevaliers de Mezenc se disposant à partir pour la première croisade, il leur fallait une bourse bien garnie, une conscience tranquille[1].

Tonlieu. — En l'an 1103, le vicomte de Bezaume imposa au bourg de la Réole un tonlieu de création arbitraire. Il le maintint malgré les prières et les protestations des moines et des habitants. La cour du comte de Gascogne put seule l'y faire renoncer[2].

---

[1] « III milites ex Misenco castro, nobis semper, videlicet monachis in cœnobio B. Petri Beatique Theofredi commorantibus, contrarii existentes, Dei inspiratione præventi et Vuilhermi abbatis, qui ipsum locum Deo volente gubernat, admonitionibus, qui nunc blandimentis nunc terroribus supplicii æterni eos insectatus est, a deprædationibus pauperum in nostris villis commorantium cessaverunt. Nam eorum bona quæque diripientes usque ab buccellam, ut ita dicam, panis eos deprædati sunt. Nunc autem quidam eorum Jerosolimitanum iter ad expugnandos barbaros arripientes, cum cæteris omnibus remanentibus ejusdem castri militibus, devoverunt se nullomodo deinceps aliquam malam consuetudinem quærere hominibus habitantibus in prædiis sive villis supradicti cœnobii, *neque saumarios, neque convivandi hospitium; neque cibatum; neque boves ad arandum vel onus ferendum neque aliquid ejusmodi consuetudinaliter,* sed omnes jusjurandum super altare sacratum fecerunt, præsente supradicto abbate, ut nihil tale amplius exigant... » (1096. *Cartulaire de Saint-Chaffre du Monestier en Velay.* Bibl. nat., MS. lat. 5456 A, f⁰ˢ 92-93).

Vers 1090, nous apprend une charte du cartulaire de Domène, les officiers du comte d'Albon, Guigues III, commencèrent à réclamer des coutumes insolites, neuf jours de corvées, un mouton, etc., dans un manse qui appartenait au prieuré. Ils le firent sans autre titre que les incitations d'un certain Lanfroi qui prétendait avoir joui de ce droit : « ... Ministrales domini Guigonis comitis cœperunt pravas consuetudines requirere in eo manso de quo supra memoravimus; scilicet novem dies de corvata, unum multonem et alia quæ enumerare modo non possumus, et hoc compellebat eos facere Lanfredus quidam qui se dicebat olim has recepisse in manso de Capella (La Chapelle des Trièves). » Sur la plainte du prieur, le comte d'Albon mit fin à cet abus (*Cartulaire de Domène,* p. 23).

[2] « Bernardus vicecomes, in Beati Petri Regule burgo teloneum

Si les paysans ou les bourgeois fixés à demeure étaient soumis, bon gré mal gré, à des droits seigneuriaux, les voyageurs et les marchands de passage ne pouvaient s'attendre à un sort meilleur. Ils sont arrêtés, dépouillés, jetés dans des cachots, torturés en vue d'une rançon plus forte. Brigandage pur, dira-t-on; il est vrai, mais brigandage — fait notable — qui devenait à son tour la source d'impôts coutumiers.

Landri le Gros avait arrêté plusieurs marchands de Langres qui traversaient sa terre et s'était de vive force emparé de leur trousse. Sur les instances de l'évêque de Langres et des moines de Cluny, il consent à leur en restituer une partie, mais auparavant ils devront s'engager à lui payer, comme rançon de leurs biens et en échange du libre passage sur ses terres, un tribut annuel. Pourquoi ne pas généraliser cet impôt, se dit Landri le Gros? Et ainsi, d'une exaction première une autre naquit. Un péage fut institué : tous passants, pèlerins et marchands y furent sujets [1].

statuit quod nemo per eum vel antecessores suos huc usque dederat vel acceperat. Quem cum Raimundus, tunc temporis Regule prior, cum fratribus Deo ad obediendum sibi subditis et cum totius patrie principibus ut *a nefanda consuetudine,* pro Dei et Beati Petri apostolorum principis amore quiesceret sepius exorasset [duramque semper repulsam passus fuisset] nullo modo hoc ab eo impetrare valuerunt » (*Cartul. de Saint-Pierre de la Réole, en Bazadais* (Gironde), dans *Archives historiques de la Gironde*, V, p. 129).

[1] « ... Ego Landricus Grossus a concupiscentia quæ, plerumque secularibus obrepit abstractus et illectus quosdam mercatores Lingonenses cœpi per terram meam transeuntes et eorum res abstuli donec conventus ab episcopo Lingonensi ac senioribus Cluniacensibus partem retinui partem reddidi, ipsis mercatoribus ut sua reciperent et deinceps per terram meam quiete transirent quid mihi singulis annis loco quasi tributi solverent constituentibus. Ex hoc peccato nata est mihi alterius peccati occasio, scilicet ut cunctis per terram meam iter agentibus seu causa negotiationis seu orationis exactionem quam vulgo pedituram vocant imponerem et hoc meos ab eis exigere juberem. Hoc seniores Cluniacenses audientes et quia nunquam ab ante-

Le droit seigneurial une fois né, le seigneur employait à le défendre la même énergie et au besoin la même violence qu'il avait mise à l'établir. Se trouvait-il une autorité supérieure qui pût le mettre à la raison, tous les avantages de la possession étaient pour lui.

Les règles de preuve, j'en conviens, n'offraient pas une rigueur gênante. La pratique du XI° siècle ne connaît guère la maxime *testis unus, testis nullus,* et, en se contentant d'un seul témoignage, elle semble opposer la vivacité de la défense à la soudaineté de l'attaque, la célérité de la preuve à l'éclosion spontanée des mauvaises coutumes [1].

Souvent c'est un ancien, un homme versé dans la connaissance des vieux usages du pays, qui témoigne en justice [2]. Il représente la circonscription rurale tout en-

cessoribus meis aliquid tale factum audierant nimium dolentes per fratrem meum domnum Bernardum suum camerarium me convenerunt et ut ab hac injusta ac Deo odibili exactione descinerem poposcerunt et ut tempus sibi redimerent, aliisque quos hac exactione turbabam quietem providerent trecentos mihi solidos dederunt... » (*Cartul. de Cluny.* Cartul. B., MS., f° 258 v° (circà a. 1076).

[1] Un chevalier, du nom d'Hector, réclamait un droit de gîte dans diverses localités des environs de Vienne, alléguant que son frère Bérillon en avait usé jadis. Une contestation surgit, il est convenu entre l'archevêque de Vienne et le chevalier Hector qu'on s'en rapportera au serment d'un seul témoin, qui paraît avoir été l'homme soit de l'archevêque soit de l'abbaye de Saint-André. *Cartulaire de Saint-André-le-Bas de Vienne*, ch. 206 (1030-1070), p. 150-151 : « In Pisaico quesivit unum receptum et in Colouratis alium, et in Masonatis alium : dicebat enim quod frater suus habuisset eos et de his fuit contentio; venimus ad hoc ut, si Bladinus jurasset quod frater ejus Berilo non habuisset eos *per usum et per consuetudinem,* amplius non quereret eos. »

[2] « Ne rursus repetatur ad scandalum posterorum fratrum in hoc sanctæ et individuæ Trinitatis cœnobio commanentium, notum fecimus quid dudum contigerit nobis et Rainaldo, de castro quod ejusdem vocatur nomine possessoris, petendi pedagium ab hominibus nostris transeuntibus per sanctum Laurentium. Igitur dum Rainaldus, ut diximus, peteret et in hoc monachi minime consentirent, contradi-

tière. Quand plusieurs témoins sont produits, un seul, le plus âgé, prête serment pour tous [1]. Quand les paysans

centes *juxta legem fisci* comitis Gauffredi cujus dono terra provenerat eis, adeo ratiocinationis hujus ratio crevit ut cum per se super hoc non possent absolvi, apud eumdem castrum convenirent ante comitem Gauffredum et Agnetem comitissam, eorum judicio causam probaturi, ubi Mainardo forastero pro hoc ipso conducto, *quia videlicet eo tempore pre ceteris antiquas leges terrarum quas in Vindocinensi pago consul Gauffredus habebat, ipse melius agnoscebat*. Hujus testimonio ratione probata, sic definitum est ut quicquid homines manentes in illis terris quas de fisco suo jamdictus consul dederat monachis compararent in proprios usus liberum sine pedagio permitteretur, quicquid vero compararent ad revendendum sicut et ceteri mercatores darent inde pedagium. Sed quia jam Rainaldus ex hoc unum obolum nec juste perceperat, restituit illud cum lege, *maxime pro rei hujus memoria* judicante comite et comitissa cum favore testium qui nominatum subnotati sunt in hac carta » (vers 1040) (*Cartulaire de la Trinité de Vendôme*, Bibl. nat., MS. lat. nouv. acq. 1332. — La charte se trouve également en copie dans la *Collection Dom Housseau*, t. II, n° 452).

Si l'obole indûment payée est restituée ce n'est pas seulement en mémoire de la renonciation. Il y avait une raison non moins importante que d'autres chartes nous indiquent. Tant que le signe matériel de la perception d'une redevance restait entre les mains d'un seigneur ou de ses agents, ils pouvaient tôt ou tard s'en faire un titre pour une perception nouvelle. Aussi faut-il voir quelle importance extrême on attachait à la restitution des sommes, même minimes, injustement perçues.

Les officiers du duc de Bourgogne, Odon Borel, voulaient lever sur les hommes de l'abbaye de Bèze une taille pour la table ducale, *pro cibo ducis*, et ils s'étaient déjà fait remettre cinq sols. L'abbé se rend à Dijon à la cour du duc et prouve par chartes et témoins que cette coutume n'était pas due. Le duc et sa femme ordonnent à Hervé, leur prévôt, de restituer les cinq sols, séance tenante. Mais le prévôt ne les avait pas sur lui : il ôte ses fourrures de son cou et les donne en gage à l'abbé. Celui-ci n'a ni cesse ni repos qu'il n'obtienne la somme elle-même : « *Abbas secum eas detulit et tandiu ipsas pelles* » *habuit, donec vellet nollet Arveius præpositus illos V solidos reddi-* » *dit* » (XIe-XIIe siècle) (MS., original, f° 119 v°; *Spicilegium*, II, p. 438, col. 2; *Analecta divionensia*, p. 398-399).

[1] « ... Producto hoc testimonio, unus ex testibus qui veterior esse videbatur, elevata manu contra altare, sub jurejurando affirmavit se

molestés déclarent devant une cour de justice qu'ils sont tous également prêts à attester par serment la coutume à laquelle ils étaient soumis de temps immémorial, le serment d'un seul d'entre eux, de leur doyen, est jugé suffisant [1].

Nous voici encore loin de cette règle que Loisel formulait plus tard : « *Coutume se doit vérifier par deux tourbes, et chacune d'icelles, par dix témoins* [2]. »

Devons-nous en conclure que c'était chose aisée pour les campagnards de résister à l'aggravation des redevances coutumières ou à l'avènement de coutumes nouvelles, en prouvant l'ancien usage? La méprise serait étrange.

Le droit, au point de vue social, a besoin de s'appuyer sur une autorité assez forte pour en assurer la sanction et assez désintéressée pour le vouloir. Or, c'est précisément là ce qui manquait le plus au XIe siècle. La justice

et alios vera testificasse » (vers 1121) (*Cartulaire de l'abbaye de Savigny*, ch. 906, p. 484).

[1] « Paratis fere omnibus hominibus Sancti Nazarii jurare istam veram et justam consuetudinem esse et nec plus nec minus... juravit Giroardus et decanus et majordomus, unus pro omnibus... » (1076) (*Cartulaire de l'Eglise d'Autun*, p. 65).

[2] Loisel, *Institutes coutumières*, n° 782 (II, p. 159, éd. Dupin et Laboulaye). Voici pourtant une enquête par tourbe, vérifiée non par dix mais par sept témoins : « ... Convenerunt in unum locum prelibatus domnus abbas Gaubertus etiam dictus miles Gualterius una cum venerabilibus viris diversi ordinis eâdem causa tractaturi. Habuit autem domnus abbas G. ibi de eâdem potestate quamplures homines magnæ senectutis sed et alios multos floridæ juventutis qui dicerent quod pater illius vel aliquis antecessorum ipsius ullam consuetudinem vicariam sive commendaticiam in totâ terrâ ejusdem potestatis numquam habuerit. Ex quibus septem quorum hæc sunt nomina... juraverunt quod in illâ terrâ de potestate S{i} Petri ipse vel ullus hominum commendaticiam, vicariam sive ullam consuetudinem vel dominationem habere non deberet nisi sancta Trinitas, sanctusque apostolus Petrus et abbas Gaubertus ac monachi in Burguliensi cœnobio degentes... » (*Cartul. de Bourgueil*, f° 130 v°, D. Houss., II, n° 326).

était avant tout, nous l'avons vu, une source de bénéfices. Tel vassal obtenait justice, parce que le suzerain avait besoin de ses services, les monastères se faisaient rendre droit, parce que le justicier craignait les armes de l'Eglise et tirait profit de son concours. Mais la sentence même rendue, rien ou presque rien n'était fait. Le juge ne consentait pas toujours à en assurer l'exécution, ou bien il était impuissant à le faire, car il fallait, dans nombre de cas, entreprendre une véritable guerre privée[1]. Les églises elles-mêmes en étaient réduites à fulminer une excommunication ou à payer des compositions pécuniaires pour obtenir l'acquiescement de leur adversaire condamné et récalcitrant. Les exemples abondent de transactions faites par elles après gain du procès.

De quel faible secours devait donc être aux petits et aux humbles, vilains ou manants, le droit de prouver, fût-ce par un témoignage unique, qu'ils étaient victimes de mauvaises coutumes. Seuls, leur échec était certain; avec l'appui d'un protecteur intéressé à leur cause, ils ne s'exposaient pas moins à toutes les violences de la colère ou de la vengeance.

L'histoire de ces résistances n'est pas assez connue. Nous n'envisageons d'ordinaire le moyen âge que d'un seul point de vue, celui des rédacteurs de chartes et de chroniques — point de vue de propriétaire, de biographe ou de clerc. — Que de fois, parcourant nos chroniques du moyen âge et les archives riches encore de nos vieilles abbayes, n'ai-je pas regretté qu'il ne se soit rencontré au XIe ou au XIIe siècle un homme assez supérieur à ses contemporains pour s'arracher à ces préoccupations étroites et voir l'humanité. Pourquoi ce silence obstiné sur la con-

---

[1] Voyez par exemple *Cartulaire blanc de Saint-Denis* (Arch. nat. LL 1157-1158), I, ch. 38, f° 45 (996-997), II, f° 41 (1101); Doublet, *Histoire de l'abbaye de Saint-Denis* (1625), p. 822, p. 843. — Suger, *Vie de Louis le Gros*, p. 14-15 (édition Lecoy de la Marche, Paris, 1867), etc., etc.

dition matérielle et morale des populations rurales et urbaines qui avaient si grand besoin que les seigneurs, ecclésiastiques ou laïques, pratiquassent réellement à leur égard les préceptes de l'Évangile qu'ils se contentaient trop souvent de faire transcrire machinalement dans le préambule des chartes? Regret chimérique, sans doute, mais non pas stérile, car il doit nous inciter à refaire avec les matériaux qui nous restent une partie au moins du tableau que nous regrettons. Ici, je veux me borner à un seul exemple des violences que pouvait mettre en jeu la résistance des hommes coutumiers aux prétentions d'un seigneur.

Arnoul de Livron revendiquait comme ses hommes des habitants de Bouy[1], en Berry, soutenant qu'ils étaient compris dans le fief qu'il tenait d'un de ses parents, Gimon Badat, seigneur de Concressault. Les hommes de Bouy affirmaient au contraire qu'ils ne relevaient de nul autre que du chapitre de Saint-Étienne de Bourges, qu'ils ne devaient service à nul autre qu'au chapitre : « negan-
« tes neque ad casamentum Gimonis neque ad hominum[2]
« Arnulfi aliquomodo pertinere, neque se aliquid servi-
« tium eis debere. » Qu'arrive-t-il? Le fils de Gimon Badat, sans autre forme de procès, s'empare de l'un d'eux et le soumet à la torture, puis, comme le malheureux persiste à dénier toute sujétion au regard de Gimon et d'Arnoul, il le mutile en lui coupant le pied.

Le chapitre de Bourges[3], dont les intérêts se trouvaient

---

[1] Bouy, diocèse de Bourges, à deux lieues N.-O. de cette ville. Le manuscrit (Bibl. nat., MS. lat. nouv. acq. 1274) porte en marge d'une main plus moderne, *Serfs de Bouy*. M. Raynal croit, au contraire, qu'il s'agit de Bué, près Sancerre.

[2] Le manuscrit porte à plusieurs reprises et très distinctement *hominum*, forme d'*hominium* inconnue à Ducange.

[3] « Unde Gimo Badatus junior commotus cepit unum ex illis Johan-
« nem de Boy, fratrem Josberti, qui cum positus in tormento homi-
« num Arnulfi et Gimonis denegaret omnino, idem Gimo *pedem ei*
« *truncare presumpsit.* »

engagés, demanda satisfaction pour ce méfait, et, sur le refus de Gimon, celui-ci fut excommunié par l'archevêque Pierre de la Châtre, sa terre frappée d'interdit. Ce n'est que plus tard qu'il fit amende honorable. Il fut entendu alors que les hommes de Bouy décideraient eux-mêmes de leur sort; ceux qui déclareraient appartenir à Saint-Étienne lui reviendraient, les autres à Gimon. Seul, Jean de Bouy, le mutilé, fut attribué *de plano* au chapitre[1].

Avec de telles mœurs et une difficulté si grande à obtenir justice, les moyens préventifs étaient certainement les meilleurs. Il fallait empêcher les mauvaises coutumes de naître. La chose n'allait pas sans peine[2]. Mais la vigilance des propriétaires ecclésiastiques était sans cesse en éveil et elle parvenait à arrêter à temps bien des empiétements.

Une réquisition était-elle adressée à une abbaye par un homme puissant dont les désirs ne souffraient aucune réplique, l'abbé, en s'exécutant, stipulait d'une manière

---

[1] La charte est de 1156. Elle fait partie du *Cartulaire de l'église cathédrale de Saint-Étienne de Bourges* (xiiie siècle. Bibl. nat., MS. lat. nouv. acq. 1274) et a été publiée d'une façon généralement exacte par Raynal, *Histoire du Berry* (1844), t. II, p. 533-535.

[2] Les moines eux-mêmes couraient des dangers personnels dans cette résistance. Il suffit de rapporter, entre autres, le passage suivant de la longue énumération de mauvaises coutumes imposées par le sire de Montreuil-Bellay et les siens au prieuré de Méron (dépendance de Saint-Aubin d'Angers : « Baldinus viarius quesivit in curte de Mairono annonam *per vim et consuetudinem*. Sed hanc consuetudinem contradixerunt ei Drogo et Rotbertus monachi; pro qua causa minatus est eos verberare in ipsa domo sua, precepitque hominibus suis ut caperent res Sancti Albini ubicumque invenirent et homines ejus usque ad mortem verberarent quod et fecerunt : nam unum de famulis monachorum usque ad mortem verberaverunt... Ipse quoque Baudinus fregit portam monachorum et, evaginato gladio, persecutus est intra claustra portarium. » *Cartæ et chronica de obedientia Mairomno* (1068-1078) dans *Chroniques des églises d'Anjou*, p. 69.

expresse que l'avenir ne serait pas engagé, qu'une fois ne serait pas coutume. Ces réserves devinrent fréquentes; une charte fut dressée où le seigneur reconnaissait lui-même que la redevance était levée à titre d'exception et non point de coutume[1].

Détourner, éviter la menace d'un droit seigneurial nouveau devenait si bien la préoccupation quotidienne des administrations religieuses qu'elle se fait jour dans leurs rapports réciproques et jusque dans les cérémonies du culte.

Au commencement du XIIe siècle, les chanoines de Saint-Pierre de Montlhéri avaient l'habitude, à la fête de l'Assomption, d'aller en procession au prieuré de Longpont, d'y chanter la messe avec les moines, et puis d'y prendre un repas au réfectoire. Un jour ils s'avisèrent de prétendre que le repas n'était pas seulement un acte de gracieuse hospitalité mais un droit établi par l'usage, « *non solummodo gracia, sed consuetudine, in refectorio manducarent.* » Protestation immédiate des moines, et refus par eux d'admettre, comme par le passé, les chanoines à leur table[2]. Il y eut procès qui dura deux ans et ne finit que par une transaction dont Milon le Grand, seigneur de Montlhéri, fut le négociateur[3].

Vis-à-vis des seigneurs laïques, abbayes et églises s'efforçaient d'aller aussi loin que possible au devant du danger. Les conventions qu'elles passaient dans ce but sont curieuses à retenir. Les seigneurs renoncent à com-

---

[1] « Ego Theobaldus Blesis comes et Franciæ seneschallus omnibus notum facio quod licet talliam acceperim de propriis servientibus abbatis B. Launomari Blesensis ad auxilium meæ crucis, volo tamen et præcipio *ut in eodem statu sint in quo fuerant antequam crucem assumerem, nec ob eam talliam trahantur in consuetudinem* » (1180, Bernier, *Histoire de Blois*, Paris, 1682, preuves, p. VII).

[2] « Quo audito, monachi conturbati et consuetudini contradicentes noluerunt eos recipere, ut prius. »

[3] *Cartulaire du Prieuré de Notre-Dame de Longpont* (diocèse de Paris), ch. 44, p. 91-92, vers 1109.

mettre des méfaits, des violences, des rapines, à réclamer des *consuetudines* justes ou injustes, exactement comme on renonce de nos jours aux droits les plus légitimes[1]. Les protecteurs des églises, ces avoués qui leur firent endurer autant de maux qu'ils en détournèrent d'elles, ne se font pas payer seulement leur protection par les hommes qu'ils ont mission de défendre, mais la promesse aussi qu'ils s'abstiendront des excès et de l'oppression. En veut-on un exemple? L'abbaye de Montier-en-Der s'est donné un avoué du nom de Rainaud pour protéger un de ses villages. Elle lui remet une somme de douze livres et fixe à six deniers la redevance que chaque manse habité

[1] Ansedeus donne à l'abbaye de Cluny divers biens qu'il tient en fief du comte Hugues, une église, des chapelles avec leurs dépendances. Il ajoute : « Libertatem etiam ut in omnibus locis superius nominatis et præcipue ubicunque salvamentum habuerit neque mea vel successorum meorum neque alicujus de re aliqua *violentia sive consuetudo* agatur, vel lex requiratur, juste vel injuste, nisi a monachis quorum potestati datur » (*Cartulaire de Cluny*, Cartul. B. nat., MS., f⁰ 8 v⁰).

Un chevalier, Boniface, confirme la donation d'un alleu faite par son frère lors de son départ pour Jérusalem, et il s'engage à s'abstenir *de toute violence* pendant trois ans : «.... non capiam quicquam in eo per violentiam per tres annos. Inde mitto fidejussores Fulconem de Reum et Salicherium militem, et de tribus annis in antea scienter *rapinam non faciam,* neque ego ipse, neque aliquis de meis meo consensu. Et si factum est reddam caput et legem, et *de hoc facio donum* super altare S. Marcelli et si noluerit tenere, ego Gaufredus et Guido comites, adjutores sumus sine enganno... » (*Cartulaire de Saint-Marcel de Châlon.* Bibl. nat., MS. lat. 17091, f⁰ˢ 56 v⁰-57 r⁰ (1093). — Charte publiée par Perreciot, *De l'état civil des personnes,* II, p. 270).

Adde *Cartulaire de Bèze*, MS., original, f⁰ˢ 143 v⁰-144 r⁰ (*Spicilegium*, p. 451, col. 1. *Analecta,* p. 451-452 (1119) : « Humbertus de

devra lui payer par an, « *si officium optimi defensoris laudabiliter impleverit.* » Mais il est bien stipulé que l'avoué ni ses agents n'établiront de gré ou de force aucune mauvaise coutume, que notamment ils ne feront pas nourrir par les habitants leurs chevaux, leurs chiens ou leurs ours[1].

On comprend, après les documents que nous venons de passer en revue, que *consuetudo* et *mala exactio* aient été synonymes dans la bouche du peuple[2] et que les redevances coutumières aient mérité dans certaines régions la qualification de *malæ adinventiones*[3], de tromperies. On comprend que plus tard les proverbes, cette voix du bon sens et de l'équité, aient fait entendre leur protestation naïve. *Une fois n'est pas coutume,* dira-t-on chez nous, et aussi : *Mauvaise coustume fait moult mal*[4]. En Allemagne, sous un régime seigneurial plus oppressif encore, la protestation sera plus directe. « Mille siècles d'injustice, y dit un proverbe, ne font pas une heure de justice : « *Hundert tausend Jahre Unrecht ist keine Stunde Recht*[5]. »

---

[1] « Ratum ergo omnimodis decernimus ut neque suis neque successorum suorum temporibus quisquam vel ministerialium vel officialium aliquam *vim* vel *malam consuetudinem* contra nostrum decretum inferre audeat neque mensuras imponere, augere vel minuere, neque carropera extorquere neque pastum equorum vel canum aut ursorum requirere seu pedituram vel aliqua opera *contra morem* exigere aut aliquam hospitalitatem servientium hac illacque discurrentium repetere... » (*Cartulaire de Montier-en-Der*, MS., f°s 39 v°-40 r° (xɪᵉ siècle).

[2] «.... Gauffredus (*Geoffroy Martel, comte d'Anjou et de Touraine*) remisit omnes *malas exactiones quæ vulgo dicuntur consuetudines* quas imposuerat colonis ecclesiarum sive quibuslibet dominationis suæ diversi officii hominibus » (*Cartulaire noir de Saint-Florent de Saumur*. Collection Dom Housseau, II², n° 651 (1062).

[3] *Cartulaire de Saint-Cyprien de Poitiers*, publié par M. Redet (*Archives historiques du Poitou*, t. III, ch. 164, p. 108-109 (1004-1015).

[4] Proverbes gallicans xvᵉ siècle (Leroux de Lincy, *Le livre des proverbes français*, II, p. 124).

[5] Hillebrand, *Deutsche Rechtssprichwörter*, p. 9 (Zürich, 1858).

C'est là un lointain écho des plaintes que la naissance des droits seigneuriaux souleva au moyen âge. Ces plaintes ne cessèrent que quand le remède fut trouvé, quand l'ordre s'introduisit dans la société et que la justice mérita son nom.

CHAPITRE XXIV.

LES ABUS DE LA PROTECTION.

C'est par un abus du droit de protection que la justice a pris le caractère et la forme que nous avons décrits. C'est par un abus du droit de protection que nombre de droits seigneuriaux ont pris naissance. Je ne reviens pas sur ces deux points. Je veux seulement analyser de plus près l'essence même de ces abus, montrer à quelles conséquences extrêmes ils aboutissent, montrer surtout quelle influence fatale ils ont exercée sur la condition de l'individu.

La protection, pour avoir le rôle salutaire que nous lui avons assigné, a besoin de contre-poids, sans quoi elle se retourne contre elle-même.

Dans les sociétés primitives, l'autorité protectrice du chef devient despotisme et tyrannie partout où elle n'est pas tempérée par l'affection naturelle ou limitée par le conseil de la famille ou de la tribu.

Sous un régime monarchique comme celui des Francs, le pouvoir tutélaire est contenu dans ses bornes légitimes par le corps des guerriers.

Qu'est enfin dans nos sociétés modernes la pondération des pouvoirs d'où naît la sécurité publique et la sauvegarde de la liberté individuelle, sinon un juste équilibre entre le besoin de protection du sujet et les droits dont l'État est armé? L'un est la mesure des autres.

Toute proportion semblable avait disparu au xe siècle en dehors de l'organisation féodale, qui devint par cette raison même le noyau d'une société nouvelle. Les grands s'étaient substitués au roi comme protecteurs de la masse du peuple; mais qui donc les tiendrait à leur tour en échec? Chacun avait besoin d'un protecteur, mais qui le protégerait contre lui?

Qui pouvait protéger les églises contre leurs redoutables défenseurs, les avoués?

Qui protégerait l'habitant du village ou de la bourgade contre le seigneur armé et retranché auprès duquel il avait dû chercher un refuge? Qui retiendrait ce protecteur de se transformer en maître, de s'emparer des biens, de confisquer la liberté?

Qui protégerait enfin le malheureux contre les convoitises des administrations monacales, quand il se livrerait à elles à merci, pour échapper à la tyrannie d'un maître séculier ou aux étreintes de la faim?

Si désespérées que fussent ces situations, elles n'étaient pas, il est vrai, sans remède. Mais les remèdes, comme les maux étaient extrêmes : l'interdit, l'asile, l'émigration, la fuite, la conjuration, l'insurrection armée! Nous les retrouverons sur notre route en exposant dans le livre prochain la réorganisation de la société. Ici, je veux sonder la profondeur du mal.

CHAPITRE XXV.

CONTINUATION. — LES AVOUÉS DES ÉGLISES.

Voici les avoués. Il ont joué un rôle si important dans l'histoire politique que leurs rapports avec les corporations ecclésiastiques dont ils étaient chargés de défendre les immenses domaines appellent un coup d'œil d'ensemble.

Dans le principe, nous l'avons dit[1], ils représentaient le roi auprès des Églises placées dans son *mundium*, ils étaient institués par lui ou choisis d'un commun accord. Une fois disparu le contrôle du roi et des *missi* qui les tenait en respect, empiètements et exactions commencèrent. — Du reste, en dehors des avoués jadis établis par le roi et qui étaient parvenus de bonne heure à rendre leurs fonctions héréditaires, les corps religieux durent s'en choisir de nouveaux, pour contenir les premiers ou pour les assister, pour exercer une haute tutelle[2] ou pour défendre spécialement tel de leurs domaines[3]. Ou bien

---

[1] V. *suprà*, p. 113.

[2] « Ego Karolus... comes Flandrie..... Amandus abbas et monachi Scte Rictrudis de monasterio Marcianensi nostram benevolentiam humiliter postulaverunt quatenus hospites ejusdem Scte qui manent in regionem que Wepes dicitur contra pravorum hominum incursiones ob amorem Dei tueremur et maxime contra eorum violentiam qui se advocatos et defensores verbis dicunt, factis autem negant... Omnes igitur hospites Marcianensis monasterii qui manent apud Hainas et in omni regione Weps.... in nostrum suscepimus advocationem atque defensionem. » (*Cartul. de Marchiennes*, MS., f° 148, 1122).

[3] « Quædam nobilis matrona Adeleidis nomine ex Burgundie partibus nostram adiit presentiam et pro remedio animæ suæ suorumque predecessorum quandam sui proprii juris villam ab incolis Venuers

ils durent en subir : l'avouerie étant grande source de profits, les seigneurs puissants d'une région s'imposèrent, bon gré mal gré, comme avoués. Ils s'intitulèrent fièrement « avoués par la grâce de Dieu » *providentia Dei,* à l'exemple des comtes ou des vicomtes qui tenaient leur titre de la force.

Le danger augmenta en se multipliant. Les avoués pullulèrent : avoués supérieurs, inférieurs, sous-avoués, etc. Ils enveloppèrent comme d'un réseau les possessions ecclésiastiques. N'en vit-on pas jusqu'à sept pour un seul village[1]? Chacun d'eux tira à soi au détriment du couvent, au détriment surtout de la population rurale dont ils épuisaient la substance.

vocitatam nostræ ecclesiæ in perpetuum possidendam tradidit..... Preerat tunc Lingonensi ecclesiæ Bruno presul egregius..... Cui quia propinquitate carnis eadem conjuncta fuerat ipsam villulam suæ defensione commisimus. Duam omni vitæ suæ tempore ab omni direptione et hostium pervasione immunem servavit. Post excursum vera dierum quibus vitæ hujus sortitus est terminum preda extitit diripientium et fere redacta ad nichilum. Quocirca communi nostrorum decrevimus consultu fidelium cuidam militi Rainaldo inter suos nobilissimo et boni testimonio vivo secularique potentia predito, curam hujus defensionis committere » (*Cartul. de Montier-en-Der,* MS., fos 39 ro-40). — Adde *suprà,* p. 403, note 2.

[1] *Epistola Fulcardi abbatis* (Lobiensis) *Henrico imperatori.* « Castellanus Tudiniensis quod nobis adjacet castri, totam præfecturam Abbatiæ debet tenere in manu suâ, nec aliquos debet sustinere defensores, vel advocatos, nisi qui hereditarii sunt hereditate antecessoria : modo habentur in villas Sancti Petri multi Advocati, imo raptores, *in aliquibus tres, in aliquibus etiam septem,* qui præter tres principales generales placitos quandocumque volunt, ibi sigillatim placitant : precaturas imo rapinas, quas nullas omnino habere debent de avenâ, de multacibus, de denaris, de omnibus pene mobilibus contra voluntatem pauperum, non precando, sed tollendo, faciunt sæpius.

« Legitimus Advocatus totam familiam altaris Si Pi debet tenere in manu sua, nunc his et illis per partes in beneficium distracta deprædatur et annihilatur, non unius sed multorum violentia » (D'Achery, *Spicilegium,* II, p. 747, col. 2).

Toutes les chartes retentissent de récriminations amères contre les avoués. — Certes il faut savoir résister à la tentation à laquelle tant de médiévistes ont cédé de prendre au pied de la lettre les accusations dirigées par les chartes contre les seigneurs laïques. Il ne faut jamais oublier que l'immense majorité des actes qui nous sont parvenus émanent de l'une des parties intéressées, du clergé, et que celui-ci, à défaut de la force matérielle propre à faire triompher ses prétentions parfois injustes, recourait aux invectives et aux imprécations. Il se le croyait d'autant mieux permis que sa rapacité de propriétaire foncier ou de seigneur trouvait une excuse plus facile dans la sainteté de sa mission. — Mais ici le grief est trop universel pour n'être pas sincère. Des procès sont engagés, les rois sont saisis d'une infinité de plaintes[1], les papes eux-mêmes sont obligés d'intervenir[2]. « L'avouerie terrestre, c'est la ruine des Églises[3], » dit-on au xi° siècle; et le comte de Flandre compare les avoués aux loups ravis-

---

[1] Voyez dans Luchaire, *Hist. des institutions monarchiques*, II, p. 91, note 2, une liste de procès soutenus au xi° siècle par les abbayes contre leurs avoués devant la cour du roi.

[2] « ... Sanè advocatum loci nostri, quicumque per Metensem Episcopum constitutus fuerit, ad cujus nimirum Episcopi jurisdictionem locus idem pertinet, delegato advocatis beneficio contemptum (contentum) esse precipimus. Nec ei propter id liceat de monasterii rusticis exactiones extorquere, neque liceat ei invito abbate monasterii ipsum aut mon. rusticos suishospitiis aggravare, nec aliqua in eis judiciorum placita, nisi ab abbate invitatus exerceat, nec de placitorum multis, quas justitias vocant, supra tertiam partem, quæ ei ex consuetudine debetur accipiat, illorum tantum videlicet placitorum ad quæ ab abbate invitatus fuerit » (Calixte II, 1123, *Cartul. de Senones*, f°ˢ 98 v°-99 r°. — De même Honorius II, 1125, *ibid.*, f° 107 v°).
Voyez plus tard *Decret. Greg. IX*, liv. V, tit. 37, *De pœnis*, c. 12.

[3] « Plerumque terrena advocatio ecclesiarum magis fuit oppressio » (*Cartul. blanc de Corbie*, f° 71 r°, 1096). — « Tales quos hodie cernimus deputatos ecclesiæ tutores non solummodo non sunt, verum etiam sunt pessimi insecutores et rerum ejus intolerabilissimi pervasores » (D. Grenier, n° 233, f° 163 v°, 1045).

seurs qui viennent dans les ténèbres fondre sur les bergeries [1].

Condamnations, menaces, interdits ou excommunications, mesures préventives, rien ne sert : les exactions continuent, elles sont inévitables, elles sont indestructibles, elles renaissent à mesure qu'elles s'éteignent. Nulle part on n'aperçoit mieux la nécessité fatale d'une force protectrice. Pillés, battus, dépouillés, presque ruinés par les avoués, les moines reviennent toujours à eux. Ils ne peuvent se passer de protecteurs laïques. Sitôt qu'ils l'essaient, ce sont des dangers plus grands qui les assaillent, c'est l'anarchie qui se déchaîne [2].

Il me semble superflu d'entrer dans le détail infini des exactions commises par les avoués. Je me borne à quelques exemples. On verra notamment à quel point les paysans fixés sur les domaines ecclésiastiques souffraient des exigences et de l'oppression des avoués qui avaient mission d'y maintenir l'ordre, la sécurité et la paix.

Anselme de Bouchaing, avoué de Saint-Amand, avait causé de graves préjudices à l'abbaye : prise de gîte, levée d'impôts arbitraires, etc. Cité devant la cour du comte de

---

[1] « Sunt enim (advocati) oppressores pauperum et sicut lupi vespertini caulis ovium ita substantiolis eorum diripiendis, tam per se quam per officiales suos, cotidie insidiantur » (*Cartul. de Marchiennes*, MS., f° 148, 1122).

[2] « Scabini et prudentiores de Nivella viderunt villam Nivellensem in malo statu esse propter defectum justitiæ. Nullum enim villicum habebat abbatissa; *malefactores cultellis quosdam percusserant, furtis, rapinis et aliis excessibus plurimis, prædictam villam vastaverant, raptus mulierum commiserant.* Cum autem propter tales excessus et talem justiciæ defectum timerent prudentes oppidi destructionem, dominum ducem *summum dominum villæ et advocatum vocaverunt* et ei miserias et querimonias divitum et pauperum demonstraverunt, intime supplicantes, quod ipsis consuleret : qui ipsorum consilio, quia quondam ita fecerat, pacem ordinavit in eodem oppido... salvo tamen jure dominæ abbatissæ Nivellensis et ecclesiæ ac quorumlibet dominorum... » (*Cartul. de Brabant*) (de Saint-Genois, *Hist. des Avoueries*, p. 207).

Flandre, il reconnaît ses torts et promet de les réparer; mais bientôt il recommence de plus belle, et contraint notamment les hommes de Saint-Amand à moudre à ses moulins.

Les moines le frappent d'anathème et, pour lui inspirer une salutaire frayeur, ils déposent à terre les châsses des saints; ils mettent leur plainte écrite dans la main d'un crucifix, et ils se complaignent de vive voix nuit et jour devant l'hostie consacrée. Cet appareil finit par terrifier Anselme. Il est amené à faire amende honorable, pieds nus, le front prosterné, devant les reliques de saint Amand et dans la main même du crucifix vengeur [1].

L'abbaye de Saint-Mihiel adresse une supplique désespérée à l'archevêque de Trèves contre ses avoués. Le comte Raynaud, dit-elle, emprisonnait et torturait nos hommes pour leur extorquer leur avoir. Son fils fait pis encore. Sa tyrannie est arrivée à un tel excès que les pay-

---

[1] « Notum sit omnibus fidelibus christianis præsentibus et futuris Anselmum (de Bouchaing) multas injurias huic ecclesiæ S^i A^l cui ego H(ugo) abbas deo auctore deservio intulisse, in villis S^i A^l injuste jacuisse, *stipendia a rusticis vi accepisse, ab hospitibus S. A. redemptionem extraxisse, multaque alia mala inflexisse...* A quibus injuriis cum sepe precaremur eum tam per nos quam per alios religiosos viros ut se retraheret, de præteritis penitens de futuris se cessaturum promittens super altare S^i Amandi emendavit sed malum facere non cessavit. Unde gravis merore affecti proclamationem apud comitem R. eo præsente fecimus. Qui secundum curie judicium per justiciam comitis omnia nobis emendavit, ut autem de curia recessit, nobis parcere noluit, immo ad augmentum malitie sue molendina apud Bulcinium, ad confusionem molendinorum S^i A^l anquitus existentium in nova villa et Lourche, fieri fecit et homines qui in molendinis S^i A^l consueverant molere ad sua ire coegit... gladio Anathematis eum percussimus. Et ut magis magisque terreretur, corpus S^i A^l alicrumque sanctorum corpora insuper et crucifixum manu proclamationem tenentem ad terram exposuimus, nos quoque proclamationem ante corpus et sanguinem Domini cotidie facere non cessavimus... Ante corpus S^i A^l nudis pedibus se prostravit, emendationem in manu crucifixi faciens, misericordiam et absolutionem lacrimabiliter petiit...»(*Cartul. de Saint-Amand*, MS., t. I, f°s 179-180, commenc. xiie s.).

sans préfèrent abandonner terres et maisons : ils ne paient plus rien à l'abbaye, ils réservent tout à l'avoué dont ils redoutent la violence. Les moines se sont plaints au Saint-Siège, mais Raynaud n'en est devenu que plus despotique, et si l'archevêque ne les secourt, ils prévoient le moment où, faute de subsistance, ils devront eux aussi quitter les lieux, laisser le couvent vide[1].

L'abbaye de Fleury (Saint-Benoît-sur-Loire) possédait un prieuré à Harnicourt. Adelard, l'avoué du lieu, au lieu de protéger les paysans, les dépouillait, les ruinait, les maltraitait. Un jour il commet une rapine aux dépens d'une pauvre femme, qui court indignée à l'autel de saint Benoît, le frappe à coups redoublés et, pour secouer la torpeur du saint, lui adresse les plus véhémentes apostrophes : « O Benoît, le vieux, le paresseux, le léthargique! que fais-tu donc? dors-tu? peux-tu laisser tes serviteurs en proie à de telles iniquités? » — Un autre jour, il accoste un paysan qui laboure son champ, lui arrache l'aiguillon des mains, l'accable de coups et le laisse sur place demi-mort. Enfin, saint Benoît se décide à intervenir par

---

[1] « Comes Raynaldus... pecuniarum rapinas quas vulgo talliatas vocat per terram nostram primus agere cepit, *homines incarcerare vi et suppliciis sua eis extorquere,* ad firmanda ca(s)tella cum suis sumptibus eos cogere, nimis frequenter per terram nostram dietare nec suis sed pauperum sumptibus vivere, postremo terra nostra plus quam sua omnibus modis abuti, et hanc tyrannidem filio suo Raynaldo qui nunc est dereliquit, contestatus tamen ei publice se hec omnia injuste egisse. At ille maliciam patris in tantum supergressus est ut homines nostri oppressionem ejus ferre non valentes villas nobis vacuas relinquant, reliqua nostra nobis solvere vel non possint vel contempnant, illum solum timentes, illi soli servientes. Cumque sedis apostolice justiciam superiore anno adversus eum expetissemus, super hoc ultra modum indignatus et apostolica nichil adhuc nobis proficiente immo officiente et malicia oppressoris cottidie ingravescente, jam pene *pro inopia rei familiaris domum vacuam deserturi* hanc unam adhuc spem suscipimus ut quia Deo providente apostolicas vices suscipere meruistis, apostolice potestatis virga oppressorem nostrum coherceatis » (*Cart. de Saint-Mihiel*, MS., f°s 98-99).

un miracle; Adelard se blesse mortellement, et ainsi, dit en manière de conclusion le chroniqueur, « il ne pourra plus maltraiter les hommes de Saint Benoît », « nulli deinceps famulorum patris Benedicti verbera irrogaturus[1]. »

A ces maux immédiats, des maux indirects, non moins graves, venaient s'ajouter. L'avoué était-il en guerre avec un voisin, pair ou seigneur, les terres placées sous sa protection étaient ravagées comme les siennes propres[2]. Et puis l'avouerie était la source de rivalités incessantes. Singuliers protecteurs qui épuisent des territoires entiers par l'acharnement avec lequel ils se disputent le profit de les défendre[3] !

---

[1] « In territorio Portiano est quidem ager, Arvini Curtis vocabulo, ab hoc monasticæ religionis institutore per longa tempora possessus, *cujus agri advocatus dicebatur Adelardus*. Hic cum tutari et defendere sibi credita debuisset, magis ipse pessumdare et deterere institit, quam ab aliorum violentia eripere. Totis siquidem in res ruricolarum inhians faucibus, per fas et nefas illis sua auferebat et propriis mancipabat usibus; nec tamen id solum sibi, si eorum res diriperet, sufficiebat, insuper verberibus multis afficiebat. Crebrius vero a fratribus qui eidem prædio præfecti fuerant admonitus cessare debere a tanta malignitate, emendare se noluit; sed potius in majorem sævitiam exarsit.

« Denique cuidam mulierculæ aliquid abstulerat, quæ currens ad ecclesiam, sublatisque quibus operiebatur lineis, altare diutissime flagris cecidit, increpans quasi præsentem patrem Benedictum his verbis : « Benedicte vetustissime, piger, lethargice, quid agis? ut quid dormitas? quid tuos tantis subjacere servos improperiis sinis? »

« Quemdam etiam, ut plures omittam, rusticum multæ simplicitatis virum, nomine Arnaldum, stimulis nequitiæ exagitatus, dum quadam die agrum exerceret, improvisus adveniens, arrepto stimulo quo ille suos stimulabat juges, tantis affecit verberibus, ut semivivum relinqueret.., etc. » (*Miracles de St. Benoît*, VIII, 6, p. 283. — Adde, ibidem, III, 13, p. 159).

[2] « Non solum ejus regionem, sed etiam agros Sancti Benedicti, *eo quod ejus essent delegati tutelæ*, ab hostibus depopulari » (*Miracles de St. Benoît*, II, 16, p. 119).

[3] « Nepotes illius, Hugo videlicet et Gerardus, sua potius quam quæ Dei sunt quærentes..... *dum inter se de advocatia contendunt*, mo-

Si l'avouerie des Eglises infligeait de telles calamités à leurs possessions, quel sort la masse du peuple allait-elle donc subir du fait de ses protecteurs personnels? Recherchons-le.

nasterii (le couvent de Sainte-Croix, dans le val d'Orbey, en Alsace) bona diripiunt, et quæ ad sustentationem ancillarum Dei constituta sacrilegis invasionibus militibus suis prædam faciunt » (1074, Trouillat, *Monuments de l'histoire de l'ancien évêché de Bâle*, I, p. 190).

CHAPITRE XXVI.

CONTINUATION. — CHATELAINS ET CHATEAUX-FORTS.

A côté des avoués ecclésiastiques, les protecteurs les plus dangereux étaient les châtelains. Souvent ils se confondaient avec eux. Les avoués faisaient, d'accord avec les Eglises et grâce à leur concours, construire des châteaux-forts sur les territoires dont ils avaient la garde, ou réciproquement les Eglises étaient obligées de reconnaître pour avoués les possesseurs de châteaux-forts construits dans leur voisinage. Mais souvent aussi les châteaux-forts étaient élevés, et la défense en était confiée à des seigneurs laïques, précisément pour tenir lieu d'avouerie. Les avoués étaient trop loin, ou ils étaient trop faibles, ou ils étaient tyranniques[1].

[1] « Ego Isarnus prior cum consilio clericorum..... commendo tibi Rogerio comiti castrum Appamiarum cum fortesa et fortesas quæ modo ibi sunt vel in antea erunt, ut fidelis custos de ipso castro maneas et de villa Fridilensi et de omni abbatia verus adjutor et defensor existas... » (1111, Accord entre Roger II, comte de Foix et l'abbaye de Frédelas ou de Pamiers, *Hist. gén. du Languedoc,* V, col. 820).

« Ego Guillelmus Lezati abbas intuens monasterium Lezati... ab incolis et extraneis per violentiam expoliari, deprædari et destrui necnon et villam quæ monasterio præfato continuatur..... convocavi principes et nobiles hujus patriæ... qui... monasterii et villæ tutores et defensores adversum violentos raptores et fures constituti erant. Ostendi quippe eis lamentabilem quærimoniam de monasterii et villæ lapsu ac destructione, hominum injusta nece et de quorumdam fuga et ceteris infortuniis... Qui vehementer irati et tristes, *videntes quod monasterium jamdictum et villam tueri et defendere utpote deberent*

Au châtelain alors à abuser de son pouvoir. Vainement, les abbayes ou les seigneurs qui s'intéressaient à elles cherchèrent-ils à prévenir ces abus par des privilèges, des serments, des prises de gage, des constitutions d'otages conventionnels[1]. La tentation était trop forte, et trop faible la résistance[2]. L'abus ne prenait fin qu'avec

nequaquam aliter possent, demum mihi consuluerunt quod *castrum et munitiones* in villa ordirer et pro posse nostro et velle perficerem..... Tali namque pacto talique conventu castrum et valla inibi cœpta... est facta, ut nullus ex principibus neque comes inde guerram ac vastationem alteri faciant etc... » (1139, *Hist. gén. du Languedoc*, V, col. 1029-1030). — Adde, Gesta Episcopi Camerac (Chronique de Balderic), I, cap. 112 (996) (*Monum. Germ. scriptores*, VII, p. 450). — Chronique de Saint-Mihiel en tête du cartul. de Saint-Mihiel, MS., f° 8, col. 2, etc.

[1] Cartul. de Cormery, p. 62-63 (an. 1000). — Cartul. de Brioude, p. 42-44. — Cartul. de Saint-Victor de Marseille, II, p. 55 (1060-1064). — Cartul. de Saint-Étienne de Limoges (1024-1052). (Moreau, XX, f° 103) : « Ut tu (Jordane episcope) mihi castellum dones de Saleniaco... Ego vero Bernardus VI tibi dem obsides ut siego aut homo aut femina per meum dictum aut sine meo dicto... in terra Scti Stephani que est communis inter episcopum et clericos aliquid forfecerit... infra cadraginta dies emendabo aut emendare faciam, aut ad satisfactionem veniam aut ipsi obsides emendent aut in preiso se mittant et inde sine absolutione episcopi aut Sancti Stephani canonicorum non recedant. »

[2] L'abbaye de Saint-Mihiel ayant eu à souffrir de nombreuses infestations, la comtesse Sophie fait construire un château-fort pour la protéger. Le châtelain institué par elle doit promettre qu'il ne fera de guerre que pour la défense du monastère, et il donne des otages qui doivent se constituer prisonniers s'il dérobe aux moines la valeur de 10 sols. L'abbaye doit pourvoir à la subsistance du châtelain et des *custodes castelli*. Tout cela se passe et se conclut en 1090, mais seize ans sont à peine écoulés que l'abbaye a eu à subir des violences intolérables de la part du châtelain. L'abbé ne voit d'autre moyen d'y mettre bon ordre que de payer à ce dernier 200 marcs en échange de l'abandon du château et de la promesse qu'il n'en construirait pas d'autres sur le territoire de l'abbaye.

De constructione castelli.

« Temporibus quidem nobilissime cujusdam comitisse nomine Sophye infestatione multorum pravorum hominum in ecclesias Dei

la puissance qui l'avait fait naître, quand le château-fort était détruit.

Bien pire encore était la condition des populations rurales et des populations urbaines exposées à l'action directe du châtelain.

Les châteaux-forts des campagnes, les tours ou cita-

circunquaque per nimium seviente hujus quoque cenobii videlicet Scti Michaelis bona perversi quique raptores pacisque violatores in recuperabiliter d'oripiebant. Qua necessitate conpulsa prenominata comitissa licet diu multumque hesitaret timens peccatum sibi futurum... castellum imminens foro Scti Michaelis fundavit, *ea tamen sola intentione ut* que miserabiliter adnichilabatur *ecclesiam Dei Sctique Michaelis posset tueri*. Quod satis postea ostendit dum castellanum fide promittere coegit quod nunquam in vita sua per hoc castrum werram faceret alicui, *nisi pro defensione et pace ecclesiæ Dei*.. Constituti sunt igitur hii custodes castelli Tiebaldus, Anscherus, insuper etiam castellanus nomine Ranaldus cui divisa est villa in beneficium quæ dicitur Ruith. Preterea tributum pontis super Mosam et transeuntium per villam quod erat de prebenda monachorum accepit comitissa cujus medietatem illi dedit et alteram sibi retinuit. Dedit adhuc ei unum bannalem furnum et nichil amplius castellanus in tota abbatia postmodum accipiet, sed nec placitaverit nec justiciam fecerit nisi rogatu abbatis....Insuper etiam castellanus obsides dedit R. de S. et B. de M. qui juraverunt si castellanus preter supradicta valens X solidos de abbatia surripuerit et infra XL dies post ammonitionem abbatis non persolverit, se ipsos apud Monciacum incarcerent et donec abbati redditum fuerit non exeant.... » (*Cartul. de Saint-Mihiel*, MS:, f⁰ⁿ 84-86, 1090).

Redemptio vel redditio castelli.

« Que conventio acta fuerit inter dominum Udelricum abbatem et Raynoldum comitem de castro quod erat imminens villæ Scti Michaelis.... Cum igitur abbatia castellani ac familiæ ipsius violentia injuriis afficeretur, domni abbatis U. animus super hoc quid agere nesciens sepissime graviter anxiabatur. Diu hoc pertulit sed ceptæ malitiæ nullum imponi finem conspitiens Raynoldum comitem adiit suis multorumque fidelium precibus interpellavit ut quod antecessores sui ob castelli custodiam de monachorum prebenda sustulerant *quando quidem ispum castellum rebus ecclesiæ ad tutelam non erat sed potius ad direptionem* redderet.... Huic peticioni ille nullius utilitatis assensum præbuit. Verum tamen ceptæ rei abbas vigilans insistens et *ducentis marchis idem castellum redimens* obtinuit ut

delles des villes, bâtis pour résister aux invasions[1] étaient restés héréditairement dans la famille des premiers chefs qui y avaient commandé.

Ceux que les rois et princes, ducs et comtes, firent construire plus tard, avec l'aide de leurs sujets, pour résister aux guerres privées, furent inféodés par eux à des seigneurs d'épée qui souvent se comportèrent en seigneurs indépendants, et, grâce à leur château-fort, prirent le titre de vicomte ou se taillèrent un comté[2] dans le pays environnant.

illud cum omnibus appendiciis suis ex integro sicut ipsa die ab ipso tenebantur per consensum suorum nobilium ipsius etiam Raynaldi cui deputata erat castri custodia redderet... Fidem dedit et postea dextra juravit quod ex illa die nec castrum nec quicquam de appendiciis ejus requireret et si ab aliquo vellent diripi fideliter defenderet. Addidit etiam quod ulterius in tota abbatia castrum aliud nec munitionem aliquid extruxeret. Quod si wera superveniret et abbas eum in villam seu in castrum advocaret juramento fuit subpositum quod de abbatia non viveret et quam citius abbati bonum esset abscederet » (*Cartul. de Saint-Mihiel*, MS., f°s 86-88, 1106).

[1] Voyez *suprà*, p. 318.

[2] « Hugo vero primo Dux, postea Rex, eo tempore, quo propter Barbarorum cavendos incursus Abbatis-villam nobis auferens, castrum effecit, eique Hugonem præposuit militem.....

« Quo primum igitur tempore Pontiva patriola munitionibus castrorum aucta est, ablatis Monasterio Centulo tribus oppidis, Abbatisvilla, Sancto-Medardo et Incrâ, et his castellis effectis; in eorumque stipendia multis aliis S. Richarii villis et reditibus ab Hugone Rege prærogatis, nostra hæc provincia non comite utebatur, sed regiis militibus hinc inde præpositis conservabatur.

« Anteriori tamen tempore a plerisque nostris abbatibus, comitis nomen gerentibus, plerumque fuerat defensata : verum quoniam hi moderno tempore dispositi, non omnes castrorum municipes vel domini existebant; ob hoc *reliquis Paribus suis Hugo Abbatensis fortior factus est, quia et castelli fretus munitione absque timore quælibet efficiebat*, et reliqui si quid conabantur non habentes refugium, facilè succumbebant. Attamen hunc nunquam comitis nomen accessit, sed erat illi insigne quod S. Richarii vocabatur Advocatus. Quæ res etiam plurimum ei contulerat fortitudinis, dum Advocationis obtentu S. Richarii villarum reditu et Rusticorum servitio utebatur. Hic postquam

Enfin, seigneurs puissants ou simples chefs de bande imposèrent leur autorité despotique et leur apparente protection aux territoires où ils établirent des châteaux-forts, soit pour tenir tête à un adversaire, comte ou roi[1], soit dans un simple but de domination.

Tous ces châtelains firent lignée nobiliaire. Empruntant le nom de leur castel ou lui donnant le leur, créant ou obtenant, à défaut de comté, une châtellenie (*castellaria, castellania*), ils marchèrent parfois de pair avec les hauts barons. Ils étaient dans les conditions les meilleures pour opprimer le plat pays. Voulait-il les soumettre, leur suzerain ou le roi en étaient réduits à faire un siège en règle, souvent difficile ou impraticable, toujours long ou dangereux. Et que pouvaient contre eux et leurs hautes tours paysans ou bourgeois?

Ils avaient l'avantage aussi d'être sur les lieux mêmes, quand le prince régional était loin. Ils n'en pouvaient que mieux pressurer les manants.

Le tableau des exactions commises par les châtelains, en interceptant les routes, arrêtant les voyageurs, pillant les campagnes, établissant des droits seigneuriaux abusifs, se déroule à travers tous les cartulaires et la plupart des chroniques. Nous en avons vu déjà des traits assez nombreux; j'en ajouterai quelques autres.

Au commencement du xie siècle, le châtelain de Cambrai, Gauthier, est en lutte continue avec l'évêque Girard I. Il opprime les habitants, les dépouille, brûle les

---

absque nomine et dignitate comitis mortuus est, successorem habuit filium nomine Angelrannum. Hic quoque nomine Advocati contentus fuit, donec Boloniensem comitem prælio interimens, et ejus relictam sibi in matrimonio copulans, a comitissa uxore *nomen comitis vindicavit*. Angelrannus itaque assumptum sibi comitis nomen in posteros transmittens..... » (*Chron. Centulensis* (*Chronique de Saint-Riquier*, antér. à 1088), IV, cap. 12 et 21; d'Achery, *Spicilegium*, II, p. 337, col. 2, et p. 343, col. 1).

[1] D. Bouquet, X, p. 150, 151, 160, etc.

faubourgs. Il se réconcilie, donne des otages, prête serment de fidélité, et cela à trois, quatre, cinq reprises, mais tout autant de fois il viole sa parole et recommence ses méfaits[1].

Dans les gestes de l'évêque Gaucher (1093-1095), nous voyons le prélat détruire des châteaux-forts, même ceux de ses parents, parce qu'ils causaient la ruine des paysans et des bourgeois[2].

Les déprédations de Giraud de Berlai, dont j'ai raconté les conflits avec l'abbaye de Saint-Aubin d'Angers, nous sont ainsi décrites dans la chronique de Méron : « Dans le château de Montreuil construit par ses ancêtres, se trouvait une tour d'une force extraordinaire, entourée de tant de murs et de remparts qu'elle frappait tous les hommes d'admiration et de stupeur. Dans ce château, derrière ces formidables défenses, comme un lion dans son antre, Giraud habitait. Il n'en sortait que rarement..., mais alors, escorté d'un grand nombre d'hommes d'armes, les plus redoutables qui se pussent voir et qu'il avait infectés

---

[1] *Chronique de Balderic*, III, chap. 2, 3, chap. 34 et suiv. (*Monum. Germ. Scriptores*, VII).

[2]
Qui inter hoc contrarium
Osgih obsedit castellum
Quod erat forte nimium
Vallo turrique lapidum.

In quo manebat optimus
Miles quidam Gozewinus,
Ejusdem consanguineus
Presulis et vir ligius.

Sed tamen sibi proinde
Noluit presul parcere,
Hanc terram volens mittere
Et paci et concordiæ.

Illud etenim castellum
Ad dampnum erat omnium
Rusticorum et civium
Sibi circummanentium.

(*Gestes des évêques de Cambrai*, ed. de Smedt, p. 51-52).

de son venin, il ravageait tous les villages et tous les districts d'alentour, dévastant les églises, soumettant au joug pesant de la servitude les hommes des abbayes et les petits propriétaires (*possessores*[1]). »

Les chroniques abondent en descriptions semblables[2], et au XIIe siècle encore Suger nous dépeint sous les plus noires couleurs les maux qui naissent du voisinage des châteaux-forts, l'oppression que leurs possesseurs font peser sur les campagnes. Parmi ces châtelains, Thomas de Marle est devenu fameux par ses excès[3]. D'autres ne lui cédaient pas en violence :

« Le village de Monnerville (S.-et-Oise), nous apprend Suger, ne souffrait pas moins sous le joug du château de Méréville qu'il avait souffert des invasions des Sarrasins. — Le seigneur du château prenait violemment, autant de fois qu'il voulait et avec qui il voulait, gîte chez les habitants, il dévorait à pleine bouche (*pleno ore*) les biens des paysans, il levait la taille, et, au temps de la moisson, il emportait le blé, le tout à titre de redevance seigneuriale (*pro consuetudine*), deux ou trois fois par an il faisait charrier son bois par les habitants, il imposait des contributions écrasantes en porcs, agneaux, oies, poules. Telle fut l'oppression, et tant elle se prolongea que le village se changea presque en désert[4]. »

J'en ai dit assez. On ne s'étonnera pas que les premiers

---

[1] *Chroniques des Églises d'Anjou*, p. 84-85.

[2] Voyez, par exemple, *Miracles de St Benoît*, p. 117, p. 334, etc.

[3] Il avait, dit Suger, ravagé et dévasté avec une fureur de loup (*furore lupino*) le pays de Laon, de Reims et d'Amiens, au point qu'il n'avait fait grâce ni aux clercs ni au peuple, tuant tout, détruisant tout. Les formidables châteaux de Crécy et de Nouvion avaient été entourés par lui de remparts prodigieux et munis de hautes tours. Il en avait fait comme un repaire de dragon, comme une caverne de voleurs, d'où il infestait sans pitié les terres attenantes par les déprédations et les incendies (Suger, *Vita Ludovici Grossi regis*, cap. 23, p. 93) (édit. Lecoy de La Marche, Paris, 1867).

[4] Suger, *De rebus in administratione sua gestis*, cap. 11, p. 168.

efforts des seigneurs régionaux pour assurer la paix et le bon ordre, des rois pour étendre leur autorité et unifier le pays, aient été dirigés contre les châteaux-forts : on ne s'étonnera pas que les communes naissantes aient trouvé tour à tour dans les châtelains des auxiliaires puissants ou de redoutables adversaires, et qu'en ce dernier cas elles aient lutté désespérément contre eux.

CHAPITRE XXVII.

CONTINUATION. — LA PROTECTION DE L'ÉGLISE : LES PRÉCARISTES, LES OBLATS, LES AFFRANCHIS.

Au milieu de l'agitation désordonnée de la société du IXe et du Xe siècle, l'Église apparaît comme un point fixe. C'est vers elle que se portent en foule tous ceux que leur faiblesse expose à succomber dans une lutte inégale.

Enrichie par les libéralités des rois, des grands, des simples fidèles, munie de privilèges exorbitants, appuyée au dehors sur la papauté, au dedans sur la discipline, l'esprit de corps, l'esprit de suite et de tradition, l'intelligence, l'abnégation, la foi, elle offrait l'asile le plus sûr.

Mais pour profiter de ces avantages, au point de vue matériel, il fallait de toute nécessité lui appartenir, à un titre quelconque, *matériellement*.

Le petit propriétaire libre voulait-il se préserver des exactions des officiers royaux, des violences des grands, être participant des immunités accordées aux possessions ecclésiastiques, il n'avait d'autre moyen que de donner son bien à l'Eglise et de le reprendre de ses mains à titre d'usufruit.

Telle fut certainement la source principale des précaires ecclésiastiques dont nous aurons plus tard à étudier le mécanisme et le fonctionnement. On l'a cherchée à tort soit dans le désir des propriétaires ruraux d'étendre leur exploitation en se contentant de la qualité de tenancier, soit dans la défense qui aurait été faite à l'Eglise par les lois romaines[1] de concéder des terres en simple usufruit, à moins qu'elle reçût en échange une valeur égale en nu-propriété. Le paysan avait, à coup sûr, un plus grand besoin de sauver son avoir que de l'augmenter, et l'Église des Gaules n'était aucunement liée par les constitutions des empereurs romains auxquelles il est fait allusion[2]. Grâce à la précaire, l'un conservait du moins, à défaut de propriété, la possession de sa terre, l'autre arrondissait ou exploitait ses domaines dans les conditions les plus avantageuses.

La précaire, en effet, tout en laissant un droit réel à l'ancien propriétaire devenu précariste, armait le propriétaire nouveau d'un droit singulièrement énergique, par la nécessité du renouvellement de l'acte tous les cinq ans, par le retrait en cas de non-paiement du cens convenu.

Toutefois, les formes du contrat pouvaient varier suivant la situation respective des parties et l'importance du bien placé sous la protection de l'Église. Souvent le propriétaire, en cédant son droit de propriété, stipulait la constitution d'un usufruit viager à son profit, ou d'un usufruit perpétuel au profit de ses descendants. Mais, même dans ce cas, — et c'est ici que nous touchons aux abus de la protection, — les limites tracées furent facilement franchies, les garanties stipulées réduites à néant.

Les évêques, les abbés, comme immunistes et comme seigneurs, firent prévaloir, je le rappelle, le principe qu'ils

---

[1] Const. des empereurs Léon et Anthemius, de l'an 470 (C. 14, § 5, *De sacrosanctis ecclesiis*, 1, 2). — Constit. d'Anastase (C. 17, 21, *ibidem*). — Novelle 7 (an. 535).

[2] La constitution de Léon était spéciale à l'Eglise de Constantinople et elle ne fut étendue par Anastase qu'au patriarcat de cette ville. La Novelle plus générale de Justinien ne fut pas mise en vigueur en Gaule et elle ne paraît pas même y avoir été connue avant le ixe siècle, tandis que les précaires sont bien antérieures (Cf. Löning, *Geschichte des deutschen Kirchenrechts*, I, p. 238 et II, p. 706).

étaient juges de leurs tenanciers, juges des hommes libres habitant leur domaine. Précaristes ou tenanciers héréditaires se trouvèrent ainsi, au point de vue de l'exécution du contrat, livrés à la merci des administrateurs ecclésiastiques. Leur condition s'empira, leurs charges s'aggravèrent, sans possibilité de résistance sérieuse. Il est bien vrai que la discipline de l'Église et ses mœurs plus douces pouvaient servir de correctif et de tempérament. Mais avec le recrutement du clergé au sein d'une société grossière et violente, avec l'occupation des abbayes et des évêchés par des seigneurs d'épée, des offices ruraux, des charges de maire ou de *villicus*, par des agents cupides, quelle efficacité attendre du frein religieux? La protection originaire, par une pente fatale, devait dégénérer en oppression durable.

Nous voyons le fait se produire dès le IXe siècle[1], et il se continue depuis lors. Les précaristes, — ce fut le résultat final, — qui avaient conservé des propriétés indépendantes à côté de leurs tenures, durent les abandonner à leur seigneur par actes entre-vifs et testamentaires[2]. Les charges mêmes des tenures devinrent plus nombreuses et plus lourdes à mesure que l'on s'éloignait de leur constitution primitive.

Un phénomène analogue se fait jour, et avec plus d'évidence encore, quant aux hommes qui, non contents d'aliéner leurs biens, aliènent leur liberté en se recommandant à l'Église[3].

---

[1] « Quod a rectoribus vel ministris prefati monasterii multas et graves superimposiciones eis inlate sint, que non antiqui patres aut parentes eorum facere consueverunt » (Diplôme de Louis II, 852. Tiraboschi, *Storia della badia di Nonantula* (1785), II, 53). Löning, *Geschichte des deutschen Kirchenrechts*, II, p. 742, note 1.

[2] Ce fut certainement une des causes de la multiplicité des donations de terres faites par les paysans aux corps ecclésiastiques du IXe au XIIe siècle.

[3] Sur les débuts de cette recommandation, voyez *supra*, p. 86.

Celle-ci avait cherché de bonne heure à augmenter le nombre de ses recommandés, de ses protégés. C'est parmi eux qu'elle pouvait recruter ses ouvriers agricoles, ses domestiques, ses artisans, ses tenanciers aussi ou ses censitaires.

Elle les attira par les avantages matériels qu'elle leur présentait, leur assurant le vivre et le couvert[1], les protégeant dans leur personne et dans leur avoir contre les entreprises d'autrui. Elle ne les attira pas moins par les avantages spirituels qu'elle leur promettait, par la perspective des récompenses d'outre-tombe.

Non-seulement les déshérités et les malheureux affluèrent aux églises et aux couvents, mais les riches suivirent leur exemple, et l'on vit un jour parmi eux une reine[2]. Ils offraient leur personne, ils devenaient *oblats*.

L'oblation, sans doute, était plus ou moins complète, suivant le degré de misère ou de foi. Les uns se bornaient à engager leurs services en échange de la protection et de l'entretien, ou même ne s'obligeaient qu'à payer en signe de sujétion un cens minime par an (quelques de-

---

[1] Cet avantage ne paraît pourtant pas s'être étendu à la vieillesse et à l'infirmité. Nous voyons dans les chroniques les serfs d'un couvent réduits à mendier le long des routes s'ils sont frappés d'un mal incurable, ou abandonnés dans le dénûment quand ils sont vieux. Des exemples saisissants s'en rencontrent dans les *Miracles de saint Benoît*. Le couvent se décharge sur le saint de son devoir d'assistance : il attend de lui qu'il fasse un miracle en faveur de ses serfs tombés dans la misère, et l'on nous raconte que le miracle s'opère. L'infirme guéri, le fils qui vole pour empêcher sa mère âgée, serve comme lui de Saint-Benoît, de mourir de faim est sauvé du gibet (Voyez *Miracles de saint Benoît*, VIII, 38, p. 340; VIII, 39, p. 342; VIII, 4:, p. 349-351).

[2] « Ego Richeza (regina Poloniæ regno extorris)... cum essem ingenua deliberavi esse ancilla, et sub tributo... donans me in urbe Coloniâ ad S. virgines eâ professione videlicet, quatenus singulis annis persolverem duas denariatas ceræ, et ut mei posteri sint ejusdem conditionis. Post obitum etiam id statui, etc... » (C. 1030, *Miræus*, II, p. 1131).

niers, une certaine quantité de cire)¹, des taxes fixes lors du mariage et de la mort (formariage, mainmorte)² ; les autres allaient jusqu'à se réduire en servage³ par les

¹ « Fuit quedam matrona nomine Gysa que, defuncto marito, cui nobili et libero ipsa nobilis et libera nupserat, multas injurias cepit pati a cohabitatoribus ville sue. Ministrales enim domini Milonis de Gondricourt exigebant ab ea census et reditus terrarum quas tenebat, quas in proprio alodio omnino ab omni reditu liberas usque ad mortem mariti habuerat. Multum igitur super hac re angustiata et indignans talia servitia hominibus impendere, elegit consilium sibi et filiis suis post eam futuris utile. Nam inito consilio cum amicis et parentibus, venit ad abbatiam Scti Michaelis in episcopo Virdunensi sitam, ibique die festo Scti Mis, ipsi Scto archangelo ad altare ejus sese et totam progeniem que de ea exierat vel post exiret in famulam censualiter ipsi altari deserviendam ad opera monasterii reddidit et pro testimonio denario uno perforato ibi redimicula capitis posuit et ibidem reliquit. Hec igitur constitutio census fuit. Viri qui de ea exirent postquam ad maturam etatem pervenirent ubicumque invenirentur IV denarios in opus monasterii in festivitate S. Mis solverent. Mulier que de ea exiret si in villa et potestate S. Mis habitaret nullum censum persolveret. Si autem extra potestatem Scti Mis manere vellet, nummum unum in festivitate S. Mis pro censu persolveret » (*Cartul. de Saint-Mihiel*, MS., f°s 135-136, 1022).

² « Trado meipsam ego Berta coram plurima idoneorum testium multitudine domino Deo..... et Scto Landelino..... non ut quilibet domini suos suasque tradunt famulos ac famulas, sed qualiter se sponte offerunt liberi vel libere sanctorum Dei scto altari, eo tenore et ea lege ut annis singulis ego et exitura de me progenies sive sit vir sive femina, in festivitate ejusdem Scti super sacrum altare ipsius II persolvat denarios et ultra hunc si quis sit qui requirat, neque placitum, neque vademonium neque servitium nec advocatiam aliquam, nisi quod pro maritali licentia persolvant VI denarios et pro mortua manu XII, et si absque liberis quisquam mee sobolis postere mortuus fuerit, omnis substantia ejus ecclesie remaneat. Hec progenies nullum habeat advocatum preter comitem sub cujus principatu ipse locus Crispinii est constitutus » (*Archives de l'Abbaye de Saint-Landelin de Crespin* (Hainault, diocèse de Cambrai), 1009, Moreau, XVIII, f° 118).

³ « Quidam vir pauper Arnaldus... dedit se in servum et filios suos... tradens se et filios in manu prædicti abbatis, ita dicens : « Domine, ego me trado tibi in servum, et filios meos, ut amodo

cérémonies symboliques d'usage, en s'enroulant la corde de la cloche autour du cou, en plaçant quatre deniers sur leur tête ou en les déposant sur l'autel.

Cet asservissement complet, l'Église l'obtenait surtout d'hommes privés de toutes ressources, ou placés sous sa dépendance dès leur enfance et leur jeunesse, nourris, élevés par elle[1], de femmes ayant besoin d'un protecteur[2]. Mais des âmes crédules et naïves y étaient poussées par la certitude de faire un acte méritoire devant Dieu.

Renoncer à la liberté terrestre, leur disait-on, c'est conquérir la liberté céleste[3], ou encore, suivant une formule favorite : « Les hommes libres selon le monde sont

sine servus, et filii mei sint servi, et omnis fructus eorum in perpetuum Deo et Sanctæ Mariæ ac monachis istius loci, sicut alii vestri *hereditarii servi* istius loci. » Hoc ita annuerunt filii ejus Ingelgerius et Bernardus P., et Rainelmus, et in manibus abbatis in servos se tradiderunt, et suam cunctam progeniem » (1064. *Cart. de Noyers*, ch. 111, p. 132-133).

« Hominem quendam de Sancto Ylario de Gravella, nomine R., suæ actenus potestatis et liberum sponte propria servum devenisse Sancti Martini et nostrum, ... ita scilicet ut, *et vivens nobis ubicunque jusserimus serviat, et moriens quicquid habuerit derelinquat.* Itaque capitalicum suum, hoc est denarios IIII^{or}, ex more sibi supra caput posuit quos inde domnus Fulco noster hoc tempore prior accepit » (*Livre des serfs de Marmoutier*, ch. 20, p. 22, 1064).

[1] « Meipsum meosque, si quos mihi dederit, successionis liberos, in servitium trado S. Trinitatis, et fratrum hujus loci, reputans me ab hac die inante, sicut unum quempiam de servis eorum, ad faciendum de me et rebus meis quidquid eis salva justitiæ lege placuerit... me id primum ac potissimum pro salute animæ meæ facere, deinde quod *circa eos a puero nutritus omnia pene habeo apud eos, et per eos conquirens, justius mihi esse videtur, ut ipsi habeant quam alius quispiam* » (*Cartul. de la Trinité de Vendôme*, 1079. Ducange, v° *Oblati*).

[2] Voyez la note 1, p. 457.

[3] « Quatenus nobis amicos facere debeamus qui nos recipiant in tabernacula æternæ hereditatis » (*Arch. de Saint-André de Cateau-Cambrésis*, 1047. Moreau, XXIV, f° 3). — « Hilgodum quendam ut a Deo libertate donetur æterna, tradidisse se servum Sancti Martini et nostrum » (*Livre des serfs de Marmoutier*, ch. 42, p. 40, 1062).

serfs selon Dieu; les serfs de Dieu sont les seuls hommes vraiment libres[1]. » Du reste, le monastère ou le chapitre prenait grand soin de s'effacer derrière son patron. C'était à lui que les oblats se donnaient, c'était lui qui allait être leur protecteur, leur maître; ce n'est donc pas d'un homme qu'ils devenaient les serfs, mais d'un saint.

« A combien d'idiots, s'écriait avec indignation Perreciot, cet usage ne coûta-t-il pas la fortune? Combien d'autres ne devinrent pas esclaves de la glèbe du monastère où l'on révérait leur saint protecteur[2]? » — « La raison et l'équité se soulèvent quand elles aperçoivent l'ignorance et la superstition traînant des êtres raisonnables à la porte d'un chapitre ou d'un monastère et leur persuadant que s'en faire les esclaves est une chose agréable à la di-

---

[1] « Quoniam nichil justius est quam ut a creaturâ serviatur creatori, laudabile nimis et utile videtur ut magis spontanea voluntate quam coacta necessitate devota se subdat illius obsequiis cujus jugum quanto gratantius excipitur tanto levius ab excipiente portatur. Quod multi homines perpendentes, *cum essent apud servilem mundi libertatem liberi sponte se tradiderunt sui creatoris libere servituti;* ex quibus hic unum nomine Gualterum cum uxore suâ nomine Avelsina monasterio Scte Trinitati quod est apud Vindocinum descripsimus a se ipso traditum spontaneâ voluntate, videlicet in servum et ancillam... Acceperunt igitur a monachis ad adjutorium stipendii sui duos solidos denariorum et IV sextarios frumenti et tres seguli » (*Cartul. de la Trinité de Vendôme*, f°s 115-116).

« Licet omnes homines apud Deum sola discernantur qualitate meritorum tamen apud homines quadam libertatis imagine discernuntur quilibet a servilium jugo personarum, sed *mundana, sicut dixi, non est libertas*, sed fallax pocius imago libertatis, *vera siquidem nobilitas est hominis, sui se sponte subdere creatoris obsequiis.* Cujus amore timoreque nominis voluntarie sese tradidit Martinus quidam juvenis perhenni servitio dum advixerit monasterio Vindocinensi Scte Trinitatis. Cui conventioni coram fratribus in capitulo facte presentes interfuerunt hii qui subscripti sunt testes, sub quorum presentia M. idem superposuit altari hanc cartam, oblatis in testimonio IIII^{or} denarios quod servilis est conditionis... » (*Ibid.*, f° 119).

[2] Perreciot, *De l'état civil des personnes et de la condition des terres*, I, p. 24.

vinité[1]. » Et il ajoute plus loin : « Que faire en des temps malheureux où chacun avait besoin d'une forte protection contre l'injustice et la violence? Souvent on ne la trouvait pas sur la terre; il fallait bien aller la chercher dans les cieux[2]. »

La manière séduisante de présenter la constitution volontaire du servage ecclésiastique explique aussi que des donations de serfs faites par des maîtres séculiers à des couvents soient appelées souvent des chartes de liberté, *cartæ libertatis, ingenuitatis*[3]. Le serf du laïque, s'il est donné à un saint, devient libre en Dieu, affranchi en Dieu, ce qui n'empêchait pas qu'il fût bien réellement et effectivement le serf des serviteurs de Dieu.

Que l'Eglise ait pu augmenter ainsi le nombre de ses serfs, rien de plus évident, mais en même temps elle diminuait le nombre des affranchissements. Le maître bien disposé pour son serf se croyait en repos avec sa conscience quand il se contentait de l'abandonner à une église au lieu de l'affranchir. Il pouvait se dire que les serfs ecclésiastiques étaient bien traités, qu'il faisait bon vivre sous la crosse, et il avait l'avantage de toucher une certaine somme pour prix de la cession ou de se concilier en tout cas les bonnes grâces d'un corps puissant.

A un autre point de vue, fort voisin, l'Église a imposé son autorité et son patronage, au détriment de la liberté des classes inférieures; là aussi elle a intercepté leur liberté au passage.

Les affranchis, de tout temps, avaient eu besoin d'un

---

[1] Perreciot, *Ibidem*, p. 77.

[2] Perreciot, *Ibidem*, p. 428.

[3] « ...Tradidimus Deo et Sctæ Mariæ..... servum N. Petrum, vel ancillam sororem ejus, Stephanam, et si proles nati fuerint, in *eâdem ingenuitate permaneant* nemine contradicente, et si (n)ullus ex heredibus nostris hanc ingenuitatem contradicere vel infrangere voluerit... » (*Arch. de Noaillé*, 1016, Moreau, XIX, f° 98).

protecteur. A Rome, le *manumissor* leur en tenait lieu dans une large mesure; chez les Germains, le roi, à défaut d'un patron librement choisi, étendait sur eux son *mundium*.

Dans les époques troublées que la monarchie franque eut à traverser, la mainbour du roi fut souvent insuffisante, et l'Église offrit alors son patronage aux affranchis. Il leur était d'autant plus utile que fréquemment leur liberté était contestée par la famille de leur ancien maître, et qu'ils avaient besoin alors d'un *defensor,* d'un *assertor libertatis* : il était d'autant plus indiqué que l'affranchissement s'accomplissait de préférence dans l'église, par la main du prêtre.

L'Eglise, de son côté, trouvait trop de bénéfice à ce patronage pour ne pas vouloir en généraliser la pratique, la rendre obligatoire. En Austrasie, elle y parvint. La loi Ripuaire rédigée sous son influence lui attribua la tutelle de tous les serfs affranchis *in ecclesia*, de tous les *tabularii*[1].

Cette règle ne paraît pas avoir été étendue aux autres régions de la France, à la Neustrie, à l'Aquitaine[2], mais là comme ailleurs, l'Église obtint de la volonté des maîtres ce que la loi ne lui accordait pas. Elle leur persuada qu'ils faisaient œuvre pie en même temps qu'œuvre sage en lui confiant le patronage de leurs affranchis.

Ce patronage n'était pas du tout ce qu'il avait été du temps des Romains. Au lieu de se restreindre à la personne de l'affranchi, de mourir avec lui, il était constitué à perpétuité[3] ; au lieu d'être limités et accidentels, les

---

[1] *Lex Ribuaria*, 58, 1 (*Monum. Germ.*, LL. V, p. 242-243) : « Et tam ipse quam et omnis procreatio ejus liberi permaneant, et sub tuacione ecclesiæ consistant, vel omnem redditum status aut servitium tabularii eorum ecclesiæ reddant. »

[2] Löning, *Geschichte des deutschen Kirchenrechts*, p. 240.

[3] Voyez déjà la *Lex Ribuaria*, 58, 1. — Adde, Actes du Concile de Tolède de 633 (IV), can. 70 : « Liberti ecclesiæ quia nunquam eorum moritur patrona a patrocinio ejusdem nunquam discedant. »

operæ officiales devinrent réguliers et multiples, presque arbitraires[1].

Si bien que, sous prétexte de patronage, l'Eglise en arriva à assimiler presque entièrement ses affranchis à ses serfs, étant donné, du reste, que ces derniers étaient traités en général avec plus de douceur que les serfs des laïques.

La distinction entre les diverses catégories d'oblats, entre oblats et affranchis, tendit de même à s'effacer. Nombreuses et variées sont les catégories de personnes qui composent la *familia* d'une église ou qui figurent parmi ses recommandés, mais fort voisine est souvent leur condition. Elle ne diffère que par l'étendue des terres qui leur sont attribuées, la nature des services auxquels elles sont employées, des redevances qu'elles doivent. La distinction est plus dans les mots que dans les choses; elle est plus de fait que de droit.

C'est que les stipulations, les réserves, faites par les oblats au moment où ils se sont placés sous le patronage d'un saint, par les maîtres au moment où ils y ont placé leurs serfs ou leurs affranchis, ont été insensiblement méconnues et transgressées par les agents des monastères et des chapitres[2]; c'est que le contrat originaire a été mis à néant ou est tombé dans l'oubli.

---

[1] On verra dans le VI⁰ livre de cet ouvrage les charges onéreuses que supportaient les affranchis.

[2] Beaumanoir a vu fort juste dans le passé quand il a dit : « Servitutes de cors si sunt venues en mout de manieres... La seconde, si est porce que el tans cha en arriere, par grant devotion, moult se donnoient, aus et lor oir et lor cozes, as sains et as saintes, et paioient ce qu'il avoient proposé en leurs cuers; et ce qu'il paioient, li receveur des eglises metoient en escrit, et ce qu'il pooient trere de lor connoissance; et ainsi uzoient il sor eus, *et ont toz jors puis uzé plus et plus,* par le malice qui est creus en eus plus que mestiers ne fust; *si que ce qui primes fu fet por cause de bone foi, est torné el damace et en vilenie des oirs* » (Philippe de Beaumanoir, *Les coutumes du Beauvoisis*, ch. XLV, 19, éd. Beugnot, II, p. 225-226).

Des obligations nouvelles venaient s'ajouter graduellement aux obligations primitives. On les considéra comme sous-entendues. L'homme qui devait un chevage, une capitation, le cens de quatre deniers surtout, passa pour mainmortable, et la mainmorte entraîna le formariage [1]. D'autre part, la distance, grande au début, qui séparait la mainmorte, simple taxe, et la mainmorte effective alla diminuant. L'une et l'autre apparurent comme le signe du servage et autorisèrent le maître à étendre ses droits jusqu'au pur arbitraire [2].

[1] Il me semble qu'on peut suivre assez exactement cette progression dans la charte suivante : « ... Geyla liberis orta natalibus se suamque successionem S° Petro Altomontensis ecclesiæ servituram tradidit tempore Theoderici Avesnensis *duos nummos annuatim pro capitali censu redditura.* Cui nimirum conditioni Emma filia ejus et de Emma nata Hersendis et de Hersende nate Rainsendis et Susanna usque ad nostrum tempus subjecte sunt. Nos quoque ejusdem Geyle posteritatem sic ecclesie nostre *dominio* vendicamus et posteris nostris tuendam commendamus, ut tam masculus quam femina duos nummos annuatim pro censu solvat, et *pro mortua manu quod in domo est carius animal vel ornamentum detur.* SI AUTEM VIR ET UXOR AMBO SERVI SCTI PETRI FUERUNT, A MANU MORTUA LIBERI SINT. Si vero quis mortuus fuerit sine herede facultas ejus debetur ecclesie. Hec Walterus presbiter de Blaregniis fecit confirmari apud Altimontem anno ab Inc. Domini MCLXXIIII... Que videlicet ut rata permaneant cyrographo et sigillo nostro munivimus cum testium astipulatione... » (*Cartul. de Saint-Pierre d'Haumont,* f° 35 v°, ch. 58, 1174).

[2] Quand des seigneurs laïques élevaient à leur tour des prétentions semblables, la vérité était parfois rétablie par une enquête :

« Balduinus Flandrie et Hainoie comes... cum ministri mei qui in baiulatione Binciensi jura mea habebant conservare a quibusdam servis et ancillis Scte Waldedrudis in villa que Sctus Vedastus dicitur et in vicinia illa exactiones et servicia advocatie et angarias ac mortuas manus ex parte mea extorquere voluissent, clamore exinde pro removenda violentia ad me delato, decrevi et volui ut omnis super hoc postponeretur injuria et mere veritatis investigatione omnis tam vir quam femina illius originis in solita lege et conditione maneret perpetuo.

« Cujus quidem legis et originis tunc temporis capud esse videbatur Mathildis uxor quondam Gilleberti de Lobiis, mater Balduini et Petri. *Bone igitur veritatis inquisitione* cognovi certius quod olim

Souvent alors un même niveau a passé sur toute la descendance des protégés, oblats ou affranchis, le niveau tristement égalitaire de la dépendance personnelle.

quedam Diedela de villa que Cella dicitur, virgo nobilis nobilibus orta parentibus, antequam viro nuberet, corpus suum et libertatem suam Deo et Scte Waldedrudi ad ejus altare in ecclesia Montensi eâ legis institutione et conditione perpetuâ, ab ipsa ecclesia et a predecessore meo comite Haynoensi Balduino scilicet avo meo sanccita, ut omnis ab ipsa D. in posterum progrediens, tam masculus quam femina duos denarios census annuatim ad predictum altare persolveret, in morte vero cujusque viri XII denarii, in morte autem femine VI denarii de mobilibus suis traderentur ecclesie, sicque omnes hujus originis et conditionis ab omni servili exactione et mortua manu et angaria et advocatia libere debent permanere. Diedela vero satisdicta genuit Heluidem, H. autem genuit Mathildem jamdictam et alias filias. Ego autem hujus originis legem et conditionem ut libera permaneat, secundum veritatem supradictam diligenter approbo, scriptoque et sigillo meo cum sigillo Beate Waldedrudis idem confirmo » (*Cartul. de Saint-Pierre d'Haumont*, MS., f° 17 r°-v°, 1193).

CHAPITRE XXVIII.

LIBERTÉ ET PROPRIÉTÉ PERDUES.

La protection ecclésiastique, nous venons de le voir, a entraîné souvent pour le protégé soit le sacrifice de la liberté, soit l'abandon de la propriété, soit la perte de toutes deux. C'est la propriété qui échappe au précariste, c'est sa liberté que l'oblat aliène dans le présent et dans l'avenir, et s'il a des biens, des terres, des maisons, il les offre volontiers avec sa personne : c'est sa liberté enfin que l'affranchi compromet et finit par reperdre.

Usant de son autorité, en abusant parfois, l'Église obtient d'autres que de ses hommes ou de ses protégés des libéralités incessantes. Elle en obtient entre-vifs, elle en obtient à l'article de la mort surtout, elle finit par absorber ainsi une large portion de la petite propriété laïque dans ses vastes domaines. Enfin, elle engage une lutte victorieuse (car elle est inégale) contre les alleutiers dont elle convoite les biens ou qui la gênent[1].

Si les procédés des seigneurs laïques furent différents, le résultat fut le même. Ce que j'ai dit, en effet, des abus de la justice, de l'établissement des droits seigneuriaux, des excès de protecteurs tels qu'avoués ou châtelains, doit se généraliser. L'exaction alla jusqu'à la confiscation des biens, l'oppression jusqu'à l'asservissement[2].

Louis le Débonnaire envoyait déjà des *missi* dans les

---

[1] Voyez *Cartul. de Saint-Victor de Marseille*, I, p. 35-37, p. 124, II, p. 85-87, p. 89.

[2] Voyez déjà *suprà*, p. 409, note 1, p. 451.

diverses parties de son royaume pour faire restituer leur propriété et leur liberté à ses nombreux sujets que les grands, comtes ou vicaires, en avaient dépouillés[1].

Quand il n'y eut plus pour eux ni roi ni *missi*, les seigneurs ne connurent d'autres bornes que leur propre puissance et que leur intérêt. S'ils n'étaient contenus par des prétentions rivales sur les mêmes hommes et les mêmes terres, ou arrêtés par la crainte de voir censitaires et serfs leur échapper par la fuite, ils prenaient tout : personnes et biens.

« Il est connu de tous, écrivait Pierre le Vénérable, à quel point les seigneurs laïques oppriment leurs paysans (*rustici*) et leurs serfs, hommes ou femmes. Non contents des obligations imposées par l'usage, ils revendiquent, sans cesse et sans merci, les biens avec les personnes, les personnes avec les biens. Outre les cens accoutumés qu'ils exigent, ils mettent, trois, quatre fois par an, tant qu'il leur plaît, les biens au pillage, ils accablent les personnes d'innombrables services, ils les grèvent de charges lourdes, insupportables, si bien que la plupart sont obligés d'abandonner la terre qui leur appartient et de se réfugier chez des étrangers. Et ce qui est pire encore, ils ne craignent pas de vendre pour un vil argent ces personnes que le Christ a rachetées de son précieux sang. »

---

[1] Thegani Vita Hludowici imperatoris, XIII (Pertz, *Monumenta German. historica*, *Scriptores,* II, p. 593) : « Eodem tempore supradictus princeps misit legatos suos supra omnia regna sua inquirere et investigare, si alicui aliqua injustitia perpetrata fuisset, et si aliquem invenissent qui hæc dicere voluisset, et cum verissimis testibus hoc comprobare potuisset, statim cum eis in præsentiam ejus venire præcepit. Qui egressi invenerunt *innumeram multitudinem oppressorum aut ablatione patrimonii aut expoliatione libertatis;* quod iniqui ministri comites et locopositi per malum ingenium exercebant..... Patrimonia oppressis reddidit, injuste ad servitium inclinatos absolvit. » — Adde Capitulare Missorum (819) cap. I (Boretius, p. 289). — Præceptum de libertatibus restitutis (Zeumer, p. 296, de Rozière, 449).

Telle n'aurait pas été, à l'en croire, la conduite des moines :

« Les moines, dit-il, n'agissent pas de même. Ils ne demandent aux paysans que les services légitimement dus; ils ne les vexent pas d'exactions, ils ne les chargent pas d'impôts intolérables; dans le besoin, ils les nourrissent. Quant aux serfs et aux serves, ils les considèrent comme des frères et des sœurs [1]. »

Il peut y avoir exagération dans ce parallèle, il y en a même certainement; mais elle porte bien plus sur le second terme que sur le premier.

Malheur aux paysans qui, espérant un sort meilleur, s'en remettaient à la générosité d'un protecteur librement choisi. Au lieu d'un protecteur, ils se donnaient, à brève échéance, un maître tyrannique.

Un des exemples les plus frappants avait été signalé par M. Laboulaye dans son beau livre sur la *Propriété*

---

[1] « Patet quippe cunctis, qualiter sæculares domini rusticis servis et ancillis dominentur. Non enim contenti sunt eorum usuali et debita servitute; sed et res cum personis, et personas cum rebus sibi semper immisericorditer vindicant. Inde est quod præter solitos census, ter aut quater in anno, vel quoties volunt, bona ipsorum diripiunt, innumeris servitiis affligunt, onera gravia et importabilia imponunt; unde plerumque eos etiam *solum proprium* relinquere, et ad peregrina fugere cogunt, et (quod deterius est) *ipsas personas,* quam tam caro pretio, hoc est suo Christus sanguine redemit, pro tam vili, hoc est pecunia, *venundare* non metuunt. Monachi vero, tametsi hæc habeant, non tamen similiter, sed multum dissimiliter habent. Rusticorum namque legitimis et debitis solummodo servitiis ad vitæ subsidia rituntur, nullis exactionibus eos vexant, nihil importabile imponunt; si eos egere viderint, etiam de propriis sustentant. Servos et ancillas, non ut servos et ancillas, sed ut fratres et sorores habent, discretaque ab eis pro possibilitate obsequia suscipientes, nihil gravaminis eos incurrere patiuntur... Præscriptis ergo auctoritatibus et rationibus jam ut credimus ipsis quoque cæcis claret non solum juste, sed etiam laicis justius monachos supradicta habere posse » (Pierre le Vénérable, *Epistol.*, I, 28; Migne, *Patrologie,* 189, col. 146).

foncière[1]. Je le reprends en le plaçant dans son cadre. Il s'agit d'un domaine qui parvint plus tard aux mains de l'abbaye de Muri, en Suisse. Les hommes habitant ce domaine avaient été libres et propriétaires. Un jour (cela se passait au XIe siècle), ils s'avisent qu'ils ont besoin d'être protégés, et ils s'adressent pour cela à un seigneur puissant du voisinage en qui ils ont confiance. Celui-ci les soumet bientôt à des droits seigneuriaux, puis il s'empare de leurs biens et les asservit. En vain cherchent-ils justice auprès du roi, quand il vient à Soleure[2]. Ils ne peuvent percer la foule des grands seigneurs qui l'entourent, et leur langage est trop inculte pour se faire écouter. Ils s'en retournent plus malheureux qu'ils n'étaient venus.

Le domaine ainsi constitué passe aux descendants de l'usurpateur, et, en l'an 1106, le couvent de Muri l'achète au prix de deux cents livres d'argent. Il faut entendre avec quelle véhémence l'honnête moine qui a consigné ces faits dans la chronique de Muri s'indigne de voir son couvent en possession d'un bien si mal acquis. « Quelle utilité, quel bonheur peut-il en sortir pour l'âme ou pour le corps? Chacun ne doit-il pas se garder, en nourrissant son corps, de perdre son âme? Et qu'en sera-t-il si le brigand pille et que le moine mange[3]? »

---

[1] *Histoire du droit de propriété foncière* (Paris, 1839), p. 289.

[2] Il peut s'agir de Henri III le Noir, roi de Germanie, couronné roi de Bourgogne à Soleure en 1038.

[3] « Periculosum est, ea scriptura affirmare vel propalare, que cum injustitia et rapina aut violentia congregata aut aquisita sunt... tamen volumus ut in palam veniant et cognoscant omnes quicunque volunt hic exspectare diem Domini, que nos simplices et pueros hactenus latuerunt.

In Wolen habitavit quondam secularis ac prepotens vir nomine Guntrannus, habens multas possessiones et ibi et alibi, vicinorumque suorum rebus inhians. Estimantes autem quidam liberi homines, qui ipso vico erant, benignum et clementem illum fore, predia sua sub censu legitimo illi contradederunt (contradiderunt); ea condi-

C'était une perte de la propriété aussi qu'entraînait l'abandon des terres, quand les paysans étaient obligés de fuir, ou devant les guerres incessantes, guerres privées ou invasions [1], ou devant les exactions seigneuriales. Et quand ils allaient se fixer ailleurs comme étrangers, il n'était pas donné à tous d'obtenir des conditions favorables, de faire déterminer d'une manière avantageuse les droits auxquels ils seraient soumis. Contraints de s'arrêter, de

---

tione, *ut sub mundiburdio ac defensione illius semper tuti valerent esse.* Ille gavisus ac suspiciens statim ad oppressionem eorum incubuit, cepitque eos primum petitionibus aggredi, deinde libera utens potestate, pene quasi mansionarii sui essent, *jussit sibi servire,* scilicet in agricultura sua et secando fenum et metendo et in omnibus rebus quibus voluit, oppressit eos. Cumque illi reclamarent ac vociferarentur (vociferarentur) objecit illis, quod nichil ex eorum possessione exiret de casulis ipsorum, nisi quod extirparet predia sua et hortos et quod ipsi inciderent silvas tuas, interdixitque illis, qui cis torrentem habitabant, ne ullus infigeret ad incidendum silvam suam, nisi qui sibi daret singulis annis II^{os} pullos, unum de domo suo, alium de silva, et qui citra habitarent, unum tantum. Illi non valentes resistere, fecerunt inviti que jusserat.

Interea venit rex ad castrum Solodorum, venientes que illuc idem ipsi rustici, vociferari ceperunt de niqua sua oppressione. Sed in tanta principum multitudine et propter ipsorum quorundam stolida verba non pervenit clamor eorum ad regem. Et cum male illuc venirent, pejus inde redierunt.

Sic ergo usus ipse dives eis usque ad mortem suam, dimisitque filie sue, nomine Euffemia, et ipsa item dimisit filio suo Rudolfo hereditatem tam injuste acquisitam. Anno vero MCVI... precessores nostri... emerunt ab ipso Rudolfo omniaque ibi habuit sive juste aut injuste CC libris argenti... Hic ergo penset unusquisque aput semetipsum quid utilitatis aut felicitatis anime sue et corpori provenire possit de tam non recte acquisita substantia, dum unusquisque hoc solum attendere debeat, ne ita corpus nutriat, ut animam perdat, cogitetque quid prosit, si latro rapiat et monachus comedat. Sed nunc, utrum recte aut non recte acquisita sit, quantam substantiam in ipso vico possideamus, breviculus pandit » (Acta Murensia, 22-23, *Quellen zur Schweizer Geschichte,* t. III, 3e partie (Bâle, 1883), p. 68-70).

[1] Voyez *Cartul. de Saint-Victor de Marseille,* II, p. 104 suiv. (circa, a. 993).

s'établir pour vivre, ils n'avaient maintes fois d'autre ressource que de devenir les serfs de leur nouveau seigneur.

Il n'est donc pas exagéré de dire qu'on assiste, du IXe au XIe siècle, à un naufrage de la petite propriété et de la liberté individuelle. La catastrophe seulement ne doit pas être présentée comme générale. Elle n'a pas été également désastreuse partout. Ici des épaves, là corps et biens ont été sauvés. Chose digne de remarque, c'est l'organisation féodale, à laquelle on reproche à tort d'avoir absorbé entièrement la petite propriété, que nous rencontrerons comme un des instruments de son salut. Bien loin que la transformation des alleux en fiefs ait été aussi nuisible à la propriété libre que l'extension des droits seigneuriaux, elle a souvent servi de barrière à la spoliation. Des alleux ont pu échapper à la poursuite des seigneurs qui les convoitaient en devenant des fiefs, et plus tard, dans des conditions meilleures, par une allodification nouvelle, ils reprirent leur franchise première.

CHAPITRE XXIX.

LA FORCE ET LE DROIT.

Le spectacle que nous venons d'avoir sous les yeux se résume, malgré la multiplicité de ses aspects, en un déchaînement des forces individuelles. Force offensive, force protectrice ne servent plus que l'intérêt privé. La violence appelle la protection, mais la protection, à son tour, engendre la violence. C'est un cercle vicieux qui semble sans issue.

La force, en effet, n'a jamais été et ne sera jamais un principe de gouvernement des sociétés humaines. Même quand elle est au service de l'intérêt public, même pour remplir le rôle auquel elle semble le plus propre, le rôle tutélaire, elle est insuffisante en soi.

Est-ce donc la force qui maintient l'harmonie dans nos sociétés modernes? Qui ne voit qu'elle n'intervient qu'à titre exceptionnel et pour prêter son appui à un autre élément singulièrement plus vivace, le seul fécond, la source véritable de l'ordre, j'entends le respect de la loi? Supposez un instant ce respect disparu, où sera la force publique capable d'y suppléer? Doublerez-vous chaque citoyen d'un gendarme? et cette doublure, où la prendrez-vous?

On peut dégager ainsi la cause première du mal dont souffrait la société française au xe et au xie siècle, de l'anarchie à laquelle elle était en proie. — Quel respect de la loi attendre ou espérer quand la loi n'est que l'expression de la force et que celle-ci ne profite qu'à son détenteur? Chacun ne devait-il pas chercher à se faire sa loi à lui-même, et à l'imposer violemment aux autres?

Mais nous n'avons observé ainsi que le côté en quelque sorte matériel de la société. Ce respect de la loi que la force livrée à elle-même ne pouvait que détruire, la spiritualité humaine allait le faire revivre. Pendant que la société se dissout par la force matérielle, elle se reconstitue par la force morale.

L'honneur militaire et chevaleresque crée la soumission à la loi féodale et la protection désintéressée des faibles. La morale évangélique éveille et développe le sentiment du juste. L'esprit de solidarité se forme dans les villes et s'incorpore dans les chartes communales. C'est l'intérêt de tous enfin que la royauté se donne la mission de poursuivre et de sauver. Comment le peuple ne serait-il pas son auxiliaire en une telle entreprise, comment ne lui fournirait-il pas des sujets tout prêts à accepter sa loi?

Loi féodale, loi religieuse, loi communale, se fondront dans la loi royale, car elle est le symbole même de l'unité sociale et de l'unité nationale, car elle est l'expression, ou doit l'être, de l'intérêt public.

Et ainsi, après avoir vu la force remettre au creuset les institutions des âges antérieurs, traditions celtiques, lois et mœurs romaines, coutumes et lois franques, après l'avoir vu décomposer la société en ses éléments simples, nous verrons [1] ces éléments se rejoindre et se grouper autour de centres d'attraction nouveaux, suivant des formes et des combinaisons nouvelles, pour donner naissance aux institutions qui ont fait notre pays dans le passé, et qui nous ont légué, avec le souci grandissant de la liberté et du bien-être de tous, l'ardent amour de la patrie française.

---

[1] Les livres suivants de cet ouvrage exposent la reconstitution de la société et retracent le tableau de la France au xie siècle.

TABLE DES MATIÈRES.

	Pages.
INTRODUCTION.	1
SOURCES MANUSCRITES ET IMPRIMÉES.	25
1° Cartulaires et polyptyques :	
I. *Manuscrits*.	25
II. *Imprimés*.	36
2° Collections :	
I. *Manuscrits*.	43
II. *Imprimés* :	
A. France.	45
B. Pays limitrophes.	46

LIVRE PREMIER.

De la protection et de son rôle, spécialement dans la société franque.

CHAPITRE I. La protection comme élément social. — La famille primitive.	47
CHAPITRE II. La famille romaine. — La *manus*.	49
CHAPITRE III. La famille gauloise. — La clientèle.	55
CHAPITRE IV. La famille germanique. — Le *mundium*.	60
CHAPITRE V. L'époque gallo-romaine. — Le patronage.	70
CHAPITRE VI. Le royaume franc. — I. La protection du roi.	79
CHAPITRE VII. Le royaume franc. — II. La recommandation et le *mitium*.	83
CHAPITRE VIII. Le royaume franc. — III. L'immunité laïque.	91
CHAPITRE IX. Le royaume franc. — IV. L'immunité ecclésiastique.	105
CHAPITRE X. La vassalité et le bénéfice.	117
CHAPITRE XI. Continuation. — Le groupement féodal.	125

LIVRE DEUXIÈME.

La dissolution de la société.

	Pages.
CHAPITRE I. La justice, une forme de la protection. — Ce qu'il en subsiste au xe siècle...	137
CHAPITRE II. Continuation. — Le roi...	145
CHAPITRE III. Continuation. — Les chefs (*principes*)...	165
CHAPITRE IV. Continuation. — Les immunistes ecclésiastiques et les avoués...	175
CHAPITRE V. Continuation. — Les propriétaires d'alleux...	187
CHAPITRE VI. Continuation. — Les possesseurs de fiefs...	215
CHAPITRE VII. Comment la justice territoriale se désagrège au profit de la justice personnelle...	219
CHAPITRE VIII. Continuation. — La cour des pairs comme vassaux, la cour des pairs comme fidèles...	227
CHAPITRE IX. Continuation. — La justice domestique et la justice censuelle...	257
CHAPITRE X. Continuation. — La justice sur les recommandés.	283
CHAPITRE XI. Continuation. — Les clercs...	287
CHAPITRE XII. Continuation et résumé. — La justice spéciale.	299
CHAPITRE XIII. Le fractionnement infini de la justice. Sa reconstitution comme justice territoriale...	307
CHAPITRE XIV. Comment les autres fonctions de l'État entrent dans le domaine privé. — De la naissance des droits seigneuriaux par la convention, l'usage et l'abus...	315
CHAPITRE XV. Continuation. — Du service de guerre et de château-fort...	317
CHAPITRE XVI. Continuation. — La police et les banalités...	323
CHAPITRE XVII. Continuation. — L'administration et les impôts.	333
CHAPITRE XVIII. Continuation. — L'hospitalité forcée et les corvées...	345
CHAPITRE XIX. Continuation. — Les corvées de travaux publics.	355
CHAPITRE XX. Continuation. — Les droits sur le commerce et sur l'industrie...	367
CHAPITRE XXI. Continuation. — La filiation historique des droits seigneuriaux...	379

	Pages.
Chapitre XXII. Continuation. — La convention et l'usage, sources de droits seigneuriaux......................	389
Chapitre XXIII. Continuation. — La surprise et la violence..	413
Chapitre XXIV. Les abus de la protection.................	435
Chapitre XXV. Continuation. — Les avoués des Églises.....	437
Chapitre XXVI. Continuation. — Châtelains et châteaux-forts.	445
Chapitre XXVII. Continuation. — La protection ecclésiastique. — Les précaristes, les oblats et les affranchis.....	453
Chapitre XXVIII. Liberté et propriété perdues.............	465
Chapitre XXIX. La force et le droit.......................	471

AUTRES PUBLICATIONS DU MÊME AUTEUR.

Étude historique sur la minorité, 1870. . . . . 3 fr. »

La bonorum possessio sous les empereurs romains, 1870. . . . . 4 fr. »

La subrogation réelle, 1870. . . . . 4 fr. »

La table de bronze d'Aljustrel. Étude sur l'administration des mines au 1er siècle de notre ère, 1879. . . . . 5 fr. »

Notes et documents sur l'origine des redevances et services coutumiers au XIe siècle, 1883 (*épuisé*).

Histoire du régime agraire de l'Irlande (leçon d'ouverture), 1883 (*épuisé*).

Les axiomes du droit français du Sr Catherinot, et bibliographie raisonnée des œuvres de Catherinot (en collaboration avec M. Édouard Laboulaye), 1883. . . . . 2 fr. 50

Cujas, les Glossateurs et les Bartolistes, 1883   1 fr. 50

Considérations sur l'histoire politique de l'Irlande, 1885 (*épuisé*).

Jonathan Swift, son action politique en Irlande, 1886. . . . . 1 fr. 50

www.ingramcontent.com/pod-product-compliance
Lightning Source LLC
Chambersburg PA
CBHW071622230426
43669CB00012B/2037